战略构建与制度体系

组织与人力资源管理全景视角

CONSTRUCTION OF STRATEGY
AND INSTITUTIONAL SYSTEM

A Panoramic View of Organization and Human Resource Management

许玉林　王剑　著

清华大学出版社
北京

内 容 简 介

本书全新构建了以"一个核心理念、两大系统平台、五项基础要素、四类制度体系"为主体的人力资源管理内容范式。这一框架更贴近中国企业的管理实践，既包含理论模型，也提供了操作性极强的作业指导，为广大企业家和人力资源从业者提供了从理念到方法的完整体系。

本书适合企业家、人力资源从业者以及所有对人力资源管理感兴趣的人士阅读，亦适合高等院校经济类、管理类专业师生作为教材使用。

本书封面贴有清华大学出版社防伪标签，无标签者不得销售。
版权所有，侵权必究。举报：010-62782989，beiqinquan@tup.tsinghua.edu.cn。

图书在版编目（CIP）数据

战略构建与制度体系：组织与人力资源管理全景视角/许玉林，王剑著. —北京：清华大学出版社，2023.10
ISBN 978-7-302-62529-2

Ⅰ．①战… Ⅱ．①许… ②王… Ⅲ．①人力资源管理 Ⅳ．①F243

中国国家版本馆 CIP 数据核字(2023)第 020239 号

责任编辑：左玉冰
封面设计：徐　超
责任校对：王荣静
责任印制：沈　露

出版发行：清华大学出版社
网　　址：http://www.tup.com.cn, http://www.wqbook.com
地　　址：北京清华大学学研大厦 A 座　　邮　编：100084
社 总 机：010-83470000　　邮　购：010-62786544
投稿与读者服务：010-62776969，c-service@tup.tsinghua.edu.cn
质 量 反 馈：010-62772015，zhiliang@tup.tsinghua.edu.cn

印 装 者：涿州汇美亿浓印刷有限公司
经　　销：全国新华书店
开　　本：187mm×235mm　　印　张：27.5　　字　数：627 千字
版　　次：2023 年 10 月第 1 版　　印　次：2023 年 10 月第 1 次印刷
定　　价：129.00 元

产品编号：097135-01

PREFACE 序

《战略构建与制度体系：人力资源管理全景视角》（全五册）是2013年出版的，前言中有一句话：这套书是我对学术的告别。很多学生问我这句话的意思，初衷是，这套书是我从事组织行为学和人力资源管理两门课教学集大成的理论框架和底层设计，并提供了人力资源管理实践的技术、方法和工具。教学中，我最爱说的一句话是，我是把这两门课打通了讲的，形成这样一套自成一体的思想体系也算是对自己的研究和教学有了交代，从此，我的学术思想就算是定型了。没有想到的是，科技改变世界，我这位从事组织与人力资源管理的专业工作者，要去思考技术问题。大数据、自动化、云计算、人工智能，技术已经成为企业战略思考的重要组成部分。

现在，我经常问学生一个问题：未来，你们是相信机器，还是相信人？我的答案是：千万不要回答！第四次工业革命的特征是人性与科技相融合，人工智慧时代已经到来。人工智能是人类提出问题，机器解决问题；人工智慧是人类和机器共同提出问题，人类和机器共同解决问题；未来具有无限的可能性。科技主导变化的大环境对组织与人力资源管理提出了新的命题。

几年前，出版社就建议我把全五册整编为一本，之所以一直没有动笔，是因为，科技改变世界对管理的影响刚刚开始，管理的理论和实践都没有做出系统的、有效的解读。我一直在追踪组织与人力资源管理的行业发展趋势，试图用科技的语言解读管理的实践。本书内容在原五册基础上增加了有关数字化驱动的人力资源到组织能力的创新与重构的一章，涵盖了我的一些新的研究。同时，把原五册中人力资源管理的方法、技术和工具整编得更为精准和实用，希望对读者有所帮助。

本书的合编再版，要感谢我的学生们，做了大量的文字整编工作。同时，更要感谢我的学生，也是本书的合著者王剑博士，他和他的团队一直致力于数字化技术在人力资源管理实践中的应用。其团队自主开发的、具有独立知识产权的、基于员工激励与绩效管理的"微认可"技术管理工具，已经服务于各行业几十家企业，连续几年获得国内同行业的大奖。作为数字化技术的应用和新技术的管理实践，在本书中也增加了其相应的技术管理工具方面的内容。我们希望本书以后的再版，就是不断地引领和解读行业发展趋势，为读者提供更前沿的思考、更有效的技术、更好的方法，以改善和提高组织与人力资源管理的水平。

许玉林
2023年5月

CONTENTS 目录

第一篇
数字化时代组织与人力资源管理新主张

第一章　战略构建与人力资源管理体系设计　　/ 3
　　第一节　数字化驱动的人力资源到组织能力构建　　/ 3
　　第二节　数字化时代人力资源管理的发展趋势　　/ 6
　　第三节　内部锻造——领袖驱动、社会企业与组织变革　　/ 11
　　第四节　数字化的组织与人力资源管理　　/ 17

第二篇
战略构建与人力资源管理制度体系设计

第二章　一个核心理念——人与组织匹配　　/ 27
　　第一节　管理思想演变中的"组织"与"人"　　/ 28
　　第二节　历史与逻辑的统一——中国人力资源管理的演变、问题及解决思路　　/ 33

第三章 两大系统平台——组织与人力资源管理的思想体系 / 37

第一节 组织平台——企业人力资源管理的支撑 / 37

第二节 人的平台——企业人力资源管理的载体 / 43

第三节 文化整合——两大平台，相得益彰 / 46

第四章 五项基础要素——组织与人力资源管理的方法论道 / 49

第一节 愿景牵引——战略对组织的重要意义 / 50

第二节 结构跟随战略——选择组织管控模式 / 53

第三节 实现人与组织的匹配——组织与人力资源管理系统平台建设 / 70

第四节 人力资源管理的载体——制度管理 / 77

第五节 文化整合——创建基于使命和价值观的企业文化 / 83

第五章 四大制度体系——人力资源管理的主体制度构建 / 90

第一节 招聘和甄选 / 91

第二节 绩效管理 / 95

第三节 薪酬管理 / 100

第三篇

组织绩效提升与管理

第六章 绩效计划设计 / 107

第一节 确定绩效评价目标 / 107

第二节 建立工作期望 / 112

第三节 构建评价体系 / 115

第七章 绩效过程督导 / 125

第一节 绩效管理导入 / 125

第二节　绩效信息的收集和分析　　/ 130

　　第三节　绩效过程的沟通与反馈　　/ 131

第八章　绩效评价实施　　/ 133

　　第一节　推行绩效考核　　/ 133

　　第二节　绩效考核结果的申诉与修正　　/ 141

第九章　绩效反馈与面谈　　/ 148

　　第一节　绩效面谈的重要性和目的　　/ 148

　　第二节　绩效面谈前的准备　　/ 150

　　第三节　绩效面谈的实施　　/ 152

　　第四节　面谈结果与评估　　/ 160

第十章　绩效改善　　/ 163

　　第一节　绩效考核结果分析及应用　　/ 163

　　第二节　绩效改进计划　　/ 169

　　第三节　绩效改进指导　　/ 174

第四篇
公平薪酬设计与操作

第十一章　薪酬管理的系统平台　　/ 179

　　第一节　战略牵引：薪酬管理的战略视角　　/ 179

　　第二节　组织支持：薪酬管理的组织基础　　/ 184

第十二章　薪酬策略制定　　/ 192

　　第一节　基于战略的薪酬策略制定方法　　/ 192

第二节　薪酬策略制定的其他理论　/ 200

第十三章　薪酬的额定　/ 204

第一节　岗位分类　/ 204

第二节　工作评价　/ 210

第三节　工资测算　/ 215

第十四章　薪酬结构设计　/ 229

第一节　年薪制人员的薪酬结构设计　/ 229

第二节　等级制人员的薪酬结构设计　/ 233

第三节　销售人员的薪酬结构设计　/ 235

第四节　研发人员的薪酬结构设计　/ 242

第五节　生产计件人员的薪酬结构设计　/ 244

第六节　薪酬制度文本化　/ 246

第十五章　薪酬执行管理　/ 250

第一节　薪酬预算　/ 250

第二节　薪酬成本控制　/ 254

第三节　薪酬沟通　/ 258

第五篇
人力资源吸引与招聘

第十六章　人力资源招聘的系统平台　/ 263

第一节　招聘的战略视角　/ 263

第二节　招聘的组织基础　/ 268

第十七章 招聘计划的制订 / 273

第一节 招聘策略 / 273
第二节 招聘计划 / 278
第三节 招聘计划的替代方案 / 285

第十八章 人员甄选 / 288

第一节 人员甄选概述 / 288
第二节 笔试 / 290
第三节 面试 / 293
第四节 心理测验 / 296
第五节 评价中心 / 306

第十九章 录用管理 / 311

第一节 录用管理概述 / 311
第二节 人员录用的流程 / 312
第三节 新员工入职培训 / 319

第二十章 招聘评估 / 323

第一节 招聘评估概述 / 323
第二节 招聘效果评估内容 / 326
第三节 招聘效果评估方法和技巧 / 329
附录 / 333

第六篇
员工成长与培养计划

第二十一章 培训管理的全新视角 / 337

第一节 培训管理的五点认识 / 337

第二节 培训管理的系统平台 / 340

第二十二章 培训需求分析 / 343

第一节 确定培训的必要性 / 343
第二节 分析培训需求 / 348
第三节 形成培训目标 / 362

第二十三章 培训计划制订 / 365

第一节 培训制度建设和组织结构 / 365
第二节 培训计划制订操作流程 / 367
第三节 培训课程开发 / 373

第二十四章 培训实施 / 388

第一节 培训师队伍建设 / 388
第二节 培训工作流程 / 397
第三节 培训外包 / 403

第二十五章 培训效果评估 / 407

第一节 评估准备阶段 / 407
第二节 实施培训评估 / 413
第三节 培训效果的转化 / 424

参考文献 / 428

第一篇

数字化时代组织与人力资源管理新主张

第一章

战略构建与人力资源管理体系设计

信息化、数字化、人工智能……科技改变世界的底层逻辑是信息化革命。新兴的科技力量正在颠覆性地改变社会生活和经济环境,数字化时代的互联网、自动化、云计算、大数据、人工智能正在改变传统的管理方式。与此同时,组织内部也在不断地自我迭代和更新,组织的边界被打开,生态化、去中心化的平台型组织应运而生。组织内外部环境的巨变推动组织进入一个全新的发展阶段。因此,对组织发展的核心要素——人力资源及人力资源管理提出了变革的要求和使命,人力资本时代已经到来,从数字化驱动的人力资源到组织能力的创新与重构成为推动组织成长的新动力。

第一节 数字化驱动的人力资源到组织能力构建

数字化的人力资源管理以其广阔的视角审视预测着人力资源管理的过去和未来。综合近10年来社会、经济、科技等复杂环境下企业的变革,在人力资源管理的趋势引领下,从传统的人力资源管理体系逐步迭代到人力资本与组织能力的再造,进而依靠组织能力的构建推动企业的成长。

一、人力资源管理的五阶提升

在数字化时代人力资源管理发展的转型期,笔者提出人力资源的发展已经进入第五个阶段——数字化驱动的人力资源到组织能力构建。

在多元化的社会经济环境中,企业的发展同样呈现多元化的特征,人力资源管理的多种形态也是并行存在的,依次呈现以下五个递阶(表1-1)。

表 1-1　人力资源管理五阶提升

阶　　段	特　　征
第一阶段	人事管理
第二阶段	人力资源管理
第三阶段	战略性人力资源管理（人本价值）
第四阶段	由外到内的人力资源三支柱管理（组织能力）
第五阶段	数字化驱动的人力资源到组织能力构建（文化整合）

第一阶段：人事管理——履行人事工作的行政与事务性管理。

第二阶段：人力资源管理——关注人力资源管理的技术与管理实践，包括六大职能：人力资源规划、招聘与配置、培训与开发、绩效管理、薪酬与福利、劳动关系。

第三阶段：战略性人力资源管理——企业各项人力资源管理的决策与方法必须支持企业战略目标实现。

第四阶段：由外到内的人力资源三支柱管理——人力资源的视角在发生变化，组织边界被打开，以人力资源管理三支柱模型为特征（图 1-1）。

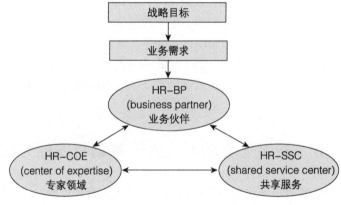

图 1-1　人力资源管理三支柱模型

人力资源管理三支柱模型确立了 HR（人力资源）的三大服务功能。

HR-COE（center of expertise）：定位于人力资源管理的领域专家。借助本领域的专业技能和管理实践的需要，负责设计基于业务导向、创新的人力资源政策、流程和方案，并为 HR-BP 提供技术支持。确保人力资源战略规划、管理流程、技术方法的业务本地化及全球最佳实践。

HR-BP（business partner）：定位于业务合作伙伴。针对内部客户需求，提供咨询服务和解决方案，确保人力资源贴近业务需求。确保人力资源运行与业务保持一致。

HR-BP 和 HR-COE 聚焦在战略性、咨询性工作，就必须从事务性工作中解脱出来。同时，人力资源的第三类客户——员工的需求更多的是相对同质、标准化和规模化。

HR-SSC (shared service center): 定位于员工的人力资源标准服务。负责解答管理者和员工的问询，帮助 BP（业务伙伴）和 COE（人力资源领域专家）从服务性工作解脱出来，保证员工满意度和管理运营的需求。保证人力资源管理的成本效益、最大化服务、人力资源行政事务工作的交付及共享服务。人力资源管理的数字化即是以此为技术基础而展开的。

第五阶段：数字化驱动的人力资源到组织能力构建——企业的成长更多的是依赖组织能力，而非个人能力。企业通过文化的协同，使人和组织相融合。这个阶段的最大特征是：数字化的科技因素颠覆性地改变了传统的管理方式。

二、数字化驱动的组织和人力资源管理创新与重构的趋势模型

基于上述人力资源管理的进阶发展，笔者进一步提出数字化驱动的组织和人力资源管理创新与重构的趋势模型（图1-2）。

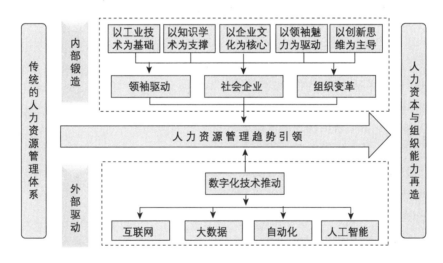

图 1-2　数字化驱动的组织和人力资源管理创新与重构的趋势模型

综合上述模型的思考，笔者提出：未来人力资源管理发展的四大主导因素——领袖驱动、社会企业、组织变革以及数字化技术推动。其中，领袖驱动、社会企业与组织变革三个因素属于组织的内部动因，从组织的内部推动人力资源管理的变革。数字化技术推动则是从外部环境推动企业的人力资源管理。数字化技术推动是以互联网、大数据、自动化、人工智能（AI）四项因素颠覆地改变传统的管理方式。在企业发展内外环境的综合条件影响下，以其前所未有的多变的、动态的、复杂的和不可预测的属性对组织与人力资源管理提出新的挑战。以下将从人力资源管理的发展趋势，影响企业人力资源管理体系的组织内外环境的变量因素展开叙述。

第二节　数字化时代人力资源管理的发展趋势

从 2011 年德勤公司（以下简称"德勤"）提出人力资源管理的革命和演化，连续 10 年，每年都总结出当年人力资源的趋势特征。到 2020 年，德勤同时推出了趋势报告和过去 10 年人力资源管理的演化，也预示了人力资源未来 10 年发展的基本特征。

一、德勤公司的人力资源管理趋势报告

2020 年，德勤报告的题目是：《2020 全球人力资本趋势报告——践行中的社会企业：在悖论中探索前行》，社会企业是德勤 2018 年提出的主题词。2020 年的新冠病毒感染疫情，打乱了全球经济发展的节奏，使人类社会进入前所未有的不可知情境。所谓悖论中的探索前行，就是对未来不可知的预测，因此，为了人类生活的健康与发展，更加强调企业的社会责任。这份报告提出：组织可持续发展的路径，必须识别出人性与科技的融合，定义组织若想构建及推行这种融合需要嵌入十个方面核心属性。

（1）归属感：从舒适感到连接感再到贡献感。
（2）幸福感：围绕员工幸福感设计工作。
（3）多代职场：从千禧世代到多世代员工。
（4）超级团队：让人工智能融入团队。
（5）知识管理：为互联世界创造可能。
（6）超越技能：投资弹复力应对未知未来。
（7）薪酬迷局：契约中的人性化原则。
（8）用工战略：迎接未来的新问题。
（9）道德与未来工作："正确地做"与"做正确的"。
（10）人力资源工作者的使命：拓宽视角与影响力。

从这十个方面，我们可以看到数字化时代人力资源管理的新课题和新使命。特别是最后一点，强调了人力资源工作者要以更广泛的视角提高其在企业发展中的影响力。什么是影响力？人力资源管理的新使命又是什么？再看看从 2011 年到 2020 年 10 年德勤报告的年度主题，可以帮助我们以发展的眼光，更系统地看待人力资源管理的推进和演变（表 1-2）。

综合 10 年报告的年度主题，从提出人力资源管理的革命和演化开始，飞跃发展，构建新的蓝图；面对 21 世纪的人才竞争，要以新的工作方式和生态化的组织形态应对数字化时代提出的挑战；同时，更加注重企业的社会责任，以领袖驱动的人本管理思想为核心，尊重人力资源的价值创造，在未来的不确定的环境中推动企业的成长。

表 1-2 2011—2020 年人力资源的发展趋势（德勤报告）

年份	2011	2012	2013	2014	2015	2016	2017	2018	2019	2020	演变
主题	革命演化	飞速前进	重构蓝图	竞争21世纪人才	引领新时代工作风尚	新型组织因设计而不同	改写数字化时代的规则	社会企业的崛起	领导社会企业以人为本进行企业重塑	践行中的社会企业在探索前行	
多样性与包容性	多样性与包容性驱动组织绩效		全球多样化带来红利	多样性和包容性			多样化和一致性：现实差距	企业公民和社会影响		归属感从适应到使命：个性化中的归属感	使命：个性化中的归属感
文化/员工敬业/员工体验			工作场所品牌推广/组织加速发展	不堪重负的员工	文化：透明的组织明度	文化塑造推动战略/员工敬业永不停息/营造员工体验	员工体验	福利：既是一种策略，也是一种责任/超连通工作场所	从员工体验到人员体验	幸福感：围绕员工幸福感设计工作	
人才	经济复苏中的人才趋势		劳动力老龄化金砖国家的高端人才	重新视人才获取只是保留	按需分配劳动力		人才获取认知招聘技术	长寿红利	人才流动/人才引进	多代职场：从千禧世代到多世代员工	

续表

年份	2011	2012	2013	2014	2015	2016	2017	2018	2019	2020	演变
未来的工作	临时劳动力	社交媒体移动设备@工作	开放式的人才经济/未来的工作场所		工作的简化/现代化与自动化与员工	零工经济/组织设计：团队的崛起	未来的工作/未来的组织	劳动力生态系统/人工智能、机器人技术和全自动化	从岗位到超级岗位/非传统劳动力/组织绩效	超级团队：让人工智能融入团队	潜能：在企业中重塑中建立安全感
学习/职业	阶梯式职业路径到网格式职业路径		培养人才之战	重新定义企业学习/探索员工能力	学习与发展：成功焦点	学习：让员工主导	职业生涯和学习：实时而自始至终	从职业到经历	生命不息学习不止	知识管理：为互联世界创造可能/超越技能：投资弹复力应对未知未来	
绩效管理与奖励			绩效管理困局	绩效管理被"打破"	绩效管理：秘密武器		绩效管理：初步胜利	新的奖酬机制：个性化、灵活的奖酬和全局性	奖酬：小差距	薪酬迷局：契约中的人性化原则	展望：勇于面对不确定性
人才分析	劳动力分析	全面的人才分析/人才风险	像经济学家一样思考	实践中的人才分析	人力资源工分析/无处不在的员工数据	人才分析：加速前进	人才分析：重计路线	人才数据：太远是多远		用工战略：迎接未来的新问题	
领导力	下一代领导者/凝聚领导力在受多方监管的环境中引领企业发展	快速晋升者/领导力发展是第一要务/运营全球化	下一代领导力	各层级管理	领导力：永恒的话题	领导力觉醒	领导力颠覆	交响团式的最高管理层	21世纪的领导力	道德与未来的工作："正确地做"与"做正确的"	

二、数字化时代人力资源发展的十大趋势

2021年,专注于全球人才市场研究的独立学者 Josh Bersin(约什·贝辛)提供了一份报告,提出人力资源是创新的中心;人力资源工作者应该是经济学家、政治学家和人类学家。把人力资源管理提升到前所未有的高度。笔者解读如下。

(1)经济学家:是指要把人力资本看作企业利润的创造者而不是成本;尊重员工的价值创造。

(2)政治学家:是指人力资源工作者要从战略的高度视角去看待企业的人力资源;同时以策略的方法实施管理的行动。

(3)人类学家:是指要以发展的历史观看待和推进人力资源的管理实践。

报告的另一个主题:人力资源的新使命是塑造积极诱人的组织,而塑造积极诱人的组织是以完整的员工体验为核心的(表1-3)。

表 1-3 塑造积极诱人——完整的员工体验

有意义的工作	亲力亲为的管理	积极的环境	健康与福利	成长机会	对领导力的信任
自主性和服务性机构	弹性的、明确目标的	工具性和系统解决方案	工作的各个层面的安全保护	开放的、便利的工作	除财务以外的目标和使命
工作和团队配合	定期的教练和反馈	赞赏、认可和奖励	个人健康事业	多通道的职业发展	信任,反馈认可和同理心
小型的、敏捷化团队	有能力的、授权的领导	灵活的工作空间和环境	心理和身体的健康支持	正式的和非正式的学习	对人力资源的不断投入
可调节的、放松的、改善的工作时间	透明的、简单的、有成效的管理	包容的、多样的、归属的文化	家庭的和财务的支持	多层次的全面的学习文化	关注社会的、环境的和公共的

从表1-3可以看出,塑造积极诱人的组织是一项系统工程:为员工提供有意义的工作、营造积极的工作环境、亲力亲为的管理、关注员工福利和健康、给予员工成长的通路,最后获得员工对领导的高度信任。

人力资源管理的发展必须适应组织变革的需求,如何适配人力资源工作的角色和使命,综合行业研究,笔者提出数字化时代人力资源发展的十大趋势。

(1)数字化已经成为企业战略思考的重要组成部分,人力资源部门成为数字化和创新的推动者。数字化已经成为一种工作方式,推进数字化必须以员工体验、数据认知和设计思维为核心。人力资源部门不但要有数字化思维,还要具备数字化的工作能力。建立人力资本分析(people analytics,PA)团队,集合了解数据、懂技术和系统思维的新型人力资源工作者,与IT(信息

技术）部门紧密合作，开展人力资源的各项工作。在数字化和创新的浪潮中，人力资源部门将不再是被动的参与者，而是主动的推动者，在引导企业向数字化转型及打造创新型组织中扮演越来越重要的角色。

（2）组织生态化、平台化、去中心化；强化以文化与价值观为核心的员工管理机制。以客户为中心的敏捷化组织正在形成，传统的组织科层制、中心化的组织结构趋于生态化、平台化和去中心化。在组织去中心的同时，建立以企业文化和价值观为核心的员工管理机制，塑造员工的行为，形成统一的价值观和文化导向，实现公司的愿景。

（3）用户思维与数字化结合，创造由人工智能驱动的更加个性化、智能化的工作与管理情景。数字化带给人力资源管理的变化不仅仅是技术的，更是一种思维方式。将用户思维与数字化技术结合，将人工智能应用于人力资源各个领域，管理将逐步实现个性化与智能化。在数字化与用户思维的结合中，员工成为其服务的中心，员工即是客户，成为员工体验（employee experience，EX）的重要组成。

（4）以"员工体验"为核心，更加专注于改善组织环境与工作体验。员工体验是一种文化，是指员工在组织中的一切感受，是由接触招聘信息开始持续到离职后的整个过程中所有接触和互动所产生，是通过公司的各自措施和方法，帮助员工在工作场景保持高效、健康的投入。员工体验不再是一个人力资源项目，而是由人力资源管理战略组成。

员工体验战略，包括安全的工作场所协议、办公时间安排、员工学习，当然还有所有其他的人力资源问题，包括薪酬、休假、健康和福利。员工体验项目可以推动就业品牌、生产力、参与度、保留率和客户的成功。

随着人才争夺的竞争日益激烈，创造具有吸引力的组织环境与工作体验从而提升员工体验，将成为吸引、保留关键人才的核心。

（5）组织重组更加关注团队绩效，而非个人绩效；人力资本成为自我创新的驱动力。提升组织能力的核心工作之一就是建立高绩效的工作团队。越来越多的组织重组将目光聚焦在团队绩效上，而非传统的个人绩效上。同时，作为企业重要的经营资源，人力资本将不断地迭代驱动企业的自我创新。

（6）传统的业绩考核变成持续的回顾与辅导；及时认可员工价值进而有效提高敬业度、把握员工的职业生命周期。传统的业绩考核，关注结果，忽略了绩效的过程控制、业绩改善及员工成长的反馈机制，因此，将逐渐被持续的回顾与辅导所取代。注重对员工价值的及时认可及敬业度的提升，进而把握员工的职业生命周期。

（7）高度关注员工的职场健康和福利，成为吸引人才的关键。关注员工的健康、福利和安全如今已融入企业文化中。企业如何帮助员工保持健康、有弹性的工作并富有生产力已成为当务之急。健康和福利的关键是要为员工提供明确的方向，重点关注高效、支持和包容的工作环境。

随着员工健康意识的增强，越来越多的企业制订了员工健康计划，关注员工的身心发展。

员工职场健康和福利日趋成为企业吸引人才的关键因素。

（8）对技能的高度关注和鼓励持续学习。持续的学习和发展是人力资源的另一项重点工作。企业需要建立鼓励和促进个人成长的学习文化。研究表明，未来的人力资源工作在对员工的服务中包括沟通、帮助、照顾他人、聆听、安排学习时间并给予指导。因此，企业需要制定人才成长与发展战略，以及实施的计划。

技能再培训，员工复合能力的升级仍在继续。借助数字化和 AI 等相关技术重新构建企业的学习发展管理平台，通过个性化的学习解决方案，使业务中的每项工作成为不断学习的内容之一。

（9）企业内部人才流动成为人才获得和发展的战略重点。企业需要具有统一价值观的人才队伍。在企业大量投入员工的学习成长建设、关注员工的福利和健康、为员工塑造积极的工作环境的同时，一支优秀的员工队伍已经形成。他们现在和将来都是企业成长可以依靠的、具有共同愿景、价值观的员工。因此，企业内部的人才流动机制的建立更有利于员工的成长和使用，最大限度地发挥员工的价值与创造能力。

（10）企业将更多采用多种用工方式提高组织绩效，同时降低用工成本。随着全球经济增速渐缓，企业越来越注重用工的投资回报，探索多种用工方式。除了全职员工以外，更多的项目制用工、临时性用工、劳务派遣用工、实习生、自由职业者为企业采用多种用工方式提供了多样性的选择，从而帮助企业组成更加灵活的团队，增加用工的灵活性，降低用工成本。

第三节　内部锻造——领袖驱动、社会企业与组织变革

数字化时代人力资源管理发展组织内部锻造的核心在于领袖驱动、社会企业和组织变革。企业家承担社会责任的意识与能力是"企业家精神"的重要标志。社会企业的崛起已成趋势，在企业社会责任的担当越来越被强调的同时，组织也在发生显著的变化。企业内部的蜕变由内而外而衍生，企业的人力资源管理也发生了深刻的变革。

一、领袖驱动——数字化人力资源管理发展的核心

在社会经济、技术更新、组织变革处在高度不确定性的环境下，驾驭不确定性成为企业的经营管理者的新课题，传统的单向的"管控"方式已成为过去，"唤醒+赋能"是领导力新范式，可以称为领袖驱动。

德勤早在 2016 年《全球人力资本趋势报告》中就提出，未来企业管理发展的十大影响因素，排在前三位的是组织设计、领导力和文化塑造（图 1-3）。

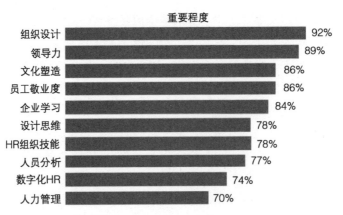

图 1-3 影响人力资源管理发展趋势重要程度排序

资料来源：德勤《全球人力资本趋势报告》。

因此，这个时代需要领袖驱动、人力资源管理的新思维，是以领袖驱动的企业文化构建具有统一价值观的人才队伍，形成组织能力推动企业的成长。领导力是人力资源的核心，企业家的成长就是企业的成长。

企业的组织结构正由传统模式向生态化、平台化、去中心化的模式转变，组织赋能作用凸显，新的组织结构正在被塑造。与此同时，为了与组织变化相适应，人力资源管理的各项职能，诸如薪酬设计、绩效管理、领导力发展等也需要不断地迭代更新。企业一系列的变革是需要企业家来领导与推动的，这也就意味着影响最重要的组织变革、文化的塑造依靠企业家来完成，从本质上讲，人力资源管理是由领袖来驱动的。

领导力作为影响人力资源管理发展趋势的重要因素，表明了一个事实：企业需要更科学、更有效、更便捷的方式来发展领导力，领导力成为人力资源管理发展的核心。

组织文化的形成是一个长期积累的过程，文化的塑造与企业家的经营理念、工作作风、管理风格、意志品格等有着直接的关系。在不违背企业统一价值观的前提下，企业必须尊重员工的多元化文化，这是企业文化管理的第一宗旨。可以说，企业文化整合的制高点就在于企业家自身的道德与修养，企业家的成长就是企业的成长。

二、社会企业——从时代的视角看企业家精神

2019年8月19日，181家美国头部企业的首席执行官联合签署了一份《公司宗旨宣言书》，宣称：股东利益不再是一个公司最重要的目标，公司的首要任务是创造一个更美好的社会。一个美好的社会比股东利益更重要。这份宣言书提出，作为一个具有社会责任意识的企业，其领导团队应该致力于达成五大宗旨。

（1）向客户传递企业价值——我们的企业到底是做什么的？

（2）通过雇用不同群体并提供公平的待遇来投资员工——尊重员工的价值创造。

（3）与供应商交易时遵守商业道德——这才是真正的在商言商。

（4）积极投身社会事业——成为社会企业，承担社会责任。

（5）注重可持续发展，为股东创造长期价值——长期主义的坚守。

从这份宣言书的宗旨可以看出，商业文明已经进入一个新的时期，共同富裕成为时代的主题。

推动企业的持续发展，就必须对企业及企业家精神有清晰的把握。因此，对企业、企业家相对客观公正的评价，是帮助企业正视自身、持续改进、自我批判，进而带动企业发展的前提。根据笔者长期的经验以及不断探索和研究，提出了评价企业与企业家的 VPM 模型：即价值（value）、产品（product）、道德（morality）三个维度（图1-4）。

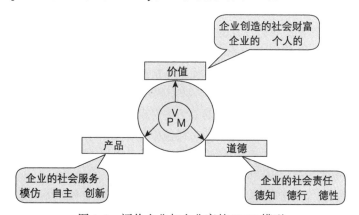

图 1-4　评价企业与企业家的 VPM 模型

价值（V）：用于衡量评价企业及企业家所创造的社会财富，既包括企业的，也包括企业家个人的。这里的社会财富，既包括交换价值，即货币、金银等物质财富；也包括使用价值，即在生产过程中所创造的能满足人们需求的价值。

产品（P）：用于衡量评价企业及企业家所提供的社会服务，包括实物产品、知识技术等多种形式。企业所能提供的社会服务水平可按照企业发展状况大体分为模仿、自主以及创新阶段。模仿主要是指工匠范畴的工作，自主依赖的是企业所积累的知识，而创新凭借的则是深厚的学术积淀。

道德（M）：用于衡量评价企业及企业家所承担的社会责任，包括企业家的德知、德行以及德性。德知，即企业家在企业创立及发展过程中内化的道德观念，知道应如何去做；德行，即企业家道德的外化行为表现，把承担社会责任、慈善捐赠付诸实际行动；德性，即企业家承担社会责任行为对社会产生广泛的影响，起到引导社会责任承担的表率作用。

为什么把企业及企业家所承担的社会责任提升到如此高度？因为，漫长的商业史告诉我们，伟大的企业和伟大的企业家，不仅要创造社会财富、提供社会服务，而且更重要的是要承担社会责任。我们把这样的企业家称为具有"企业家精神"的企业家。历史告诉我们，推动社会发展、促进经济增长的企业与企业家都是承担社会责任的典范。承担社会责任是企业和企业家的使命。

企业家需要的不仅仅是承担社会责任的能力，更为重要的是承担社会责任的意识。现实生活中，意识的缺失比能力的缺失更重要。今天的中国，一些企业的经营者与管理者所欠缺的恰恰是承担社会责任的意识，而不是能力。

1971 年 1 月，在《达沃斯宣言》论坛首次会议上，创办人施瓦布提出了利益相关者（stakeholders）的概念：企业不只服务股东，也要服务客户、员工、社区和整个社会。2020 达沃斯宣言进一步提出：企业不只对股东负责，也要对地球负责。

纵观西方国家的经济发展，资本主义分为三种模式。

第一种模式是"股东资本主义"（shareholder capitalism），主张把追求利润最大化当作企业的首要目标。

第二种模式是"国家资本主义"（state capitalism），由国家力量主导，制定经济发展的方向。许多新兴市场、北欧的一些国家采用此模式。

第三种模式是"利益相关者资本主义"（stakeholder capitalism），主张把私人企业定位为社会的受托人（trustees）。这种模式是应对当今各种社会和环境挑战的最佳方法。

即使是在西方国家，企业家与全社会的共识也是确立企业的终极目的：改善世界。无论何种形态的社会资本，最终都要逐渐演变，走向利益相关者资本主义，才能确保不会因腐败而变质。"利益相关者资本主义"可以超越法律上的义务，承担社会责任，帮助这个世界实现共同的目标，如"巴黎气候协定"和"联合国可持续发展目标"。

2021 年 8 月 26 日，新浪财经首届"ESG 全球领导者峰会"在线上举行，主题为"聚焦 ESG 发展，共议低碳可持续新未来"，同样在顺应时代，引导中国企业家的新使命。

ESG，即环境（environment）、社会（social）、公司治理（corporate governance）。这种理念体现了企业的社会责任感，是企业科技、资本向善的力量（图 1-5）。

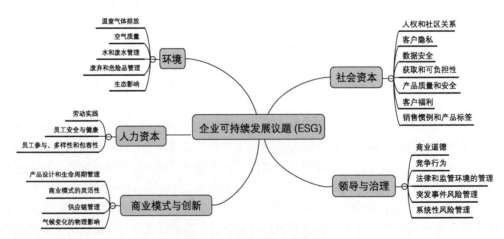

图 1-5　企业可持续发展议题

三、组织变革——生态化、平台化、去中心化的新组织

数字化时代以技术的力量影响着组织的变革。企业要获得生存保障,必须克服其核心能力的刚性,以一种动态能力的组合来保持其发展的竞争优势,形成组织创新成长的新动力。笔者通过长期对组织行为与人力资源管理的研究,提出从人力资源到组织能力创新发育的动力模型(图1-6)。

图1-6　组织能力创新发育的动力模型

组织变革必须适配新的动力机制,在五个方面培育其组织能力:创新思维、领袖魅力、企业文化、知识学术、工业技术。这五种力量交织融合、不断驱动和形成组织的内在动力机制,完成从依靠个人能力到形成组织能力的成长,以适应外部环境的急剧变化。

数字化时代,云计算、大数据、移动互联、人工智能等技术引发了管理的突破,组织由过去的层级化到扁平化、从中心化到去中心化、从管控到赋能;对变革的反应更加灵敏,更加注重合作,以团队为基础,与供应商构成价值统一体,以客户为导向,在劳动力的构成上更加多样化,在日益全球化的经济活动中能更有效地运作。具体而言,在组织能力创新发育的动力模型五项能力的深层驱动下,组织的变革呈现出生态化、平台化和去中心化三大特性。

1. 生态化

生态化是指企业强调资源的整合,企业在运行中已经形成了由内部共生向组织外部延伸的生态圈。

对于组织而言,致力于生态化战略变革、形成生态型组织,需具有分享、创造、无边界和价值链四个基本特征(图1-7)。

图1-7　生态型组织的基本特征

（1）分享——利益相关者的价值分享。一直以来，企业力图通过独占性的资源来建立其竞争优势。而在以资源共享、信息公开为特征的共享经济的数字化时代，企业的竞争优势更多来源于对各种资源的整合。借助价值分享平台，组织及其利益相关者实现无边界的资源共享，实现多方共赢。

与此同时，通过数字化的技术平台，搭建一个共赢的生态圈，打通市场与资源的壁垒。整个系统中各个节点可以自由相互链接，获取良性竞争和均衡，实现自治而有序的优势互补、互惠互利。

（2）创造——关注为员工、供应商、客户价值的创造。生态型企业在聚焦客户的同时，更关注为员工、供应商和客户的多元价值创造。在价值共创的理念下，价值最终是在包括企业、顾客、员工、供应商、监管机构等多个利益相关方共同努力下创造出来的，利益相关方在价值创造的过程中从不同维度作出了贡献。

（3）无边界——组织无边界、产品无边界。组织生态化促进了组织人才、资金、技术、管理和知识资源的联通，实现了企业生态系统内、外部资源的无边界使用。首先，生态化实现了组织无边界。业务团队能够通过生态系统中的人力资源平台聚集超越组织范围、广泛的人力资源，使团队成员之间的沟通与合作突破时间、空间的限制，实现密切交互以及知识学习与信息共享。其次，信息化、数字化的技术手段，使得平台交易能够快速配置全球范围内的各种资源，实现产品的无边界流通。

（4）价值链——多层级价值链条打造。生态型组织有助于全产业链的价值贯通，实现价值链的协同和聚变效应。迈克尔·波特（Michael E. Porter）认为，企业竞争优势源自产业价值链各个环节的整合。基于数字化产业链的不断延伸，极大地提升了信息在产业链上传递的效率，压缩了信息传递的变异可能，提升了消费者需求的响应速度，使生态型企业获取了应对竞争、系统集合的能力。

2. 平台化

平台化是指组织管理的边界被延伸，互联网的属性本身就是一个平台，具有延展性。

传统的组织强调的是以管控为基础的纵向管理，而组织的扁平化弱化了组织层级，采取更充分的授权，再加持互联网的技术平台，使组织的边界被打开，沟通的效率得以提高，而平台化组织是与组织的去中心化密切相关的。

组织内部出现了许多平台化管理团队和自治群体，其管理的特征不再是依靠传统层级连线的沟通方式，而是凭借网络沟通的方式，在去中心化的组织中提高组织与个人的绩效。

3. 去中心化

去中心化的组织具有开放式、扁平化、平等性等特征，其本质体现为：分工就是去中心，授权就是赋能。

组织成为分布式、有众多节点的系统，每个节点都具有高度自治的特征。节点之间可以相互连接，构成非线性关系。借助数字化的技术手段和平台，一个互联、互通、开放的"去中心化"组织系统得以形成。

去中心化的生态型组织可以更迅速和灵活地对市场、客户作出反应，这就需要组织中的个体更多地参与到决策的制定和流程的改进。同时，在技术上，数据储存、处理和运用、网络沟通的便捷和高时效性为组织的运行提供了翔实的依据，使得通过实现授权，消除信息鸿沟，给员工以自主性，提高组织的效率。

数字化信息技术使新型组织更精干，具有更少的管理层次和更宽的管理幅度。数字化技术的渗透不仅改变了人与组织的关系，同时也改变了两者的力量对比，组织中的话语权逐渐呈现出分散化的趋势，这也使得组织中的每一个个体都拥有信息发布的权利，并且可以依靠个人的影响力去获取及掌握资源。

数字化时代的互联网、大数据、自动化和人工智能四项技术领域对人力资源管理产生了颠覆性的影响，技术变革已经成为人力资源管理战略实施的重要组成部分。企业战略决策的一项重要内容即是思考技术变革对管理的影响和效果并真正掌握和使用这些技术，进而通过相关数字化思维和能力支持战略决策与管理实施。

企业面对的是数字化对组织和人力资源管理的影响及其提出的挑战。这就是在图1-2中所提出的：企业从传统的人力资源管理体系，在行业趋势的引导下，迭代到从人力资源到组织能力的外部驱动力量——数字化及数字化转型。

第四节　数字化的组织与人力资源管理

数字化技术更新了管理的方法和手段，数字化思维改变了组织管理和运行的模式，人力资源管理也随之产生了新的改变，进而推动着组织变革与人力资源管理的发展。

大数据时代推动了企业在组织与人力资源管理的变革，数字化加持了组织发展的迭代和快速的变革。笔者进一步提出了组织发展的数字化公式如下：

$$OD = f(人力资本 \times 组织能力)^{(数字化)}$$

$$数字化 = f(互联网 \times 大数据 \times 自动化 \times 人工智能)$$

组织发展的数字化公式可以解读为：组织发展是人力资本和组织能力的函数；而数字化更是可以促成组织的指数化发展，即提高组织发展和组织变革的速度和质量。数字化的内涵就是应和了第四次工业革命的特征：互联网、大数据、自动化和人工智能，其本质是信息化革命。后人会称之为人工智慧时代，而不是人工智能时代。人工智能是人类提出问题，机器解决问题；人工智慧则是机器同样可以提出问题并解决问题。

一、数字化对组织与人力资源管理的影响

数字化技术的应用极大地变革了人类的生活习惯和工作方式，并不断地对企业参与全球商业竞争以及企业自身的管理模式提出新的要求。面对数字化技术，要求大数据时代的人力资源管理必须根植于海量的数据和信息，将数字化转型和变革放在最为重要的核心战略地位，并积

极地推进人力资源部门的数字化。如今,数字化趋势已经深深影响了组织与人力资源管理的模式和思维,成为人力资源管理的重要发展趋势。

数字化技术建立的网络关系给人与组织之间造成了颠覆性的影响,组织沟通效率的变化促进了组织结构的变革和组织内部权力的下放,人力资源管理者需要更多地关注去中心化及自治组织的工作状态和需求,及时更新组织内部信息,提供组织内包含知识、创意、技能、信息等的共享平台。

同时,技术泛化了组织边界,改变了原有的商业模式。数字化的商业模式是基于数据和信息的共享,因此企业服务的目标对象不仅仅是传统的消费者,而且扩展到所有使用企业产品与服务的用户,包括潜在的用户。这就要求人力资源管理收集并充分利用企业内外部,如当前员工、离职员工、潜在人才、外部客户、供应链上下游企业等交互数据,提取更多的需求信息,为企业战略制定、业务发展提供有价值的参考。在这种变革条件下,对人力资源管理工作者的角色提出了转化要求,表现在以下三个方面。

1. 思维转变

数字化已经成为主导的思维,人力资源管理从原来关注岗位转为关注人。数字化泛化了组织边界,企业人力资源管理致力于在组织内外部交互影响,进行人员激励、信息交流,关注员工自我成长和自我价值的实现。

2. 角色转变

在数字化时代,人力资源工作者在成为业务合作伙伴方面被寄予更多期望,需要他们上到战略层面、下到关注员工自身去思考问题、预测趋势,促进具有创新能力的内部群体发展,为员工提供所需的服务和支持。

3. 工作内容

人力资源工作者可根据企业战略发展需要形成内部行动方案,致力于打破传统模式的阻力,减少内部冲突,增添企业发展动力。此外,技术使人力资源工作者从琐碎的、重复性的、简单的工作中解放出来,使他们更关注培养员工的核心能力、情感沟通与组织发展的匹配。

二、数字化与人力资源大数据架构

数字化加持了人力资源管理的科学性、专业性和广泛性。在数字化技术和大数据的驱动下,依托着海量、丰富的数据和信息,企业可以搭建起高效的人力资源管理平台,并提升到组织管理的层面,对员工管理、内部流程、日常工作优化的过程进行控制和分析,并在积累数据的过程中依据管理的现状、发生的问题、员工的需求,实现对员工的精准的、个性化的管理。同时,人力资源部门通过数据建模的方式,及时、准确地发现问题,提出改善建议,支持业务部门的管理和目标的达成。

数字化的人力资源管理在人力资源的各个模块的认知和管理上都会产生大的变化。利用人力资源大数据架构：系统层、数据层、分析层、展示层（可视化层）（图 1-8），分析解构组织与人力资源管理各个层面数据，通过数据挖掘，提出解决方案。

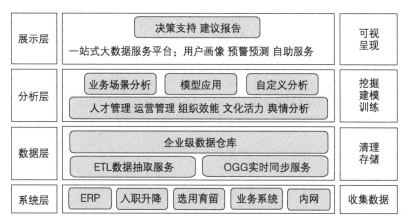

图 1-8　人力资源大数据架构示意图

人力资源基于大数据提出系统解决方案，主要表现在以下两个方面。

（1）利用大数据的思维方法以及相关技术，在人员规划、人才识别、人才选拔、人才激励、人才发展、人才保留、组织效能、团队活力、舆情监控等方面进行数据挖掘、深度分析与洞察，从而为企业人才方面的决策提供高质量的依据与建议。

（2）实现大数据的积累与沉淀，包括人力资源管理的各个层面，如办公环境、工作压力、晋升轮岗、培训学习、个人发展、薪酬福利、文化氛围、外部机会等，精准地发现问题，提出解决方案。

在人力资源大数据四个系统中，系统层和数据层是技术层面，人力资源数据化的重点应该是在分析层和展示层。特别是分析层，通过数据深度下沉，对各个模块进行主题分析、自定义分析、指标体系建设、模型建设等。描述过去发生了什么，诊断问题发生的原因。根据过去的数据，通过分析建模、机器学习寻找关联关系，而不是像过去那样，通过假设再去印证。通过对数据的及时观察、分析，并及时地调整模型，进而让数据发挥预测预警功能，预测未来可能发生的事项，为未来决策提供可信的依据。

同时，在数据分析的基础上提供人才报告。数据挖掘与分析建立在一套指标体系的基础上，包括人才管理、运营管理、组织效能、文化活力、舆情分析五大维度的几百项指标，涵盖了人和组织的分析维度以及 HR 职能的衡量维度。其中人才管理和运营管理的指标涉及更多的是 HR 职能的分解，文化活力与舆情分析的指标更多地是通过大数据的方式分析员工在工作、学习、生活、发展等层面的影响因素，组织效能则通过组织发展工具提取不同团队的有关组织目标、达成结果（图 1-9）。

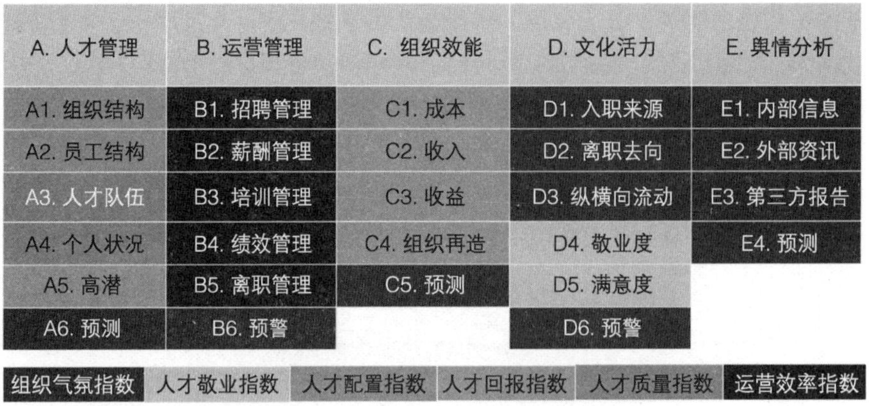

A. 人才管理	B. 运营管理	C. 组织效能	D. 文化活力	E. 舆情分析
A1. 组织结构	B1. 招聘管理	C1. 成本	D1. 入职来源	E1. 内部信息
A2. 员工结构	B2. 薪酬管理	C2. 收入	D2. 离职去向	E2. 外部资讯
A3. 人才队伍	B3. 培训管理	C3. 收益	D3. 纵横向流动	E3. 第三方报告
A4. 个人状况	B4. 绩效管理	C4. 组织再造	D4. 敬业度	E4. 预测
A5. 高潜	B5. 离职管理	C5. 预测	D5. 满意度	
A6. 预测	B6. 预警		D6. 预警	

组织气氛指数　人才敬业指数　人才配置指数　人才回报指数　人才质量指数　运营效率指数

图 1-9　人力资源大数据分析指标体系

人力资源数据分析价值体现在以下几个方面：①加速技术应用对管理过程和业务的推动（速度）；②扩展数据分析的全景视角体验（广度）；③发现传统数据分析洞察不了的事情（深度）；④促进组织效能发挥，驱动企业绩效提升（高度）。

三、数字化人力资源管理的进阶优势

数字化人力资源基于大数据，通过建模与算法，使其各项管理功能进阶到更深层、更广泛的认知，提高管理实践的价值。

1. 在人力资源规划方面

数字化人力资源优化了传统的人力资源规划。基于全面客观的数据，及时、精准地把握和了解组织人力资本产投比、人才管理现状、人才市场竞争力，进行持续的数据挖掘和洞察，弥补过往经验不能预测到的部分，有效预测未来人才管理的状况，制订出前瞻性的人力资源规划。

数字化人力资源对外部竞争环境进行快速反应并及时调整战略，提出人力资源的需求，充分利用内部员工、市场客户、竞争对手、上下游合作伙伴等信息，为企业应对市场变化提供优质、稳定的人力资源保障。

2. 在人员招聘与甄选方面

大数据极大地改善了传统 HR 进行简历筛选和面试的招聘流程，基于数据和算法推荐模型优化招聘流程与方式，实现招聘的高效准确。

传统人力资源管理模式，HR 需要人为设定搜索条件筛选所期望的候选人，再根据条件满足项逐项筛选。数字化人力资源管理是基于大数据的算法，记录 HR 筛选简历的动作持续优化人才搜索模型，从人才库中挖掘最符合的候选人。在记录 HR 操作行为的同时，提升招聘搜索模型的精确性，实现最佳的人岗匹配，最大化地提高招聘效率。在人员甄选环节，可以利用人

工智能工具帮助招聘人员快速筛选合适的候选人，如视频技术、模拟现实等技术。

此外，人才吸引和人员招聘借助社交平台，大量地挖掘全社会的人才数据，整合数据，扩大企业的人才数据库。同时，借助社交平台提升雇主品牌，传播企业形象，扩大招聘渠道的广度，增加企业的吸引力、影响力。

基于大数据，通过建模与算法，从人才库中更加高效地获取有价值的目标人才，并在 HR 筛选简历的过程中不断优化模型，提高招聘效率。

3. 在员工培训方面

数字化人力资源创新了员工培训和学习的模式，有效提高了培训需求与培训方案的匹配度以及员工学习的积极性。

传统人力资源管理模式下的员工培训，是以培训师为中心的被动学习，员工培训需求和培训内容难以达成一致，培训方式单一、局限。数字化人力资源的培训是以员工需求为导向，并通过大数据分析了解员工的培训需求，结合培训考试、培训效果评估、人才测评、绩效考核等综合数据，并结合员工的个性特征、发展需求等要素，基于 E-Learning 学习平台，提出个性化的培训方案。

数字化人力资源培训可以提供个性化数据，针对员工的特点、需求以及学习能力等因素，综合提供具有针对性的培训方案。

4. 在绩效管理方面

传统的绩效管理往往较滞后，关注结果，数字化人力资源利用大数据，可以即时记录、更新员工工作行为的各项数据，及时作出信息反馈。管理者与员工可以实时地依据数据的观察，解读数据，跟踪现场，及时地对员工进行绩效辅导和绩效沟通，建立持续的绩效管理流程。同时，把企业战略、组织目标和员工目标紧密结合，最终转化为员工的绩效。

5. 在薪酬管理方面

数字化人力资源实时地将员工的绩效与薪酬挂钩。通过对员工绩效的行为观察、记录和分析，对不同的绩效行为进行对比，寻找绩效差距，找出绩效问题，帮助员工找到提高绩效的方式、方法，改进工作绩效。并将绩效结果数据直接与薪酬、激励系统相关联，实时反馈员工目标实现进度和奖惩情况，提高员工的公平感。

数字化人力资源实时地对员工行为和绩效进行更新和反馈，将员工报酬与绩效紧密相连，提升员工公平感和满意度。

6. 在员工激励方面

传统的员工激励方式，着重于薪酬和福利方面的物质激励，在精神方面关注较为缺乏并且落实不足。数字化人力资源，基于企业数字化管理平台，结合员工数据分析结果进行有针对性的、差异化的、实时的激励。

数字化管理平台汇集了员工所有日常行为数据,通过系统数据分析,挖掘员工在物质、精神、心理等层面的需求与期望,并将员工期望与出勤、绩效、工龄等其他个人条件相匹配,通过大数据系统整合出最佳的激励方案。

特别是在员工认可方面,借助数字化人力资源,对激励员工、组织赋能、提高绩效有着独特的优势。

四、数字化人力资源的技术发展与职能转化

数字化人力资源的技术发展演变大体可以分为四个阶段。

第一阶段:人力资源管理信息化记录系统。始于20世纪70年代到80年代,通过计算机代替传统纸质记录,建立人力资源信息记录系统。显示一个类似表单的呈现方式。而且,所有的信息都是固化的,必须通过人力进行系统更新。

第二阶段:人才系统。20世纪90年代到21世纪前10年,新的技术开始出现,使用求职者跟踪、学习管理、员工调查和员工自我服务系统工具。这些工具关注人才产出,招聘员工速度更快、成本更低,跟踪或改善培训与技能,了解员工敬业度,为员工提供最佳的工作信息。

第三阶段:员工参与系统。就是当下的数字化时代,互联网、大数据、自动化、云计算各种技术在管理领域得到广泛应用。人力资源管理技术以员工体验为核心,提供一个旨在吸引员工的用户界面,通过技术架构大型员工体验平台。同时关注员工倾听、参与和文化体验。这些系统不仅能提高人力资源管理各个方面的工作效率,而且能同步实现企业的数字化管理。

第四阶段:人力资源管理的数智化系统。在未来10年,人工智能和分析技术的发展使数字化人力资源管理越来越智能化。企业应用这些工具获取人力资源,进行人才筛选、评估求职者、建立数智化的人力资源管理功能模块,人工智能数字化工具将会普遍使用。

在数字化人力资源管理发展的同时,人力资源部的职能和角色也在发生变化,从工业时代HR 1.0、互联网时代HR 2.0到数字时代HR 3.0(表1-4)。

表1-4 人力资源部门工作的职能转化

	工业时代 HR 1.0	互联网时代 HR 2.0	数字时代 HR 3.0
主要关注点	合规、行政设计、项目和职位	流程卓越、标准化、自助服务、共享服务	员工体验、认知、个性化、透明
组织	职能、服务中心、人力资源伙伴区域化	卓越中心、共享服务、人力资源业务伙伴大部分实现全球标准化	解决方案经理、智能聊天机器人、快速响应小组、人力资源业务伙伴
设计驱动因素	最佳实践对标	流程专家	用户设计思维
决策驱动因素	直觉	基于人力资源历史数据的分析	基于预测性AI和海量内外数据,形成可付诸行动的洞察
关键衡量指标领域	职位评价、绩效评估、人才流失率、员工满意度	编制、能力、多样化体现、效率指标、员工参与度	关键技能、领导后备梯队多元化、包容性、人才流失率、净推荐值(NPS)敬业度调查

工业时代 HR 1.0 专注于合规性、行政管理和高效的服务交付。

互联网时代 HR 2.0 团队发展成为综合人才中心，专注于培训和赋能业务合作伙伴，以使他们能够在需要时提供解决方案。

数字时代 HR 3.0 将 HR 转变为敏捷的咨询组织，HR 3.0 的职能必须提高自动化水平，加大 AI 应用力度；更注重以数据为中心，加快向咨询角色转型；还要增强敏捷性。不仅可以高效地提供服务，而且能将设计思维方法付诸实践，为企业带来创新的解决方案和认知型工具，实现更高的透明度。HR 3.0 实现的目标包括：运用设计思维原则，使用高度智能化的认知型工具，以及高度关注透明度、包容性和组织变革。

五、数字化人力资源管理面临的问题

数字化的人力资源管理模式是为员工构建数字化工作环境，其核心要求是具有数字驱动的思维和数字化分析的能力。数字化人力资源管理既是工作的平台，也是组织管理新的思维方式和工作方法。在构建数字化人力资源管理的过程中，需要关注以下几个方面的问题。

1. 数据的质量与价值

在大数据时代，面对海量的数据和信息，并非所有的信息都是有价值的，在基于海量数据做决策的过程中，如何快速、有效、精准地从数据库中获得有价值的信息并加以利用，是数据化人力资源管理时时刻刻必须高度重视的问题。

2. 公司规模与数据量

数字化人力资源管理需要以大数据为基础，因此，数字化人力资源适用于规模化的企业。当前，我国大多数中小型企业由于公司规模的限制，来自组织内部的数据量并不能达到利用大数据分析与管理的程度。如果在这样的情况下，中小企业仍然坚持花大量费用在建立数字化平台上，不但不能提高人力资源管理的水平，甚至可能造成人力资源运营效率的降低。

3. 虚假数据即数据造假

通过大数据的分析与运营，可以为企业的经营管理、组织发展、人力资源管理提供决策的依据，信息的真假成为决策是否准确的依据，因此，海量数据的真假识别是应用大数据技术进行人力资源管理分析与决策的重大前提。

4. 信息安全与信息保护

在大数据时代，为建造更加完善的数据库，在人力资源产业链上下游会越来越提倡共享。在大数据平台上，保存的大量员工的资料和信息虽然有利于全产业在共享中创造更多价值，但员工个人以及企业商业数据的安全性也存在巨大隐患。数据的公平使用权、个人信息的保护等，是数字化人力资源管理极其重要的问题。

5. 思维是基于数据的，而非仅仅依靠经验

数字化人力资源管理各项观察、分析和决策都是以数据为基础。人力资源工作者要转变传统的、习惯性的以经验判断为基础的工作方式，应该依据数据和事实进行理性分析，进而提出预测和解决问题的方案。

第二篇

战略构建与人力资源管理制度体系设计

第二章
一个核心理念——人与组织匹配

组织中的人力资源管理是一个人力资源获取、整合、保持、激励、调整、控制及开发的过程。通俗地讲，人力资源管理主要包括选人、用人、育人、激励人、留人、人员退出等内容。人力资源管理已经成为企业管理的重要环节。而人力资源作为企业发展的战略性资源、组织行为的核心组成部分，也是企业赢得持续竞争优势的关键因素。

西方管理思想的演变主要经历了科学管理时代、人际关系和行为管理时代以及现今强调人和组织匹配的新时代三个阶段。相对应地，组织与人力资源管理的侧重点也经历了注重组织、注重人、注重人和组织的匹配三个过程。然而，思考我国人力资源管理发展的逻辑，企业人力资源管理现代化的总体水平还处于较低的层面，"只见事不见人"等现象突出，实质上还缺乏对"人"这一因素的关注，造成一系列人力资源管理问题的出现，并严重影响了企业的现代化管理进程，阻碍了企业战略目标的实现。

笔者认为，"思想就是方法"。人力资源管理首先是一种思想，这种思想的根本出发点是实现组织中人和组织的匹配；其次，人力资源管理更是一种方法，这种方法包括各种技术和手段，最终目的是解决组织中"人"和"事"的问题，达到人和组织的匹配，最终支撑组织战略的实现。

管理思想演变中的"组织"和"人"的关系如图 2-1 所示。

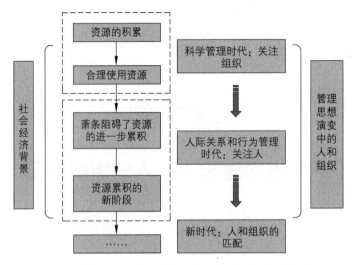

图 2-1　管理思想演变中的"组织"和"人"的关系

第一节　管理思想演变中的"组织"与"人"

人总是参加于组织之中，组织也一直是为了实现人的目标而存在的。管理是人们谋求通过集体的行动来满足其需求时所产生的一种必不可少的活动，并且有助于人和组织目标的实现。从本质上看，人具有经济、社会和政治等方面的需要，这些需要的一部分要通过组织的努力才能实现。

现今社会，人力资源管理越来越成为企业管理的重要组成部分。真正意义上的现代人事管理的形成源于科学管理时期。科学管理是管理思想发展历史上的一个高峰，同时也是第一次管理思想的大综合。在此后管理思想的演变中，对"组织"或"人"的关注一直贯穿其中。

一、科学管理时代——关注"组织"

阿尔弗雷德·钱德勒（Alfred D. Chandler Jr.）将美国大企业发展的历史分成四个阶段。
（1）资金的初步扩大和积累。
（2）合理使用资金。
（3）发展新的市场和行业，以保证继续充分利用资金。
（4）建立一种新的结构，以便有可能继续有效地动员资金来满足变化中短期的市场需求和长期的市场趋势。

按此理论分析，科学管理时期正是美国大公司资金积累阶段向资金使用阶段过渡的时期。

19世纪后期，美国尚处于萌芽阶段的各个新的工业部门正在迅速发展，影响并最终支配了美国的生活常规。这时已经开始有了大量的钢铁、肉类包装业、电力、橡胶、烟草等大型企业，石油和电能的发现与应用大大补充了煤炭作为动力的来源。汽车的大量应用使得城市和郊区的交通运输业也有了明显的改进，人们的流动速度加快，零售商品的市场进一步扩大。

批量生产的新经济学要求更多地注重改进管理的方法。为满足大规模市场和大规模销售的要求，必须大量地积累资金。第一次世界大战开始时，美国工业发展的第一阶段，即资本累积阶段已经完成。在20世纪的前20年中，设计和实现适当的管理结构和组织结构成为必需。大企业要求在公司活动与人员之间建立一种正式的结构关系，并需要正式确定管理的程序。资源累积阶段的完成意味着20世纪初期那些典型的公司基本上面临两个问题。

（1）有必要改进生产技术和生产过程以降低单位成本。

（2）需要推动计划工作和协调工作并对经营效益进行评价。

在这样的背景下，泰勒（Frederick Winslow Taylor）科学管理理论应运而生。泰勒抱着解决劳资双方矛盾，提高劳动生产率，解决由于没有管理或管理不当造成的巨大浪费的目的，通过大量贴近实际的实验，如搬运生铁实验、铲具实验、金属切削实验等，提出了科学管理理论。泰勒主张管理方法要发生根本性转变，用新的、科学的、规范的方法取代旧的、凭直觉、模仿他人的经验方法，实行工具标准化、操作标准化、劳动动作标准化、劳动环境标准化等标准化管理；并提出了管理过程中的标准化问题：使用工具标准化，操作过程程序化，管理活动科学化。也正是从泰勒开始把标准化引进管理科学，并把"使所有的工具和工作条件实现标准化和完美化"列入科学管理四大原理的首要原理。

继泰勒之后，科学管理又有了大批的追随者，像卡尔·巴斯（Carl George Buss）、亨利·甘特（Henry Laurence Gantt）、弗兰克·吉尔布雷斯（Frank Bunker Gillbreth）夫妇等，他们在不同程度上都对泰勒的效率主义和规范化管理思想进行了发展。

在这个阶段中，除了亚当·斯密（Adam Smith）所说的"看不见的手"在强烈地支配各个企业运作外，另外一只钱德勒所称的"看得见的手"，也在快速形成和支配着企业的运作，即由现代工商企业管理协调着企业运作，并用管理上"看得见的手"取代市场机制"看不见的手"。而这只"看得见的手"所操纵的就是管理思想和管理方法，而这正是科学管理所提供的。正是这种科学管理思想把管理职能从工业生产中分离出来，从而形成了管理阶层。

图2-2以图形的形式概述了科学管理思想的产生、发展与演变的情况，科学管理不是凭空想象而来，而是由多方面背景综合而成的。

在这一时期，泰勒提出"科学地挑选工人"，"管理部门和工人之间进行亲密无间的友好合作"等科学管理的原则，并提出要"不断改善工人待遇"。胡戈·明茨伯格（Huso Munsterberg）也开创了工业心理学，从一个角度开始关注"人"。工程师研究机械效率，工业心理学研究人的效率，两者的目的都是相同的，即全面提高生产率。这种转变只是体现在对人的评价比以前更加客观，在对人员进行管理的过程中对员工更加尊重，但人仍然只被看作与其他物品一样的、为实现企业目标所必须的一种要素，而与其他要素不同的、只有人才能具备的能动性特质并没有得到充分的认识和肯定。人事管理在组织中只被视为低层次的、技术含量低的、无须特殊专长的工作，其活动仅限于人员的招聘、遴选、派用、工资发放、档案保管之类琐细的具体工

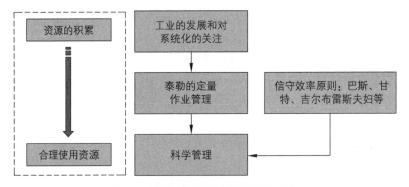

图 2-2 科学管理时代管理思想演变

资料来源：雷恩. 管理思想的演变[M]. 赵睿，等译. 北京：中国社会科学出版社，2000.

作，后来又涉及职务分析、绩效评估、员工培训活动的组织等工作，从性质上属于行政事务性工作，活动范围非常有限，主要由人事部门的职员具体执行，基本上不涉及组织的高层决策。

尽管泰勒、巴斯、吉尔布雷斯夫妇等人在试图解决一些问题时存在差异，但是他们共享一个"经济人"的假设。把人的工作物质动机摆在了一个空前突出的位置，奉行"以物为中心"这一理性哲学。这一阶段，在管理工作中对工具标准化、操作标准化、劳动动作标准化、劳动环境标准化的大量关注表明，人力资源管理的侧重点仍是组织和工作系统，对"人"这一要素依旧缺乏关注和开发。

二、人际关系和行为管理时代——关注"人"

20 世纪 20 年代后期，在泰勒科学管理"经济人"假设基础上，通过激励和严格管理，劳动效率的确有所提高，但工人积极性仍不高。这一现象引起了许多学者的困惑和兴趣，开始探究影响人的积极性（行为、能力）问题——除了环境、待遇因素之外，是否还有其他至关重要的因素被忽略了。

那时，工商界对科学管理为什么不能对生产力和人的行为产生革命性的影响这个问题知之甚少。从理论上来讲，科学管理的逻辑是非常强有力和不可辩驳的。然而，实践中，企业引进大规模生产和科学管理技术后，劳动者的士气通常会有所降低。管理学思想开始关心人的方面。

泰勒发现了工作，福特（Henry Ford）探索出大规模生产的工作，斯隆（Alfred P. Sloan）则将工作组织起来，而"人"并不是主角。但是，霍桑试验是一个例外。1927—1928 年，梅奥（George Elton Mayo）以霍桑工厂为研究对象，仅仅通过访谈实验，发现工人会因管理者允许他们畅所欲言，自由提出个人的看法、主张、建议而备受鼓舞，从而持更加积极的工作态度。这一研究表明，仅仅采取计件工资来调动工人的积极性是不够的，激励性工资对提高生产效率的影响其实有限。在大量实验的基础上，梅奥发现工人除了关心和追求物质待遇外，还关心他人对自己的认可、肯定和尊重。管理者应充分满足工人的心理和社会需要（psychological and social needs），搞好与工人的关系，鼓舞他们的士气，劳动生产率自然提高——这是梅奥提出的人事管理中人际关系的核心内容。

此外，1929 年经济危机的爆发使美国从经济的繁荣进入"大萧条"时期，1933 年失业人数达到 283 万（失业率为 24.9%）。常年的营业率下降、失业盛行、收入低落、家庭失散、储蓄用尽使全国人民的精神情绪降至最低点，生产工作效率低下。梅奥主义者认为，经济问题的根源在于社会问题。只要恢复了社会团结，重建了原始团体，开辟了信息交流渠道，满足了社会和心理需要，人们的努力就能转向提高生产效率。玛丽·帕克·福莱特（Mary Parker Follett）在其权力的非人格化、联合和开明领导的号召中支持了这一论点。切斯特·巴纳德（Chester I. Barnard）指出，一个组织为了要有效率地实现组织目标，就必须在满足个人和团体需要方面有效率，协作是管理当局和工人两者之间一个互相的过程。此外，福莱特也是一位坚定的职工代表计划的信仰者。20 世纪 20 年代，该计划被炮制出来。她坚信要"通过利益的结合来减少冲突"，以及"确立一种通过协作和控制的努力来达到目标"。

在这一时期，对安全的渴求渐渐从共同承受苦难命运的同一代人甚至下一代人中找到答案。当社会产生一种巨大的文化冲击（如萧条）的时候，人们会自然地作出反应而组成团体。戴维·里斯曼（David Riesman）提出由"内向人"向"外向人"的转变。人们在资本主义和新教伦理的个人主义者中感到孤独，需要某种比他们自己更伟大的事物，如上帝、国家、公司、工会或其他事物等，以便得到自我认同。科学管理时代开始逐渐向人际关系时代转变。

自从梅奥发现人际关系对于提高生产率至关重要以后，20 世纪 50 年代，众多的管理学家、心理学家和社会学家开始对个体和群体行为（behaviors）等问题展开研究。尽管他们分析问题的角度各有侧重，研究背景、兴趣各有不同，但都认识到员工行为是"多样化、复杂化"的。

美国心理学家马斯洛（Abraham H. Maslow）侧重于对组织中个体的需求类型和特征进行研究，认为人有五个层次的需求：生理需求、安全需求、社交需求、尊重需求、自我实现需求。马斯洛强调这五个层次的需求关系是递进的，当低层次的需求未满足前，高一层次的需求被抑制住；当低层次的需求获得满足后，高一层次的需求则显露出来，取而代之成为主导因素，影响人的行为。根据马斯洛需求层次理论，管理者在激励员工时必须抓住主导需求，根据他们主导需求制订措施，激励员工。正是基于这种认识，麦格雷戈（Douglas M. McGregor）提出对组织中人的管理方式应根据被管理者的人性观而调整，对不同层次的需求，应采取不同的政策。X 理论假定马斯洛需求框架下的较低层次需要支配着个体行为，而 Y 理论假定较高层次需要支配着个体的行为。当介乎 X 理论和 Y 理论（X theory and Y theory）之间时，Y 理论则更实际、更有效。因此，他强调要为员工提供富有挑战性的工作，给他们参与决策的机会，与员工建立良好的人际关系，从而更好地调动他们的积极性。美国心理学家赫茨伯格（Frederick Herzberg）对于人事理论的突出贡献在于修正了传统的认为不满意的对立面就是满意（satisfaction）的观点，认为满意的对立面是不满意（dissatisfaction），不满意的对立面则是不再不满意。他通过研究调查发现导致人们工作不满意的因素多与他们的工作环境有关，他将这些因素称为保健因素；导致他们工作满意的因素通常是由工作本身所产生的，这些因素给职工很大程度上的激励，有利于充分、持久地调动职工的积极性，他将这些因素称为激励因素。

这一时期管理思想的演变如图 2-3 所示。从年代上讲，福莱特虽然身处科学管理时代，但却因预测到霍桑研究的许多结论而成为科学管理时代和社会人时代的思想桥梁。霍桑试验把人际关系运动推向前台并引出了社会人的思想。之后的行为主义学家通过对人的激励、动机、满意度等因素的研究，推动了现代组织理论的发展以及把对"人"的关注推向更高的层面。

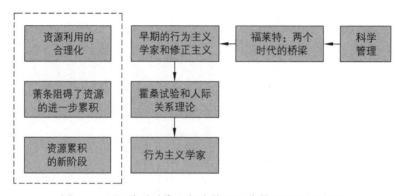

图 2-3　人际关系时代和行为管理时代管理思想的演变

资料来源：雷恩. 管理思想的演变[M]. 赵睿，等译. 北京：中国社会科学出版社，2000.

大卫·里斯曼（David Riesman）认为，这是从"看不见的手到热情的手"的转变。事实上，这个阶段已从科学管理时代对"组织"的关注转变到了对"人"的关注。霍桑、马斯洛、赫茨伯格等这一学派没有继承"经济人"的基本假设和推理逻辑，而是借鉴社会学、心理学、人类学和经济学的一些概念和理论，共享了人是"社会人""自我实现人"的假设，从而使组织的哲学从"以物为中心"的理性主义哲学开始向"以人为中心"的人本主义哲学转变。

三、现代管理者的挑战——寻求"组织"和"人"的匹配

回顾管理思想的演变，早在 1776 年，亚当·斯密就注意到，劳动分工存在分工过度和失效的现象。泰勒、弗兰克·吉尔布雷斯和其他一些科学管理的先驱者研究了工人们的动作、工具以及工作方法，希望能够发现更佳的工作方式，以便在奖励工人提高工作成绩的同时减少无用功、增加有效性，并期待人们能更加聪明地工作而不是更加刻苦地工作。具有长远眼光的管理工作有责任在提高工作表现的同时使得工作更有意义。到了人际关系学派和行为主义学派时期，"人"这一要素被发现和研究。人们开始越来越认识到"人"是工作的主体，"人"是一种特殊的资源。人身上所带有的特性也被挖掘出来。这一学派通过心理学和社会心理学强调管理中人的因素的作用，大量研究集中于人的"动机""满意度""需求"等因素。

然而正如怀特·巴基（Wight Bakke）所提到的那样，人力资源是企业的一种特殊资源，然而，人力资源的核心并非"个人幸福"，而在于"生产率提高"方面的作用。人的因素必须被整合到每个组织的整体任务中去。在关心员工满意度提高、职工职业发展通道建设等有关"人"

的因素的同时，必须同时对"组织"的效率和规范化等进行关注。德鲁克（Peter F. Drucker）说，管理是对"度"的把握。组织要求规范化、制度化以提高效率，而人是有个性的资源，如何将"人"和"组织"进行合理匹配，并掌握合理的"度"就成了现代管理者共同探索的问题。

从20世纪80年代中期以后，关于人和组织匹配的研究越来越多。辛德勒.B（Schneider B）则把"人—组织匹配"宽泛地定义为人与组织之间的相容性。他提出了一个"吸引—挑选—摩擦"（attraction-selection-attrition，ASA）模型。该框架认为：因为人和组织之间具有相似性而相吸。爱德华Jr.（Edwards Jr.）将人和组织匹配定义为个人能力和工作需要的匹配（需求—能力）或者是个人要求与工作属性的匹配（要求—供给）。曼切斯肯·P.M.（Muchinsky P.M.）和莫纳汉.C.J.（Monahan C.J.）等人则进一步细化了匹配的概念。他们认为，存在两种类型的匹配，即一致匹配和互补匹配。一致匹配是指个体能够在组织中增补、修饰或拥有其他个体相似的特征；互补匹配是指个体特征能够弥补组织的不足。

第二节　历史与逻辑的统一——中国人力资源管理的演变、问题及解决思路

人力资源管理是现代管理理念的重要组成部分，然而"人力资源管理""人力资源"等词汇真正在中国广泛运用和被实践也只有30多年的时间。在这30多年里，随着国际互联网的普及和现代信息技术的广泛运用，全球组织面临数字化、信息化的严峻挑战。在这个知识资源占据支配地位的知识经济时代，我国现代管理模式和经营理念也将面临新的挑战。

一、中国人力资源管理的发展逻辑

随着改革开放政策的实施，我国各级劳动人事管理机构得到恢复、加强和发展，劳动人事制度开始被纳入正轨。1978年至20世纪80年代中期，我国在计划经济的体制框架内实行企业扩大自主权的试点，到1980年，试点企业达6600多家。国家对放权企业实行利润包成制度，企业在生产计划、产品销售、资金使用、干部任免、职工奖惩等方面有一定的自主权。这种以强化物质激励为主的企业改革，其目的是刺激企业向商业极度匮乏的社会提供更多的商品。在这一时期，虽然规定企业在用人方面有权根据生产需要和精简、效能的原则决定自己的机构设置和人员配备，并有权对严重违反劳动纪律的员工给予处分，甚至辞退，但由于没有劳动力市场和社会保障体系的完善，又由于旧的用人观念根深蒂固，这些权力的运用是极为有限的。

从20世纪80年代中期到90年代中期，我国企业的外部环境发生了根本性的变化，中国经济改革进入实质性的阶段。外资开始引入中国，国有企业在非国有企业和外资企业的竞争压力下开始不得不采取一些改革措施。我国的企业人事制度开始有了较大的变革。从1985年开始，

各地方各部门开始实行工资工效挂钩机制,到 1993 年,全国国有大中型企业基本上都实行了这种工资制度。在用人方面,自 1986 年开始,我国开始推行厂长负责制。政府主管厂级领导的管理,其他人员由企业管理,实行分级管理的人事管理体制。企业有权根据经营需要招聘人员,有权对人员进行奖惩,从 1992 年开始,我国开始把实行劳动合同制列为转换国有企业经营机制的主要内容,到 1994 年实行劳动制的职工达到全国职工总数的 40%。

从 20 世纪 90 年代中期开始,我国提出进一步转换国有企业的经营机制,建立适应市场经济要求、产权清晰、权责明确、政企分开、管理科学的现代企业制度,同时也决定呼吁建立包括社会保险、社会救济、社会福利等全面的多层次的社会保障制度。到 2002 年,城镇养老、失业保险全面实施,覆盖面达 90%;医疗、工伤、生育保险制度的覆盖面达 80%。国有企业在公司制改革的过程中,人事制度的变革焦点集中在对企业高层管理者行为激励和约束上,如何通过内外部机制的建立解决"内部人"控制问题。

在 20 世纪 90 年代开始的十几年里,我国大量引进、借鉴国外先进的管理理论和经验,对人力资源管理的高度重视也从此起步。但在人力资源管理理论上国内学者并无重大突破,理论界更侧重对国外先进管理理论的介绍以及如何与我国实际情况相结合而逐步改善企业人力资源管理状况。

二、见事不见人——中国人力资源管理演变过程中的问题

回顾 30 多年来我国管理思想的演变,现阶段我国正处于以科学管理思想为主体,并逐渐开始发现"人"和意识到"人"的重要性的时期。这正与西方管理思想演变的历史相互契合。我国人力资源管理大多数仍处于传统的人事管理阶段,一些国内著名企业已实施人力资源战略管理,但绝大多数中小企业的人力资源管理依然停留在传统人事管理水平上,其企业人力资源管理的主要特点是以事为中心,只见事不见人,不见人和事的整体性与系统性,把人视作一种工具和成本,注重的是使用和控制,所表现出来的人力资源管理问题大体体现在以下几个方面。

1. 人力资源管理制度不健全

现行的制度从其内容来分析,大多是从员工考勤、奖惩制度、工资分配、工作规则等方面对员工加以限制,而不是从以人为中心、充分调动员工的积极性和创造性出发,来规范企业和员工的行为,以求得员工发展和组织目标的实现。尽管员工心存不满,但由于劳动力买方市场的现实情况,大部分员工只好接受各种条件限制。另外,也没有更合理健全的制度措施来对这些不足之处进行约束和规范,使得人力资源管理的效率更加低下。因此,在某种意义上,目前一些企业的人力资源管理制度的执行具有一定的强制性。

2. 缺乏对企业发展的战略性思考,导致人力资源规划的缺乏

我国某些家族企业在创业初期,一般规模小,在成长起来的过程中没有组织战略,由于惯性的作用和创业者普遍缺乏对企业发展的战略性思考,导致企业在扩展阶段没有企业战略,没

有合理的人力资源规划。

3. 用人制度僵化、缺乏竞争机制

现行大部分企业用人制度主要是全员劳动合同制和聘任制，即以劳动合同形式把企业和个人之间的关系明确下来，并对管理人员和技术人员实行分级聘用。人员的聘用仍是通过主管提名、人事部门考察、组织讨论的方式决定。公开选拔、竞争上岗的方式还没有进一步推行。同时人员配置机制不规范，工作职位与个人能力上的能级对应原则没有充分体现，人才缺乏与人才浪费、人才闲置与用人不当并存。

4. 缺乏科学、合理、有效、可行的员工绩效评估体系和激励机制

目前我国大多数企业的绩效评估体系都不够全面，激励手段也比较单一，不能准确地评价员工的工作，进而对员工进行合理的激励。

企业的薪酬体系过于单一，过分强调保障功能，会导致其激励性、调节性减弱，致使对企业作出重大贡献的经营管理者、专业技术人员的积极性得不到充分发挥，造成人才流失。此外，由于中国国情所在，众多私营企业为了最大限度地获取利益，保障最低的人力资源成本，用工尚不规范，员工的薪酬基本上不能维持其生活需要。

5. 分配制度缺乏新的突破，动力机制与约束机制不完善

分配制度还没有真正成为经营管理的推动力，生产经营效益与分配水平没有取得良好的相互作用的效果，分配制度创新难度大，分配制度改革滞后于经营内外环境变化。职工工资结构不尽合理，职工收入没有完全货币化，福利性待遇没有全部转成经营性待遇。

6. 人力资源部在现实中普遍充当执行、参谋的角色，而没有纳入经营决策层

目前绝大多数人力资源管理只是着眼于当前的业务管理，仅是在企业需要时发挥作用，如补充人员、发放工资、培训职工、解决劳资纠纷等，没有上升到企业经营战略上进行全局考虑。

7. 员工素质偏低，高层技术及管理人才缺乏

我国许多家族企业的创业者多数是在本地创办企业，资源相对匮乏，企业员工以本地人员为主。随着家族企业的规模不断扩大，他们的管理、技术水平跟不上企业的发展。由于相当数量的家族企业所在地往往不是大都市，环境相对偏僻、艰苦，地域条件上也限制了高层技术、管理人才的引进。

三、人与组织的匹配——中国人力资源管理的解决思路

现代人力资源管理取代计划经济模式下的劳动人事管理不是简单的名词置换，而是从思想理论到方法运用的根本转变。从我国现代企业的人力资源管理现状和面临的种种挑战不难看

出，我国企业要尽快实现这个转变，实现真正意义上的人力资源管理，必须找出一种适合我国经济发展现状的人力资源管理模式和方法，才能在日益激烈的竞争中获得生存和发展。

组织和人是企业中最重要的两大因素。从上述对我国人力资源管理问题的分析可以看出，在过去 30 多年内，我国人力资源管理充分借鉴了国外的人力资源管理理论，但是由于经济和社会环境的限制，我国的人力资源管理呈现出过分重视"组织"和"工作"，而对"人"这一要素缺乏真正意义上的尊重。真正意义上的"以人为本"的思路也没有得到充分的实践，并给企业带来诸多不利的影响。我国企业的人力资源管理正在面临从计划经济时代的以事为中心的人事管理到市场经济时代的以人为中心的挑战。

过分关注组织，企业将会忽略对人方面的思考，人的潜力将不会被最大化地开发，长此以往，企业也会失去竞争优势。现今我国人力资源管理要从以事为中心中跳出来。然而从另外一个角度来看，过分关注人，企业也将会忽略对组织方面的重视。德鲁克在《管理的实践》中早就提出，"经理们可以利用其他资源，但是人力资源只能自我利用"。"人对自己是否工作绝对拥有完全的自主权。"人是个性化的资源，而企业要想实现效益最大化就必须关注组织效率的提高。组织效率提高的很重要的途径即来源于"劳动分工"所带来的工具标准化和操作标准化。过分关注人，人力资源本身"个性化"的特征将大大降低组织的效率。理论和实践证明，只有将人和组织合理匹配起来，才能达到企业人力资源管理的最高目标，进而促进企业战略目标的实现。只有将"人与组织匹配"这一问题解释清楚及有效落实，才能解决我国企业人力资源管理中存在的诸多问题。我们将在接下来的章节中具体阐述人和组织相匹配的内涵以及通过什么样的技术和方法以实现人与组织的匹配。

第三章

两大系统平台——组织与人力资源管理的思想体系

人力资源管理的终极目标就是实现人与组织的匹配,可见,组织和人是企业中最重要的两大平台。但事实上,在企业的实际运转过程中,这两者在本质上是存在冲突的。假设人是常量,组织本身是一个系统,解决组织效率问题必须解决其功能化问题。而要实现这一目标,又要依靠分工,专业化分工越细,效率越高。但是,每个人都是有个性的,但如果在组织中过分强调个性,效率反而会降低。因此,组织必须实现人的去我化——去我化即必须忘却自己,使其融入组织当中。没有一个组织的目标是可以通过个人完成的。从根本上说,去我化就是组织规范化的过程。我们不可能通过制度解决所有的问题,制度解决的是组织化、功能化的问题,而规矩实际上是文化的内容。很多事情,制度无法解决,这时就要依靠文化(图3-1)。

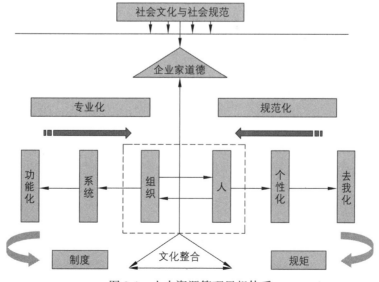

图 3-1　人力资源管理思想体系

事实上，这个模型是一个动态图。文化的力量越凸显，制度和规矩之间的距离也就越小。文化是整个组织的核心牵引力量，企业的文化取决于企业家的道德。员工跟着企业家走，企业家的道德多高，企业的文化就有多大，企业就能做到多好。企业家的道德是整个社会与组织的边界。山有多高，水有多深，山就是企业家。而企业家的道德水平又受到整个社会道德高度的制约。

第一节　组织平台——企业人力资源管理的支撑

巴纳德把一个组织定义为："有意识加以协调的两个或两个以上的人的活动或力的系统。"从根本上说，组织的存在就是由于个人不能完成所有的活动或功能，而这些功能或活动对于实现其目标又是必须的。为了完成这些功能或活动，组织中的人就需要有所分工，每个人或一部分人都在实现复杂目标的过程中承担一部分工作或任务。一旦工作被分割开来，每个人就在做自己专业化的工作，组织就需要一定的方法来协调组织成员的活动，以保证能够最终实现组织的目标。

通过组织及其组织管理的研究：把需要组织完成的复杂工作尽可能分解成最小的单元；工作被分解到标准化的流程中去完成；工作职能是清楚的；工作流程是明确的；工作结果的标准是清晰的；在这一系列的清晰、明确和标准面前，复杂的工作被转化成简单的行为。因此，面对简单的工作，也就不需要更高的能力和更多的努力，工作的效率自然就会显现出来。所以，同样素质的员工，工作的效率具有明显的不同。

在同样条件下（相同的目标、相同的资源、相同的回报），什么样的工作方式达成工作目标的效率最高？

答案很简单，即有组织的工作方式。

因此，从一开始，组织的产生就是为了解决效率问题。所谓有组织的工作，就是通过劳动分工的方式，以有效的组织职能划分，通过分工与协作，最终达成组织的目标。

一、高效的组织，完整的系统

系统论的核心思想是：任何系统都是一个有机的整体，它不是各个部分的机械组合和简单相加，系统的整体功能是各要素在孤立状态下所没有的性质。从广义上来讲，组织本身就是一个系统。要研究组织，就需要分析组织的要素。组织的系统观首先强调组织中各要素的相互作用和相互依存的关系。组织作为一个整体，如果要有效运作，其中的每一个要素就必须依赖其他的要素。

（一）由组织产生看组织系统——巴纳德的组织系统论

早在20世纪30年代，巴纳德就提出，组织是个协作的系统，它是由不同的人组成的，因此维持组织的平衡，关键是要弄清组织的本质是什么、人在组织中是怎样行动的。巴纳德管理理论的核心就在于此,它与行为科学的不同之处在于他认为构成现代工业社会的基本单位——企业是正式组织,只有正式组织才能被看成人类社会发生相互作用的社会过程和社会系统。关于组织的本质,巴纳德提出了一个与前人迥然不同的说法:组织不是集团,而是相互协作的关系,是人相互作用的系统。组织的产生和存续只有通过以下三个要素的结合才能实现,如图3-2所示。

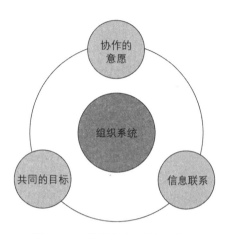

图 3-2　巴纳德组织系统示意图

第一,协作的意愿。组织中人的行为是动机产生的结果,因此组织成员的协作愿望对组织来说是不可缺少的要素之一。协作愿望是指个人为组织目的贡献力量的愿望,意味着个人的自我克制,交出对自己行为的控制权和个人行动的非个人化。协作愿望的强度和持续的时间,随个人感受或预期的满足程度而经常变动,组织为获取成员的协作意愿,通常采用金钱、权力刺激或说服教育的方法以达到目的。

第二,共同的目标。没有目的就没有协作,这是协作意愿的前提条件。组织目的和个人目的是不完全一致的,组织目的为适应环境的变化还要不断变化或更改,这就需要组织目的不仅要得到各个成员的理解,而且必须为每个成员所接受。因此,经营者要妥善解决好协作目标与成员主观目的之间的矛盾,不断调整个人目标与组织目标,使全体职工相信组织中一个共同的目标确实存在。

第三,信息联系。组织目的必须为组织成员所知,否则就毫无意义。建立和维护组织信息系统是管理者的重要职能,其作用是使信息联系的渠道被组织成员明确了解;明确规定每个成员的权利和义务;使信息联系的路径尽可能直接、快捷等。

因此,巴纳德提出,一个优秀的管理者首先要善于招聘和选拔有一定才能并能尽心尽力工作的人员,使这些人协调地、高效率地进行工作。其次要设立一个共同认可的目标,规定组织的任务,在协作系统内部阐明权利和责任,使每个人都能知道怎样为共同目标作出贡献。为保证组织系统正常运转,还要建立和维持一个信息联系系统。如此才有可能构成一个完整的、高效运行的组织系统。

（二）内外双向——组织系统的新观点

企业机构不是简单的摆设，也不是机构的简单相加，而是一个用分工协作、领导隶属关系贯穿起来而形成的职能机构的总体。企业的各个机构还必须是相互联系和制约的，必须有科学的协作。一方面，从联系本身看，企业机构的相互联系和影响具有一定的秩序和层次；另一方面，从企业总体上看，不能只强调个别要素与直接有关要素之间的联系而忽视它们与整个企业的联系。

从系统的观点看，企业是一个由若干基本要素组成的组织系统。这个系统主要包括处于企业经济活动之中的劳动者、劳动对象、劳动手段以及经营管理等要素，它们都以各自的不同形式和内容发生着联系。这些相互联系的要素总和又构成一个以某种阶层结构形式分布，在一定的环境约束下为达到整体而存在的有机结合体，即企业的组织结构。

随着组织的不断发展，关于组织的系统理论也有了进一步的延伸，由初期巴纳德仅仅局限于组织内部的协作意愿、共同目标、信息联系三个系统要素，扩展到了组织目标、组织内部结构以及外界联系三个内外双向的新的系统要素，如图3-3所示。

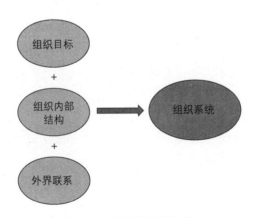

图3-3 组织系统的组成

要建立一个合理的、高效化的企业组织系统，首先必须明确企业组织的目的性。没有目的性，企业的各要素就无法联系和结合，企业的组织系统就不复存在。这一点在巴纳德的组织系统论中也有明确的表述。

在企业目标确定之后，就要通过建立和改革企业组织结构，形成一个合理的、高效化的系统并充分发挥其功能来解决问题——因为这样的系统能够挖掘企业内部人力资源，用较少的劳动消耗实现企业目标，协调各部门、各环节之间的分工协作关系，保证企业经营活动顺利进行；能够把分工协作关系系统化、固定化，提高企业的劳动效率；同时也利于克服目前一些企业由于组织结构不合理而产生的弊端。在组织中，我们可以看到拥有不同技能和专长的人分别在为他们所负责的任务而工作，而组织结构则是协调所有成员不同活动的基础。

现代企业发展到一定阶段，就必然处于一定的部门和社会之中，要与外部环境发生经常的商品、货币、信息的交换和行政上的联系。这就要求企业组织还必须具有以下两方面的能力。

（1）要能适应外部环境的要求和变化，具有适应性。企业组织的适应性是其生命力的重要机制，是衡量企业是否正常运转的标准之一。

（2）商业企业组织要有相对的稳定性。它是保证企业经营活动正常进行的一个重要条件，也是组织系统建设的一条重要经验。

二、依靠分工实现组织的专业化和功能化——组织系统化的必然要求

组织作为一个系统，其内部运行状况是决定效率和成败的一个关键要素。因此，组织的结构与部门划分是否合理，分工是否恰当，不同部门和职能是否能有效协调，都对组织的发展有着重要的影响。

企业组织是分工协作的组织，也是社会分工发展和深化的产物。施蒂格勒在分析企业内部分工的情况时认为，一个企业的经济活动包含许多不同的完成特定功能的操作，分工的发展过程就是企业将不同操作不断分离出去而由那些将这些操作专业化的企业来完成。盛洪据此给出了分工的定义，认为"分工就是两个或两个以上的个人或组织将原来一个人或组织生产活动中所包含的不同职能的操作分开进行"。依靠分工实现组织的专业化和功能化，是实现组织系统高效运转的必由之路。

分工从流程中来。企业的一切生产、经营、管理等方面的活动，都应当以战略为基础。从工作的角度来看，战略决定了组织的职能，每项职能又包含了不同的职责，而职责又是由任务组成的。从根本上说来，企业是由组织和人构成的。战略决定了企业的组织形态，组织由部门组成，部门由岗位组成，而分布在一个个岗位上的就是一个个的员工。每个人所在的岗位便是完成其任务的主体。因此我们说，功能从流程中来，如图3-4所示。

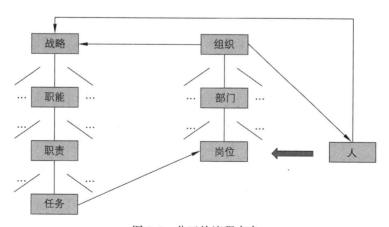

图3-4　分工从流程中来

企业内部的分工，是建立在各类人力资本知识和技能的基础之上的。一方面，企业各类人力资本要完成不同的活动，必须具备基本的知识和技能；另一方面，企业组织成员长时间从事一种活动，又可以通过不断的学习、巩固和积累，从实干中学习，从学习中实干，熟能生巧，进一步提高熟练程度、专业技能并增加工作经验和知识，提高企业整体的组织能力，进一步提高企业组织的分工水平。

　　分工与协作是密不可分的。企业组织内部以分工为基础的协作，还可以从生产和交易两个方面培育与提高企业整体的组织能力。一方面，分工的发展可以使个人的技能和生产的技术得到进一步的发展，企业的技术进步和生产能力的提高，能够使企业使用更多的资源、知识和生产技术，提供更多的适合市场需要的产品和服务，以适应市场上千变万化的需求。另一方面，以发展的分工为基础的协作，对企业的组织协调和管理控制能力提出了更高的要求。钱德勒指出，"在一个企业内把许多营业单位活动内部化所带来的利益，要等到建立起管理层级制以后才可以实现"。当越来越多的生产和交易在企业内部进行组织时，大规模的生产和大规模的流通必然会增加企业组织内部生产和交易的复杂程度，因而需要更高的组织协调和管理控制能力。

　　分工可以使员工将其生产活动集中于较少的操作上，从而较快地提高生产的熟练程度，同时使员工节约或减少因经常变换工作或变换生产活动中的不同操作而损失的时间和物质生产资料。通过分工，人们的工作在既定技术水平条件下变得较为简单，企业的专业化发展还可以降低企业管理工作的复杂程度，提高企业的管理效率，对于技术进步来说也具有十分重要的意义。

三、用制度协调分工——组织高效运行的保障

　　组织作为一个系统，功能化和专业化是其高效率的保证，而这一切都离不开制度的保障。制度的创建与组织的创建几乎是同步的。那么，什么是制度？简言之，制度就是企业中所有成员一切分工合作的基本规范，是成员在组织中的行为规范，任何成员要遵守。一个组织的制度总是包含核心层（战略目标、理念愿景）、基础层（人事制度、财务制度、资产制度等）和扩展层（组织的行业特点和工作程序）。

　　从制度经济学的角度看，分工与专业化的发展产生了管理和专事管理的人。管理的本质就是协调分工。汪丁丁提出，"关于协调分工着的人们的这项工作的技能或知识，一旦积累多了，也需要找到一个载体，好像工具是物化的关于某种专门生产的知识一样，那些关于如何协调分工的知识倾向于被物化为制度。"制度，于是可以被理解成关于如何协调分工的人们的知识的载体。制度所包含的知识是专属于这个工厂的生产过程的，是一种被称作在该组织的成员中"共享的知识"，主要是通过建立一套习惯而共享一种企业文化。由于制度所物化的知识能与同一制度中分工与协调着的人们共享，每个人事先就能知道其他人对他的行为所作出的反应，这就大大减少了个人决策中的不确定性。也就是说，制度的功用在于它能够"降低交易成本"。

　　企业要通过组织制度的设计设定相应的层级机构为战略的实现服务，可以说制度是实施战

略的载体，组织制度设计的好坏直接影响战略的实施。在组织确定后，需要"人"切实将组织的目标变为现实，因此人力资源是支持组织达成战略目标的条件和资源保障，人与人的合作产生了团队工作。在团队工作中，各人的想法（动机）、行为都不同，因此需要一系列的管理制度加以规范，使所有团队成员都朝着一个战略目标前进。制度整合了战略、组织和人力资源等要素，随着战略的调整，我们必须调整组织、调整人力资源，才能促进企业发展。制度对于组织的发展具有重要的意义。它能有效整合各种要素，使得生产要素的所有者有可能组成一个经济组织，通过相互合作产生出大于单独产出之和的成果；合理的制度能降低组织费用、节约组织成本，从而促进组织的发展；制度也是整合企业战略、组织和人力资源的纽带。制度的效力最终体现在执行上，制度不执行等于没有制度，执行不到位反而会削弱制度的效力。

管理离不开制度，但仅仅靠制度也绝不是好的管理。由于制度本身具有较强的刚性，容易造成僵化的问题，因此仅仅依靠制度，很多问题无法得到很好的解决。此外，由于制度的执行难度和执行成本都比较高，而文化是真正内化到人们行为当中的习惯，其反应速度和反应成本都相对较低。因此，面对制度无法解决的问题，就需要文化来对其进行整合。

第二节 人的平台——企业人力资源管理的载体

每个人在刚出生的时候都只是一个自然人，受先天遗传和后天生活经历的影响，形成了不同的价值观和人格，并逐渐完成了社会化的过程。当人们进入一个组织时，自身的价值观与组织的价值观出现差异，这种差异使得人们必须重新调整自己，以使自己能够符合组织文化的要求。个体将组织价值观内在化并由社会人成长为组织人的过程就称为个体的组织化。

我们对组织的定义强调组织是由人组成的。从这个事实出发，不难想到我们可以从单个组织成员的角度来研究组织问题。每个人在进入组织之前都有着不同的经历，而管理者面对的正是这些有着不同社会经验的人。人们在组织中很少单枪匹马地工作，大多数工作都是通过组织成员的协调合作完成的。组织目标的实现，不可能只依靠一两个个体的行为。

要注意的是，组织文化与个人之间的影响并非完全是单向的，一方面个体在不断地适应组织的文化和行为规范；另一方面新加入组织的成员其自身所带的价值观与理念也在影响着组织原有的文化。

一、去我化的度——祛魅与返魅之争

组织当中的员工必须实现一个去我化的过程，以真正融入组织当中来，这样才能实现组织的高效率。随着经济发展，企业的生产方式也在发生翻天覆地的变化，受技术水平、生产氛围的影响，企业对于"去我化"这一概念的定义也有着显著的变化。从根本上来说，解决员工的"去我化"问题实际上就是解决企业内部的效率与沟通问题。更确切地说，大规模生产时代更多解决的是效率问题，而现代企业则更多解决的是沟通问题。

（一）不需要个性——大规模生产时代的宣言

我们可以借用马克斯·韦伯的"祛魅"（disenchantment）一词来描述发生在工业社会中人力资源管理的演变及其重要效果。马克斯·韦伯所称的"世界祛魅"，是指人类社会在近几个世纪中高举理性主义和科学主义的旗帜，通过建立现代科学和实现工业化来涤荡一切非理性因素，在这同时也剥离了事物的丰富属性，譬如剥离了人的主体性、经验和感觉等。在20世纪最重要的、最具竞争力的生产模式——大规模生产的过程中，管理经历了一个"祛魅"的过程。对于大规模生产模式来说，"祛魅"既是这种生产模式的形成前提，又是其产生的结果。在管理"祛魅"和大规模生产模式形成的过程中，劳动者被视为由外在关系所决定的客体，要么被看作是被动的生产工具，要么被看作是制度所决定的、丧失了个人动机的不变因素。人的自决性、创造力和责任感这样一些主体特质完全被剥离了，工人甚至沦为由机器任意摆弄和控制的动物。所以，管理"祛魅"本质上是人的"祛魅"，大规模生产以人的"祛魅"为代价。

从机械论的世界观出发，泰勒认为人本质上如同机器，员工就是生产工具。他对管理的定义是，知道让人们做什么，并看着他们以最有效的方式来做。管理的核心是工作组织、高效监工、工作测量和激励。后继的法约尔、福特，乃至整个大规模生产时代，不需要个性成为实现人与组织匹配和人与工作匹配的捷径。

但是，人的"祛魅"会引起劳动者的强烈敌意，因而降低了劳动生产率和管理的效率，这不仅与大规模生产模式的初衷相悖，而且损害了工业文明本身的意义。正因为如此，重新审视工业文明的意义，建立起一种恢复劳动者主体性特质的管理模式和生产方式，以适应现代迅速变化的市场环境，并进一步提高效率，一直是工业社会中管理理论和实践中的一股潜流，我们把这些现象称为"返魅"（reenchantment）。事实上，在管理的"祛魅"过程中，自始至终存在着"返魅"，即要求恢复人的主体性的主流。

（二）具备组织期望的特质，实现人与组织匹配

人和组织的匹配可以用人与组织匹配理论中的"要求—能力"观点来进行解释。这一观点认为，当个体拥有了组织所要求的特征和能力，就实现了人与组织的匹配。特质相容通常被定义为组织成员的个人特质与组织特质间的相容性，强调个人与组织分享共同特质，关注个人与组织的价值、目标、使命等的匹配。因此，现代企业里所说的"去我化"，已经不是大规模生产时代的完全"祛魅"和要求员工丧失自己的个性，而是强调员工能够具备和组织相匹配的特质。

新员工在进入组织时，一般都带有自己的一套价值观、态度、期望以及生活习惯。开始组织生活后，一般会面对期望与现实不相符的情况，而组织特性是不容易甚至是不可能被改变的，因此大多数情况下应当通过改变自己的特质来适应组织。关于这一点，我们可以用联想的"入模子培训"来形象地说明。

在联想，"入模子"是一个深入人心的词。联想集团的"入模子培训"，就是要培养具有联想血型的人。

"入模子培训"是指联想的入职培训，就是要把社会人变成联想人。联想所有的新员工必

须参加为期一周的封闭式的"入模子培训",且考评合格后,方可有资格转正。早期全体职员都必须到联想总部参加培训,后来各分部的新员工人数达到30人开班的条件时,方可在本地就近开班,但讲师必须都是总部派来的或经总部资格认证的。联想的入职培训不仅包括了解联想的发展史、企业文化和制度流程,还包括通用职业技能和管理技能的培训;不仅学习本岗位的专业技能,还学习全公司各业务板块的有关知识;不仅学习上下游企业的有关知识,还学习著名成功企业尤其是同行业领先型企业的有关知识。以保证新员工对联想知之深、爱之切、行之坚。联想认为,企业有血型,符合这个血型的人,才能成为联想的员工;不符合这个血型的人,联想与之无缘。联想的培训就是培养出具有联想血型的人。联想需要三种血型的人:能独立做一摊事情的人;能够带领一帮人做事情的人;能审时度势,一眼看到底的领军人物。

从本质上说,这个"入模子"的过程,就是人与组织特质相容的过程。不同于大规模生产时代的去我化,而是强调员工需具备与组织特质相匹配的特质,从而达到去我化,并进一步实现提高组织效率的目的,这一理念具有十分现实的指导意义。

(三)第三条道路——中国企业的选择

实现去我化是提高组织效率的必由之路,尊重和充分发挥员工个性的呼声也越来越高。而在我国企业中探讨到底是"祛魅"还是"返魅"的问题,既要看生产所处的阶段,也要立足于中国的实际。计划经济从本质上来讲是一种"祛魅"的经济,通过计划管理对人进行控制。从根本上说,这里不需要发挥人的主体性特质,需要的只是工具理性。从当前中国企业的员工状况来看,他们既未经受泰勒制的训练,又未接受"福特主义"的意识灌输,同时却又经历着现代企业变革的洗礼。在这种情况下,如果实行完全的"祛魅",即忽视员工的个性,通过高度的专业化分工和片面提倡高效的重复性劳动来发展生产,或许在一些生产制造型企业中可以达到提高企业生产效率的目的,但终究具有较大的局限性,如员工生产积极性的降低、员工满意度的下降等。但是,在中国的实际情况下要求全面实现"返魅"也是不现实的。在一些高新技术产业或者科研单位中,确实需要强调人的个性来实现创新,从而实现组织的高效率。但是,这些都应以人与组织的特质匹配为前提,即我们说的第二种形式的去我化。此外,很多管理理论关于"管理理性和工人非理性"的假设本身也具有很大的局限性,因为管理的理性是有限的,而员工的行为也不可能完全非理性。从这点出发,我们也不太赞同彻底的"祛魅"。

二、没有规范,不成方圆

个体去我化的实现要依靠规范。规范,是指人们共同遵守的一些行为规范。广义的规范包括社会制度、法律、纪律、道德、风俗和信仰等,这些都是一个社会里多数成员共有的行为模式。所有组织都形成了自己的规范。组织通过自己的规范让群体成员知道自己在一定的环境条件下,应该做什么,不应该做什么。对于每个成员来说,群体规范就是在某种情境下组织对他的行为方式的期望。一旦规范被组织成员认可并接受,就成为一种影响组织当中人的行为的有效手段了。简单地说,规范是指群体所确立的行为标准。它们可以由组织正式规定,也可以是非正式形成。其中，正式规范是写入组织手册和规章制度的，规定着员工应当遵循的规则和程序，还有一些规范是非正式的，并非明文规定。一般来说，规范可以被划分为绩效、形象、社交、资源分配等几个方面。

规范不是一天两天形成的，它的形成是一个产生—强化—固化的过程，是需要一段时间的。一般来说，组织规范是在组织成员掌握使组织有效运作所必须的行为过程中逐步形成起来的。大多数组织规范是通过以下三种方式中的一种或几种形成起来的。

（1）重要人物明确的陈述。陈述者通常是群体的主管或某个有影响力的人物。

（2）群体历史上的关键事件。有的规范是因为某些事件发生后才制定的。

（3）过去经历中的保留行为。以往的经历会对人的某些行为进行强化，人们习惯性地认为自己应该这样或那样做。

组织规范作为组织内员工的行为规范，是每个成员都必须遵照执行的行动准则，如果谁违背这些准则，就会受到集体舆论的谴责，或者受到批评和处分。事实上，组织规范是组织文化的一个剪影。组织规定了员工行为规范，希望能够实现员工规范行为，提高素质，从而促进工作效率的提高。一般来说，组织规范主要有基本行为规范和工作行为规范两个方面。

（1）基本行为规范。基本行为规范主要涉及的方面有：遵纪守法、崇尚道德、文明礼貌、注重仪表、诚信严谨、真诚沟通、厉行节约、乐于助人、注重健康等。

（2）工作行为规范。工作行为规范主要涉及的方面有：热爱事业、遵守制度、规范着装、团队协作、服务热诚、首问负责、严格保密、敢为人先、作风严谨、高效办公、规避风险、恪守职规等。

第三节　文化整合——两大平台，相得益彰

组织的管理上升到最高层次是文化的整合。组织管理的每一个环节无不受到文化的影响，文化是组织行为与组织管理的原动力。从制度经济学的角度来看，文化的功用在于它是信息的载体，在于由它所生成的习惯势力，在于生长在同一文化氛围内的人们共享着它所承载的信息，而交易成本亦由此而降低。

文化是可以操作的。组织文化，是指组织在长期的生产和经营中所形成的、为组织多数成员共同遵循的基本信念、价值标准和行为规范。它使组织独具特色，区别于其他组织。文化的形成对组织中人的行为和管理起到规范化整合作用。此时，文化的特征会在自然状态下融入组织的管理过程，成为决定性的组织成长要素。组织管理的文化整合是组织成长最原始的驱动力，也是其不断追求的终极目标。

文化作为一种意义形成和控制机制，能够引导和塑造员工的态度与行为，帮助组织成员理解什么行为是可以被接受的、什么行为是不可以被接受的价值观。组织文化中的核心理念、隐含规则对组织中每一个成员的心理和行为产生一种约束与规范作用，这种约束和规范引导并塑造着成员的态度和行为，使得组织成员的信念、行为与组织的要求尽可能一致，而一些不符合

公司核心价值观和公司战略目标的行为则受到抑制。组织文化弥补了管理制度的缺陷，是一种投入代价小、影响范围大的高层次管理，它追求的是无为而治的境界。

制度与文化的关系是辩证统一的：制度建设促进组织文化的形成和成熟，反过来组织文化又影响着制度的制定和实施。当组织的决策者和管理者需要将组织文化向某个方向引导时，制度是最直接和最有力的手段。无形的组织文化通过有形的制度载体得以表现，有形的制度中渗透着无形的组织文化。当制度内涵未被员工心理认同时，制度至多只是一些规则，对员工只起外在的约束作用；而当制度内涵已被员工心理接受并自觉遵守时，制度就变成了一种文化。当组织文化成熟到超越制度的水准，这种文化又会催生新的制度。制度与文化的关系又是相辅相成的：制度再严密也不可能凡事都规定到，但文化却时时处处都能对人们的行为起约束作用。制度是强制性的，但它的刚性却可能会招致执行者的抵触；文化是导向性的，但往往是一种软性的暗示氛围，更能引起共鸣，能留下深刻印记。因而制度永远不可能代替文化的作用。当然，也不能认为文化可以代替制度，两者在互动中共生，在互换中共存。

组织文化有着规章制度不可替代的作用。文化的影响通过组织过程表现出来，通过政策和规定的实质、计划和控制、信息的处理和交流以及决策等管理过程得以体现。这也就要求组织建立独一无二的文化，通过文化整合组织运营的所有活动。

组织的管理进入最高层次是通过文化的整合来带动企业的提升。通过组织文化的功能作用于组织的管理和制度，实现组织文化对管理和制度的整合。制度是硬件，文化是软件，硬件是中性的，而通过具有价值判断的文化整合后的制度设计更具有行为的导向和约束作用。在特定组织文化中的制度将体现组织文化的价值。

组织文化对管理的影响主要体现在企业经营策略、管理制度和体制三个方面，并对三个层面进行整合，如图3-5所示。

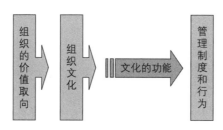

图 3-5　组织文化对管理的整合

组织的价值取向通过组织文化的功能在组织中实现。在组织价值取向的引导下，组织文化使组织成员形成统一的价值观，组织的制度鼓励员工向组织既定的目标努力。组织的价值观在文化系统中得到维系，形成共同的行为规范。在制度失效的情况下，组织文化可以实现对组织成员的激励和约束。

文化的引导使得组织的制度体系具有个性的特征，形成了统一的方向，降低了沟通的成本，效率得到不断的提升。企业文化的最高境界，应当是其控制过程和执行结果既被行为主体视为自然而然的，使其具有不可抗拒的约束效力，又不使行为主体永远无条件地服从，从而失去必要的创造力和积极性。

通过组织文化的整合，达到对企业管理的最高层次是企业家的追求，也是企业向卓越发展的体现。我们似乎可以给出一个组织有效运行的管理轨迹。

（1）形成组织的战略，战略是组织运行与发展的方向。确定了战略的组织才会显现出持续发展的生命力。没有战略，或忽视了战略存在的重要作用，就等于是失去了企业的发展方向。

（2）战略形成之后，随之而来的问题就是如何建立有效的组织，并通过组织的架构支持战略的实施。组织是战略实现的载体。

（3）在解决了战略的制定、组织的设计之后，管理的任务自然转移到人力资源这一核心问题上。此时，我们关注两个方面：①以最具优势的人力资源组合，通过有组织的形式达成组织的战略目标；②形成一整套有效的人力资源管理体系。

（4）在战略既定、组织形成、人员配置三个要素的组合中，通过制度管理的方法提升组织的管理效率，是推动企业的成长的关键。

（5）企业文化作为一种管理整合的要素，使组织的管理与发展进入最高境界，完成了一个基本的组织生命周期的有效运行。

至此，我们系统地完成了对人力资源管理两大平台——组织与工作系统，以及人力资源两个系统的讨论。其最终目的只有一个：保证组织以最有效的方式，在战略条件下实现组织的目标。

第四章

五项基础要素——组织与人力资源管理的方法论道

研究组织与人力资源管理首先从战略出发，战略是组织形成与发展的指引和方向。企业的发展战略能确保企业的行为适应市场竞争的需求，而按照企业战略确定的宗旨和方针设计与实施相应的人力资源管理，保障了企业的管理行为能够按照战略确定的方向前进。

组织是实施战略的载体。一个企业要有效地实施战略，必须建立适宜的组织管控模式和组织结构，使其与战略匹配。组织就是指对完成特定使命（战略）的人力资源进行系统性安排。

人力资源是支持组织达成战略目标的条件和资源保障。人永远是组织的核心，如果没有组织，人就不会存在，而大多数成功组织能够成功的关键也就在于能依靠不同人群的通力协作来实现共同的目标。因此，对于组织中的人如何进行有效的管理、如何让人成为真正能带来价值增值的资源，就成为企业界所共同关心的话题。

同时，制度设计解决了组织发展过程中的管理提升问题。战略、组织、人力资源构成了组织管理制度设计的基础平台，如何使三个互相关联的要素更好地支持组织发展成为企业经营管理者最为关心的议题。制度作为提升组织管理水平的关键性管理要素，确立了其在组织管理制度设计的核心作用。

最后，文化整合是组织管理的最高层次。忽视了企业的文化建设就等于失去了组织的筋骨。缺乏足够的成长机制，企业未来的发展一定会出现问题。因此，可以把组织管理的文化整合看成组织成长最原始的驱动力，也是其不断追求的终极目标。

组织与人力资源管理制度设计五要素模型如图4-1所示。

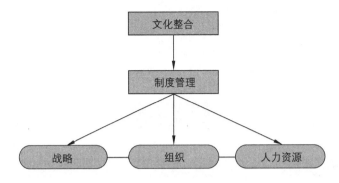

图 4-1　组织与人力资源管理制度设计五要素模型

第一节　愿景牵引——战略对组织的重要意义

研究人力资源管理应当首先从战略出发，战略是组织形成与发展的指引和方向。麦肯锡的一项研究表明：成功的企业基于两种原因，一是必须有明确的发展战略；二是以有限的资源组合专注于组织目标的实现。同时，理性也告诉我们两条定律：组织生存的环境资源是有限的；组织的能力是有限的。因此，这两个有限条件决定了组织的发展只能选择有限目标的实现。那么，有一个至关重要的问题亟待回答：为什么组织的发展首先依赖于战略的制定？

原因在于：战略决定了组织的发展方向，决定了组织的构成，并且决定了组织管理的内容。既然战略如此重要，那么，到底什么是战略？战略为何如此重要？企业又该如何制定战略？

一、何为战略——战略的定义和内涵

关于战略的定义，学术界有许多种不同的描述。其中，明茨伯格（5Ps 理论）较为全面，他把战略定义为五个方面。

（1）战略是一种计划：强调企业管理人员在有意识进行领导，凡事谋划在先，行动在后。

（2）战略是一种计策：强调战略是为威胁或击败竞争对手而采取的一种手段，重在达到预期竞争目的。

（3）战略是一种模式：强调战略重在行动，否则只是空想。

（4）战略是一种定位：强调企业应当适应外部条件，着力形成一个产品和市场"生长圈"。

（5）战略是一种观念：强调战略是人们思维的产物，战略过程的集体意识，要求企业成员共享战略观念，形成一致的行动。

简单地说，战略就是要明确自己是做什么的，然后研究怎么做这件事情。它包括三个要素：远景、目标和方法。不难发现，那些生命力强大的企业大都是一些专业化公司，它们具有明显的专业化特征。当这些企业充分、合理地利用有限的组织资源为社会提供专业化服务的同时，企业自然地完成了其发展的过程。这就是我们通常所说的基于企业核心产品的核心竞争力。

企业的发展依赖于竞争。为什么同一产业的企业，有的成功，有的不成功？成功的企业为什么成功，失败的企业为什么失败？迈克尔·波特从战略角度的解释是，因为二者实行的战略不同，聚焦的产业关键成功因素不同。但实践表明，事情并非如此简单。问题在于，即使是针对同样的产业关键成功因素并采取相似的战略，企业各自的绩效仍然差距巨大。这又怎么解释呢？为什么同样的战略会有不同的结果呢？

哈佛大学战略管理教授潘卡·盖莫沃特的解释是，因为每个企业的投入和承诺不同。按照盖莫沃特的观点，战略是一种坚持不懈的承诺和投入，是一种义无反顾的献身。承诺是战略本身固有的性质。战略之所以必须坚持不懈，是因为它投资的要素具有持久性、专用性、不可交易性，对于企业战略来说，过去的选择约束着目前的选择，而目前的选择又约束着未来的选择。盖莫沃特强调，战略承诺的不可逆转性，意味着必须在战略制定和抉择中坚决克服近视症。他还进一步指出，承诺和投入是对企业之间存在持久差异唯一的一般性解释。当同一行业中相互竞争的企业都认识到该行业的关键成功因素时，最终是否成功就取决于承诺和投入的决心与持久性。所以，凡是获得巨大成功的企业家都依赖于有限资源条件下的有限决策，只关注少数投入密集型的决策造就了成功的企业和企业家。

二、为何要有战略——战略对组织发展的重要性

战略管理关系到企业的生死存亡，把握着企业的发展方向。它是基于对未来经济、技术和文化趋势的预测而着眼于未来的发展；它强调主动性和进攻性；它是建立一种强大而灵活的态势；它强调一种理念或思维方式；它以变革为实质。

美国管理学者高登·葛瑞德利（Gorden Greendley）在《战略规划改善公司运作》一书中指出，战略管理呈现下列四方面的利益。

（1）战略管理考虑到机会的鉴定，提供了一个管理问题的目标观点，并构筑一个框架，改善活动的协调和控制。

（2）战略管理使相反的条件和变化所产生的影响达到最小，促进主要决策更好地支持已建立的目标，促进机会选择以更有效地分配资源和时间，并使用较少的资源和很少的时间专门用于纠正错误，或作出特别的决定。

（3）战略管理创造一个人际协调交流的框架，肯定每个人作出进入整体的努力，提供一个明确雇员责任的基础，鼓励管理决策人员超前思考。

（4）战略管理以积极态度对待难题和机会，鼓励人们面对变化采取进取行动并有序地管理业务。

由此可见，战略管理如同企业的航标和指路灯，指引着企业向正确的方向运作。企业的发展应当以战略作为原则。如果企业在战略目标的制订和执行中出现失误，企业由此形成的损失将是不可估量、无法挽回的。因此，企业家不仅要认识到战略管理的重要地位和作用，尤其要

把握企业战略的实质,正确地认识战略,以便更好地利用企业战略。

三、形成组织发展战略

1. 制定企业战略应注意的问题

企业是在一定的环境中生存的。企业的生产经营活动必然要与环境中的各种各样的因素发生联系。因此,企业在制定战略时,必须在正确处理这两种相互关系的基础上,分析自己所处的环境和现有资源的经营能力,而且要动态地分析在战略实施的过程中各种资源可能发生的变化,以及由此对企业竞争力的影响,以保证自己的发展,实现自己的战略目标。

为了选择适当的战略目标,企业必须通过选择合适的经营范围来确定与自己有关的外部关联体,并设法通过联合经营、合并、购买等形式,与外部企业建立有利于自己的联系。为了维护企业的独立性,企业应该在各种重大决策的各个环节上,有企业自己的独立决定权。

除了一般的环境因素外,企业还要考虑其内部影响因素,诸如人力资本、技术资源、组织要素、资本优势等,其中,企业的文化和个人价值观念是企业内部重要的影响因素。

企业文化是企业组织中员工共同的价值观念和行为规范,对整个企业的战略活动过程不可避免地产生影响。而企业管理人员,特别是高层领导人的价值观念、抱负和胆识,对企业战略的形成与实施有着重要的影响。在其他战略决定因素相对稳定的情况下,企业文化与个人价值观念甚至可以对整个战略活动起到举足轻重的作用。

更重要的是,在制定战略时,企业要弄清战略决策和业务决策的区别。企业的战略决策是通过所制定的战略,回答涉及现有产品与市场、新的市场、新的产品以及现有企业与环境之间的联系问题。同时,企业战略涉及企业的未来,要对环境作出反应,并能发展与环境的关系。在进行战略决策时,企业的经营者是变化的寻找者,敢于冒险,具有解决发散型问题的能力,并且善于引导他人探索新的、未曾尝试的管理途径。在进行业务管理时,管理人员总是变化的吸收者,总是小心翼翼地避免冒险,解决的是收敛型问题,扮演的是诊断者、协调者和控制者的角色。他们所做的只是激励人们去解决问题,而不是改变企业的方向。

因此,在进行战略决策时,应该注意以下问题。

(1)决策目标要具体明确,不能含糊不清或抽象空洞。否则,企业的战略决策就不能起到应有的指导作用。

(2)制定战略决策要考虑获利能力,选用能以最小的投入获得最大的产出或以最小的成本获得最大的收益的方案。

(3)战略决策必须可行。即能够为内部各部门和外部环境所允许,并能顺利地实施。

(4)制定战略决策必须考虑社会责任。企业的存在与发展离不开社会的支持和制约,应该把企业利益和社会利益结合起来。

2. 选择正确的战略形成方法

不同类型与规模的企业以及不同层次的经营管理人员,在战略形成的过程中会有不相同的形式。小规模的企业，所有者兼任经营者，其战略一般都是非正式的，主要存在于经营者的头脑之中，或者只存在于与主要下级人员达成的口头协议之中。而在大规模的公司之中，战略是通过各层经营管理人员广泛的参与，经过详细复杂的讨论和研究，有秩序、有规律地形成的。

根据不同层次经营管理人员介入战略分析和战略选择工作的程序，可以将战略形成的方法分为四种形式。

（1）自上而下。这种方法是先由企业总部的高级管理人员制定企业的总体战略，然后由下属各部门根据自身的实际情况将企业的总体战略具体化，形成系统的战略方案。这一方法最显著的优点是：企业的高层管理人员能够牢牢把握整个企业的经营方向，并能对下属各部门的各项行动实施有效的控制。其缺点是：这要求企业的高层管理人员制定战略时必须深思熟虑，战略方案务必完善，并且要对下属各部门提供详尽的指导。同时，这一方法也约束了各部门的手脚，难以发挥中下层管理人员的积极性和创造性。

（2）自下而上。这是一种先民主后集中的方法。在制定战略时，企业最高管理层对下属部门不做硬性的规定，而是要求各部门积极提交战略方案。企业最高管理层在各部门提交战略方案的基础上，加以协调和平衡，对各部门的战略方案进行必要的修改后加以确认。这种方法的优点是：能够充分发挥各个部门和各级管理人员的积极性和创造性，集思广益。同时，由于制定战略方案有广泛的群众基础，在战略实施过程中也容易得到贯彻和落实。其不足之处是：各部门的战略方案难以协调，影响了整个战略计划的系统性和完整性。

（3）上下结合。这种方法是在战略制定的过程中，企业最高管理层和下属各部门的管理人员共同参与，通过上下各级管理人员的沟通和协商，制定出适宜的战略。其主要优点是：可以产生较好的协调效果，制定出的战略更加具有操作性。

（4）战略小组。这种方法是指企业的负责人与其他高层管理者组成一个战略制定小组，共同处理企业所面临的问题。在战略制定小组中，一般都是由企业的最高负责人，如CEO（首席执行官）任组长，而其他的人员构成则具有很大的灵活性，由小组的工作内容而定，通常是吸收与所要解决的问题关系最密切的人员参加。这种战略制定方法目的性强、效率高，特别适用于制定产品开发战略、市场营销战略等特殊战略。

第二节　结构跟随战略——选择组织管控模式

战略是企业生存的核心，组织管控则是实现集团战略目标的重要措施。集团战略不同，会要求采用不同的管控模式，管控体系是为实现集团的业务战略目标服务的。不同的管控模式又决定了企业应当采取不同的组织结构形式。组织结构设计为一个组织的运作提供了载体和支撑。企业集团组织结构设计是集团管控体系的重要组成部分，影响着管控措施的落实和功能实现。合理的组织结构设计是企业核心竞争力的一大来源，是企业集团生命力延续的保障，也是企业战略实现的基础。

一、战略选择对组织管控模式的影响

（一）几种典型的组织管控模式

组织管控模式是指组织总部在管理下属企业中的定位，对企业集团管控模式的分析是实现对集团企业管理提升的前提。集团管控类型划分流传最为广泛的是"集团管控三分法"理论，即财务型、战略型、操作型。

（1）财务型管控。财务型管控模式是指集团对下属子公司的管理控制主要通过财务手段来实现，集团对下属子公司的具体经营基本不加干涉，也不会对下属公司的战略发展方向进行限定，集团主要关注财务目标的实现，并根据业务发展状况增持股份或适时退出。一般适用于没有明显主导产业的无关多元化企业。表4-1概括了财务型管控的一些特征。

表 4-1　财务型管控模式的特征

维度	特征
目标	追求资本价值最大化
总部定位	投资决策中心
管理方式	以财务指标考核、控制为主
总部职责	总部负责集团的财务和资产运营、集团的财务规划、投资决策和实施监控、外部企业的收购兼并 总部的职能人员主要是财务管理人员
下属单位	下属单位业务相关性很小

财务型管控的优点如下。

①母子公司之间的产权清晰，子公司成为完全独立的经济实体。

②母公司的投资机制灵活有效。子公司发展得好，母公司可增持；子公司发展不好，母公司也可退出，可有效地控制母公司的投资风险。

③母公司可以专注于资本经营和宏观控制，减少了母子公司之间的矛盾。

其缺点如下。

①控制距离过长，信息反馈不顺畅。

②母公司与子公司之间信息不对称，难以实施有效的控制。

③子公司内部容易产生事实上的内部人控制。

④母子公司的目标容易不一致，不利于发挥总部优势。

在这种模式下，集团公司的战略规划、投资决策、物资采购、经营计划及费用预算、业务控制、人事、财务控制、制度优化、品牌文化管理等各方面的权限如图4-2所示。

（2）战略型管控。战略型管控模式是指集团的核心功能为资产管理和战略协调功能。集团与下属子公司的关系主要通过战略协调、控制和服务而建立，但是集团总部很少干预子公司的

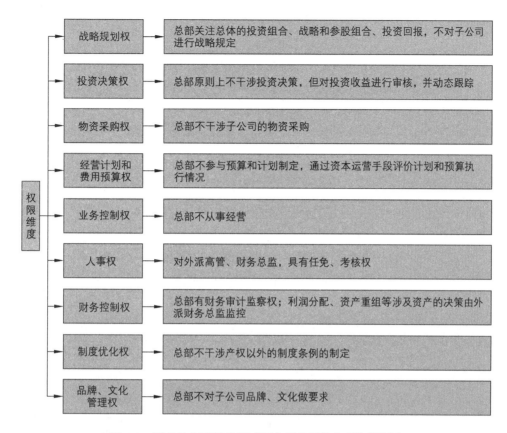

图 4-2　财务控制型管控模式下集团公司的各项权限划分

具体日常经营活动。集团根据外部环境和现有资源，制定集团整体发展战略，通过控制子公司的核心经营层，使子公司的业务活动服从于集团整体战略活动。一般地，这种情况比较适用于相关产业企业集团的发展。适用于企业多元化发展到一定阶段，但更多是相关多元化，子公司之间存在关联交易的集团。表 4-2 概括了战略型管控模式的一些特征。

表 4-2　战略型管控模式的特征

维　度	特　征
目标	追求集团公司总体战略控制和协同效应的培育
总部定位	战略决策和投资决策中心
管理方式	通过战略规划和业务计划体系进行管理，主要是年度报告或季度报告
总部职责	总部负责集团的财务、资产运营和集团整体的战略规划。例如下属单位的战略发展规划、企业资产运用、全面预算划拨、企业绩效管理和统一技术开发等 总部的主要工作是平衡、提高集团综合效益。例如协调下属单位之间的矛盾、平衡各企业之间的资源需求、高级主管的培育、经验的分享等
下属单位	下属单位业务的相关性要求很高

总的来说，与操作型管控模式相比，战略型管控模式的采用将进一步强化子公司的独立运作能力，但总部的业务管理功能将弱化。在战略管控模式下，子公司作为独立的业务单元和利润中心有着完善的运作职能和决策权，总部将作为规划、监控与服务平台存在；总部采用战略性指标对子公司的运作结果进行考核，但考核只进行到子公司总经理一级。如果集团公司要采取战略控制型的管控模式，则需要进行以下转变。

①强化战略控制部门和财务部的建设，战略控制部门具备战略规划和战略监控职能。

②财务部将具备财务监控职能。

③该产业的市场、生产、技术等相关职能将弱化至宏观监控职能。

战略型管控的优点如下。

①母子公司的机制是决策和执行分开，产权经营和产品经营分开，母子公司目标明确，可以实现子公司的激励。

②母公司与子公司的资产关系明晰，母公司的风险局限在对子公司的出资额内。

③母公司专注于战略决策和资源部署，通过决策控制保证母子公司的整体发展方向，有利于发挥总部优势。

④相对扁平的组织架构，可以减少决策环节，大大提高决策效率和企业的应变能力，并且有利于单一产业的企业实现快速复制式的规模扩张。

⑤这种管理模式适用于进入成熟期、管理体系相对健全，具有明确的战略规划和战略管理，并且需要对市场变化作出快速反应的子公司。

战略型管控的缺点如下。

①母公司配备人员较多，管理层次较多。

②信息反馈的及时和顺畅程度会影响战略决策的正确性。

③战略管理协调功能的执行不好会造成母子公司矛盾。

④扁平的组织架构应与相应的决策流程和母子公司的治理体系相结合才能发挥真正的作用。

在战略控制型的管控模式下，集团公司的战略规划、投资决策、物资采购、经营计划及费用预算、业务控制、人事、财务控制、制度优化、品牌文化管理等各方面的权限如图4-3所示。

（3）操作型管控。操作型管控模式是指通过母公司的业务管理部门对控股子公司的日常经营运作进行直接管理，特别强调公司经营行为的统一、公司整体协调成长和对行业成功因素的集中控制与管理。值得注意的是，我国国有大型企业在发展集团化的初期，往往要经历这个阶段。一般而言，操作控制型管控模式适用于母公司直接从事生产经营，母子公司关系密切，人员配备较多的企业集团。一般适用于单一产业或企业在多元化的初期。表4-3概括了操作型管控模式的一些特征。

操作型管控模式的采用需要大幅提升总部该方面业务的管理能力，下属公司仅仅成为操作执行层面。在操作型模式下，集团总部具有较强的业务管理能力，其职能部门完善；下属公司权限将弱化至操作层面，但可作为利润中心、成本中心存在；总部业务部门将对下属分公司的

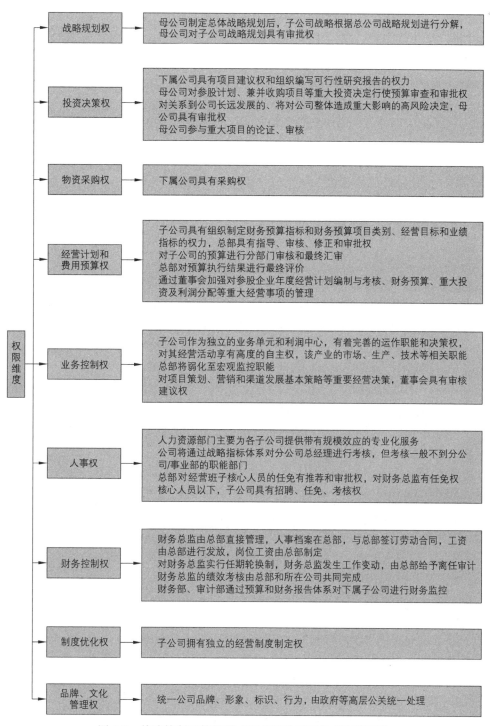

图 4-3　战略控制型管控模式下集团公司的各项权限划分

表 4-3　操作型管控模式的特征

维　度	特　征
目标	追求企业经营活动的统一和优化
总部定位	经营决策中心和生产指标管理中心
管理方式	直接管理集团的生产经营活动（或具体业务），从战略规划制定到实施几乎什么都管
总部职责	总部负责对下属单位同类管理领域的组织协调和集中化处理；例如，在财务、营销、研发、市场等方面
下属单位	下属业务的相关性要求很高

对口部门进行业务管理，并通过对其进行业务考核的方式来强化管理；下属公司可以作为利润中心进行考核，但其关键经营活动将由总部统一规划，受总部集中控制。因此，要实施操作型管控模式，就必须进行以下转变。

①大幅提升集团总部在经营、生产运作、技术等方面的业务管理能力。

②加大总部的行业内人才资源开发力度。

③弱化分公司权限，核心职能权限上收。

④建立总部职能部门对下属公司对应职能部门的管理、考核关系。

⑤总部设立具体的业务管理部门，对子公司的相关业务进行对口管理。

操作型管控模式的优点如下。

①子公司业务的发展得到母公司的充分重视。

②由于母公司的职能部门与子公司相应的职能部门的控制关系，控制距离短，母公司能够及时得到子公司的经营活动信息，并及时进行反馈控制，控制力度大。

③子公司的经营活动得到母公司的直接支持，母公司能够有效地调配各子公司的资源，协调各子公司之间的经营活动。

④这种模式对于初创期的企业，在管理制度和体系不很健全的情况下，或是针对总部中新建的子公司可以起到很好的管控作用。

操作型管控模式的缺点包括以下几个方面。

①母子公司资产、经营一体化导致母子公司的产权关系不够明晰，母公司的风险增大。

②集权与分权关系敏感，若处理不当会削弱整个组织的协调一致性。

③子公司往往只重视眼前利益，子公司的长期激励不足。

④管理部门重叠设置，管理线路多，会导致母公司与子公司的职能部门互相扯皮，管理成本增加。

⑤子公司的不断扩张使总部相应的职能部门工作负担逐渐加重，对子公司的有效管理和考核越来越难，扩张至一定阶段后工作效率反而下降，反应时间滞后，弱化甚至抵消原有的效益。

在操作控制型的管控模式下，集团公司的战略规划、投资决策、物资采购、经营计划及费用预算、业务控制、人事、财务控制、制度优化、品牌文化管理等各方面的权限如图4-4所示。

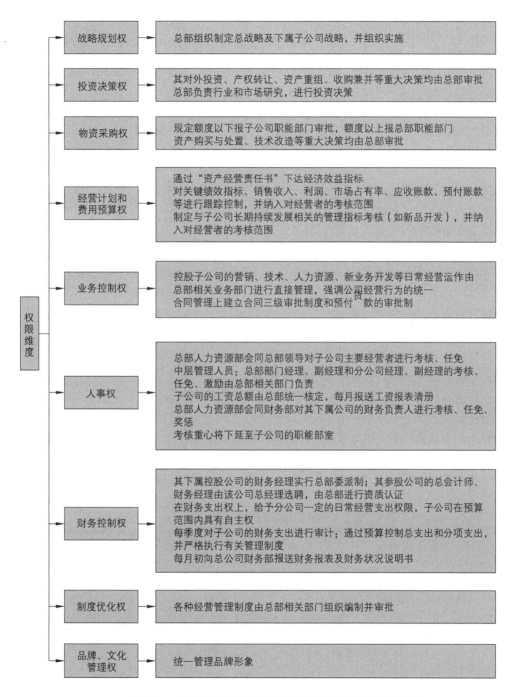

图 4-4　操作控制型管控模式下集团公司的各项权限划分

不难发现，财务型、战略型和操作型这三种管控模式的集权与分权程度是不同的。财务型更偏向分权,操作型更偏向集权,战略型居中。因此,这三种模式在公司与下属分公司关系、战略目标、管理手段、应用方式、业务介入、人事管理、业绩管理、资源及共享服务等方面也各有其特点,在实际运用当中应当注意区分。

(二)战略决定管控

(1)影响组织管控模式选择的因素。集权、分权管控模式的选择不能一概而论。采取何种集团管控模式要以能为集团带来最大化价值为标准,要能给总体的经营单位带来超出各自简单相加的业绩效应,实现组合价值。在进行集团管控模式选择和设计时,应当遵循以下基本原则。

①以战略为核心的组织设计。以公司战略取向决定组织结构和功能的设置,而组织的设计应保证战略的有效实施。

②管理明确。避免多部指挥和无人负责现象。

③精干高效。在保证公司任务完成的前提下,应力求做到机构简练、人员精干、管理效率高。

④权责利对等。公司每一管理层次、部门、岗位的责任、权利和激励都要对应。

⑤专业分工和协作原则。兼顾专业管理效率和集团目标、任务的统一性。

⑥有效管理幅度原则。管理人员直接管理的下属人数应在合理的范围。

⑦执行和监督分设原则。保证监督机构起到应有的作用。

⑧客户导向原则。组织设计应保证公司以统一的形象面对顾客,并满足顾客需要。

⑨灵活性原则。保证对外部环境的变化能够作出及时、充分的反应。

在这些原则的基础之上,战略地位、资源相关度、自身发展三个大板块的内容恰好回答了集团管控当中所面临的需不需要、能不能够和应不应该三个方面的问题。根据这几个板块所划分出来的维度对集团进行评估,我们可以大致确定集团所适合的管控模式究竟为哪种(表4-4)。

表4-4 选择管控模式的三大问题

问题	指标	维度	评估方法
需不需要	战略地位	战略核心 战略重点 战略从属	从短期出发,目前的销售收入和利润占集团总额的比例 从长期出发,是否是集团未来的核心和支柱业务
能不能够	资源相关度	高相关度 一般相关性 低相关度	政府资源、技术资源、市场资源(品牌、客户群、销售网络等)、人力资源、供应链资源的内在相关性
应不应该	自身发展需要	起步阶段 成长阶段 成熟阶段	企业组织结构的稳定性(功能和部门配置是否比较健全、人员配置是否到位、人员结构是否稳定) 企业销售收入的稳定性(是否有比较稳定的客户资源或占有一定的市场份额)

资料来源:仁达方略数据库。

图 4-5 所示的是确定管控模式的矩阵模型，我们可以得出以下结论。

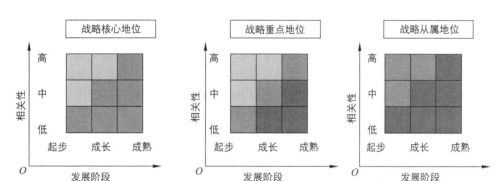

图 4-5　管控模式的确定（颜色越浅，管控越强）
资料来源：仁达方略数据库。

① 战略地位越重要，越倾向于采用操作型管控模式。
② 资源相关度越高，越倾向于采用操作型管控模式。
③ 发展阶段越不成熟，越倾向于采用操作型管控模式。

反之则更适合采用财务型管控模式。战略型管控模式居二者之中。可参照图示进行取舍。

（2）战略的决定作用。管控模式是实现集团战略目标的重要措施。集团总体战略不同，会要求采用不同的管控模式。管控体系的建立是以完成集团特定的战略目标为目的的，它是为实现集团的业务战略目标服务的。所以，集团公司管控体系建立的基准是集团的业务战略。要实现集团公司的有效管控，首先要做的就是把本集团的业务发展战略理清楚，给整个集团一个发展的方向和目标，让所有员工都知道路向何处走，劲往何处使，否则，集团公司的管控体系就失去了确立的依据，盲目建立起来的管控体系往往是无效的。

集团战略确定了整个集团往哪里走。管控所针对的是以下方面的问题：总部缺乏控制力，集团缺乏协同性，多元化无法管控，异地扩张无法管控，集团无法形成可复制的管控模式，对子公司无法形成一套有效的管控体系等。集团管控使得集团战略的执行由集团层面战略总体调度，使各个子公司战略之间发生"化学反应"，从而完成集团战略，追求总体效益最大化。

集团战略的实施需要集团在不同阶段有不同的能力和资源，一个集团在不同的阶段要把不同的子公司连接在一起，让它们能够为了同一个目标去奋斗，母公司就需要在不同时期开发不同的能力和资源，母公司的功能也要与时俱进。

要讨论母子公司管控模式与集团战略的关系，首先要界定集团战略的含义。与单体公司的战略不同，多元化公司的战略追求集团整体目标的实现，分、子公司通常被作为实现集团战略的经营单位。母子公司管控模式的选择由集团的战略决定。在母子管控体系中，总部通过对分、子公司分层级、分条线的管理和控制机制来促进集团战略的实现。集团战略不同，就会产生相应的治理结构、组织结构、总部及分、子公司的角色定位和职权划分、业绩管理系统、财务和人力资源管理系统,这些都是母子公司管控要解决的问题,因此选择不同的管控模式其实就是选择了不同的战略执行系统。

前面我们提到了战略划分的多种角度和方法,如迈克尔·波特在《竞争战略》一书中将企业战略划分为成本领先战略、差异化战略和专一化战略。迈尔斯和斯诺将企业战略划分为防御者战略、分析者战略和探索者战略等。但是在本章中,我们要采用一种新的战略划分形式,即 Wrigley 与 Rumelt 的划分方法。他们将公司层面的战略分为单一业务型、主导业务型、相关多元化和非相关多元化。不难发现,每种战略对应的管控模式应当是:

单一业务型战略,对应操作型管控模式。

主导业务型战略,对应战略型管控模式。

相关多元化战略,对应战略型管控模式。

非相关多元化战略,对应财务型管控模式。

二、与管控模式相匹配的组织结构设计

(一)常见的组织结构类型

组织结构千差万别,归结起来,最主要的类型主要有以下几种。

(1)直线型组织结构。直线型组织结构是最早使用、也是最为简单的一种组织结构类型,也称单线型组织结构。顾名思义,直线型组织结构就是指在这种组织结构中职权从组织上层流向组织的基层。它是一种集权式的组织机构,要求决策层具备强有力的直接指挥能力,如图 4-6 所示。

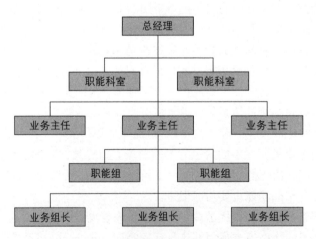

图 4-6　直线型组织结构示意图

直线型组织结构的特点是:每个主管人员对其直接下属有直接职权;主管人员在其管辖的范围内,有绝对的职权或完全的职权;每个人只能向一位直接上级报告。

这种类型的组织结构一般只适用于那些没有必要按职能实行专业化管理的小型组织或应用于现场作业管理。

直线型组织结构具有以下优点。

①管理权力高度集中，便于最高领导层对整个企业实施严格的控制。

②由于按职能划分部门，职责容易明确规定。

③部门联系长期不变，使整个组织系统有较高的稳定性。

④有利于管理人员重视并熟练掌握本职工作的技能，强化专业管理，提高工作效率。

直线型组织结构的缺点如下。

①企业高层领导的工作负担十分繁重，在经营品种较多时容易顾此失彼。

②高度的专业化分工使各职能部门眼界狭窄，横向协调比较困难。

③妨碍部门间的信息沟通，不能对外部环境变化及时反应，适应性较差。

④不利于培养素质全面的、能够经营整个企业的管理人才。

（2）职能制组织结构。简称 U 形结构（unity form），又称直线—职能制结构。它起源于 20 世纪初法约尔在一家法国煤矿担任总经理时所建立的组织结构形式，故又称"法约尔模型"。图 4-7 所示为职能制组织结构示意图。

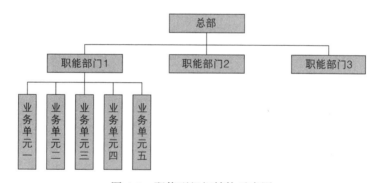

图 4-7　职能型组织结构示意图

职能制结构的特点在于：组织的第二级机构按不同职能实行专业分工，如销售、研发、财务、人力资源、生产等。该种组织结构实行的是直线—参谋制，即整个管理系统划分为两大类机构和人员：一类是直线管理人员，对其下属直接发号施令；另一类是参谋人员，其职责是为同级直线管理人员提供职能支持，起到一种业务上的指导、服务作用。同时，企业管理权力高度集中，各二级单位只是职能部门，不具备独立法人资格，没有独立的对外经营权，整个企业统负盈亏，二级单位只是成本中心，公司总部才是利润中心和投资中心。

职能制的优点主要体现在以下几点。

①按职能划分部门，其职责容易明确规定。

②每一个管理人员都固定地归属于一个职能机构，有利于整个组织系统的长期稳定。

③部门实行专业分工，有利于提高工作效率，强化专业管理。

④管理权力高度集中，便于高层管理者对整个组织的有效控制。

职能制的缺点主要有以下几点。

①横向协调差。高度的分工使得各职能部门各司其职，往往片面强调本部门工作的重要性，因此容易产生本位主义、分散主义，造成各部门之间的摩擦和组织内耗。

②企业领导负担重。由于组织高度集权，各部门之间的横向沟通协调只有通过企业高层领导才能解决，因此企业领导工作负担就比较重，难免顾此失彼。

③各部门专业分工，不利于培养素质全面、能够经营整个企业的管理人才。

（3）事业部制组织结构。事业部制是在大型企业中，实行分权式的多分支单位（multidivisional structure）的组织结构形式，简称 M 形结构，即在总经理的领导下，按地区、市场或商品设立事业部，各事业部有相对独立的责任和权利。企业战略方针的确定和重大决策集中在总经理层，事业部在总经理的领导下，依据企业的战略方针和决策实行分权化的独立经营。各事业部作为利润中心，实行独立的财务核算，总部一般按事业部的盈利多少决定对事业部的奖惩。但事业部的独立性是相对的，不是独立的法人，只是总部的一个分支机构。它的利润是依赖于公司总部的政策计算的，在人事政策、形象设计、价格管理和投资决策方面一般没有大的自主权。事业部内部通常又是一个 U 形结构。事业部制组织结构示意图如图 4-8 所示。

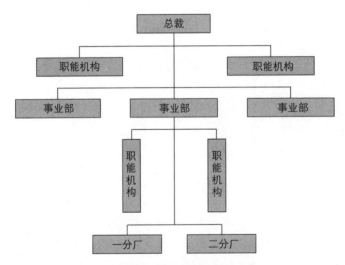

图 4-8　事业部制组织结构示意图

事业部制组织结构一般按照产品和地区两种依据来设置事业部，因此分为产品/服务型组织结构和地区组织结构两种类型。顾名思义，前者即按照产品或者服务来设置事业部，这类事业部制组织结构的优点是有利于产品线内的集中发展；缺点是产品线之间协调难度较大。而后者即按照地区来设置事业部，其优点是便于回应本地区客户的要求，便于协调本地区不同部门之间的工作，缺点则是容易产生地区本位主义。

总的来说，事业部制的优点主要有以下几点。

①各事业部都有自己的经营范围，在此范围内拥有较大的经营自主权，而且对本业务较熟悉，可以根据实际发生的情况迅速作出反应。

②有利于高层领导摆脱日常管理事务，更加关注公司整体发展战略。

③事业部总经理负责领导一个自成系统、独立经营的准企业，有利于培养全面发展的企业高级管理人才，为公司总部储备后备人才。

④按产品划分事业部，便于组织专业化生产，形成规模经济，有利于节约经营和生产成本。

事业部制的缺点有以下几点。

①各个事业部都需要设置一套齐备的职能机构，因而用人数较多，费用较高，往往造成机构重复设置的情况。

②各事业部自主经营、独立核算，考虑问题往往从本部门角度出发，忽视整个企业的利益。

（4）子公司制组织结构。子公司组织结构是一种较事业部制组织结构更为彻底的分权形式。子公司与事业部不同，在法律上是具有法人地位的企业，母公司和子公司之间严格说来不是行政上的隶属关系，而是资产上的联结关系。子公司组织结构简称 H 形结构（holding company form），如图 4-9 所示。

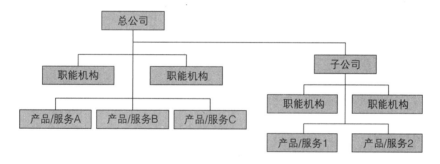

图 4-9　子公司制组织结构示意图

子公司制组织结构的特点在于母公司和子公司之间不是行政上的隶属关系，而是资产上的联结关系。当子公司的股权全部归一家公司所有时，称为"独资子公司"或"全资子公司"；如子公司归两家以上公司所有时称为"联合子公司"。母公司对子公司的控制，主要是凭借股权，在股东会和董事会的决策中发挥作用，并通过任免董事长和总经理贯彻母公司的战略意图。

子公司与事业部不同，在法律上具有独立的法人资格，它与母公司各有自己的公司名称、章程，财产彼此独立注册，各有自己的资产负债表。子公司自主经营，自负盈亏，是一个投资中心。

子公司制的优点在于：母公司与子公司在法律上各为独立法人，相对降低了经营风险，子公司有较强的责任感和经营积极性。其缺点在于：母公司对子公司不能直接行使行政指挥权，只能通过股东会和董事会的决策来发挥其影响作用，因此影响较间接、缓慢。另外，母子公司各为独立的纳税单位，双方之间的经营往来及盈利所得需双重纳税。

（二）结构跟随战略

生产力水平决定了企业组织结构模式的发展趋势，在一定生产力水平制约下，企业采用什么组织结构，是与它采取什么样的企业行为密切相关的。而决定企业行为的正是企业所制定的战略。企业组织结构的调整，并不是为调整而调整，而是要寻找、选择与经营战略相匹配的组织结构，切不可生搬硬套。企业是按产品设置组织结构还是按职能设置组织结构，是按地理区域设置分公司还是按用户设置分部，是建立战略事业部结构还是采用更为复杂的矩阵结构，一切必须以与战略相匹配为原则，以提高企业沟通效率、激励员工参与为目标。埃德森·斯潘赛说："在理想的企业结构中，思想既自上而下流动，又自下而上流动，思想在流动中变得更有价值，参与和对目标分担比经理的命令更为重要。"对特定战略或特定类型的企业来说，都应该有一种相对理想的组织结构。

企业总是处在一个复杂多变的生态环境中。所谓企业生态环境，是指企业生存与发展所处的自然与社会环境，它包括市场环境、政策环境、科技环境、地域环境、地缘政治环境等。因为企业本身是一个开放的系统，它不断地与其生态环境发生物质、能量、信息的交换，企业生态环境的复杂性使得企业与其环境的相互作用异常复杂。企业对周围环境的反应速度和企业本身组织结构的弹性，成为企业能否持续生存和发展的关键所在。企业面临的生态环境随时都发生着变化。当环境变化只是细微的、不影响全局的时候，企业可以通过对战略行为的微调，使企业在运行中达到平衡；一旦这种变化是对企业有重大影响的，那么制定新战略就在所难免，此时创建与新战略相匹配的组织结构是战略顺利实施的重要保障。战略对组织设计的要求一般包括组织设置、运作模式、管理手段和控制手段四个方面，如图4-10所示。

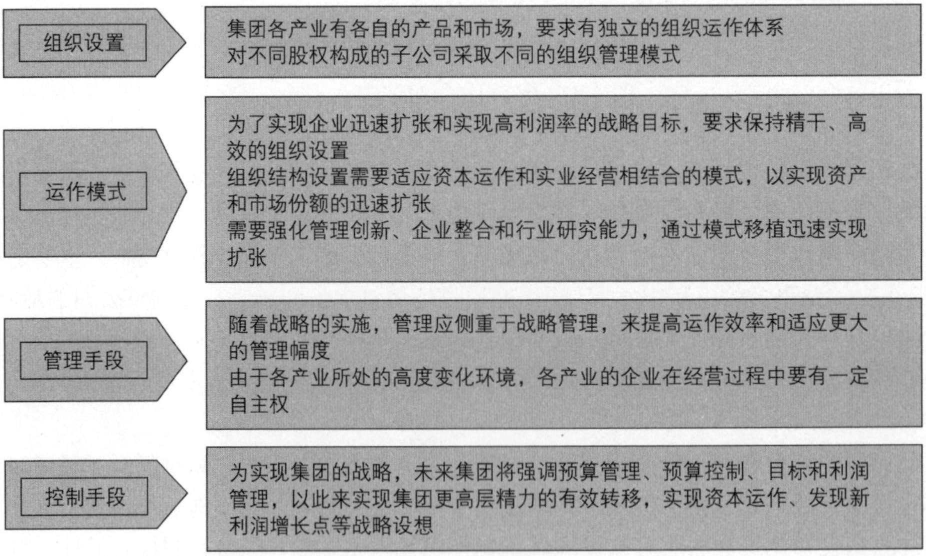

组织设置	集团各产业有各自的产品和市场，要求有独立的组织运作体系 对不同股权构成的子公司采取不同的组织管理模式
运作模式	为了实现企业迅速扩张和实现高利润率的战略目标，要求保持精干、高效的组织设置 组织结构设置需要适应资本运作和实业经营相结合的模式，以实现资产和市场份额的迅速扩张 需要强化管理创新、企业整合和行业研究能力，通过模式移植迅速实现扩张
管理手段	随着战略的实施，管理应侧重于战略管理，来提高运作效率和适应更大的管理幅度 由于各产业所处的高度变化环境，各产业的企业在经营过程中要有一定自主权
控制手段	为实现集团的战略，未来集团将强调预算管理、预算控制、目标和利润管理，以此来实现集团更高层精力的有效转移，实现资本运作、发现新利润增长点等战略设想

图4-10 战略对组织设计的要求

战略决定企业的组织结构，反过来，组织结构对企业战略的顺利实施也有着重大影响。由于技术和竞争行为的变化，通常认为，对企业战略的威胁往往存在于外部。肯定外部的变化的作用是毫无疑问的，但是，对战略的更大威胁往往来自企业内部。一个可靠的战略也会因为竞争观念的误导或组织的重大失误而大失其效。企业的组织结构不仅在很大程度上决定了目标和政策是如何建立的，而且决定了企业的资源配置。战略指导下企业行为发生演变的同时，其组织结构也相应地发生变化，以新的组织结构实施新的战略，使企业行为达到目标最大化。

没有哪种组织结构（简单结构、职能结构和多部门结构）先天优于其他结构。用彼得·德鲁克的话说就是"不存在正确的组织……宁愿说……为手头特定的任务和使命选择组织结构"，即由于不存在一个在任何情况下都是最优的组织结构，经理们必须专心于逐渐形成战略和组织结构之间的适当匹配，而不是寻找一个最优的结构，如图 4-11 所示。

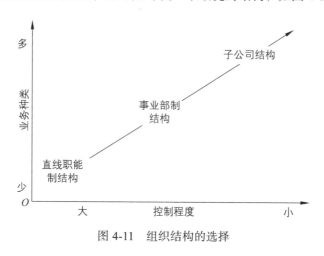

图 4-11　组织结构的选择

（三）与管控模式相匹配的组织结构设计

前面已经提到，主要的组织管控模式包括财务型、战略型和操作型。组织的战略决定了组织采用何种管控模式，结构应当跟随战略，因此组织结构也应当与组织的战略相一致，与组织所采用的管控模式相匹配。其核心点应当集中于组织管控模式的集分权程度。

（1）与财务型管控模式相匹配的组织结构。在财务管理型模式下，总部主要针对投资的科学性、风险性和投资回报进行管理，对所投资企业的具体业务一般不进行直接管理，属于分权型安排。在这种管控模式下，企业的组织结构一般具有以下特征。

①公司总部主要起到投资决策、战略指导和目标管理的作用。

②财务部则通过财务目标体系和财务报告体系对下属子公司进行财务监控。

③下属公司作为独立的业务单元和利润中心对其经营活动享有较高的权利。

因此，子公司制组织结构是与财务型管控模式相匹配的组织结构。图 4-12 是一个可行的例子。

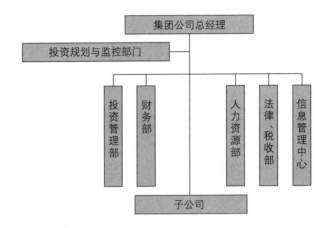

图 4-12　与财务型管控模式相匹配的组织结构（举例）

（2）与战略型管控模式相匹配的组织结构。战略管理型模式并不要求总部设立具体的业务管理部门，其考核与管理重点一般也集中于下属公司的董事会或总经理。在这种管控模式下，集团的组织结构一般具备以下特征。

①公司总部主要起到战略规划、监控与服务作用。
②战略控制部主要通过战略规划与业务计划体系对下属公司进行战略引导。
③财务部则通过预算体系和财务报告体系对下属分公司进行财务监控。
④人力资源、法律、税收等部门则主要为各分公司提供带有规模效应的专业化服务。
⑤公司将通过战略指标体系对分公司总经理进行考核，但考核一般不涉及下属公司的职能部门。
⑥下属公司作为独立的业务单元和利润中心将对其经营活动享有高度的自主权。

由此可见，事业部制是与战略型管控模式相匹配的组织结构。图 4-13 是一个可行的例子。

（3）与操作型管控模式相匹配的组织结构。操作管理型模式要求总部设立具体的业务管理部门来对下属公司的相关业务进行对口管理，其考核重心将下延至下属公司的职能部室。这种管控模式下的组织结构一般具备以下特征。

①公司总部主要起到业务管理、控制与服务作用。
②总部的网络、市场等业务部门将对下属分公司的对口部门进行业务管理，并通过对其进行业务考核的方式来强化管理。
③下属公司可以作为利润中心进行考核，但其关键经营活动将受到总部集中控制和统一规划。

因此，像直线型、职能型这类较为简单的组织结构，更适合操作型管控模式下较为集权的管理。图 4-14 是一个范例。

第四章　五项基础要素——组织与人力资源管理的方法论道 | 69

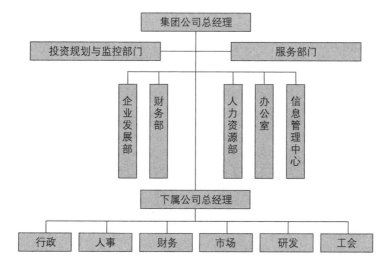

图 4-13　与战略型管控模式相匹配的组织结构（举例）

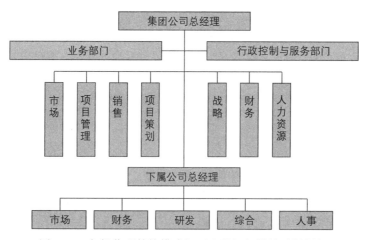

图 4-14　与操作型管控模式相匹配的组织结构（举例）

总的来说，我们可将本章内容总结为表 4-5 所示的内容。

表 4-5　战略、管控模式及组织结构之间的匹配

公　司　战　略	相应的管控模式	匹配的组织结构
单一业务型	操作型	简单结构
主导业务型	战略型	职能制结构
相关多元化	战略型	多分部结构
非相关多元化	财务型	多分部结构

第三节 实现人与组织的匹配——组织与人力资源管理系统平台建设

一、建立战略性人力资源管理

(一) 基于未来的人力资源管理

在新经济条件下,人力资源管理与组织战略实现之间的关系日渐密切。快速变化的竞争环境,使得企业人力资源经理人必须正视人力资源管理领域的变革,积极进行职能转变与角色定位。已经有越来越多的企业认识到建立自身的竞争优势关键是如何建立并运行有效的人力资源管理。就像 IBM 创始人托马斯·J. 沃森(Thomas J. Watson)所说:"你可以拿走资本和厂房,但只要拥有员工就可以建立经营业务",所以"人的竞争"成为人力资源管理的主旋律。这种主旋律现在更被发扬光大,和战略紧密相连,以至于管理者们要用"战略性人力资源管理"(strategic human resource management)来强调人力资源管理在当今企业和竞争中的重要性地位与关键性作用。

所谓战略性人力资源管理,就是系统地把企业人力资源管理和企业战略目标联系起来,其核心在于通过有计划的人力资源开发与管理活动,增强企业战略目标的实现。这意味着战略性人力资源管理必然涉及人力资源管理系统中的方方面面,从工作分析到招聘甄选,从薪酬福利到绩效考评,每一个环节都要体现与企业战略目标的联系,都要支持战略目标的实现。传统意义上的人力资源管理与战略性人力资源管理的主要变化内容可以从表 4-6 中反映出来。

表 4-6 传统人力资源管理活动和战略性人力资源管理活动的对比

传统人力资源管理活动	战略性人力资源管理活动
政策的产生与形成:服从于高层管理人员的一致意见	参与组织战略发展决策,并提供有效的人力资源管理政策和策略(计划)的支持
咨询:对直线管理人员就人力资源管理领域进行咨询和提供忠告	为直线管理人员提供人力资源管理技术方面的支持
服务:从事如招聘、考核、培训等方面的工作	监督、控制、反馈和调整组织的人力资源管理活动,整合组织的管理功能
控制:监督所有部门,以保证执行规定的人力资源政策	

一个运营有效的战略性人力资源管理流程如果完成了以下三个方面的任务,就会产生显著的效果。

(1) 对个人进行深入而准确的评估。

（2）为培养新的领导层——其目的是为在整个组织范围内更好地实施战略提供指导性框架。

（3）填充领导输送管道。

（二）战略性人力资源管理与组织绩效

战略性人力资源管理体系是指在企业总体战略框架下对人力资源进行使用、管理、控制、监测、维护和开发，借以创造协同价值，达成企业战略目标的方法体系。因此，战略性人力资源管理实际上就是战略在人力资源管理各个方面的映射。

另外，一个企业若想获得相对其竞争对手的优势，就必须提供高区分度、低成本的产品或服务。在企业中，竞争优势的形成同样是多因素合力作用的结果，其中越来越重要的一个因素就是人力资源。越来越多的研究表明，人力资源管理的水平对竞争优势的产生有强烈的影响。企业的人力资源管理与企业生产力以及其竞争优势形成的关系如图 4-15 所示。

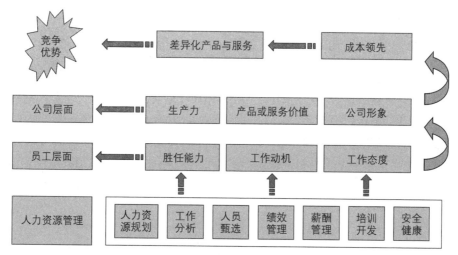

图 4-15　企业的人力资源管理与企业生产力以及其竞争优势形成的关系

从图 4-15 可以清晰地看出，人力资源管理的各个职能直接对员工的工作态度、知识技能等方面产生影响，管理水平高，可能就容易作出正确的招聘决策，员工的工作态度就端正，情绪就高昂，这些直接导致企业核心竞争产品或服务的形成，最终形成企业竞争优势，实现企业战略目标；而如果管理水平低，这种低水平的管理结果就通过员工层面、公司层面一直传递到战略层面，导致目标的流产。我们说人力资源管理能够提升企业价值，是因为人力资源本身已经成为以企业战略为基础的管理活动。

二、战略性人力资源管理的构建

战略性人力资源管理是要让日常的人力资源管理活动中渗透企业高层决策的影子。如何将战略和具体的人力资源管理活动相结合,有以下几个步骤。

(1)预测商业趋势:战略的制定必然是以一定的商业预测为前提。没有任何一家企业会无视外部经济、政治及社会文化多方面因素的影响而闭门造就一个企业战略。相对于计划来讲,战略关注的东西可能更长远一些,所以可能在近期难以获利,但对于企业的长远发展意义重大。

(2)决定战略方向:战略方向是在预测的前提下制定的,因此不可避免地带有一定的风险性。因此,战略一旦制定,并非不可修改,战略不是命令,而是一种责任和承诺。战略并不决定未来,只是一种调动企业资源和能量以创造未来的手段。无论是否发生了问题,都要不断地改进它,使它变得更好。对产品是这样,对战略也是如此。

(3)人力资源工具和战略行动相结合:将战略落实到人力资源管理中时,就是要让人力资源管理的各个活动体现企业的战略。在工作分析中要反映出某工作岗位未来发展所必需的一些技能与知识,即使暂时并非急需;招聘甄选的过程所设立的选择标准也要力求着眼于未来,发现应聘者的潜力大小,而非目前掌握的技能;在绩效考评和薪资制定中也要与有助于战略实现的考核标准挂钩,使员工从现实利益中体会到自身利益与企业战略的密切联系。

三、组织中人力资源管理的系统平台建设

组织管理的核心就是人力资源管理体系建设。我们将人力资源管理的各个功能分类,发现有两个大的系统在支撑着组织战略的实现。一个是组织与工作管理系统,另一个是支持企业文化实施的相关的人力资源管理活动。组织与工作管理系统这一部分内容更加明显地体现出企业人力资源管理系统中组织与工作管理的特征,是组织管理的重要组成部分。而支持企业文化实施的人力资源管理活动主体内容包含在人力资源管理具体实施的技术与方法上,如图 4-16 所示。

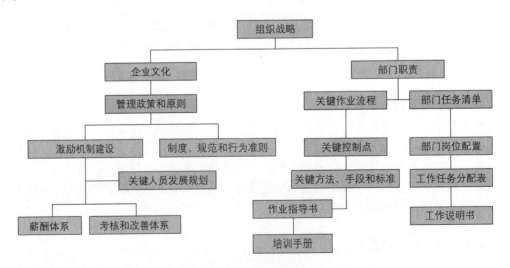

图 4-16 组织中人力资源管理系统平台建设

（一）企业文化和政策系统

1. 激励机制建设

（1）关键人员职业发展规划。发展空间是一部"金色阶梯"。它是应聘者选择企业的重要指标，也是企业留住人才的重要手段。因此，企业越来越重视员工的职业生涯规划，尤其是关键人员职业发展规划。狭义的员工职业生涯是指一个人一生的工作经历，特别是职业、职位的变动及工作理想实现的整个过程。广义的员工职业生涯则包括从职业能力的获得、职业兴趣的培养、选择职业、就业，直至最后完全退出职业劳动的完整的职业发展过程。

归根结底，企业核心竞争力还是由企业所拥有的优质人力资源决定，而在企业的人力资源当中，20%的关键岗位上的员工创造了企业80%的效益。因此，能够为企业创造80%业绩的关键岗位员工是企业的关键员工，他们的去留对企业的生存发展将产生重大影响，高科技企业或竞争激烈的新兴行业更是如此。所以，企业要顺利实现经营战略目标，就需要锁定这部分关键员工，并针对他们建立个性化的管理机制，充分发挥好他们对企业发展所产生的关键作用。

具体来说，企业应该为关键员工职业生涯规划指明方向，并进一步指导员工能力提升，以及制订关键岗位员工的接替计划，把关键员工留住并使用好，把其放到合适的事业平台，让他们充分发挥个人的才能，形成企业的核心竞争力，这样才能实现人才推动企业发展的目的。企业发展了又反过来为他们提供更广阔的事业发展平台，形成良性的循环发展。企业可以通过提炼经营理念，设定远景目标、使命和核心价值观来引导和凝聚关键员工，最大限度地调动他们的积极性和创造性。或给他们提供机会参与管理决策，培养他们的认同和归属感，化企业远景为个人愿景，激发关键员工发自内心的持久的敬业精神，将他们的事业目标与企业的战略目标紧紧地捆绑在一起，以实现企业与员工个人"两位一体"的用人目标。

（2）绩效管理体系。无论企业处于何种发展阶段，绩效管理对于提升企业的竞争力都具有巨大的推动作用，进行绩效管理都是非常必要的。绩效管理对于处于成熟期企业而言尤其重要，没有有效的绩效管理，组织和个人的绩效得不到持续提升，组织和个人就不能适应残酷的市场竞争的需要，最终将被市场淘汰。

绩效管理发挥激励效用的机制是，对组织或个人设定合理目标，建立有效的激励约束机制，使员工向着组织期望的方向努力从而提高个人和组织绩效；通过定期有效的绩效评估，肯定成绩，指出不足，对组织目标的达成有贡献的行为和结果进行奖励，对不符合组织发展目标的行为和结果进行一定的约束；通过这样的激励机制促使员工自我开发提高能力素质，改进工作方法从而达到更高的个人和组织绩效水平。因此，企业在设计绩效管理体系时应充分认识到：成功的绩效考核必须建立在对公司战略和目标的充分共识基础上，必须依靠公司各级管理者的共同理解和支持；绩效管理必须结合员工的职业发展，体现和引导大多数员工的共同利益；同时必须注重过程中的实时控制和跟踪以及信息的沟通与传递。

（3）薪酬体系。作为人力资源管理体系的重要组成部分，薪酬管理是企业高层管理者以及所有员工最为关注的内容，它直接关系到企业人力资源管理的成效，对企业的整体绩效产生影响。灵活有效的薪酬制度对激励员工和保持员工的稳定性具有重要作用。薪酬对员工而言是极为重要的，它不仅是员工的一种谋生手段，从根本上满足他们的物质需要，而且能满足他们的自身价值感，这在很大程度上影响着每一个人的情绪、积极性和能力的发挥。因而，薪酬对激励员工、提高企业的竞争力有着不可低估的作用。

薪酬体系作为分配价值形式之一，设计时应当遵循按劳分配、效率优先、兼顾公平及可持续发展的原则，才能进一步发挥薪酬的激励作用。在知识经济时代，薪酬虽不是唯一激励员工的手段，却是很重要的激励员工的动力源泉，管理者如果能够灵活把握和用好薪酬这根激励指挥棒，就可以极大地激发员工的工作激情。

2. 行为准则和制度、规范

行为准则和制度、规范的相关内容详见本章第四节。

（二）组织与工作管理系统

组织与工作管理系统是以部门职责为主线，围绕它，我们要进行关键作业流程和关键控制点的设计，要清楚地出具部门任务清单、工作说明书和作业指导书等一系列文本，最终这些都要汇聚在一起，形成一个完整的、有指导意义的员工手册。它既是入职者的工作指南，也是以后进行绩效考核的依据，因此有着重要的基础性作用。

组织与工作管理系统的目的在于建立一个有效的分工协作体系，以体现生产力的最高水平。就像前面所提到的，组织结构或工作设计本身如果不合理的话，即使其他措施再有力，也不能实现高的效率和生产率。因此，组织和工作管理系统之所以能构成人力资源管理的平台，其意义就在于此。从宏观上讲，保证此系统有效，就是要让企业的人力资源数量与质量和企业的物质技术基础相适应；从微观上讲，就是要让每个员工从事的工作与其工作对人的要求相适应。如何保证这些目标的实现？一般来说，需要进行以下几个方面的工作。

1. 组织设计和部门职责的设计

我们通常所指的组织，当它从建立起，客观上就已经存在一个组织结构和相应的工作内容，即使这两部分都没有被严格定义过或刻意设计过，不管它们是不是科学合理，总之，它已经被建立并付诸实践了。组织建立后所有的人力资源管理活动都是在这个组织结构的框架中进行，目的是将所有设计好的工作内容合理高效地完成。组织结构设计和部门职责设计为人力资源管理的各种活动提供了最基础的依据和框架。

组织存在必然有其存在的理由，也就是要实现一定的目的。确定目的之后，要完成哪些任务、做哪些工作就可以确定下来了。接下来的工作就是设立部门来分别完成这些工作任务。通常同类的工作应该归属于同一个部门。如大型银行企业，其基本工作包括审计、企业研究、法律、营业、总务、人力资源、公共关系等方面，这些方面确定了，就设立与其对应的部门；而百货公司的基本工作则大致包括会计、商品销售、人力资源、推销、总务、运输、送货等，这时就要相应地调整其部门的构成了。有时为了实现企业目标，企业还会确定一些专门的、企业认为有价值的工作任务，并设立相应的部门，如一个大型的制造性企业在某一地区专门设立了一个负责企业成长的职位，后来还成立了一个成长部。可见，部门并不是固定下来的，而是根据工作内容、行业特征、环境情况等因素综合考虑后设立的，其最终目的还是有效地协调好工作的开展。

2. 工作的责任与权限设计

厘清了部门职责之后，就必须从关注部门转为关注具体的工作。在每一个部门里都有一系列的工作，我们要对这些工作的职责做一个系统的分析，这就需要我们全面收集某一工作的有关信息，对该工作的目的、内容、承担责任、工作环境和条件等方面进行系统分析和研究。

人力资源管理的任务就是要让合适的人在合适的时间、合适的地点做合适的事情，而要使人员和工作匹配、使该工作真正为企业实现增值作贡献，前提条件是要研究清楚该工作是做什么的（what）、为什么要设立该工作（why）、工作的时间要求（when）、工作的地点环境（where）、什么样的人才能做好这份工作（who）、这份工作服务的对象是谁（whom）、工作的程序规范如何（how），以及为此项工作支付的费用（how much）等。同时，还有很重要的一点是：这项工作的权限如何，也就是说它和其他工作岗位之间的权力分配结构。

比如对于一项任务来说，会计的权限可能是承办，财务部经理的权限可能是审核，而公司副总的权限可能是复核和审批等。同一项任务可能需要很多人参与其中，但他们的权限必定有大有小，各有侧重，权限设计就是用来解决这样一个问题的。

3. 部门的工作任务清单

将部门每个工作岗位上的员工职责都理清楚之后，汇总起来就可以形成初步的部门工作任务清单。如果其中有重复的细目，就可以对其进行归并和总结。要得到一份工作任务清单，可以让部门里所有员工连续几个工作日填写每天的工作内容，然后将其汇总，这样的方法比较方便和快捷。

4. 部门的工作和岗位设计

工作和岗位设计是为了达到组织目标而采取与满足工作者个人需要有关的工作内容、工作职能和工作关系的设计。这一设计的好坏将直接影响到组织内每个员工的工作绩效，从而影响到整个组织的绩效。现代企业为了适应知识型员工的出现，进行了一系列工作设计上的发展和创新，在保留传统工作设计方法，如工作专业化、工作轮换以及工作扩大的基础上，又实施了工作丰富化、工作团队等方法。尤其是工作团队方式的采用，很好地适应了大多数企业的需要，既充分利用了企业内的资源，又给员工的学习和成长提供了平台。

5. 部门的工作任务分配

部门的工作内容和责任要分配到各个具体的工作岗位上去，部门的最终目标和职能才会实现。要分配得当，其实也不是件容易的事。在很多企业中都存在岗位责任大小和工作内容多少不平衡的现象。有的岗位需要天天加班，否则休想完成任务；有的岗位又一天到晚悠闲自在，而且工资也不少拿，这就是岗位的工作任务分配不均。这种现象一旦发生，就很容易造成内部不公平，导致组织士气下降。

6. 岗位任职资格的确认和工作说明书

要做到人员与岗位匹配，除了清楚工作岗位的内容和权限等因素外，还要清楚岗位对任职者在学历、特定知识、特定经验以及特定能力方面的要求。这是招聘员工时对应聘者"硬件"方面的规定，如果达不到，就很可能无法有效地完成工作；对于现有员工，如果没能完全满足任职资格要求，就必须由企业提供相应的培训，或者员工自己朝着目标要求努力；而在企业对员工进行绩效考核时，任职资格要求又为评估标准提供了模板，成为衡量员工是否合格的一个基本要求。

确认了任职资格要求，再加上前面已经进行的工作职责和岗位工作任务分配，就可以得到一份工作说明书了，它详细地告诉任职者关于工作的信息和规定以及关于工作对他们的要求，让员工能有一个清晰明白的了解和认识。

7. 关键业务流程

前面所讲的都是针对每个点上的工作而展开的，当把所有岗位职责理清楚后，就有必要将同一个流程上的点连起来，形成企业的业务流程。而对于那些直接影响到企业组织绩效的关键业务流程，我们就必须格外关注，一旦一个环节出了问题，员工没有完成自己的职责的话，就可能导致整个流程受阻或瘫痪。

8. 流程的关键控制和作业指导书

对于整个流程的操作规则及每个岗位的职责权利，我们可以将其按流程的进展顺序排列在一起，形成一份作业指导书，用来对任职者进行操作上的指导和尽职上的提醒。

9. 关键业务的培训手册

对于很多非常重要的工作岗位，可能任职者并不完全具备相应的技能或知识，或者这个岗位上要求的技能或知识的更新程度很快，这时就有必要给员工提供一份关键业务培训手册，让他们了解企业和工作对他们的希望与要求，以便他们能更好地了解工作内容，对自己的现状与希望的状态做比较，激发他们参与培训、提高自己的动力。

对以上九个方面进行系统整理后，我们就能够得到一本全面而关键的员工手册。这本手册介绍了从部门到岗位的各个重要环节，不仅可以为新进员工提供充分的指导，也能够为已经在岗的员工解决疑难和困惑。因此，我们说这本手册中关于组织与工作的系统介绍，为企业的人力资源管理搭建了一个基础性的平台，为企业今后的各项人力资源管理工作的顺利开展奠定了基础。

第四节 人力资源管理的载体——制度管理

制度作为提升组织管理水平的关键性管理要素，也是整合企业战略、组织和人力资源的纽带。制度的设计，设定相应的层级机构为战略的实现服务，可以说组织是实施战略的载体，组织制度设计的好坏直接影响到战略的实施。制度整合了战略、组织和人力资源等要素，随着战略的调整，企业必须调整组织、调整人力资源，才能促进企业发展。

一、思想先行——建立制度管理的意识

（一）制度管理的性质

1. 权威性

制度一经形成、确定下来，所有成员都必须执行，违反规定要受到必要的惩罚。制度是企业当中的"法"。

2. 系统性

企业组织中各方面、各层次均有完整配套、具体严密的制度。它们相互具有内在一致性，互相衔接和补充，形成一套严密完整的制度体系。

3. 科学性

制度建立在科学合理的基础上。有的直接是技术规律要求，有的充分体现事物客观规律，有的合情合理。它反映了企业经营管理中科学、成熟、合理的一面。

4. 无差别性

制度作为一种带有法规性质的管理手段，具有无差别性特点。它不对具体情况和具体人分别对待，在规范约束范围内一律平等对待，没有变通的余地。它是一套理性的、非人格化的体系，是一系列抽象的、封闭的准则，往往以成文的形式确定下来，具有明确的、是非分明的特征。

5. 借助强制力

制度作为现实的约束和规定组织中活动与行为的管理手段，需要借助强制力。强制力是制度发挥作用的力量，没有强制力的制度，只是一纸空文。在企业组织中，强制力主要表现在行政处分、降职降薪、开除等惩罚措施上。

6. 稳定性

管理制度往往都是在长期管理实践基础上，经过分析研究、总结经验、提炼上升形成的理

性准则。它在相当程度上反映了企业组织活动和管理过程的内在要求，具有较强的稳定性。在条件未发生较大变化的前提下，一般不做改动。只有在条件发生较大变化的情况下，才做相应调整。稳定性也是维持权威性的手段之一。更重要的是，唯其稳定，才能现实地发挥制约作用。频繁变动的制度不易贯彻执行，更难巩固。

（二）制度管理的主要特征

从制度的内容和制度管理的实质来看，制度管理的主要特征有以下几个。

（1）在劳动分工的基础上，明确规定每个生产要素提供者的权利和责任，并且把这些权利和责任作为明确规范而制度化。

（2）按照各机构、各层次不同职位权力的大小，确定其在企业中的地位，从而形成一个有序的指挥链或等级系统，并以制度形式巩固下来。

（3）以文字形式规定职位特性以及该职位对人应有素质、能力等要求。根据通过正式考试或者训练和教育而获得的技术资格来挑选组织中所有的成员。

（4）在实行制度管理的企业中，所有权与管理权相分离。管理人员不是所管理企业的所有者。管理人员只是根据法律制度赋予的权力暂时处于拥有权力的地位，原则上企业中所有人都服从制度的规定，而不是有权的人。

（5）管理人员在实施管理时有三个特点：一是根据因事设人的原则，每个管理人员只负责特定的工作；二是每个管理人员均拥有执行自己职能所必要的权力；三是管理人员所拥有的权力要受到严格的限制，要服从有关章程和制度的规定。这些规定不受个人情感的影响，普遍适用于所有情况和所有的人。

（6）管理人员的职务是管理人员的职业，他有固定的报酬，具有按资历、才干晋升的机会，他应该忠于职守，而不是忠于某个人。

（三）制度管理的基本要求

各项制度的制定和形成，需要满足下述几个基本要求。

1. 从实际出发

制定制度，要从企业组织实际出发。根据本企业业务特点、技术类型、管理协调的需要，充分反映企业组织活动中的规律性，体现企业特点，保证制度具有可行性、实用性，切忌不切合实际。

2. 根据需要制定

制度的制定要从需要出发，不是为制度而制定。需要是制度制定与否的唯一标准，制定不必要的制度，反而会扰乱组织的正常活动。在有些非正式行为规范或习惯能很好发挥作用的前提下，就没有必要制定类似内容的行为规范，以免伤害企业组织成员的自尊心和工作热情。

3. 建立在法律和社会道德规范的基础上

法律和社会一般道德规范是在全社会范围内约束个人和团体行为的基本规范，是企业组织正常生存发展的基本条件和保证。企业制定的各种制度，不能违背法律和一般道德规范的规定，必须保持一定程度的一致性。否则，企业组织整体在环境中的生存发展，对组织内部各方面的约束，都会受到严重影响。

4. 系统和配套

企业制度要全面、系统和配套，基本章程、各种条例、规程、办法要构成一个内在一致、相互配套的体系。同时要保证制度的一贯性。不能前后矛盾、漏洞百出，避免发生相互重复、要求不一的现象，同时要避免疏漏。要形成一个完善、封闭的系统。

5. 合情合理

制度要体现合理化原则。即一方面要讲究科学、理性、规律；另一方面要充分考虑人性的特点，避免不近情理、不合理等情况出现。在制度的制约方面，要充分发挥自我约束、激励机制的作用，避免过分使用强制手段。

6. 先进性

制度的制定要从调查研究入手，总结本企业经验，同时吸收其他先进经验，引进现代管理技术和方法，保证制度的先进性。

二、制度管理的假设前提

1. 人性是恶的

从管理的角度来看，人性其实是本恶的。从根本上来说，人都具有劣根性。早在两千多年前，荀子就认为："凡性者，天之就也，不可学，不可事。礼义者，圣人之所生也，人之所学而能，所事而成者也。不可学，不可事而在人者，谓之性；可学而能，可事而成之在人者，谓之伪，是性伪之分也。"荀子认为，由于人性本恶，所以我们应当通过教化来限制恶的趋势，使人性之恶向善转化。

人性的善与恶，本来就有先验层面与经验层面两个层面。制度经济学所设定的人性本恶是一种先验假定，是一种达到理论的策略。也就是说，这里的恶不是说事实上所有人都是恶，或者说有些人是恶，进而假定所有人都是恶，都有恶的倾向，而是在对人性做最坏的打算。出门要锁门，离开要带好自己的东西，都是对人性恶的假定。这里基于人性是恶的管理假设，并不意味着在管理的过程中把员工都看成是坏人；其目的在于，当假设员工是坏人的时候，在制度设计上保证，如果员工出现问题，组织可以最大限度地保证采取有效的应对和管理措施。

对于人的管理，如亡羊补牢，则为时已晚。

2. 人是没有自觉性的

从小老师就教导我们要"自觉遵守纪律"。如果人生来就有遵守纪律、遵守约束的自觉性，为什么需要不断地提醒别人注意呢？人生来对纪律约束都有排斥和抵触的情绪，如果不要求早晨 8 点到校，相信大多数学生都会等完全睡醒了再说。在企业中也是如此。如果没有准点打卡的纪律约束，并且是与个人工资相联系的，可能就不会有那么多员工在严冬里抢在天亮前就起床去挤公交车了。因此，人是没有自觉性的，人必须在制度与纪律的约束下才会规范自己的行为和态度。如果我们把对员工的管理基于他们的自觉性上，组织的效率就难以保障。对人的管理重在制度的保障。制度保障的结果是，无论什么人、做什么工作，工作的结果是一样的。当然，这只是一种最高境界的管理理想，但是，这是组织中对人的管理的无限追求。

我们都知道，应当在管理过程中培养员工的工作主动性和工作自觉性，但是，我们可曾培养出来？如果一个企业效益不好，那么通常来说，其员工的工作也不会很努力，为什么呢？原因很简单，因为企业效益不好，发不起工资，所以员工满意度下降，工作主动性和自觉性降低，工作懈怠。但是，如果企业效益好了，把原来 3 000 元的工资涨到 8 000 元，我们将会发现，照样有工作不努力的人存在。事实上，任何一位员工的工作状态都不会因为企业给员工涨工资而得到持久的改善，薪酬是不解决激励问题的。过去我们总是把薪酬当作一个激励的手段，其实并非如此。通俗地理解，涨工资就跟抽鸦片一样，会上瘾，涨了一次，员工还会期待第二次、第三次，如果接下来不涨，就会适得其反，非但起不到应有的激励效果，反而会降低员工的满意度，乃至影响绩效。如果薪酬不解决激励问题，那解决什么问题？薪酬首先解决的应当是公平问题。

3. 人是需要控制的

如果人性是恶的，人性是没有自觉性的，我们该如何管理员工？用一句话来概括就是，人是需要控制的。管理是什么？管理就是控制。对于管理来说，没有形式就没有内容，没有过程就没有结果。形式是为内容而服务的。很多银行在客户办完业务后，会让客户按钮对服务进行评价，在绝大多数情况下，我们都会选择满意。表面上看，这仅仅是一种形式，没有什么实际意义。但事实上，这一形式是有内涵的。奖惩的目的首先是惩罚而非奖励，奖励只是一个导向。这个看似无用的形式恰恰能解决惩罚问题，如果业务员对客户态度不好，客户选择按不满意键，惩罚的效果就有了。管理首先是一种威慑力，是一个过程。而通常情况下，我们看到的只是结果。管理所做的就是通过过程来威慑规范员工的行为。但是，在很多情况下，我们只理解了形式而没理解内涵。解决管理问题必须改变思维方式。以某企业为例，其监察和管理部门的员工没有工资，全部靠罚款数量得来。罚款这一制度，看起来与先进和科学无关，管理从来没有先进和落后之分，有效的就是好的管理。请注意，千万不要掉到管理是一门科学的误区里。管理控制应该是核心的思想。我们应该努力做到，企业中的所有人都是可以被替代的。如果 5 个人的工作被两个人干，那么这两个人就是不可替代的。而接下来面临的问题就是员工越来越难控制，管理成本越来越高。这里说的成本不仅包括支付成本，还包括心理成本。相反，如果10个人的工作被15个人干了，即表明专业化分工更细了。在这种情况下，每个人都是可以被替代的，企业的用人总成本下降。

4. 人是重要的

在组织所有的精英要素中，究竟哪一个要素是最重要的呢？毫无疑问是人。人力资源具有不可替代性。花钱多未必好用，花钱少未必用得不好。从古至今，有两条真理亘古不变：第一，我们生存的资源是有限的；第二，我们的能力是有限的，这两条决定了我们只能做有限的事情，这就是专业的思想。组织的产生就其本质而言是一个专业化的产物。企业生的路千万条，死的路只有两条，一条是多元化经营，一条是无边界扩张。历来做企业有两个观点：多元化和专业化。其实，工业革命所带来的最大变化就是专业化。中国自改革开放以来受到太多市场的困惑，其实很简单，竞争就是做事要专业，只要专业就有了竞争力，当失去这个专业，也就失去了竞争的优势，就失去了生存的保障。从人力资源管理的角度看，专业化优势不外乎有两个保障：人力资源和非人力资源。人和组织，到底是什么关系？经济学早就有解释，无论是人力资本还是非人力资本，都有两个属性，一个是抵押属性，一个是看护属性。作为物的东西，有价值，旁边一定有看护，价值越高，对看护者的要求就越高。人力资源重要性之一体现在人力资源的看护难度极大。

经济学所有理论所依赖的基础就是：资源具有稀缺性。对于合格的员工来讲同样如此。不仅人的数量稀缺，个体员工的能力也是有限的。一个企业的成长壮大需要各种类型人才的累加，不仅要满足数量的要求，而且同样反映在质量要求上。企业的竞争优势归根结底就是两样：人力资本和非人力资本。在企业创建初期，可能会将资金、原材料等因素放在第一位，但当企业发展到一定阶段时，客观上就对人力资源提出了更高的要求，不仅要在用人上下功夫，有效的人力资源管理显得更为重要。只有将上至高层管理者下至普通员工都视为重要的公司资源，才能有助于企业的成长壮大。

5. 人是难以管理的

人是难以管理的。为什么？其实很简单，因为人力资本和非人力资本一样，也具有抵押和看护两个属性，但人力资本和非人力资本最大的区别在于，非人力资本与其看护者是分开的，但人力资本的看护者是自己。在实践中，我们常常发现，有能力的员工非常难管，其难管的原因在于，有能力的员工在企业价值得到提高的同时，其在劳动力市场的价格同样也得到了提高。

正是因为人力资本的抵押属性和看护属性的不可分割性，决定了其价值越高、流动性越强，管理也变得越困难。因此，面对那些优秀的员工，仅仅靠管理的控制根本控制不住。因此需要改变我们的管理理念。

6. 人是需要尊重的

什么叫作对人的尊重？体现出管理的公平就是对人最大的尊重。根据激励理论家马斯洛的需求层次理论，每个人都有五个层次的需求：生理需求、安全需求、社交需求、尊重需求和自我实现需求。从激励的角度来看，没有一种需求会得到完全满足，但只要其得到部分的满足，个体就会转向追求其他方面的需求。按照马斯洛的观点，如果希望激励某人，就必须了解此人目前所处的需求层次，然后着重满足这一层次或在此之上的需求。在现代企业里的员工尤其是知识型员工，其需求的层次一般都比较高，对于尊重的需求就更加明显。在这种情况下，给予员工充分的尊重就是给予他们最大的激励之一。

7. 人是多样化的

每个人都有区别于其他人的特点，因此，人必然会是多样化的。一个组织的所有成员即使在服从共同的组织理念的前提下，个体特质也应当保持一定差异，多样化已经成为社会发展的趋势。多样化员工不仅是指企业在人力资源的构成上需要各种技能的员工，而且就员工个人来讲，也呈现多样化的才能，凸显个性色彩。多样化员工管理的具体含义是，"一个组织的所有成员在服从共同的组织理念的前提下，个性特征应保持一定的差异。例如，性别不单一，年龄多层次，智能多元化，气质、性格多类型，具有一定的正当爱好或者特长等。所有的员工的能力与其岗位职责相匹配，兴趣尽可能与其工作内容相吻合，使组织成为年龄衔接、知识配套、智能互补、能级合理、心理相容、长短相济、目标一致、团结协作的群体"。

针对员工的多样性特征，在管理中应当注意做到以下几点。

（1）必须树立"以人为本"管理理念。
（2）构建多元的企业文化，适应多样性员工管理的需要。
（3）管理人员必须具备开放的心态和必要的沟通技巧。
（4）采用多样化的福利制度。
（5）培训方式的多样化。

8. 人的管理是一门科学

首先，基于心理学的研究，对人的管理本身就是一门科学。不管怎么说，人力资源管理最终要落实到对人的研究上。管理是一门科学，管理并不是管理者随心所欲的结果，它是有规律可循、有技术支撑的。特别是对人的管理，不仅人力资源管理研究对人的管理，心理学、社会学、经济学、组织行为学等相关学科的研究也为人力资源的管理提供了广泛的理论研究和实践基础。仅就人力资源管理的薪酬设计而言，它是建立在组织与工作系统研究、工作分析、工作评价、薪酬调查、劳动力市场分析、公平管理、员工心理研究等一系列管理的理论与实践基础之上的一整套管理工作系统。其中的每一项工作都体现了管理科学的研究思想和科学的研究方法，最终才能保证企业的薪酬制度设计的公平性、合理性和科学性。此外，人力资源这种特殊的管理对象决定了其管理的难度和复杂性。因此，在遵循科学管理的前提下，管理的灵活性更加体现出多种学科的综合应用特征。

第五节　文化整合——创建基于使命和价值观的企业文化

一、管理的文化现象

（一）组织文化的内涵

组织文化又叫企业文化，是人类文化、社会文化和经济文化的一个子属，是一种集团文化（或团队、团体文化）。它内含组织精神、组织灵魂、组织价值观、组织经营思想、组织管理哲学、组织行为规范与准则，又为企业共同体成员所接纳，形成一种群体意识，成为组织成员共同信仰、共同追求、共同约束和统一的行为准则。组织文化外化为并强烈地作用于组织的物质文明、制度文化规范和文化符码与标志。

组织文化可以定义为：是一个组织中代表其成员的特性，并影响其态度和工作方法的惯常行为方式的综合体系。美国当代著名的企业管理学家、企业文化概念的创立者之一托马斯·彼得斯和小罗伯特·沃特曼认为："一个伟大组织能够长久生存下来，最主要的条件并非结构形式或管理技能，而是我们称之为信念的那种精神力量，以及这种信念对于组织的全体成员所具有的感召力。"他们对优秀的公司文化推崇备至、大力倡导："成绩卓著的公司能够创造一种内容丰富、道德高尚而且为大家所接受的文化准则，一种紧密相连的环境结构，使职工工作出不同凡响的贡献，从而也就产生有高度价值的目标感。这种目标感来自对产品的热爱、提供高质量服务的愿望和鼓励革新以及对每个人的贡献给予承认和荣誉。"企业是经济社会中一种重要的组织模式，对文化的研究可以让我们加深对组织文化的认识。

Z 理论的创始人、日裔美籍管理学教授威廉·大内把企业文化明确为："一个公司的文化由其传统和风气所构成。""这种公司文化包括一整套象征、仪式和神话。它们把公司的价值观和信念传输给雇员们。这些仪式给那些原本就稀少而又抽象的概念添上血肉，赋予它们以生命力。"

美国学者泰伦斯·狄尔和爱伦·肯尼迪把企业文化界定为："企业文化由价值观、神话、英雄和象征凝聚而成，这些价值观、神话、英雄和象征对公司的员工具有重大的意义。"

作为一种集团或组织文化，企业文化是企业文化共同体在一定的文化大背景下，以共同体内部创新为主，外部文化刺激、输入为辅，内、外文化交互作用所形成的多层次的复合体系。它以企业精神、公司灵魂为核心，以企业文化理念群、企业价值准则、企业伦理道德、企业文化心态、企业亚文化为主要内容，以企业物质文化、企业制度文化为支撑，以企业文化符码为外部记载、传播、输出工具，融企业宗旨、行为规范、伦理体系、价值准则、习俗、信仰、制度规定为一体，是企业赖以存在的精神支柱，有形和无形的行为法典，具有维系、约束、激励、阻抑组织行为等多种功能。同时，企业文化的构成内容本身还包括企业社会责任的内容，如一个企业十分重视产品的质量，力求为公众生产安全的产品，这本身就是在履行社会责任。

（二）组织文化的形成模式

组织文化的形成是一个长期积累的过程，普遍认为组织文化的形成模式如图 4-17 所示。

一种组织文化的起源，往往和那些作为公司创始人的杰出企业家的创业意识、经营思想、工作作风、管理风格，与其意志、胆量、魄力、品格，与公司文化赖以存在的时代文化环境，以及与公司创业初期结果的印证等，都有直接的关系。

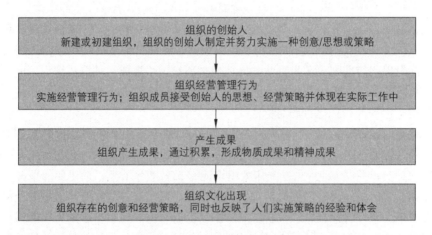

图 4-17　组织文化的形成过程

组织文化起源除了受公司创始人的巨大影响之外，公司文化赖以形成、存在和发展的时代背景也有直接影响。一种管理思潮形成后，它就有极大的渗透性和诱惑力，因而对那些在这种思潮中诞生的公司文化的起源有着重大影响；一种管理风格、组织形式一经形成，它就会犹如某种"定式"、某种范式，具有极大的示范作用，对那些在其示范传递范围内的组织文化的起源产生重要影响；一次经营管理革命发生后，对旧有组织文化传统冲击的余波就会绵绵不绝，因而对其后的新组织文化传统的形成起着重要的作用。例如美国 19 世纪后半期出现、20 世纪初完成的企业管理革命，即现代多单位工商大公司文化传统的形成，一直影响了半个乃至一个世纪的美国及其他发达国家的公司文化。时至今日，伴随着新的社会转型，有迹象表明，这种旧有公司文化传统正在受到新兴产业的新的公司风范的挑战，但大规模的管理革命还只是潜在的或正在发生且尚未完结。因此，现如今仍旧是双重规范在起作用。

此外，组织文化起源还有一个早期印证、早期强化的问题。一种组织文化出现后，能否顺利发展起来、立住脚跟，存在机遇问题，这就如同一种新产品、一项新技术在市场上出现存在机遇问题一样：出现早了，过于"阳春白雪"，和者甚寡，就会因"鹤立鸡群"而备受孤立，以至于有可能难以为继，不得不放弃或背离初衷；出现晚了，业已成型，趋之若鹜，就会因其泛滥成灾而失却意义。因此，一种公司文化能否合乎时宜地出现，关系到它能否因适时强化而受到激励，迅速发展。否则，它便会自生自灭，成为公司文化时代的牺牲品、淘汰品。

二、企业文化与经营绩效

文化的影响通过组织过程表现出来，通过政策和规定的实质、计划和控制、信息的处理和交流以及决策等管理过程得以体现（图4-18）。

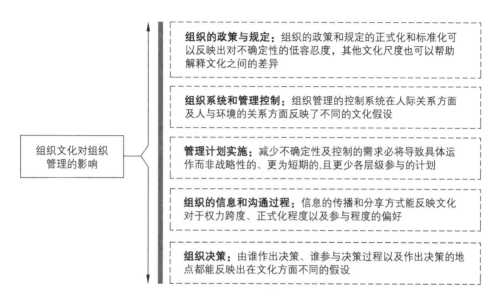

图4-18　组织文化对组织管理的影响

（一）文化与组织的政策和规定

组织的政策和规定的正式化和标准化可以反映出对不确定性的低容忍度，因为明确规定了这些条文之后，就几乎没有质疑的余地了。其他文化尺度也可以帮助解释文化之间的差异。一个比较典型的案例是，为美国的跨国公司工作的欧洲管理人员经常抱怨那里的正式报告系统，以及由总部下达的大量书面政策和规定，尽管美国一般有较弱的不确定性的避免倾向。如果考虑到美国将雇佣看作一种契约关系、公司是机械式的系统，以及低关联交流的方式，再来看这个问题，也许更容易理解。所有这些文化尺度都倾向于要求一种高程度的明了和直白，这就要求以那种普遍适用的标准化的操作规定来体现。政策和工作的描述规定因此被确定下来并标准化，从而使任何人都能照此工作。信息是渗透在系统里的，而不是由人做载体的，因为组织被认为是可以脱离其成员而独立存在的。这也许与以人为本的观念是矛盾的，但实际上，正是标准化才使得各个团体能够较为自由地选择工作或组织，并保证了他们在这个乡村市场上的职业选择的自由。并且，加上美国对普遍性的重视，为了保证所有人都能被平等对待，这些规定细节也是必要的。

一个关于英国和德国公司的比较表明,所有英国的公司都有详尽的工作说明,而德国公司中只有一家是这样做的。但对于两个国家不确定性的避免倾向来讲(德国强,英国弱),好像与所预计的情况相反。然而,德国的管理人员都是专家,一般在一件工作中停留的时间较长,工作的规定细则都已被很好地内在化了,于是要将其正规化的需求就不是非常强烈了。

另外,英国的管理人员则是通才或多面手,并倾向于经常转换工作。一项研究发现,在两个可比的公司中,英国的管理人员 30 个中有 25 个在 4 年之内就转换工作,而德国的管理人员则是 30 个中只有 10 个如此。因此,工作细则一般被正规化,以便为新的在职者提供一种普遍适用的规则。

更进一步来讲,英国的管理人员对书面条文和实际的责任之间的不符和差异具有较高的容忍度,因此对于遵从这些工作细则并不感到有特别的限制。而德国不乐于接受书面条款是源于对灵活性的看法,与英国的管理人员不同,德国的管理人员将会对任何书面条款与实践的差异感到不适应。

当沟通在人际关系及各种情况(高关联)中占有很大的分量时,规范和工作的说明一般不会被明确地制定。日本的管理人员一般都有关于公司的非常广泛的知识,这一点经常是默认的,就像是一个手工艺人,其经验是通过观察和在工作中的亲身经历得到的。此外,任务是分派给集体而非个人的。因此,个人的责任是模糊的。这也使得人与群体之间、群体与组织之间保持密切的联系,并使经验知识成为公司特有的资产,因此减少了组织的人员外流,使其成员都能固守在这个大家庭中。

(二)文化与组织系统和管理控制

组织管理的控制系统在人际关系方面(即在权力和人类的本性方面)以及人与环境的关系方面(即在不确定性和控制方面),也反映了不同的文化假设。例如,法国的管理人员认为管理者的最重要职能就是控制,而英国的管理人员则认为是协作。这也反映了对权力的不同态度。对法国人来讲,控制是源自权力跨度等级的;而对英国人来讲,协作是通过游说和斡旋达成的,因为人们并不认为上司就是全能的。

更进一步讲,控制的实质是依赖于有关人类本性方面的假设的。当员工被认为是有能力且能够自我驾驭时(Y 理论),则对沟通而不是对直接监督的依赖性增强。当管理人员认为工人们大多是懒惰且需要被别人监督时(X 理论),他们很可能会制定很严格的控制措施。

不同种类的控制"输入—中间过程—输出"在文化之间的差异也是非常显著的。法国人对从高等学府招收未来的高层管理人员是十分重视的。这就反映了对输入的控制——选择最好和最聪明的,因为认为他们能够胜任并带来产出。而德国的公司对招收学府精英则并不怎么感兴趣,他们更重视通过严格的学徒体系以及深入的专业工作经历来培养未来的管理人员。

对详尽计划以及运作控制的侧重也反映了中间过程控制的重要性。在美国和英国,则侧重预算、财务控制、报告的步骤,这更多地反映了对输出的控制。这可以从对预算目的的不同观念看出来。一项对同一家公司的美国分公司和法国分公司的管理人员进行的比较研究表明，对美国的管理者来讲，预算作为一种有用的工具，提供了具体的目标，用以与实际运营进行比较。而法国的管理者则更为关心整体的逻辑，以及预算体系的完美与否。这些差异反映了美国管理人员对他们自己用注重实效（机械式的）及以结果（业绩）为目的的方式来对事情施加控制的能力是非常自信的，而法国的管理人员更多的是依赖他们自身的分析能力，或者说是依赖其思考的高品质。

（三）文化与管理计划的实施

组织运行过程中，各项管理计划的实施也可以反映潜在的文化假设。一项由霍洛维特兹进行的对英国、德国和法国的计划实践的比较研究表明，英国的计划实践，通常更侧重于战略性，更为长期（以六年为计划的时间跨度），而且有更多过程中的参与。在德国，计划往往是针对具体运作的（包括非常紧迫而详尽的一年期计划）、较为短期的（时间跨度为 3 年），且几乎没有各层级的参与。在法国，计划更多是短期的（少于一半的公司有长期的计划）、更多的行政性（3 年的财务预测），同时也是很少有各层级参与的类型。更短的计划期间和更具操作性的或行政性的定位反映了对限制不确定性的一个更容易驾驭的时间阶段，以得到更为具体的成果。因此，对减少不确定性并施加控制的需求必将导致面向具体运作而非战略性的、更为短期的且更少各层级参与的计划。

（四）文化与组织的信息和沟通过程

组织为了作出决策，为了就政策和规定进行沟通，为了完成不同部门、单元之间的协作，就必须对信息进行处理。至于要寻求和留意什么样的信息，信息是如何传播的，以及什么信息与什么人共享，很能反映出文化对于权力跨度、正式化程度以及参与程度的偏好。

例如，法国公司经常被法国的管理人员描述成"责权明确的"，即在水平及竖直方向都被非常清晰地在结构上加以规划。这就澄清了个人的角色和责任、权利和义务，因此也澄清了在履行个人职责时，个人应该运用判断力作出决策的程度。这样，信息在群体之间的流动就受到了限制。

更进一步讲，如果我们将组织看作基于关系的社会体系，比起将信息看作个人的而非公共的这种观点，就更容易被共享。信息流通是通过个人之间的联系来完成的。用一位法国的管理人员的话来讲就是，"广泛传播的信息显然是没有用处的"。而且，法国组织的行政的实质促成了将信息看作是权力的源泉这种观点，也因此不容易被摆脱和放弃。因为这些原因，在法国的公司里非正式的交流占有相当重要的地位就不足为奇了。一项在 *Nouvel Economiste* 中的调查研究结果表明，经小道消息得到的信息要比经顶头上司得到的信息更为可能。不同的信息渠道对这种集权化的、正式的并且是有限参与的信息流通起到了有益的补充作用。

日本的公司鼓励在组织的各个层级上，包括在组织内部（在员工之间）以及在组织外部（与供应商和顾客之间）进行高密度和大范围的讨论。日本公司的高度适应性也经常被归因于这种跨越边界、开放式的信息流通。通过加深信息非正式流通的程度，日本的公司就有能力来产生和利用知识，从而创造出一个"学习的公司"。

对于物理空间及其所产生的相互交流方式的利用，都是人为产生的文化的衍生物，这也反映对权力跨度、正规化程度以及参与水平的最佳程度所持的不同观念。这些观念影响了不同国家里各个公司中信息的流动和交流沟通。更深入地挖掘下去，我们发现在不确定性存在的情况下，关于信息利用的假设是有不同之处的。例如人们是否被认为是可以信赖并且具备一定能力的，信息应该被作为保留权力的手段还是应该共享。此外，我们还发现对于信息之下潜在的文化方面的意义有着不同观点，其一是信息是基于机械的模式起作用的，其二是信息是基于行政目的起作用的。

（五）文化对组织决策的影响

组织决策的实质也是深植于文化根基之中的。由谁作出决策、谁参与决策过程，以及作出决策的地点（在正式的委员会上，还是在相比之下非常不正式的门厅或走廊，抑或是在高尔夫球课上等），这些都能反映出在文化方面不同的假设。所以，正如不同的时间界限一样，决策过程的实质也能够对贯彻决策的速度产生影响。

也许在瑞典和德国这样权力跨度较为扁平化的国家里，我们能够得到非常之多的关于在决策过程中有广泛参与的证据。瑞典，也许是沿着工业化民主这条道路走得最远的国家，在那里，工会的领导人多是处在高级管理层的位置上，只参与一些主要的战略决策的制定，如重新安置海外的工厂等。每一个人都有为一个决策贡献力量的权利。决策意味着寻求共识。

在荷兰和德国，车间的委员会或是劳工的代表，在决定商务事宜的时候也起着重要的作用。对共识、社会平等以及福利的强烈认同和恪守，反映了关于集体主义和平日的工作环境质量的重要性假设。

对比而言，处于强调权力跨度或等级的文化背景下的公司，更可能对决策采取集权化的方式。例如在法国，政府在公司的战略和政策的制定方面，经常是通过选择高级管理层的方式施加很大的影响。

日本的公司有着集体主义的取向，在决策这个问题上采用了另外一种不同的方法。在日本的书面请示（ringi）系统中，申请书（决策的提议）是在大家之间传递并要求个人在上面签名的。然而，签名本身并不一定意味着赞成，而是意味着如果这个决策被采用，签名者同意遵照其执行。尽管征求高层领导的意见是必须的，但是他们的这些观点与其说是清楚直白的，还不如说是较为含蓄的。因此，日本的管理人员就要在"读懂他们老板的意图"上花费更多的额外时间，以便找出什么才是真正预期达成的东西。通过这种方式，日本的公司协调了集体主义和重视权力跨度两者应该并重的问题。

一方面，北欧和美国的管理人员经常抱怨日本公司在做决策时速度太慢。而另一方面，日本的管理人员，则经常抱怨美国和欧洲的管理人员用来贯彻执行决策的时间过长。尽管在日本会用更长的时间来达成决策，但是一旦决策开始被执行，就会被更为迅速地贯彻，因为每个人都参与了整个决策过程,并且能够理解为什么决策要被执行、已经作出的决定是什么,以及下一步要做什么。美国人可能会因为自己的"富有决断力"而自豪,他们能够自己独立地很快速地作出决策。然而,他们也不得不在回到自己的办公室后花更多的时间来"卖出"自己的决策,诸如要解释为什么这样决策、决策是什么、怎样作出的决策,还要保证对决策的支持。于是不可避免地,贯彻执行就要花费更长的时间。

因此,决策的不同方法就会对达成决策所耗费的时间长短有很大的影响,即使是在那些有着共同的文化方面的假设的国家里也是如此。例如,一项对瑞典和英国的战略决策的比较研究表明,在瑞典需要花费英国两倍的时间,不仅是在确定战略问题方面(37个月较之17个月),而且体现在决定如何解决这些问题方面(23个月较之13个月)。

这些在达成决策上所费时间的差异,可以由在决策过程中他人的参与程度和对达成共识的偏好程度来解释。在瑞典更多的人参与到对信息的贡献上来,并且在收集信息和比较各种可选方案上所花费的时间也是更多的。而且,对比在英国战略决策一般是由常务总监(首席执行官)个人作出的这种情况,在瑞典多数时候则是由管理层(作为一个集体)作出的。瑞典的这种共识驱动的方法(此法包括政府和国家官员)导致了一种趋势,即将任务职责或是特殊工种进行分派这种非常费时的做法。

作出决策的速度不单单反映了过程,而且反映了人们普遍的对待时间的态度。许多西方的管理人员抱怨,他们对于紧急事件的感受并未得到他人的共鸣,而他人的观点似乎是"什么才是现在最紧迫的?"然而在亚洲以及中东,一个迅速作出的决策意味着这个决策本身是缺乏重要性的。否则,就应该花更多的时间来考虑、深思并讨论,来予以足够的保证。因此快速作出决策并不一定被认为是一种有决断力并有极强领导力的特征,反而会被认为是一种不成熟、不负责任,甚至是愚昧的表现。

更进一步说,在那些历史扮演着重要角色的文化中,传统不能被如此迅速地抛弃。因此,决策的作出和贯彻实施都需要更加缓慢地进行。这种现象可能在亚洲的文化中体现得更为明显,而其在文化背景相似的国家中也是存在着重要差异的。美国的管理人员较少地受传统的束缚,也许就会认为欧洲的管理人员在做决策时速度太慢了。

总之,文化作用于组织管理和组织运行的各个方面。文化是一种组织行为产生的原动力,因此,在组织问题的讨论中,就必须时刻注意文化的影响。而这种影响在很多情况下所表现出来的价值是本质性的。

第五章

四大制度体系——人力资源管理的主体制度构建

我们在前面已经讲到，人力资源管理的各个功能是从流程当中来的。一般来说，招聘和甄选、绩效管理、薪酬管理以及员工培训与开发构成了企业人力资源管理活动的四大功能模块。人力资源管理发展到今天，已经演变为开始支持战略的实现，同时需要企业其他部门的协作与支持。在本章以及本书中，我们构建了战略牵引、系统运行和平台支持的三维度框架，对各个功能模块进行分析。

战略牵引：企业必须以经营战略的总体认识确定其人力资源管理。人力资源管理的各个功能模块直接对员工的工作态度、知识技能等方面产生影响。管理水平高，可能就容易作出正确的招聘决策，员工的工作态度就端正，情绪就高昂，这些直接导致企业核心竞争产品或服务的形成，最终形成企业竞争优势，达成企业战略目标。企业战略的落地，是要借助人力资源管理的具体实施行为来实现的。两者间的关系密不可分。

系统运行：这一部分的主体内容，主要是各个功能模块的流程和实际操作步骤。

组织支持：本书所指的组织支持，主要是该项各个模块中所使用的工具。

以上三要素之间是相互依存和促进的动态关系，战略牵引着企业的各项活动，基础工具为薪酬管理提供平台支撑，而在薪酬管理的运行过程中，在落实战略和利用组织基础资源的同时也需要其提出调整的建议。总之，系统是运动着的，战略和平台也不是静止的，它们也需要依据运行状况不断更新和提升（图5-1）。

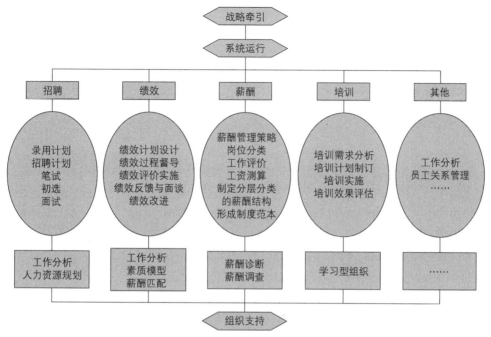

图 5-1　人力资源管理主要功能模块的制度体系

第一节　招聘和甄选

招聘系统平台三要素模型如图 5-2 所示。

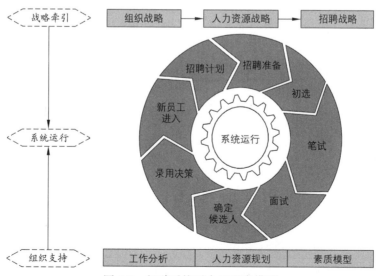

图 5-2　招聘系统平台三要素模型

一、战略牵引

对于企业家来讲，战略是企业家为实现企业家精神绘制的蓝图；对于企业来讲，战略体现在企业实现经济利益的过程中。总的来说，战略是方向和方法的集合，战略具备对人和组织的牵引力，拉动其实现符合战略的目标，而制约与战略相背离的目标。同理，这种对于人和组织的牵引力也对工作发生作用，招聘作为企业吸纳人才的唯一入口和其他工作开展的重要基础，必须考虑到企业战略和人力资源战略。

招聘的战略视角就是从组织战略分解到人力资源战略再分解到招聘战略。在全球经济不断高速发展的今天，各种资源按照市场价值规律进行有效的配置，人力资源更是成为众多资源中备受关注的一种，人才招聘的环境和理念正在发生巨大的变化，使得招聘工作的难度大大增加了。要想招聘到企业所需要的优秀的、合适的人才，就必须明确企业的发展战略和人力资源战略，因为这是招聘战略的航向标，起着重要的指导作用。企业可以根据组织的内外部环境，制定出具有竞争力的企业战略和人力资源战略，在人力资源战略的指导下，提高人力资源管理的效率和效果，实现人力资本的增值。

企业战略决定着员工战略的目标和方向，决定着员工招聘的数量、质量、层次和结构，决定着员工招聘策略与企业经营战略是否一致。因此，分析员工招聘首先应该探讨其与企业战略的匹配性。

二、组织支持

组织支持包括工作分析、人力资源规划和素质模型。作为招聘的组织基础，必须把握好工作与人的匹配，达到此目标的前提是了解企业的真实需要，了解工作和个人，工作分析可以解决对工作的了解问题，素质模型可以更了解个人，而人力资源规划可以确定企业的人才需求，从而使招聘工作有的放矢。

工作分析、人力资源规划和素质模型作为人力资源招聘的基础，体现了招聘以现在预测未来、基于岗位和能力的理念，下面做简单介绍。

1. 工作分析

工作分析是通过系统全面的情报收集手段，提供相关工作的全面信息，以便组织提升管理效率。工作分析是人力资源管理工作的基础，其分析质量对其他人力资源管理模块具有举足轻重的影响。工作分析在人力资源管理中的位置毋庸赘述，它为人力资源各项管理活动提供依据，通过对工作输入、工作转换过程、工作输出、工作的关联特征、工作资源、工作环境背景等的分析，形成工作分析的结果——职务规范（也称作工作说明书）。职务规范包括工作识别信息、工作概要、工作职责和责任以及任职资格的标准信息，为其他人力资源管理职能的使用提供方便。

岗位任职资格条件既是岗位评价的重要参考因素，又是该岗位人员空缺时设计招聘要求的基础。招聘广告中一般有空缺岗位的学历、工作经验、专业技术水平、能力方向、人格特征等要求，而这些内容在岗位说明书的任职资格条件项目中均可找到。

2. 人力资源规划

狭义的人力资源规划指企业从战略规划和发展目标出发，根据其内外部环境的变化，预测企业未来发展对人力资源的需求，以及为满足这种需要所提供人力资源的活动过程。广义的人力资源规划是企业所有各类人力资源规划的总称。其任务是系统地评价组织中人力资源的需求量，选配合适的人员制订和实施人员培训计划，促使人力资源合理运用。比如，在相当多的企业中，其中一些人的工作负荷过重，而另一些人则工作过于轻松；也许有一些人的能力有限，不能满足工作需要，而另一些人则感到能力有余，未能充分利用。人力资源规划可改善人力分配的不平衡状况，进而谋求合理化，以使人力资源能配合组织的发展需要。

人力资源规划中的人员配备原则如下。

（1）因事择人。

（2）因材器用。

（3）用人所长。

（4）人事动态平衡。

3. 素质模型

素质模型是一种用以描述操作一项特定工作的关键能力的决策工具。在很多情况下，素质模型比工作描述（经常忽略知识和技能）更可靠，比技能列表更可靠，比内部感受的目标性更强。素质模型应当包括那些对取得工作预想结果关键性的素质。随着知识经济的发展以及知识型员工在企业中的增多，素质模型的研究将逐渐成为战略性人力资源管理的基础，在企业人力资源战略中发挥重要的作用。

一般地，人员甄选与招聘是素质模型应用程序的第一步，并且可能是对组织产生影响的最直接的途径。通过对特定岗位素质以及素质模型的研究，可以预先确定该职位的任职资格。这样就可以做到在招聘广告的刊登、应聘简历的筛选以及对应聘者的评估方面的一致性。同时，针对岗位素质的研究以及素质模型的提出，将为对应聘者更深的素质的甄选提供依据，尤其对于那些难以通过培训获得的素质项目。例如，灵活性、团队合作性。通过建立企业内部各类职位的素质模型，为选拔和招聘最适合本企业的人员提供了有利的依据。虽然特定岗位的素质模型的使用不能百分之百地确保所招聘来的员工一定具有高绩效，但如果没有它，建立合适的甄选标准的可能性就会大大降低。

三、系统运行

系统的运行中包括的是招聘的核心工作，如果说前两者是招聘的基础，那么系统运行就是操作问题，必须体现流程化和制度化，这样才能提高效率。

细节决定成败，而管理细节的实现靠的是程序。为保证有效的执行，招聘必须明晰应该是怎样一个程序、具体工作的流程是什么。招聘流程主要分为以下几个部分：招聘计划、人员甄选、录用管理、招聘评估等。

流程不是解决为什么而做、为什么这样做而不那样做的问题，而是解决怎么做的问题，即更多的是从执行的角度把个人或组织确定的目标执行到位，而不考虑或者改变组织的决策，在决策确立之后，流程要解决的就是如何更好地实现决策的目标，而不是改变决策的目标。流程是因提高效率而有价值的工具，任何为了创作流程而不考虑效率的方法都是错误的，因而流程的概念其实涵盖了动态调整和改进的需求，在运用时，应关注流程实践中的合理化调整。所以，招聘程序的灵活性包含两层意思：一是选择问题，即针对不同的招聘对象运用不同的流程；二是动态调整问题，即针对过程中的需要进行流程改进或再造。

1. 招聘计划

策略是理念，理念即方法，计划是行动步骤。招聘计划的不仅包括通常意义上的招聘计划，还包括招聘的策略实施以及替代性活动与相应的方案。企业管理永恒地追逐效率，如果能在节约资源的同时有效地完成工作，则不仅实现了任务达成的目标，同时在资源总量有限的前提下保障了企业总体招聘价值的实现。

2. 人员甄选

人员甄选是整个人力资源管理体系中具有基础意义的重要一环。对于任何组织，尤其是以人才为核心竞争力的知识型组织来说，选择合适的组织成员对于组织的生存能力、适应能力和发展能力，都将会产生至关重要的影响。因此组织有必要在招募到大量候选人的前提下，采用审慎而适当的甄选办法，从中挑选合适的组织成员。

人员甄选是从职位申请者中选出组织所需要的最合适的人员的过程。它包括资格审查、初试、笔试、面试、心理测验以及其他测验、体检、个人资料核实等内容。这一阶段工作的质量将直接影响组织最后的录取质量，也是管理中技术性最强和难度最大的重要阶段。

人员甄选有三个重要的假定，分别是：人是不同的；人是可以测量的；对人的特征测量和绩效预测是相关的（线性相关或者非线性相关），也就是说，在雇用之前通过申请表、面试、测验、工作模拟等甄选工具对应聘者进行测量，所得到的测量结果能够准确地预测这些求职者当中将被雇用员工的工作绩效。

3. 录用管理

当经过各种筛选应聘者以后，最后一个步骤就是录用与就职。人员录用是指从招聘选拔阶段层层筛选出来的候选人中选择符合组织需要的人，作出最终录用决定，通知他们报到并办理入职手续的过程。这项工作是招聘工作的关键环节，它将直接决定组织吸收的人力资源的素质。

企业应该遵照下列原则推进人员录用流程。
(1) 因事择人与因人任职相结合。
(2) 平等竞争原则。
(3) 重视工作能力原则。
(4) 工作动机优先原则。

4. 招聘评估

招聘工作结束以后，应该对招聘效果进行评估。通过系统、科学的评估过程，可以发现企业招聘工作中的不足以及使用的招聘手段的优缺点，并探究解决问题的方案，从而提高以后招聘工作的效率。作为人力资源工作者，除了要系统地掌握各种招聘方法、手段、流程，还需要掌握各种招聘效果评估技术及其操作流程。

招聘效果评估的主要内容包括以下几个方面。

(1) 招聘成本评估：招聘成本评估是指对招聘过程中发生的各种费用进行调查、核实，并对照预算进行评价的过程。

(2) 录用人员效果评估：录用人员效果评估是根据招聘计划，从应聘人员的质量、数量及用于填补空缺职位所用的时间三个角度来进行评估。

(3) 招聘效率评估：评价招聘效率主要从招聘部门的行动是否迅速及部门经理能否及时安排面试两个方面进行。

第二节　绩　效　管　理

绩效系统平台三要素模型如图5-3所示。

一、战略牵引

绩效管理在整个人力资源管理中扮演着非常重要的角色。因为在所有人力资源管理的活动中，只有绩效管理是一项全员性、持续性的管理活动。绩效管理一直被管理者所推崇，这种推崇更多地体现在指导思想上的重视，但重视本身并没有提升管理效率和改善员工行为。

推行绩效管理有两项重要的管理前提，即目标管理和计划管理。没有目标管理和计划管理也就没有绩效管理。所谓目标，就是"员工该做什么"；所谓计划，就是"员工该怎么做"。清楚了"员工该做什么"，也就知道了应该考核什么；了解了"员工该怎么做"，也就明确了考核是什么标准。从目标出发，有计划地对绩效过程实行管理，才是真正把握了绩效管理的思想。

绩效考核的重要思想是"要什么考什么"，而考核经常走入"有什么考什么"的误区。考核内容切忌面面俱到。因为考核的内容越多，权重也就越分散。绩效考核的内容应该来自重要职责领域，包括基于战略目标实现的关键业绩指标，以及关键业绩领域（KPA）和关键结果领

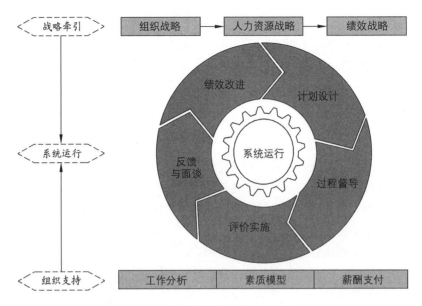

图 5-3 绩效系统平台三要素模型

域（KRA）。绩效管理，究其根本，是通过一整套有效的方法体系来支持企业战略目标的实现。而企业对战略目标的把控体现在绩效指标设置的权重上。

二、组织支持

组织支持是指工作分析、素质模型和薪酬设计等方面的支持，包括整个组织运行环境的影响。有效的工作分析有助于准确地提炼关键业绩指标，行为态度和素质能力的把握也是绩效考核的必备条件，而与之匹配的薪酬设计是绩效管理推行的有力保障。

1. 工作分析

重新回顾工作分析的定义和意义，我们发现，工作分析是根据组织内部的需要，通过岗位调查、分析、设计和评价各个岗位的功能和要求，明确每个岗位的职责、权限，以及承担该岗位职责的人员所必备的资格和条件，以便为事择人。

（1）工作分析和工作设计可以作为工作绩效计划的依据。工作绩效计划的制订不能超出员工的职责范围，也不能超出工作分析设定的最高工作量，以免员工超负荷或低负荷工作。

（2）工作分析和工作评价可以作为岗位绩效评价的依据。工作分析中含有针对不同岗位所确定的考核指标，工作绩效评价时应该参考这些指标；工作评价的结果可以反映部分影响工作绩效的因素，工作绩效评价应该考虑这些因素，做到评价的客观性。

（3）工作评价可以作为岗位绩效反馈及改进的依据。在对工作绩效进行反馈及改进的过程中，要考虑到工作评价的结果，以便明确失误的责任在于工作设置还是员工本身，避免反馈和改进的盲目性。

2. 素质模型

通过第一节对素质模型的介绍，可以发现，胜任素质模型是对优秀行为的明确定义和描述。所以绩效管理是从选对人开始的。没有行为，哪里会有结果？而行为的产生是由人的能力素质决定的——这就是"投入—过程—产出"原理。通过提升员工的胜任素质，再加上建立以绩效考核为基础的绩效管理系统，才能最终确保企业绩效管理提升。

胜任素质是基础，绩效考核是手段。胜任素质模型就是为了完成某项工作，达成某一绩效目标所要求的一系列素质要素的组合，包括不同的动机表现、个性与品质要求、自我形象与社会角色特征以及知识与技能水平。所以说以素质模型为基础的绩效管理，为各个操作系统提供了科学的理论依据，解决了所以然的问题。

3. 薪酬支持

不管是哪种方式的绩效考核，都要与职工薪酬联系起来，才会起到应有的作用。从理论上讲，绩效考核是以客观事实为依据，对员工的工作态度、能力和业绩等进行有组织的观察、分析、总结和评价等一系列程序性的活动。开展绩效考核，目的是全面评估员工的各项工作表现，使员工了解自己的工作表现与取得报酬、待遇的关系，获得努力向上改善工作的动力。绩效考核主要服务于管理和发展两个方面，通过科学有效的绩效考核，可以发现并激励优秀人才，不断提高企业管理水平，降低成本费用，提高企业可持续发展的动力。

绩效考核必须与薪酬制度挂钩，与奖励惩罚结合，才能促使员工将个人目标与企业目标统一，实现双赢。

三、系统运行

绩效管理是一个循环的、动态的系统，分为五步：绩效计划设计（plan）、绩效过程督导（prepare and program）、绩效评价实施（perform）、绩效反馈与面谈（process and communicate）和绩效改进（perfect），即5P模型。

1. 绩效计划设计

绩效计划是整个绩效评价体系的第一个环节，它是绩效管理过程的起点。绩效计划是一个确定组织对员工的绩效期望并得到员工认可的过程。绩效计划必须清楚地说明期望员工达到的结果及为达到该结果所期望员工表现出来的行为和技能。

绩效计划的设计立足于绩效评价目标的确定。绩效评价目标的确定应该立足现实，着眼未来。进行有效的绩效诊断和资源评估，实现对现实的准确把握；进行目标定位与开发，实现对未来发展的支持。

绩效计划设计最终旨在构建一套目的确定、标准确切的评价体系，而后再通过彻底的实施继而保证绩效管理的有效性。从工作期望出发，提取绩效评价指标，衡量绩效指标标准，明确绩效评价责任，选定绩效评价方法。也就是说，从把握工作期望开始，逐步形成评价体系的思想。

2. 绩效过程督导

绩效计划的有效设计为绩效管理的执行奠定了基础，有了确定的目的、确切的标准，以及健全的体系，接下来就在于彻底地执行，而绩效管理关键是要赢在执行。有效的过程督导则是绩效管理有力执行的前提。

绩效过程督导首先是绩效管理思想的灌输和绩效考核方法的宣导。绩效管理的彻底执行有赖于员工的支持，而绩效导入正是致力于获取员工对绩效管理的认同与支持。在绩效导入的过程中，绩效培训扮演了重要角色。通过培训，强化员工自身的绩效管理思维，增进员工对绩效管理的认可程度，提高员工配合管理进而改进绩效的能力。

绩效信息的收集和分析是一种有组织地、系统地收集有关员工工作活动和组织绩效信息的方法。所有的决策都需要信息，绩效管理也不例外。没有充足有效的信息，就无法掌握员工工作的进度和所遇到的问题；没有有据可查的信息，就无法对员工工作结果进行评价并提供反馈；没有准确必要的信息，就无法使整个绩效管理的循环不断进行下去并对组织产生良好影响。

持续有效的绩效沟通就是管理者和员工共同工作，以分享有关信息的过程。沟通与反馈是连接绩效计划和绩效评估的中间环节。在绩效导入之后，基于对绩效信息的收集和分析，就工作进展情况、潜在的障碍和问题、可能的解决措施等与员工进行沟通，为绩效管理的执行扫除障碍。

绩效过程督导本身也是一个重新审视既定绩效评价体系的过程，基于员工对考核思想的认同程度、对考核方法的接受程度，依据所掌握的绩效信息，考虑到沟通中反馈的问题，调试和维护既定绩效指标，不断健全和完善绩效评价体系。

3. 绩效评价实施

绩效评价实施是整个绩效管理体系的核心环节。从工作期望出发，提取绩效评价指标，并选定科学的衡量标准，继而对员工的业绩水平、行为与态度及综合素质进行考核。

绩效是结果。出于这种思想，考核员工的业绩水平，用于指导奖金的分配与发放。基于战略的 KPI（关键绩效指标）考核不仅准确地反映员工业绩，更重要的是，考核本身与战略目标的一致性使考核本身成为推动战略落地的有效手段。指标分解是基于战略的 KPI 考核的第一步，它以公司年度发展目标为导向，分析各部门与目标达成的相关性，基于这种相关性来提取部门的工作任务，继而清晰部门关键业绩指标。在此基础上，形成员工绩效目标责任书。基于战略的 KPI 分解，通过对具体的、细化的、更重要的是与公司战略目标一致的指标考核管理，使战略目标真正落实到日常的经营管理中去。

绩效是行为。出于这种思想，考核员工的行为与态度，作为员工薪酬调整的重要依据。基于员工日常行为与态度，依据行为态度数据库的内容与标准进行考核，营造积极努力的行为氛围。

绩效是素质。出于这种思想，考核员工的素质与能力，为员工晋升提供参考。素质与能力的考核是多维的，又因为员工岗位性质的不同而有所差异。综合素质考核是一项定性的考核，却是一种定量的表达。

体现对员工的尊重是管理最大的公平。绩效考核的结果面向所有员工，允许被考核者通过组织程序提出异议、寻求解释，甚至要求修正。经认定属于考核者操作失误后，应及时修正考核结果，并启动考核失误追究机制。

4. 绩效反馈与面谈

长期以来，绩效反馈的重要性都未曾得到足够的重视。许多企业的绩效管理过程往往只进行到绩效考核的环节结束就戛然而止。绩效考核流于形式，绩效管理成为无法落地的空谈。各式各样的表格在花费了大量时间和精力填写完成后被束之高阁。管理者觉得很累而且不见成效，员工对绩效管理的有效性充满了疑惑。

实际上，绩效反馈对于绩效管理整个系统都有着至关重要的作用。据估计，企业员工绩效不彰的原因，有50%就是缺乏反馈。如果不作出及时有效的反馈，员工无法确知整个绩效周期中自己的工作成果是什么，无法了解自己的工作绩效是否符合组织期望，也无从获悉该如何完善自己的绩效表现。因此，改善绩效最快速、最便宜、最有效的方法是给予反馈。

绩效管理的最终目的是持续改进企业绩效，从而成为支撑企业战略实现的关键控制手段。绩效反馈正是实现绩效考核向绩效管理转变的关键桥梁。一方面，绩效反馈使得绩效考核结果落到实处；另一方面，绩效反馈为改进绩效提供基础。

绩效反馈，作为绩效管理过程的重要环节，主要是通过绩效面谈这一方式，来实现考核者与被考核者之间的沟通，就被考核者在考核周期的绩效情况进行反馈，在肯定员工绩优之处的同时，找出绩效不足的问题所在，并寻找改进方案，提升员工绩效。

5. 绩效改进

绩效改进是绩效管理过程中的一个重要环节。许多企业实施绩效考核的目的，仅仅是为了将员工绩效考核的评估结果作为确定员工薪酬、奖惩、职位调动的依据。然而实际上，绩效管理的目的并不止于此，奖惩措施只是手段。绩效管理的最终目的应该是通过提升员工绩效，实现企业的愿景和战略目标。因此，在对绩效考核结果应用时，企业应当将员工能力素质的提升和绩效的持续改进作为根本目的。绩效改进环节是绩效管理流程中的重要一环，绩效改进的效果与整个绩效管理的效用密切相关。

绩效改进是这样一个过程：首先，要分析员工的绩效考核结果，找出员工绩效中存在的问题；其次，要针对存在的问题制订合理的绩效改进方案，并确保其能够有效地实施。绩效改进是绩效考核的后续工作,是为了帮助员工实现能力提升和绩效持续改进。一个称职的管理者不仅应当关注自身的管理职责,而且更应当作为员工绩效改进的推动者,指引下属取得优秀绩效。

经过上面的管理环节,就完成了一个绩效周期的循环。一个循环结束以后,又回到起点:再计划阶段。此时,绩效管理的一轮工作就基本完成了。应在本轮绩效管理的基础上进行总结,制订下一轮的绩效管理工作计划,使得绩效管理能持续进行下去,达到企业绩效再上一个台阶的目的。这些环节的整合,使绩效管理过程成为一个完整的闭环。其中,绩效计划属于前馈控制阶段,持续的绩效沟通属于过程控制阶段,而绩效考核、绩效面谈与绩效改进的实施则属于反馈控制阶段,其中,制订绩效改进计划是前馈与反馈的联结点。这三个阶段的整合,形成了一个完整的绩效管理的循环。

也只有当这个环是封闭时,绩效管理才是可靠的和可控的,同时也是不断提升绩效的保证。因为连续不断地控制才会有连续不断地反馈,连续不断地反馈才能保证连续不断地提升。

事实上,绩效管理首先是一种思想,一种通过动态地、持续地控制来提升效率、改善行为的思想。绩效管理更是一种方法,一种通过把握目的、明确目标、有效执行来实现战略落地的方法。

第三节 薪 酬 管 理

薪酬管理系统平台三要素模型如图5-4所示。

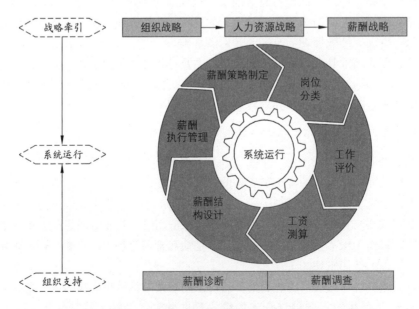

图5-4 薪酬管理系统平台三要素模型

一、战略牵引

战略牵引,是薪酬管理体系设计的整体指导思想(即组织战略驱动人力资源战略,进而驱动薪酬战略的思想)。战略具备对薪酬管理系统的牵引力,拉动其实现符合战略的目标而制约与其相背离的薪酬系统。它是薪酬管理的方向和方法的集合。

二、组织支持

组织支持,即薪酬管理系统运行的一些基础工具。运用这些基本工具(包括薪酬状况诊断、薪酬调查等),来对薪酬管理的企业现状和市场状况进行把握,从而开始探讨薪酬管理系统平台的运行。

企业薪酬状况诊断是指通过问卷调查和访谈等形式,了解和分析薪酬体系方面存在问题的过程。薪酬诊断的目的在于对企业现行的考核薪酬制度作出总体判断,发现公司经营活动中薪酬体系设计和薪酬管理中存在的问题,有针对性地找出切合实际的调整方向,进而提出完整的薪酬制度优化设计方案。需要说明的是,我们认为,对于薪酬制度的诊断往往也涉及对绩效考核现状的诊断,因为薪酬制度是对绩效考核结果的重要应用,同时公平合理的绩效考核是薪酬支付合理的前提保障。

薪酬调查是采集、分析竞争对手所支付薪酬水平的系统过程,通过调查企业界定的相关劳动力市场薪酬水平并对结果进行分析和应用,可以达到调整薪酬水平、优化薪酬结构、完善薪酬策略的目的。

三、系统运行

1. 综合考虑内外部因素,制定基于企业战略的薪酬管理策略

基于战略的薪酬策略制定方法的基本步骤如下。

(1)进行环境分析,了解企业所处的内外环境的现状和发展趋势,评价文化和价值观、全球化竞争、社会环境、政治环境、经济形势、员工需求和其他人力资源制度等因素对薪酬的影响,它是薪酬设计的前提和基础。

(2)进行企业薪酬策略体系分析,探讨薪酬管理策略需要考察哪些不同方面,这些决策包括薪酬目标、薪酬水平、薪酬结构、薪酬组合和薪酬行政管理。

(3)在对组织环境进行系统分析的基础上,探讨不同层次的组织战略如何逐层牵引薪酬战略并影响企业薪酬策略的制定,从而使薪酬决策与组织战略和环境相适应。

2. 岗位分类

岗位分类是工作分析的一种简化,一般的工作分析是一项复杂和烦琐的技术操作,往往需

要投入大量的资金和精力,但有时候并不符合企业的实际情况。按照本书所述的薪酬体系设计和薪酬管理的基本思想,只需在企业现有的包含职位基本信息、工作环境、任职资格等内容的职位说明书的基础上,对企业现有的职位类型进行种类划分,然后按照这几大类设计基本的薪酬体系,从而简化程序,提高工作的有效性,一般适合职位说明书清楚明确、工作对象比较固定的企业。本书介绍的是一种典型的分类方法,将所用岗位分为年薪制人员、等级制人员、销售人员、研发人员和生产人员五大类别。

3. 工作评价

工作评价就是根据工作分析(或者岗位分类和现有的职位说明书),在获取相关职位信息的基础上,对不同职位工作的难易程度、职权大小、任职资格高低、工作环境的优劣、创造价值的多少等进行比较,确定其相对价值,最终使特定职位的相对价值得以公示,体现薪酬分配的公平性原则,另外,还可以确定不同岗位的等级及其地位作用,形成组织职位结构。常用的职位评价的方法有配对比较法(适用于年薪制薪酬体系)、因素评价法(适用于等级制薪酬体系)、工作排列法、职位分类法,因素比较法等。

4. 工资测算

当工作评价形成职位等级序列表之后,接下来就是给每一个岗位等级"定价"的问题,即标明从事某个岗位等级中某个岗位的工作,其岗位价值是多少。

5. 设计分层分类的薪酬结构

由于组织中的各类人员在其职位重要性、工作性质、绩效结果的衡量难度等方面不同,因此需要对不同类型员工采取不同的薪酬体系设计。本部分在根据战略确定薪酬策略,通过岗位分类、工作评价和工资测算确定每一个岗位类别和等级的工资总额的基础上,分别对年薪制人员薪酬体系、等级制人员薪酬体系、销售人员薪酬体系、研发人员薪酬体系和生产计件人员薪酬体系进行有针对性的具体设计。

6. 形成制度范本

设计好分层分类的薪酬体系后,需要通过制度化的范本将薪酬制度固定和公示,从而将企业的薪酬理念、薪酬结构系统化、规范化和制度化,规范管理程序,明确权责分配,使企业薪酬管理在执行时能够有法可依,达到增强员工安全感、提高薪酬管理有效性和避免薪资纠纷的目的。制度范本拟定过程中要遵循民主化、规范化、结合实际等原则。

7. 员工福利管理

由于在企业提供的全面薪酬体系中,福利已成为越来越重要的组成部分,因此本书在流程主线的基础上,将福利管理部分单独作为一部分进行探讨,旨在强调福利管理,尤其是强调弹性福利计划这一福利实施机制的重要性。

8. 薪酬的执行管理

薪酬体系的形成和薪酬管理的过程，需要有一些配套的执行管理措施，包括事前的薪酬预算、贯穿整个薪酬过程中的薪酬成本控制和薪酬沟通。企业通过薪酬预算和薪酬成本控制很好地把握成本开支方面的权衡取舍，同时又通过薪酬沟通使企业制定的薪酬制度能够得到员工的高度认同，从而有效地通过薪酬管理来影响员工的行为，保证企业所有者的利益最大化目标得以实现。

第三篇

组织绩效提升与管理

第六章
绩效计划设计

第一节 确定绩效评价目标

一、绩效诊断与资源评估

企业生存和发展的核心命题是创造卓越绩效,保持企业业绩的持续增长。而绩效管理的前提是对企业当前的绩效状况有着客观清晰的认识。正如管理大师彼得·德鲁克所言,如果你不能评价,你就无法管理。

绩效诊断旨在帮助员工制订绩效改善计划,作为上一循环的结束和下一循环的开始,连接着整个绩效管理系统,使之不断循环上升。所以说,绩效诊断应该是双向的。要既考虑管理者的手段,又重视被管理者的态度;要既立足于改善,又关注于未来。要本着"六个确认"的思想来审视企业当前的绩效管理状况,如图6-1所示。

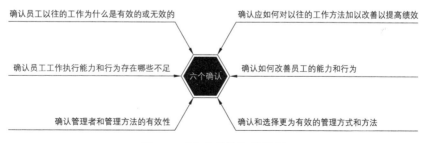

图6-1 "六个确认"的思想

所以,要立足于企业绩效来评估资源。以问题诊断方式为主,从企业高层管理者状况、外部环境和内部评估三个维度进行基于问题的全面诊断,分析影响企业绩效的主要因素,以提供建立绩效管理平台所需要的绩效改进方向，如图 6-2 所示。

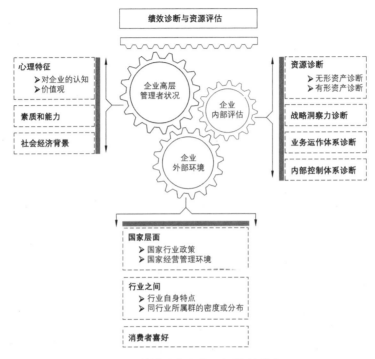

图 6-2　绩效诊断与资源评估的维度

1. 企业高层管理者状况

高层管理者在企业内部是整个企业的核心，在企业外部它代表着整个企业的行为。由于管理者所处的决策环境非常复杂，一个管理者不可能观察到组织内外部环境的每个方面，致使最终的理解存在缺陷。另外，个人基于偏好对所观测到的现象的选择性理解使得管理者的决策更存在局限性。可以说，高层管理者的战略决策行为决定着企业成长与发展的方向。由此可见，高层管理者良好的个人素质等对一个企业绩效发展非常重要。

2. 企业外部环境

国家宏观调控政策措施引导着行业发展，宏观调控的支持是行业结构调整、创新发展的契机。宏观经济走向的变动影响着企业的发展战略。企业只有融入环境，寻找商机，才可能取得长足发展。

行业自身的特点、同行企业所属群体的密度或分布是构成企业外部环境的重要因素，这就决定了企业的战略目标定位，继而影响到企业绩效目标的导向设置。

"顾客就是上帝。"成功的商家总能把握好消费者的喜好，创造与提供满足消费者需求的产品与服务。优秀的企业不仅要紧随消费者的步伐，还要创造与借用能引发消费者需求的时尚文化潮流。

3. 企业内部评估

（1）资源诊断。资源诊断分为有形资产诊断和无形资产诊断两种。其中，有形资产诊断包括有形资产收益性诊断、有形资产营运诊断和有形资产成长性诊断等；无形资产诊断包括知识产权诊断和关系资产诊断等。此外，好的声誉可以为企业带来很多积极的回报，高的知名度可以为企业提高品牌价值，强的技术创新能力可以为企业增强核心竞争力。所以说，要把握企业的信誉资源、企业知名度、技术创新资源，提高企业的绩效水平。

（2）战略洞察力诊断。战略洞察力诊断是企业在对内外部环境分析的基础上，结合自身拥有的各种资源与经营路径，对企业未来应形成的经营状况进行前景规划，围绕各项工作应该达成的目标提出落实目标的具体规划。在企业现有的"资源—产品—市场"组合下，如何明确市场需求与竞争状况，把握消费趋势；如何定位产品线组合、定价机制、采取何种分销方式与分销渠道；如何进行新老产品、市场的交替启动、维护、退出；如何应对行业、区域市场的竞争性行动；如何对企业内部的人力资源进行合理的规划、使用、管理，建立一个均衡的人才发掘、成长与退出的梯队机制；如何对企业的有形资产进行使用规划，确立科学的投资、兼并、重组机制，这些都是企业战略洞察力的具体表现。战略洞察力诊断决定了企业绩效的起点与方向。深刻把握、灵活调整是战略洞察力确定后的操作方式，其中对内外部信息的掌握与分析、合理的决策机制都是保证战略洞察力弹性的基本要素。

（3）业务运作体系诊断。业务运作体系是组织内部适应市场趋势，配合相应的业务模式所形成的业务管理体系。诊断内容包括：如何有效分解市场需求，在企业内部组织各相关部门或者建立联合团队，通过对业务的分解与协调，透过特定渠道将市场需求的产品制造并传递出去，以实现价值链中企业可能获取的利润；内部的生产、采购系统如何有效组织，落实资源转化成具体的产品；企业的人力资源管理程序的合理确立；内部工作流程的明晰化，跨部门团队的建立与管理机制的完善；合理的组织结构体系与决策、授权体系的建立。

（4）内部控制体系诊断。内部控制体系诊断主要是通过对企业管理控制体系的诊断性调研，确定内部的财务指标与均衡发展指标体系，为基于目标管理的绩效平台建设做好铺垫。对企业内部管理控制流程进行分解，结合企业的业务运作体系对各岗位的岗位说明书与目标责任说明书体系进行预调研，分别对企业的高中层管理人员、员工进行基于目标绩效的考核指标调研与指标相关、冲突分析；对薪酬管理、职务进阶机制与人力资源梯队的匹配性分析，对知识管理机制梳理，明晰企业员工的充沛性与梯队性，掌握企业显性与隐性知识产生、传播、扩散、管理的自然机制。

综上所述，绩效诊断无论是对企业还是对员工个人都是十分重要的。通过诊断分析，既有利于改进企业总体系统，也有利于提高员工的素质和工作质量，有效的绩效诊断本身就是促进效率提高的过程。只有认清企业当前的绩效现状和资源配置，才能立足当前，实施科学有效的绩效管理。

二、目标定位与开发

绩效考核倡导"要什么考什么",而绩效考核的目的是多种多样的。在传统意义上,我们常常把绩效考核的目的仅限于人力资源管理领域。但是,近年来,随着企业管理需求的发展,绩效考核的目的已经扩展到了更为广阔的领域,上到确保企业战略的实现,下到保障具体的业务实现。绩效考核应基于绩效诊断与资源分析,而后定位与开发绩效考核的目标,清晰绩效导向。

1. 以实现企业战略目标为目的绩效考核

现代企业所推行的绩效考核的作用远远超出了人力资源管理的领域。如通过绩效考核以及相应的管理,可以提高企业核心竞争力、实现企业战略转型、确保企业将组织短期目标与长期目标相联系等,因而绩效考核成为企业在竞争环境中生存发展的有效手段。图 6-3 是采用平衡计分卡的方法对企业战略目标实现所进行的绩效考核设计。从图 6-3 中我们可以看出,为了实现企业的使命,使企业成为行业的领导者,企业需要达到五项战略目标:①超出顾客需要的服务,为顾客提供意想不到的服务;②实现顾客的高满意度;③持续的改进力,使企业具有不断的成长性;④雇员素质的不断提升,以增强企业在竞争环境中的适应性;⑤股东预期的实现,确保股东的利益。同时,为了实现企业五个方面的战略目标,需要在财务、顾客、内部经营和企业发展四个维度确定绩效指标,以便进行有心理引导意义的绩效衡量。

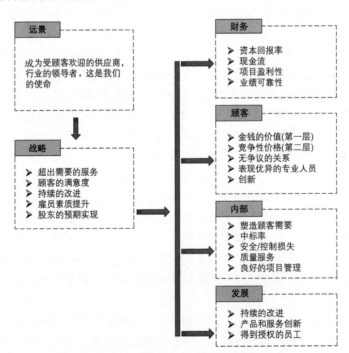

图 6-3 为实现企业战略目标所进行的绩效考核设计

从企业文化基础出发和从企业战略角度出发建立绩效考核系统，都包括两个方面的思考，一是价值引导；二是约束性考核要素或指标，即具体结果和关键绩效领域。

价值引导是绩效考核与绩效管理的必要前提条件，它包括企业的愿景、使命、核心价值观以及战略。这是实现战略性绩效管理所不可缺少的。但是，仅此是不够的，这一套价值引导还需要通过一系列的约束性指标来予以保证。这些约束性要素包括两个方面：①具体的业绩结果；②绩效形成过程的行为与态度。

图 6-4 是某企业从文化基础出发而建立的绩效考核体系。

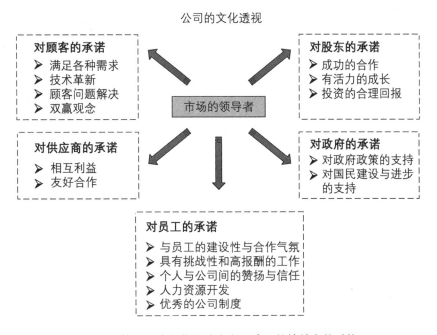

图 6-4　某企业从文化基础出发而建立的绩效考核系统

2. 以实现人力资源管理为目标的绩效考核

作为支撑企业管理的有力工具，绩效评估在实际应用中具有多种功能。表 6-1 列举了进行绩效评估常见的一些目的。总的来说，这些用途或是管理方面的，或是发展方面的。

表 6-1　绩效评估的人力资源管理目的

绩效评估的目的	等级（7分制）	绩效评估的目的	等级（7分制）
1. 薪资管理	5.85	11. 满足法律要求	4.58
2. 工作反馈	5.67	12. 调任和分配决策	3.66
3. 衡量个人优缺点	5.41	13. 临时解雇决策	3.51
4. 记录员工决策	5.15	14. 满足员工培训需求	3.42
5. 确认个人工作	5.02	15. 确定企业培训需求	2.74
6. 决定提升	4.80	16. 员工计划编制	2.72
7. 衡量劣质工作	4.96	17. 巩固权力框架	2.65
8. 帮助目标确定	4.90	18. 确定企业发展需要	2.63
9. 继续或终止聘用决策	4.75	19. 确立有效研究的标准	2.30
10. 评价目标完成情况	4.72	20. 评价员工体系	2.04

资料来源：Journal of Applied Psychology 74（1989）.

从上面的应用情况看，考核的目的有两类：一类是从维持和发展组织的角度出发考虑的绩效问题；另一类是从员工管理的角度出发考虑的绩效问题。目前我国往往重视第二类目的而忽略第一类目的的重要性。即便对第二类目的而言，也往往强调考核与利益分配的关系，并没有有效发挥考核的主体功能。我们一再强调，考核的目的并不仅仅与利益的分配相关，而是应该通过有效运用考核的手段提高员工的工作绩效和职业能力。

从管理的角度看，评估计划可以为人力资源管理活动的各个层面提供服务。例如，绩效评估可以为报酬决策提供依据，"按劳取酬"的操作方式在所有形式的企业中均有运用。又如，绩效评估与其他一些重要的人力资源决策有直接联系，包括晋升、调任和解雇决策。与此同时，绩效评估数据还可以作为人力资源规划的依据，在岗位评定计划中衡量某个岗位的相关价值，以及在有效性选择测试中作为标准。绩效评估还能作为企业在发生劳动和劳务纠纷诉讼时的"书面证据"。企业通过保存准确、客观的员工工作记录，可以应付可能发生的诸如晋升、薪资分配和解聘等有关人力资源管理方面的纠纷与诉讼。

从个人发展的角度看，绩效评估为评价个人优缺点和提高工作绩效提供了一个反馈渠道。无论员工处在哪个工作层次，评价程序都会为其提供一个发言的机会以消除潜在问题，并为员工制订新的目标以提升绩效。新的绩效评估方法更注重为员工制订培训、发展和成长计划。对为发展的目的而运用的绩效评估方法而言，各级评估者的任务是改善员工的工作方式，而不仅仅是评价员工过去的业绩。因此，以发展为目的的绩效评估方法的主要优点之一就是为员工的绩效改进奠定一个合理的基础。

第二节　建立工作期望

建立工作期望，就是企业要求工作执行人员应该达成和如何达成工作绩效标准，即"考什么，什么标准"。人力资源管理的两条主线是组织与工作系统的研究、人的研究。建立工作期望也是遵循这两条主线，即探讨达成绩效目标对组织与工作的界定以及对人的要求。

一、工作期望的来源

工作期望主要有四个来源，即上一个绩效周期没有完成或需要改进的项目、日常工作管理、主要工作职责以及企业经营与管理指标的分解，如图6-5所示。

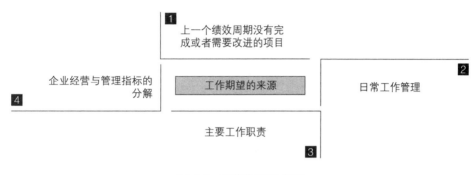

图6-5　工作期望的来源

1. 上一个绩效周期没有完成或需要改进的项目

绩效管理是一个闭环，更是一个循环往复的过程，从绩效改善的角度来看待绩效管理更是对绩效管理深度的理解。绩效管理是一个完整的评价体系，基于上一个周期的绩效评价，梳理出没有完成或者需要改进的项目，而这些项目即成为下一绩效周期考核的关键绩效指标。那些考核中总是成功达成的项目，则逐渐退出考核体系。因为随着工作效率和工作质量的提高，工作期望也不断提高，那些易于达成的项目已经固化为管理习惯而无须再进行考核，即不考核那些已经能够做到的，而去考核能够做到、应该做到却没有做到的。

2. 日常工作管理

"考什么，什么标准"应该来自日常的工作管理。管理者基于全局管理的思考，从提高管理的效率和效果出发，提炼出日常工作管理中企业要求工作执行人员应该达成和如何达成工作绩效标准。

3. 主要工作职责

主要工作职责的提取依赖于完善的工作分析。基于职责描述和岗位规范，提炼出其主要工作职责。主要工作职责的提取可以借助一个二维分析量表来进行，如表6-2所示。

将工作职责的重要程度和耗时程度进行由低到高的1~5级区分，然后按表6-2进行分类。其中，最重要且耗时最多的工作位于（5，5）位置，以此类推。那么，处于表中左上方位置（阴影所示）的工作职责则为其主要工作职责，将作为其关键业绩指标体系的重要组成部分。如果一个部门的工作职责由二十项组成，那么其主要工作职责通常有六项到八项，这六项到八项职责相较于其他十几项职责而言更为重要，而且占用了更多的工作时间。

表 6-2　主要工作职责提取的二维分析量表

工作耗时程度	工作重要程度				
	5	4	3	2	1
5	★				▲
4					
3					
2					
1	☆				

4. 企业经营与管理指标的分解

企业经营与管理指标的分解是一项系统的工作，通过指标的逐层分解，实现战略—绩效目标的有效对接。实际上，这一整套指标分解与绩效对接的过程也是目标管理和计划管理思想的体现。

二、工作期望的内容

建立工作期望主要包括确定工作内容和职责、制定工作标准和规范、清晰定位工作结果、把握工作执行中的行为和态度、分析达成工作期望所需的知识、经验和技能（图 6-6）。实际上就是基于对工作的研究，继而清晰该工作对人的要求，也就是明确在该项工作的执行中，应该具备什么素质和能力，应该表现什么行为和态度，应该履行什么职责，应该遵循什么规范，以及最终应该达成什么结果，如图 6-7 所示。

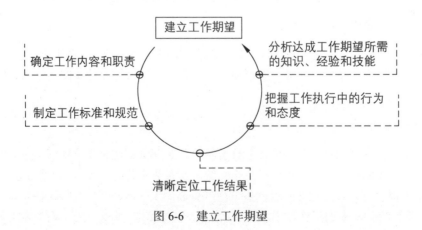

图 6-6　建立工作期望

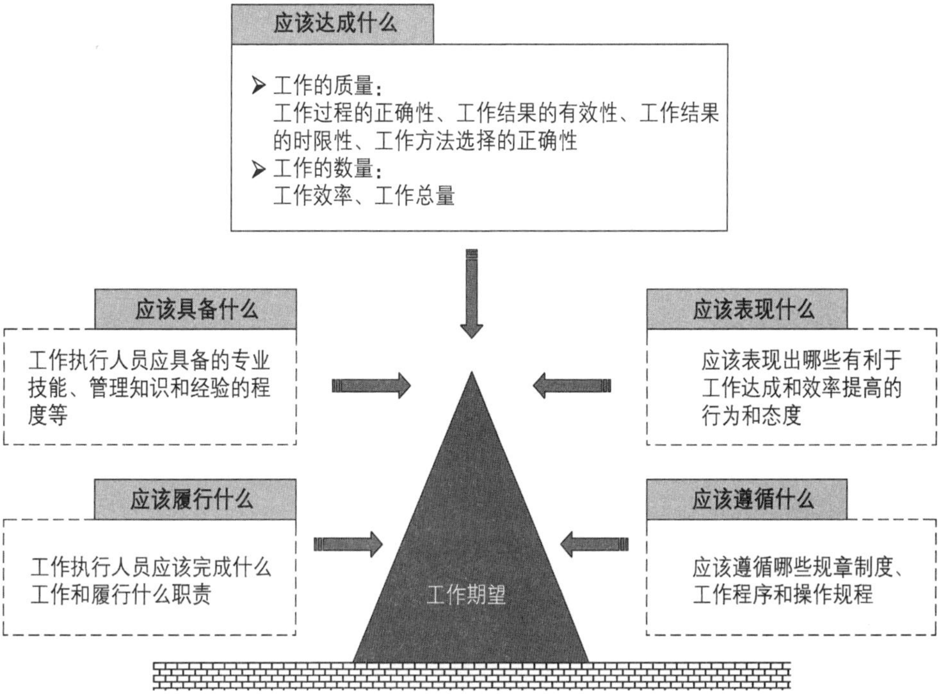

图 6-7　工作期望的五个维度

第三节　构建评价体系

评价体系是以实际的业绩效果为考核评价依据的价值衡量体系，运用评价指标、评价标准和评价方法三要素，在明晰评价责任的基础上，通过定量和定性分析，科学揭示企业经营者的业绩和经营效益。推动企业绩效考核工作，首先要构建企业绩效评价体系。绩效评价体系构建有六个关键点，如图 6-8 所示。

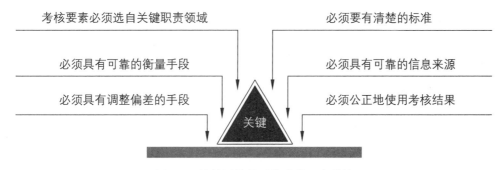

图 6-8　绩效评价体系构建的六点关键

一、提取评价指标

1. 提取评价指标的方法

提取评价指标的方法如图 6-9 所示。

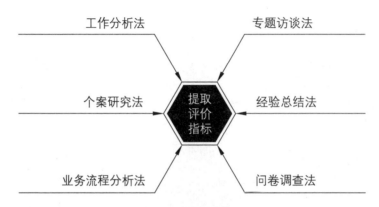

图 6-9　提取评价指标的方法

（1）工作分析法。简要来说，工作分析法就是在以提取绩效评价指标为目的的工作分析中，首先，分析某一职位的任职者需要具备哪些能力，以及该任职者的工作职责；然后，确定以什么指标来衡量任职者的能力和工作职责，并指出这些能力的相对重要性。明确各个职位的绩效评价指标。

（2）个案研究法。个案研究法是指对某一个体、群体或某一组织在较长时间内连续进行调查研究，并从典型个案中推导出普遍规律的研究方法。

（3）业务流程分析法。该方法指的是通过分析被考核人员在业务流程中承担的角色、责任及同上下级之间的关系来确定其工作绩效指标。如果流程存在问题，还应对流程进行优化重组。

（4）专题访谈法。该方法是研究者通过面对面的谈话，用口头沟通的途径直接获取有关信息的研究方法。研究者通过分析汇总访谈所获得的资料，可以获取很多相关信息。

（5）经验总结法。经验总结法指众多专家通过总结经验提炼出规律性的研究方法。它一般可分为个人总结法和集体总结法两种。

（6）问卷调查法。问卷调查法就是设计者根据需要，把要调查的内容设计在一张调查表上，写好填表说明和要求，发给有关人员填写，以收集和征求不同人员意见的一种方法。

2. 建立评价指标的步骤

建立企业绩效评价指标需要遵循如图 6-10 所示的四个基本步骤。

3. 设定评价指标权重的方法

（1）主观经验法。主观经验法是一种主要依靠历史数据和专家直观判断确定权重的简单方法。这种方法需要企业有比较完整的考核记录和评估结果，它是决策者个人根据自己的经验对各项评价指标重要程度的认识，或者从引导意图出发，对各项评价指标的权重进行分配。主观经验法也可以是集体讨论的结果。

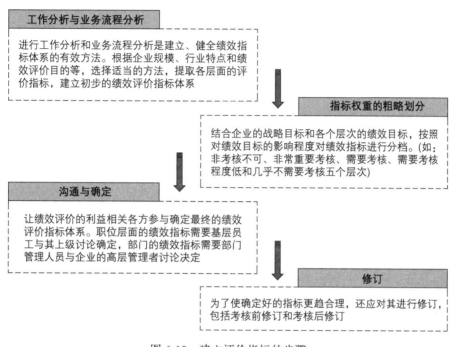

图 6-10　建立评价指标的步骤

（2）等级序列法。

首先，让每个评价者根据评价要素的重要性从大到小进行排序。等级排序法得到的资料是次序量表资料。这种资料可以用以下公式换成等距量表资料，以比较各种考核指标的顺序及差异程度：

$$P = \left(\sum FR - 0.5N\right) \big/ nN$$

其中，P 为某评价指标的频率；R 为某评价指标的等级；F 为对某一评价指标给予某一等级的评价者的数目；N 为评价者数目；n 为评价指标数目。

求出各评价指标的 P 值之后，查正态分布表，将 P 值转换成 Z（数理统计中，正态分布对应的一个固定值），从而区分不同考核要素之间重要性的差异。

最后，把各评价指标之间的 Z 值转换成比例，就可以得出每个指标的权重值。

（3）对偶加权法。将各考核要素进行比较，再将比较结果汇总比较，从而得出权重。如表 6-3 所示，将各考核要素在首行和首列中分别列出，将行中的每一项要素与列中的每一项要素进行比较。其标准为：行中要素的重要性大于列中要素的重要性得 1 分，行中要素的重要性小于列中要素的重要性得 0 分。比较结束后,对各要素的分值进行统计,即可得出各考核要素重要性的排序。

表 6-3 对偶加权法示例

考核要素	A	B	C	D	E
A	—	1	0	1	1
B	0	—	0	1	1
C	1	1	—	1	1
D	0	0	0	—	1
E	0	0	0	0	—

在比较对象不多的情况下,对偶加权法比等级序列法更为准确可靠。与等级序列法一样,这种方法得到的结果也是次序量表资料,只有把它转换成为等距量表资料,才能分辨出不同指标间的相对重要性。

其方法是,先求出与其他指标相比,认为某指标更重要的人数,然后把人数转换成比率,再查正态分布表,将 P 值转化为 Z 值,从而区分出不同考核要素之间重要性的具体差异。最后,与等级序列法一样,把每个评价指标的 Z 值转换成比例,就可以得到每个指标的权重值。

(4)倍数加权法。该方法首先要选择出最次要的考核要素,以此为 1。然后,将其他考核要素的重要性与该考核要素相比较,得出重要性的倍数,再进行处理。比如,对营销人员考核要素的加权,表 6-4 中六项要素中,假设智力素质是最为次要的,其他要素的重要性与智力素质相比,重要性倍数关系也如表所示。该人员合计倍数为 14.5,故各项考核要素的权重分别是 1.5/14.5、2/14.5、1/14.5、3/14.5、5/14.5、2/14.5,最后换算成百分数即为各考核要素的权重。

表 6-4 倍数加权法示例

考核要素	与智力素质的倍数关系
品德素养	1.5
工作经验	2
智力素质	1
推销技巧	3
销售量	5
信用	2

(5)权值因子判断表法。权值因子判断表法的基本操作步骤如下。

①组成专家评价小组,包括人力资源专家、评价专家和其他相关人员。根据评价对象和目的的不同,可以确定不同的专家小组。

②制定评价权值因子判断表,如表 6-5 所示。

表 6-5 权值因子判断表

评价指标	指标 1	指标 2	指标 3	指标 4	指标 5	指标 6	得分
指标 1	×	4	4	3	3	2	16
指标 2	0	×	3	2	4	3	12
指标 3	0	1	×	1	2	2	6
指标 4	1	2	3	×	3	3	12
指标 5	1	0	2	1	×	2	6
指标 6	2	1	2	1	2	×	8

③由各专家分别填写评价权值因子判断表。填写方法：将行因子与列因子进行比较，如果采取的是 4 分值，那么非常重要的指标为 4 分，比较重要的指标为 3 分，重要的指标为 2 分，不太重要的指标为 1 分，不重要的指标为 0 分。

④对各专家所填的判断表进行统计，将统计结果折算为权重，如表 6-6 所示。

表 6-6 权值统计结果表

评价指标	考核人员								评分总计	平均评分	权重	调整后权重
	1	2	3	4	5	6	7	8				
指标 1	15	14	16	14	16	16	15	16	122	15.25	0.254 17	0.25
指标 2	16	8	10	12	12	12	11	8	89	11.125	0.185 42	0.20
指标 3	8	6	5	5	6	7	9	8	54	6.75	0.112 50	0.10
指标 4	8	10	10	12	12	11	12	8	83	10.375	0.172 92	0.20
指标 5	5	6	7	7	6	5	5	8	49	6.125	0.102 08	0.10
指标 6	8	16	12	10	8	9	8	12	83	10.375	0.172 92	0.15
合计	60	60	60	60	60	60	60	60	480	60	1.000 01	1.00

指标权重能够反映企业重视的绩效领域，对于员工的行为有很明显的引导作用。因此，权重的设计应当突出重点目标，体现出管理者的引导意图和价值观念。同时，权重的设计还直接影响着评价的结果。因此，运用上述办法初步确定的指标权重，必须经过相关部门的审核与讨论，确保指标权重的分配与企业整体指导原则相一致，同时确保指标层层分解下去。

二、衡量指标标准

指标标准的衡量是对工作期望达成程度状态的描述，一般采取量化和非量化的两种方式。量化的方式是用具体数值进行区分，而非量化的方式往往采取描述的方式来区分。

1. 描述性指标标准

描述性指标标准可以是针对某一特定要素，也可以是针对整体职责。但整体性判断的分级描述是相对粗糙的。尽管它的定义比较简单,所需的考核成本较低,但是判断起来却相当困难,同时也缺乏客观性。因此,如果采用描述性标准评估方法,最好按要素进行分类,如表6-7所示。

表6-7 分要素的描述性定义

项目	评价等级定义
计划与组织管理	定义:有效地利用人、财、物,计划性安排和组织工作 1级:缺乏预先制订的工作计划,解决问题准备不足 2级:有计划,但缺乏系统性,导致工作执行不利 3级:能有效地计划和组织下属工作 4级:对工作的执行和可能遇到的问题有计划性解决方案,并能够组织实施 5级:以系统、准确、迅速解决问题的工作行为进行有效的工作分解,以较佳方式达成工作目标
目标管理	定义:建立工作目标,制定合理的行为规范与行为标准 1级:目标设置模糊、不现实,实现标准不明,没有明确的时间要求 2级:仅设置总体目标,细化分解不足。制定标准不恰当,时间要求不合理 3级:多数情况下,目标设置合理现实,但会出现目标设置标准忽略现实要求的情况 4级:总是设置具有现实性的目标,但有时目标设置过难 5级:设置目标合理、有效,计划性、时间性强
管理控制	定义:组织协调各种工作关系,领导群体实现目标 1级:回避群体控制,批评多但不提建议 2级:面临困难易放弃原则,管理思想和工作风格不易为他人接受 3级:保持必要的指示、控制,获得他人的协作,对他人表现出信任 4级:善于激励,能对下属及同事的行为产生影响,以管理者的身份体现其影响力 5级:善于控制、协调、干预,使群体行为趋同于目标的实现
管理决策	定义:设计决策方案,并对方案进行迅速评估,以适当的方法采取行动 1级:较少制定、作出决策或表现出决策的随意性 2级:决策犹豫,忽略决策的影响信息 3级:作出日常的、一般性决策,在较为复杂的问题上采取中庸决策策略 4级:决策恰当,一般不会引起争议 5级:善于综合利用决策信息,经常作出超出一般的决策,且大多数情况是正确的选择
沟通合作	定义:交流沟通,与人合作 1级:缺乏沟通方式,不善交流,难以表达自己的思想、方法 2级:交流、沟通方式混淆,缺乏中心议题,不易于合作 3级:沟通清楚易于接受,表现出互相接受的合作倾向 4级:善于沟通,力求合作,引人注意 5级:很强的沟通愿望和良好的沟通方式,使合作成为主要的工作方式、方法

2. 量化指标标准

量化指标标准的设计,需要考虑指标标准的基准点和等级间差距的问题。

（1）基准点的位置。基准点的位置本质上是我们所预期的标准水平的位置，而不是我们在考核中的"中"的位置。图 6-11 是两者的差距所在。

图 6-11　基准点的位置

基准点，实际上就是我们预期的业绩标准，它应当处于衡量尺度的中央（部分特殊指标例外，例如一些人身伤亡、火灾等重大恶性事故的指标，期望值的基准点可能在最高等级，因为我们的期望是不发生），向上和向下均有运动的空间。当一个人的绩效水平达到基准点时，我们就说这个人称职。而我们目前的称职水平实际上是"中"的水平，它是低于称职所要求的水平的。

（2）指标标准等级差距。这里存在两种差异，一是尺度本身的差距；二是每一尺度差所对应的绩效差距。但是，这两个差距是结合在一起来描述绩效状态水平的。尺度差距实质上是标尺的差距，它可以是等距的，也可以是不等距的。例如图 6-12 所给出的不同差距状态。一般来说，指标标准的上行差距越来越小，而指标标准的下行差距越来越大。这是因为，从绩效基准点提高绩效的难度越来越大，边际效益下降；而在基准点以下，人们努力的边际效益比较大。但是，有时为了控制员工绩效，增加他们达不成绩效基准的压力，也可以把基准点以上的差距加大，而把基准点以下的差距缩小。

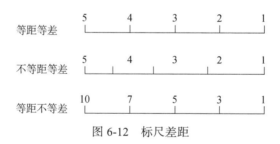

图 6-12　标尺差距

在指标标准分级的时候，有一个基本原则是需要注意的。在正常情况下，我们可以把指标标准的差距按 100∶130 或 100∶140 原则来划分。也就是说，指标的每一等级的差距为前一等级标准的 130% 或 140%。我们如果以 100∶140 的原则设定指标标准，就形成表 6-8 的情况。

表 6-8　按 100∶140 原则建立的标准

指标	权重	最差↓50	60	预算计划基准点↓70	80	90	目标↓100	110	120	130	优秀↓140	得分
客户满意度												
为每个家庭服务的次数												
存款增长率												
效率												
初始资本投入回报率												

100∶140 原则是一个相对高的标准，一般仅为高绩效组织所选用，而大多数企业则采取 100∶130 原则。当我们遵循这样的差距设定原则的时候，就能够比较好地解决考核结果分布过分趋中的情况，同时也给了我们有效控制考核结果差距的调整手段。

三、明晰评价责任

评价目的不同，其指标提取的内容和方式也不同，其评价主体也就不同。考核最关键的是各级评价者承担起考核的责任。由于现代企业中岗位的复杂性，仅仅凭借一个人的观察和评价很难准确对员工作出全面的绩效考核。就像衡量工作的标准多种多样一样，绩效考核的参与者也是多方面的。正如图 6-13 中所示的那样。参与评估的人员可能包括上司、同事、小组成员、员工自己、下属和客户。上述参与评估的人员对于绩效考核在管理和发展方面的作用都作出了或多或少的贡献。美国西方公司、西屋公司和沃尔特·迪士尼等公司已经采用全方位评估的方法（或称作 360 度评估）来评估员工的业绩。

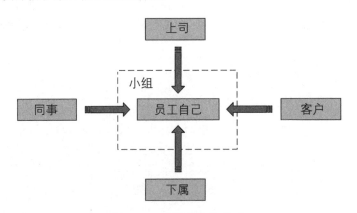

图 6-13　责任主体的构成

四、选定评价方法

1. 相对评价法

交替排序法操作方法

（1）交替排序法。在使用交替排序法进行绩效考核时，评价者只要简单地把一组中的所有员工按照总业绩的顺序排列起来即可。交替排序法是一种运用得非常普遍的工作绩效评价方法。

（2）因素评价法。因素评价法是将一定的分数按权重分配给各项绩效考核指标，使每一项绩效考核指标都有一个评价尺度，然后根据被评估者的实际表现在各评估因素上评分，最后汇总得出的总分，就是被评估者的考绩结果。

（3）配对比较法。配对比较法的基本做法是，将每一位员工按照所有的评价要素（如"工作数量""工作质量"等）与所有其他员工进行比较。根据配对比较的结果，排列出他们的绩效名次，而不是把各被评估者笼统地排队。

（4）强制分布法。该方法需要评估者将被评估者按照绩效考核结果分配到一种类似于正态分布的标准中去。强制分布法与"按照一条曲线进行等级评定"的意思基本相同。使用这种方法，就意味着要提前确定准备按照一种什么样的比例将被评价者分别分布到每一个工作绩效等级上去，如表 6-9 所示。

配对比较法操作方法

表 6-9　强制分布法示例

绩效等级	分布比例
绩效最高的	15
绩效较高的	20
绩效一般的	30
绩效低于要求水平的	20
绩效很低的	15

2. 绝对评价法

（1）关键事件法。关键事件法是利用从一线管理者或员工那里收集到的关于工作表现的特别事例进行考核的方法。通常在这种方法中，几个员工和一线管理者汇集了一系列与特别好或特别差的员工表现有关的实际工作经验，而平常的或一般的工作表现均不予考虑。特别好或特别差的工作表现可以把最好的员工从一般员工中挑出来。因此，这种方法强调的是代表最好或最差表现的关键事例所代表的活动。一旦考核的关键事件选定了，所应用的特别方法也就确定下来了。关键事件法一般有以下几种。

①年度报告法。这种方法的一种形式是一线监督者保持对考核期内员工关键事件的连续记载。监督者每年报告决定员工表现的每一个员工记录。其中特别好的或特别差的事例就代表了员工在考核期内的绩效。在考核期中没有或很少记录的员工是令人满意的，他们的绩效既不高于也不低于预期的绩效水平（标准或平均绩效水平）。

②关键事件清单法。关键事件清单法可以开发一个与员工绩效相联系的关键行为的清单来进行绩效考核。这种考核方法对每一工作要给出 20 个或 30 个关键项目。考核者只简单地检查员工在某一项目上是否表现出众。出色的员工将得到很多检查记号，这表明他们考核期表现很好。一般员工将只得到很少的检查记号，因为他们仅在很少的某些情况下表现出众。

③行为定位评级表。这种量表把行为考核与评级量表结合在一起，用量表对绩效作出评级，并以关键行为事件根据量表值作出定位。

（2）不良事故法。在对员工绩效进行评估时，我们往往会发现对于某些例行的工作，会存在这样一种现象,那就是即使这些工作被很好地完成,也不会被列为重要的绩效评估指标,而一旦这些例行的工作出了差错,就会给整个组织带来巨大的损失。对以这些常规性的例行工作作为主要工作内容的员工进行绩效评估,我们使用不良事故法,即通过预先设计的不良事故清单对员工行为进行评价以确定员工的绩效水平。

不良事故法

(3)图尺度评价法。图尺度评价法也称图解式评估法。图尺度评价法主要是针对每一项评定的重点或考评项目,预先订立基准,包括以不间断分数表示的尺度和以等级间断分数表示的尺度,前者称为连续尺度法,而后者称为非连续尺度法,实际运用中,常以后者为主。

当然,许多企业还不仅仅停留在对一般性绩效考核指标(如"数量"和"质量")的评价上,它们还将作为评价标准的工作职责进行进一步分解。

图尺度评价法

利用图尺度评价表不仅可以对员工的工作内容、责任及行为特征进行评估,而且可以向评估者展示一系列被认为是成功工作绩效所必须的个人特征(例如,合作性、适应性、成熟性、动机),并对此进行评估。

(4)目标管理法。个人绩效合约并不是一个新鲜事物,它借用了目标管理的核心思想,强调员工绩效目标的实现以及员工对组织目标达成的具体承诺。

目标管理法

运用个人绩效合约对员工绩效进行考核,首先需要根据组织绩效目标自上而下的层层分解确定不同员工的主要绩效范围,然后设定相应的绩效目标并确定具体的评估指标。员工在与其直接上级进行沟通后签订个人绩效合约,员工的直接上级负责监督绩效合约的完成,如在每周的例会上向员工通报合约的完成情况,并负责根据绩效合约的具体要求对员工进行绩效考核。作为一种绩效评估与管理的有效工具,个人绩效合约在设计上比单纯的目标管理更具优势。

(5)行为锚定等级评价法。行为锚定等级评价法是传统业绩评定表和关键事件法的结合。使用这种方法,可以对源于关键事件中有效和无效的工作行为进行更客观的描述。首先需要熟悉一种特定工作的人,他们能够识别这种工作的主要内容。然后他们对每项内容的特定

行为锚定法

行为进行排列和证实。在行为锚定法中,不同的业绩水平会通过一张等级表进行反映,并且根据一名员工的特定工作行为描述出来。

行为锚定等级评价法的目的在于通过一个等级评价表,将关于特别优良或特别劣等绩效的叙述加以等级性量化,从而将描述性关键事件评价法和量化等级评价法的优点结合起来。因此,其倡导者宣称,它比我们所讨论过的所有其他种类的工作绩效评价工具具有更好、更公平的评价效果。

第七章

绩效过程督导

第一节 绩效管理导入

在具体实施绩效管理培训计划之前,要弄清楚为什么要进行绩效管理培训。否则,就失去了培训的方向性和针对性,就是在浪费人力、物力和财力。

一、绩效管理导入培训的原因

企业之所以花大成本对主管人员和员工进行绩效管理的培训,无外乎以下两个原因。

(1)增进员工和主管人员对绩效管理的了解与理解,消除各种误解和抵触情绪。员工和主管人员对于绩效管理往往存在一定的认识上的偏差,如果不消除这些偏差,将会给绩效管理的实施带来很大隐患。

(2)掌握绩效管理的操作技能,保证绩效管理的有效性。绩效管理有许多操作技能,如如何设定绩效指标和标准、如何评分、如何进行绩效沟通等,如果绩效管理者不能掌握这些技能,就很难保证他们正确地运用绩效管理这个管理工具,绩效管理的目的就无法达到。这些技能当中,有些是需要主管人员掌握的,有些则是主管人员和员工都应该掌握的。

二、绩效管理培训计划

绩效管理培训计划应该包括以下内容:培训原则、培训目标、培训对象、培训时机、培训课时、培训方式、培训内容、培训流程等。

(一)培训原则

从形式上来说,一个好的、有效的绩效管理培训计划应是标准化、系统化的;从实质上来讲,绩效管理的培训需要遵循四个原则,如图7-1所示。

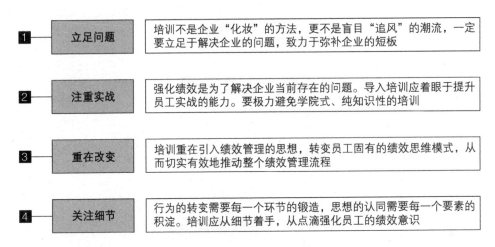

图 7-1　绩效管理的培训原则

(二)培训目标

培训目标的确定是开展培训工作的起点,缺乏明确的培训目标,培训工作就缺乏针对性,就难以取得理想的效果。所以,确定绩效管理的培训目标,是绩效管理培训工作顺利开展的前提和基础。

(三)培训对象

培训对象的确定,既要考虑实际的培训需求,又要考虑培训费用问题。所以,培训的关键点在于选择合适的培训对象。绩效管理的培训对象,可能仅仅是企业的主管人员,也可能包括企业的全体员工,这需要企业根据自身的特点和实际需求作出恰当的选择。

(四)培训时机的选择

绩效管理的培训时机主要有三种选择:一是在绩效管理实施前进行培训,这个时期举办培训效果最佳,因为通过培训,方向更加明确,管理者可以少走弯路,并对未来可能出现的问题进行预测,从而可以避免不必要的损失;二是在绩效管理实施过程中进行培训,这类培训多以短期培训为主,以解决当时出现的问题;三是在绩效管理完成一个循环之后进行培训,这类培训主要针对前期工作中出现的问题而开展,属于问题导向性的培训,它的缺点是在培训开始之前损失已经发生。

（五）培训课时

企业可根据实际情况进行安排，短的可几个小时，长的可能几个月。

（六）培训方式

培训方式包括课堂教学、分组讨论、案例分析、情境模拟、角色扮演等，企业可根据自身情况进行选择。

（七）培训内容

一般来说，绩效管理的培训内容包括三个方面。

（1）要在全员中渗透绩效管理的理念。绩效管理系统的运行效果如何，除了和系统本身有关外，更重要的还在于实施过程和执行的力度。许多管理者和员工认为绩效管理就是在月末、季末或年末针对过去的表现和业绩进行的考核行为，而实际上通过绩效管理对被管理者的能力提升和职业生涯规划会起到更有效的推动作用，并进一步促进管理规范和改进组织绩效，这是实施绩效管理系统的真正目的和意义所在。所以管理者和员工不应把实施绩效管理系统看作一种负担，而应当看作一种先进的管理方式。因此，向员工渗透绩效管理的理念，就应该引导绩效双方认识到：

①实施绩效管理唯一的目的是提供一条管理者与员工之间真诚合作的途径，帮助员工和企业改进绩效，及时有效地解决问题，并非为了批评和指责员工；

②通过培训和渗透让企业所有成员明白虽然绩效管理表面上关注的是绩效低下的问题，却旨在成功与进步；

③绩效管理虽然平时需要投入大量的沟通时间，但它却能使企业防患于未然，最终将给企业带来长远效益。

（2）在实施绩效管理前对员工进行系统性教育。通过系统教育和培训让员工明确：企业为什么推行绩效管理制度，企业如何进行绩效管理，绩效管理采用的技术和方法是什么，绩效管理能帮助企业、部门和个人达到什么样的目标，能提出什么样的改进计划。只有当员工明确这些问题，才会予以广泛的支持。

（3）对主管进行系统性的教育培训。通过教育培训，消除澄清主管对绩效管理的错误及模糊认识：绩效管理不是为了制造员工之间的差距，而是实事求是地发现员工工作的长处和短处，扬长避短，提升绩效。通过教育培训，使他们真正掌握绩效管理的操作方法和沟通技巧，让他们在企业绩效管理中发挥牵引力的作用，这样才能保证绩效管理的顺利进行。

培训通常由人力资源部负责，主管人员和员工共同参与来完成。具体而言，一般从四个方面实施培训。

第一，使主管人员和员工认识绩效管理系统本身。绩效管理系统本身往往比较复杂，牵涉到企业的方方面面，而且与被管理者的利益密切相关。通过培训，不仅使受训者对系统的组成及各部分间的有机联系非常了解，而且对实施绩效管理系统的意义认识清楚。对主管人员而言，通过赋予员工必要的知识可以帮助他们进行合理的自我管理，减少员工之间因职责不明而产生的误解，从而节省管理者的时间；对员工而言，通过评估，可以得到有关他们工作业绩情况和工作现状的反馈，帮助员工弄清楚他们应该做什么和为什么要这样做，使员工具有进行日常决策的能力。

第二，培养责任感。绩效管理是一项从公司总体战略着眼，本着提高公司整体业绩的目的，从员工个人业绩出发，对员工和公司整体进行考核的业绩管理制度。培养主管人员和员工的责任感是有效实施的必要条件。

第三，掌握绩效管理的技巧和方法。一个完整的绩效管理系统，会涉及多种管理方法及相应的管理技巧。通过培训，使主管人员能制定出部属的工作要项和工作目标；了解绩效评价方法、程序和评估标准；掌握绩效评价面谈及相应的技巧；制订绩效改进计划；实施对部属的辅导。

第四，有效地处理问题。管理者和员工虽然掌握了绩效管理的技巧和方法，但在绩效管理过程中仍然会产生技巧方法以外的问题，这需要通过培训使其具备有效处理问题的能力。

（八）培训流程

绩效管理的培训不是千篇一律的，不同的企业所设计的培训内容和培训方式应该有所差别，即使同一企业，在不同的时期其培训模式也是不一样的。企业应该根据自身的特点以及当时所处的环境来设计绩效管理的培训流程，一般来说，个性化的培训流程设计应该包括七个步骤，如图7-2所示。

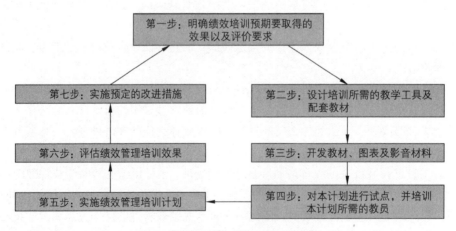

图 7-2　绩效管理的个性化培训流程

三、提高绩效管理培训的效果

要提高绩效管理培训工作的针对性和效果，应从下述三个方面入手分别加以处理。

（1）从培训管理的角度，企业的当务之急是建立系统规范的培训管理流程，包括培训需求提出、培训需求评估、培训计划变更、培训效果评估、培训课程提供商的评估等各个环节。

收集培训需求是制订年度培训计划的第一步，每年年初，由各业务部门根据年度的业务计划及员工的技能和绩效状况向人力资源部提出，内容包括培训内容、目标、期望的培训时间、培训地点、培训预算等方面。

培训需求评估是制订年度培训计划的关键一步，它确保培训计划与公司年度发展规划的一致性和培训计划的合理性。人力资源部在汇总了各部门提出的培训需求后，按部门、培训内容、培训时间、培训费用等分别进行统计，组织由熟悉业务发展战略的高层管理团队参加的评估会议，评估的主要指标是：培训需求与部门和企业年度目标的相关性、培训费用分配的合理性，以最大限度地兼顾员工的个人发展和企业发展，提高员工对培训工作的参与感，合理地分配企业有限的培训资源，提高培训投资的回报率。

培训计划变更并不是培训管理中必不可少的一步，但是当企业或部门的年度计划发生重大变化时，或者当企业的外部环境发生重大变化时，需要及时地变更培训计划，以保证培训与业务的相关性和培训的有效性。

培训效果评估是培训管理流程中的最后一个环节，也是一个重要的环节。通过评估，企业可以对当年培训效果有一个粗略的估计，对下一年度的培训工作起到很好的借鉴作用。从理论上讲，培训效果的评估可以分为四个层次：反应层次、学习层次、行为层次和结果层次，从企业的实际情况出发，可以主要做两方面的评估：培训内容适用性评估和绩效改进情况评估。

培训内容适用性评估建立在学员对培训情况的满意度调查的基础上，调查的内容包括培训内容的可操作性、讲师讲解的情况、时间分配的合理性、培训组织和环境等。对调查结果进行统计分析而形成的评估报告，可以帮助企业对培训的组织工作进行改进，并对培训机构和培训课程的选择提供依据。

绩效改进情况评估主要着眼于考察受训者在培训前后工作绩效的差异。可以结合企业定期进行的绩效评价工作进行，评估内容包括行为上的改变、业务技能的提高、工作绩效的改进等。员工绩效改进情况评估可以帮助企业规划员工的职业发展生涯，激励员工自我实现的需要。

（2）从绩效管理的角度，为充分发挥培训工作对业务发展的推动作用，企业还需配套地建立合理的考核指标体系和绩效工资系统，并在此基础上开发和建立内部的课程体系，以指导和推动绩效管理培训工作的有序进行。

（3）从企业战略的角度，应明确绩效管理的培训对企业发展的战略意义，创造条件以逐步提高绩效管理在企业的地位，促使绩效管理由行政事务性工作向战略性工作转移。

如果企业能够从以上三个角度统一规划绩效管理的培训体系，那么可以在较短时间内提高培训的效果。如果企业难以同时在三个方面开展工作，那么应首先建立系统的培训管理流程，这样也可以体现培训的针对性和目的性。

绩效管理培训计划的实例分析

第二节　绩效信息的收集和分析

一、信息收集与分析的目的

管理者进行信息收集的目的是解决问题或证明问题。解决问题首先需要知道存在什么问题以及什么原因导致了这一问题，这两者由所收集到的信息来提供答案；证明问题需要有充足的事实证据、可靠的资料数据，这也由收集到的信息来提供。总结起来，进行信息收集与分析的目的包括：第一，提供一份以事实为依据的员工工作情况的绩效记录，为绩效评价及相关决策作基础；第二，及时发现问题，提供解决方案；第三，掌握员工行为、态度的信息，发现长短处，以便有针对性地进行绩效辅导；第四，提供培训与再教育；第五，在法律纠纷时为组织辩护。

二、收集信息的内容

并非所有的数据都需要收集和分析，也不是收集的信息越多越好。因为收集和分析信息需要大量的时间、人力和财力，如果什么信息都收集，反而抓不住最有价值的信息。我们强调的主要是与绩效有关的信息，因此在收集信息的过程中，我们要考虑绩效信息收集的目的。绩效信息的收集和分析如图 7-3 所示。

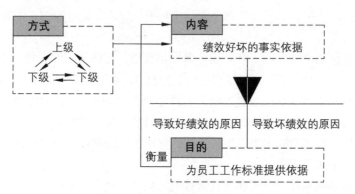

图 7-3　绩效信息的收集和分析

围绕绩效信息收集和分析目的，要收集的信息包括：目标和标准达到（或未达到）的情况；员工因工作或其他行为受到的表扬和批评情况；证明工作绩效突出或低下所需要的具体证据；对员工找到问题（或成绩）原因有帮助的其他数据；和员工就绩效问题进行谈话的记录，问题严重时还应让员工签字确认。

三、收集信息的渠道和方法

信息收集的对象可以是企业中的所有员工。有员工自身的汇报和总结，有同事的观察和反映，有上级的检查和记录，也有下级的反映与评价。如果企业中所有员工都具备了绩效信息反馈的意识，就能给绩效管理带来极大的帮助和支持。渠道畅通，信息来源全面，便于管理者作出更真实客观的绩效考核。

信息收集的方法包括观察法、工作记录法、他人反馈法等。观察法是指主管人员直接观察员工在工作中的表现并将之记录下来；工作记录法是指通过工作记录的方式将员工工作表现和工作结果记录下来；他人反馈法是指管理者通过其他员工的汇报、反映来了解某些员工的工作绩效情况。我们提倡各种方法的综合运用，方法运用的正确有效与否直接关系到信息质量的好坏，最终影响到绩效管理的有效性。

第三节 绩效过程的沟通与反馈

持续的绩效沟通就是管理者和员工共同工作，以分享有关信息的过程。这些信息包括工作进展情况、潜在的障碍和问题、可能的解决措施以及管理者如何才能帮助员工等。它是连接绩效计划和绩效评估的中间环节。

一、持续绩效沟通的目的

管理者和员工通过沟通共同制订了绩效计划，形成了员工个人绩效合约，但这并不意味着后面的绩效计划执行过程就会完全顺利，不再需要沟通。市场的竞争是激烈的，市场的变化也是无常的，不论是工作环境还是工作本身的内容、重要性等都随着市场的改变而不断变化，这导致了绩效计划有可能过时甚至完全错误。除了客观原因以外，员工本身工作状态好坏、管理者监督指导力度大小等都有可能影响绩效结果的达成。我们进行绩效沟通，就是为了保持绩效管理过程的动态性、柔性和敏感性，及时调整目标和工作任务。

沟通可以帮我们及时应对变化、提供所需信息。所有工作的进展情况如何？项目目前处于何种状况？有哪些潜在问题？员工情绪和精神面貌怎样？怎样才能有效地帮助员工？这些信息如果不通过沟通，就很难既全面又准确地掌握。

员工也需要获得信息。工作内容是否有所变动？进度是否需要调整？所需要的资源或帮助能否得以满足？出现的问题该如何解决？目前的工作状况是否得到赏识？如果没有反馈与沟通，员工的工作就处于一种封闭的状态，久而久之，就容易失去热情与干劲。

因此，我们说，持续的绩效沟通可以使绩效周期里的每一个人，无论管理者或是员工，都可以随时获得有关改善工作的信息，并就随时出现的变化达成新的承诺。

二、持续绩效沟通的内容

究竟需要沟通哪些信息，这取决于管理者和员工关注的是什么。管理者应该思考的是，"作为管理者要完成我的职责，我必须从员工那里得到什么信息？而我的员工要更好地完成工作的话，需要向他们提供什么信息？"从这个基本点出发，管理者和员工可以在计划实施的过程中，试图就下列问题进行持续而有效的沟通。

（1）目前工作开展的情况怎样？
（2）哪些地方做得很好？
（3）哪些地方需要纠正或改善？
（4）员工是在努力实现工作目标吗？
（5）如果偏离目标的话，管理者该采取什么纠正措施？
（6）管理者能为员工提供何种帮助？
（7）是否有外界发生的变化影响着工作目标？
（8）如果目标需要进行改变，如何进行调整？

三、持续绩效沟通的方式

内容和形式是决定一个事物的两个最主要的方面。采取何种沟通方式在很大程度上决定着沟通的有效与否。我们将沟通的方式分为正式沟通和非正式沟通。

正式沟通又可以分为书面报告、定期管理者与员工的面谈、管理者参与的小组会议或团队会议、咨询和进展回顾等。然而，在工作开展的过程中，管理者和员工不可能总是通过正式的渠道来进行沟通，在日常工作中，随时随地都可能发生沟通：非正式的交谈、吃饭时的闲聊、郊游或聚会时的谈话，还有"走动式管理"或"开放式办公"等，都可以随时传递关于工作或组织的信息。

四、绩效指标体系的调整与维护

绩效管理本身是一个动态的过程。一方面，绩效过程中的沟通可能会暴露一些管理的弊端与失误，需要及时纠偏；另一方面，为应对市场的变化，及时抓住机会，满足客户需求，企业有时需要在年度内调整公司业务战略，这会引起部门和员工业务绩效目标的变化。因此员工绩效目标的设置应该与管理现实紧密联系，以确保绩效计划的可获得性和现实相关性。

当然，员工绩效目标应该具有一定程度的稳定性，从而保证绩效管理的持续性。正因此，绩效管理更应该是一个闭环，有沟通、有反馈、有改进，基于管理现状和战略需求，申请调整绩效目标，经由绩效管理委员会审批后，及时修正，随即落实。

第八章

绩效评价实施

第一节 推行绩效考核

绩效管理首先是一种理念、一种思想。基于这种思想,我们把绩效定义为结果、行为和能力。然而,思想就是手段,思想就是方法。如果将绩效视为结果,那么考核应以员工业绩为导向,考核结果则主要用于奖金的分配和发放;如果将绩效视为行为,那么考核应以员工行为与态度为导向,考核结果将作为薪酬调整的重要依据;如果将绩效视为能力,那么考核应以员工的素质和能力为导向,考核结果则作为其晋升的参考条件。所以说,绩效考核的主体内容主要包括业绩考核、行为与态度考核和综合素质考核。

一、基于战略的 KPI 指标考核

(一) 基于战略的 KPI 指标的分解

战略不仅是一个方向的选择,也是一项实施的方法。战略首先是一套有效实施的手段,是一个方法体系。基于战略的 KPI 指标的分解就是实现战略落地的有效方式。如图 8-1 所示,《年度发展目标——部门相关性分析表》《部门工作任务列表》《部门 KPI 业务保障计划》三张表格的背后是一套程序,是一套从战略出发又旨在实现战略落地的思想和方法,这就是所谓的"三张表格、一套程序、一种方法"。

年度发展目标——部门相关性分析

图 8-1 KPI 指标分解流程

（二）绩效目标责任书的形成

1. 高层管理者的绩效责任书

高层管理者的关键业绩指标直接来自《年度发展目标——部门相关性分析表》，其分管部门的业绩指标构成了分管管理者自身的考核指标。

一般而言，部门负主要责任的发展目标构成其分管管理者的 KPI 项目。

2. 其他员工的绩效责任书

依据《部门 KPI 业务保障计划》，部门每项工作任务均已明确负责人。当然，在部门职责的履行中，不同岗位承担的责任不同，有主责和协助之分。与 KPI 分解的思路相同，对部门任务达成中负有责任的项目构成了员工自身的业绩指标。这里，业绩指标分为关键业绩指标和追加业绩指标两类。

（三）员工绩效考核表的形成

在既定考核周期内组织绩效考核，完成考核点检表，记录考核过程，并据此输出考核结果。考核的关键是各级管理者在考核中承担应负的责任。完整健全的考核体系的设计固然重要，但考核的有效性更有赖于有效地执行。

绩效考核应以公司战略发展目标为导向，考核的标准应是清晰的，信息的来源应是准确的，指标的设置应是具体的。基于战略的 KPI 指标分解，通过对具体的、细化的，更重要的是与公司战略目标一致的指标进行考核管理，使战略目标真正落实到日常的经营管理中。

高层管理者绩效目标责任书

其他员工绩效目标责任书

员工绩效考核表的形成

二、基于行为态度的指标考核

行为与态度考核的思路是，试图穷尽员工在组织中的积极和消极的行为，在考核周期内，从这些细目出发，逐一审视员工的行为态度，从而得出考核结果，如表8-1所示。

表 8-1　员工一般工作行为与态度的评定

姓名：_____　　　所属部门：_____
职务：_____　　　评价人：_____

说　　明

1. 此表用于对员工一般工作行为与态度的评定
2. 本表所适用的考核周期一般为 12 个月，也可根据具体情况确定，但通常不低于 3 个月
3. 评定时，填满下面的空白，并且在适合被考核人的项目打上（√）记号。如果不能确信被考核人员具有某个项目所表明的性质，那就不能对这个项目进行检查。因此，不同人所检查的项目数目不确定
4. "对工作的技术能力强""对非常事态判断得好"这样的项目，只能在那个职务的性质上有必要时加以考虑

第 一 栏

该期间内被考核人员缺勤时间（不包括因工伤缺勤以及正常的休假）

a　因病缺勤（领取报酬）　　　　　　　_____ 日
b　因病缺勤（不领取报酬）　　　　　　_____ 日
c　因个人原因缺勤　　　　　　　　　　_____ 日
d　未经许可缺勤　　　　　　　　　　　_____ 日
e　因其他原因缺勤　　　　　　　　　　_____ 日
f　如有缺勤以外的惩罚请加以证明　　　_____ 日

第 二 栏

在这一栏中，对于执行工作的指令，特别是执行分配的工作，不仅要考虑纪律性，而且要考虑时间特性。

经常迟到
偶尔迟到
基本遵守纪律　　　　　　_____（必要时选择一项）
几乎不迟到

经常早退
偶尔早退
总是看时间等着下班　　　_____（必要时选择一项）
绝不早退

三、基于素质能力的指标考核

综合素质和能力是员工晋升的重要依据，主要有战略前瞻性（SF）、领导能力（TL）、培养人才（DEV）、影响能力（IMP）、监控能力（DIR）、成就导向（ACH）、学习能力（STU）、关系建立（RB）、灵活性（FLX）、服务精神（CSO）、合作精神（TW）、主动性（INT）、

基于行为态度的指标考核

献身组织精神（OC）、自信（SCF）、诚实正直（ING）等维度。战略前瞻性的考核维度，如表 8-2 所示。

基于素质能力的考核指标

表 8-2　素质能力指标之战略前瞻性（SF）的考核

战略前瞻性（SF）	
提示：此员工是否能与企业发展保持一致？是否认同并愿意支持企业未来的发展？ 战略前瞻性即员工是否具有前瞻性、能否对未来的需求和机会作出正确反应 战略前瞻性的表现： ①认出问题所在，辨认出障碍或机会 ②在此基础上对现有的问题或将来的问题或机会采取行动 1. 非常了解公司未来战略发展，能明确为实现公司五年计划作出应有贡献 2. 提前 4~12 个月采取行动：超前于其他任何人，能独到地预见某种机会或问题并为之做好准备。提前 4~12 个月采取行动去创造机会或避免将来的危机 3. 提前 1~3 个月采取行动：采取非常特殊的办法创造机会或减少潜在的问题的发生，行为发生在 1~3 个月的时间内 4. 遇到危机时有决断能力：在危机情况下能快速、决断地作出反应（而常见对策是等待，"研究"，希望问题会自行解决） 5. 对目前的机会或问题进行处理：对企业的现有状况有清醒的认识并采取行动，克服障碍解决现有问题，通常在一两天之内	问题分析与改善 期望水平 | 1 | 2 | 3 | 4 | 5 | 实际评估程度 | 1 | 2 | 3 | 4 | 5 | 评定分数 | 远超出期望（3~4 级） | 100 | | 超出期望（1~2 级） | 80 | | 达到期望 | 60 | | 没有达到期望（1~2 级） | 40 | | 远没有达到期望（3~4 级） | 20 |

　　基于素质能力的指标考核，首先需要定义素质能力的概念，界定素质能力的评价标准，并明确组织对于员工的期望水平。然后，通过员工实际水平与期望水平的对比来考核员工的素质能力水平。

　　上文所示素质能力评价要素并不穷尽，也不需要全部考核。应根据考核目的和需要设置评价要素，并区分适用人群，最终得出员工素质能力考核结果。

四、过失单制度

　　解决管理的问题不能只靠一项制度，而要依靠一整套完整的制度体系。除了业绩、行为态度及素质能力考核之外，辅以过失单制度，使绩效管理更为全面有效。

对于工作内容的关键要素或工作流程的关键环节应予以额外的把控。若员工在关键要素或关键环节上出现过失,则记一张过失单。若累积 3 张以上(含 3 张)过失单,则该员工本考核周期的考核结果归零。过失单制度更多地起到的是威慑的作用。奖惩的目的首先是惩罚,通过过失单制度惩罚员工过失,规范员工行为,如表 8-3 所示。

表 8-3　员工过失单

表 8-3　员工过失单

员工过失单	
姓名：部门：职务：	
过失性质	
过失描述	
过失程度	
处分级别	□口头警告　　□书面警告　　□罚款____元　　□降职　　□降级　　□解除合同
审批意见	
员工确认	
确认时间	

五、部门考核

(一)部门业绩考核

部门业绩考核以《部门工作任务列表》为基础,并依据工作任务的重要程度和相关性质(主要或协助)的不同赋予权重,加权即为该部门的业绩考核结果,如表 8-4 所示。

表 8-4　部门业绩考核表

目标	部门工作任务内容	相关性（主要、协助）	权重	分值	评价等级					指标得分
					A	B	C	D	E	
					100%	75%	60%	50%	0%	
1	1.1									
	1.2									
	1.3									
2	2.1									
	2.2									
……										

部门业绩考核得分 = ∑指标得分 = ∑(分值 × 评价等级)

(二)部门工作状态考核

部门考核

部门工作状态主要考核工作计划与组织、工作过程控制、结果有效性、沟通与合作、工作努力状态五个要素,详细的分值、等级、结果输出等信息,如表8-5所示。

表8-5 部门工作状态考核表

要素	分值	级分	等级
工作计划与组织	20	10 12 15 18 20	定义:有效地利用人、财、物,计划性地安排和组织工作 1级:缺乏预先制定的工作计划,解决问题准备不足; 2级:有计划,但缺乏系统性,导致工作执行不利; 3级:能有效地计划和组织下属工作; 4级:对工作的执行和可能遇到的问题有计划性解决方案,并能够组织实施; 5级:具有系统、准确、迅速解决问题的工作行为特征,并进行有效的工作分解,以较佳的方式达成工作目标
工作过程控制	20	10 12 15 18 20	定义:采取有效工作方法,以期改善工作绩效 1级:对合理化、标准化工作方式不关心; 2级:安于现状、不能够改进工作方式、方法; 3级:能够接受合理化工作改进计划; 4级:善于提出和运用一些新观念、新方法; 5级:努力创新、寻求较高层次的现代管理理念和方法
结果有效性	20	10 12 15 18 20	定义:及时准确完成工作目标计划 1级:不能完成工作目标计划,并对其他工作造成重大影响; 2级:不能完成工作目标计划,并对其他工作造成轻微影响; 3级:基本完成工作目标计划; 4级:成功完成工作目标计划; 5级:超额完成工作目标计划
沟通与合作	20	10 12 15 18 20	定义:交流沟通,与人合作 1级:缺乏沟通方式,不善交流,难于表达自己的思想、方法; 2级:交流、沟通方式混淆,缺乏中心议题,不易于合作; 3级:沟通清楚易于接受,表现出互相接受的合作倾向; 4级:善于沟通,力求合作,引人注意; 5级:很强的沟通愿望和良好的沟通方式,使合作成为主要的工作方式、方法
工作努力状态	20	10 12 15 18 20	定义:具有工作热情,树立克服困难的信念,努力工作 1级:工作不图进取; 2级:能够以一般的工作标准完成工作; 3级:能够以较高的工作标准开展工作; 4级:以热情和努力投入自己的工作; 5级:持续的工作积极、努力,并以此带动其他人的工作

部门业绩考核和部门工作状态考核成绩加权即为部门考核结果，如表 8-6 所示。

表 8-6　部门考核结果输出

第____季度_____部门绩效考核结果					
考核内容	考核得分	权重			
部门业绩考核					
部门工作状态考核					
考核分数	= Σ(考核得分×权重) = _____				
考核等级	□A　□B　□C　□D　□E				
考核分数	100～90 分	89～80 分	79～70 分	69～60 分	60 分以下
考核等级	A（优秀）	B（良好）	C（合格）	D（基本合格）	E（不合格）

六、考核结果输出

（一）个人绩效结果

1. 考核分数

基于员工类别的不同，考核的内容有所差异。尤其是在素质能力考核上，管理人员、职能人员和现场人员的考核维度各不相同。事实上，在考核权重的分布上，也会因员工类别的不同而设置不同的权重。此外，考核的目的不同，结果的输出也不同，其结果应用也不同。

对于以奖励为目的的考核而言，考核的结果直接指导奖金的分配与发放。此时，素质能力考核将排除在考核内容之外，个人业绩考核与行为态度考核组成了员工绩效考核的内容，如表 8-7 所示。

表 8-7　以奖励为目的的考核项目权重分布　　　　　%

考核项目	现场人员	职能人员	管理人员
个人业绩考核	40	60	80
行为与态度考核	60	40	20
素质与能力考核	0	0	0

对于以提薪为目的的考核而言，考核的结果将作为薪资调整的依据。此时，员工考核内容由个人业绩考核、行为态度考核和素质能力考核三项构成，以不同的权重搭配形成最终的考核体系，如表 8-8 所示。

表 8-8　以提薪为目的的考核项目权重分布　　　　　%

考核项目	现场人员	职能人员	管理人员
个人业绩考核	0	30	50
行为与态度考核	80	40	20
素质与能力考核	20	30	30

对于以晋升为目的的考核而言，考核的结果是影响员工职业生涯发展的关键因素。此时，相比以奖励和提薪为目的的考核，员工行为态度考核和素质能力考核在以晋升为目的的考核中显得更为重要，如表8-9、表8-10所示。

表8-10 员工考核结果输出表

表8-9 以晋升为目的的考核项目权重分布　　　　　　　　　　%

考核项目	现场人员	职能人员	管理人员
个人业绩考核	20	30	50
行为与态度考核	60	20	10
素质与能力考核	20	50	40

表8-10 员工考核结果输出表

第____季度员工绩效考核结果			
员工姓名：_____	所在部门：_____	员工职务：_____	
考核项目	分值	权重分布	
^	^	用于奖励　　用于提薪　　用于晋升		
个人业绩考核			
行为与态度考核			
素质与能力考核			
考核得分	—		
考核者确认：_____	员工确认：_____	确认时间：_____	

2. 考核等级

以员工考核分数与考核等级对照表（表8-11）为参照，根据员工考核结果得出员工在考核周期的考核等级。

表8-11 员工考核分数与考核等级对照表

考核分数	100～90分	89～80分	79～70分	69～60分	60分以下
考核等级	A（优秀）	B（良好）	C（合格）	D（基本合格）	E（不合格）

（二）关于考核主体与考核周期

就考核周期而言，一般分为月度考核、季度考核和年度考核。绩效管理是一个长期不断的管理过程。通常来说，考核周期越短，考核力度越大，越有利于发现管理问题，从而改善员工行为。但管理绩效行为的改善也伴随着管理成本的支出。

正如管理学大师德鲁克所言,"管理,究其根本,就是要解决'度'的问题"。考核者所要探索的问题,就是在坚持绩效导向的前提下,平衡绩效有效性与管理成本,在此之间,寻求一个最优解。

第二节 绩效考核结果的申诉与修正

影响绩效考核效果的关键因素,在于考核实施的过程,而不是考核的方法。考核结果必须伴随着调整偏差的手段,从而保证考核的有效性。考核结果的申诉和修正是绩效管理流程的重要环节,如图 8-2 所示。

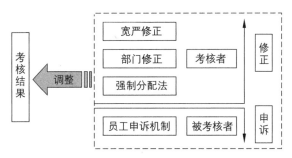

图 8-2 考核结果的申诉和修正

因此在进行绩效考核时,要注意绩效考核实施过程的控制,尤其要采用保障绩效考核过程不出现误差的纠偏手段。一方面,企业应当设置绩效考核结果的申诉机制,以解决员工对考核结果的异议,避免由于绩效考核过程中主观性因素的存在影响了考核结果的认可程度;另一方面,企业应当采用适当的考核结果修正办法,确保考核过程的公平性和考核结果的有效性。

一、考核结果出现偏差的原因

据调查,有 30%～50%的员工认为,企业的绩效考核是无效的。追根溯源,往往是由于企业在设计、实施人力资源绩效管理时出现了各种问题。诸多影响绩效考核效果的原因归纳如表 8-12 所示。

表 8-12 影响绩效考核效果的因素

序号	原因	现象
1	不知道为什么要考核	1. 考核目的不明确,有时甚至是为了考核而考核 2. 考核原则的混乱和自相矛盾,在考核内容、项目设定以及权重设置等方面表现出无相关性 3. 考核过程的随意性突出,常常仅体现管理者意志和个人好恶,且绩效考核体系缺乏严肃性,经常被任意更改,难以保证政策上的连续一致性

续表

序号	原因	现象
2	考核缺乏标准	1. 绩效标准过于模糊，如标准欠缺、标准走样、难以准确量化等 2. 绩效标准不合理。标准的不合理极易引致片面的、不客观公正的判断，也很难使员工对考核结果感到信服
3	考核方式单一	1. 采用单一的上级对下属进行审查式考核的方式，上级和员工的私人友情或冲突、偏见等非客观因素将很大程度上影响考核的结果；考核者的一家之言有时由于信息的欠缺而难以给出令人信服的考核意见，甚至会引发上下级关系的紧张 2. 单一的考核人员缺乏足够的时间和机会了解员工的工作行为，同时考核者本身也可能缺乏足够的动力和能力去作出细致的评价
4	员工对绩效考核体系缺乏理解	1. 在制定和实施一套新的绩效体系时，不重视和员工沟通，员工对绩效考核体系的管理思想和行为导向认识不明晰 2. 员工的不理解可能会引发曲解和敌意，并对所实施的绩效体系产生强烈的质疑，对体系的认识产生心理上和操作上的扭曲
5	考核过程形式化	1. 员工内心认为绩效考核只是一种形式而已，出现所谓"领导说你行，你就行，不行也行；领导说你不行，你就不行，行也不行"的消极判断 2. 没有人真正对绩效考核结果进行认真客观的分析，没有真正利用绩效考核过程和考核结果来帮助员工在绩效、行为、能力、责任等多方面切实地提高
6	考核结果无反馈	1. 考核者主观上和客观上不愿将考核结果及其对考核结果的解释反馈给被考核者，考核行为成为一种暗箱操作 2. 考核者无意识或无能力将考核结果反馈给被考核者，考核者对绩效考核目的不了解，缺乏良好的沟通能力，企业缺乏民主的文化作为支撑
7	考核资源的浪费	1. 考核结果未能应用到人力资源决策中，造成绩效信息资源的巨大浪费 2. 管理人员滥用考核资源，将考核结果作为对员工实施处罚的依据，而不是将其应用到对员工的激励和引导上
8	错误地利用考核结果	1. 由于考核标准不稳定等因素，考核者很容易自觉不自觉地出现两种不良主观倾向：过分宽容和过分严厉 2. 过分宽容使得绩效考核结果大同小异，难以真正识别出员工在业绩、行为和能力等方面的差异 3. 过分追究员工的失误和不足，对员工在能力、行为和态度上的不足过分放大，导致员工安全感低
9	考核方法选择不当	考核者未对考核方法进行选择。不同的考核方法有各自不同的优缺点和适用范围。有的方法适用于将业绩考核结果用于职工奖金的分配，但可能难以指导被考核者识别能力上的欠缺；而有的方法可能非常适合利用业绩考核结果来指导企业制订培训计划，但却不适合于平衡各方利益相关者

除这九大影响绩效考核结果的因素外，考核者本身的主观性因素也时常对绩效考核结果的公正性和客观性产生很大影响。管理者在对员工的绩效进行评估时，会不自觉地出现各种心理上和行为上的错误举动，归纳如表 8-13 所示。

表 8-13 影响绩效考核结果的考核者主观误差

序号	误差	误差阐释
1	过去记录的影响	1. 考核者往往会受到员工以往绩效考核周期中绩效考核结果的影响，而并非只是针对员工当期的绩效表现 2. 无论是对员工有利或是无利的记录，均会对考核者作出正确绩效评价产生不良影响
2	类己效应	考核者往往会倾向于宽容与自己见解、性格、背景相同的员工
3	近因效应	1. 由于人类正常的记忆衰退，人们总是对最近发生的事情和行为记忆犹新，而对远期行为逐渐淡忘 2. 在经过一个较长时间后进行绩效考核时，管理者对员工作出的考核结果就更多地受到员工近期表现的影响
4	盲点效应	因考核者本人也具有某些缺点，因此会下意识地看不见下属的同类缺点
5	无怨言偏差	考核者往往会因为没有听到抱怨而认为员工没有任何缺陷或不足
6	完美主义	有些考核者做事较为严苛，对下属要求过高，倾向于执行过高的评价标准，结果导致绩效考核的评价结果过低
7	友朋效应	1. 考核者喜欢或不喜欢（熟悉或不熟悉）被考核人，都可能会对被考核人的考核结果产生影响 2. 考核者往往会给自己喜欢（或熟悉）的人较高的评价，而对自己不喜欢（或不熟悉）的人给予较低的评价
8	自我比较效应	考核者不自觉地将被考核人与自己进行比较，以自己作为衡量标准，而不是根据被考核人实际的绩效表现
9	光环效应	当考核者对一位员工的总体印象是以该员工某项具体特点，如相貌、聪明或某个事件作为判断基础时，得出的结论往往是存在偏差的
10	隐含人格假设	当考核者在进行绩效考核之前就对员工的人格类型进行了分类（如一位敬业者、一个偷懒的家伙），在进行绩效考核时就容易"戴着墨镜看人"

由于种种客观因素和主观因素的影响，绩效考核结果往往与实际的绩效表现存在偏差，而员工本身，是对考核结果偏差感受最直接、最敏感的人。因此，纠正偏差首要的手段就是设置一套合理的员工申诉机制。

二、考核结果申诉机制

绩效考核结果必须得到员工的认同，才能真正达到评估并改善员工绩效的目的，考核结果的应用才能在最大限度上被有效实施。设置考核结果申诉机制的目的在于解决员工可能存在的对考核结果的异议，通过管理者与员工的沟通，消除员工的不满和疑虑。实际上，公司建立申诉机制本身就能促使绩效管理体系实现程序公平，从而在某种程度上预防考核误差的出现，缓解员工的不满情绪，如图 8-3 所示。

考核结果申诉机制

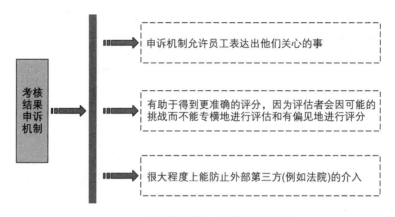

图 8-3　实施考核结果申诉机制的优势

在绩效考核结果传达给员工后,员工有权利对自己的考核结果提出异议,并向上提出申诉意见,人力资源部门应当协调处理员工的申诉,并向员工、管理者和管理者直线上级实施调查,并作为独立第三方给予员工相应的解决方案。

三、考核结果的修正

在正式实施绩效考核的结果应用之前,企业应该对绩效考核结果作出适当的修正和分析,以使得绩效考核结果能够成为足够科学有效的人力资源管理依据。

实施绩效考核之前,企业可以通过前馈控制来预防绩效考核过程中出现的偏差,具体的前馈控制手段如表 8-14 所示。

表 8-14　绩效考核结果偏差的前馈控制手段

序号	控制手段	具体内容
1	预防考核结果偏差需要制度和流程的保证	公司应当建立考核结果申诉机制、考核结果偏差处理办法等相关的制度和流程,从程序上保证绩效考核结果在发生偏差时有合理有效的处理依据
2	在绩效考核全过程都要注重充分沟通	公司应当设立并不断完善绩效沟通计划,在绩效考核实施前、绩效考核过程中、绩效考核实施后都要做好充分沟通。建议公司在绩效考核时注重采用面谈的方式保持沟通顺畅
3	在考核实施前要做好绩效管理培训和绩效考核引入	对考核者提供良好的绩效管理培训是预防考核误差出现的另一种重要方法。如果对考核者进行了充分的培训与引导,那么与考核者动机有关的误差就能在很大程度上得到避免
4	引入绩效评审机构,如绩效管理委员会	1. 为确保绩效考核结果公正公平,公司可以组建绩效管理委员会等绩效评审机构,对绩效考核过程以及已完成的考核进行评审 2. 绩效管理委员会由总经理、直线经理以及人力资源部门组成,在每一绩效考核周期负责指导和评审绩效考核的实施

续表

序号	控制手段	具体内容
4	引入绩效评审机构，如绩效管理委员会	3. 负责绩效考核的最高主管应检查考核中可能存在的错误。这是由于，上一级管理者能准确地指出一些评估者是否比其他人更宽厚或更严厉。当一个雇员在每个因素上都获得相同的评定，就证实有光环效应；当缺少任何极端的评分时，就证明有趋中性 4. 当这些"症候"被准确地指出后，高层经理应该要求评估者给出合理解释，或者要求评估者重新做一个评价

在实施绩效考核过程中，要注意避免考核结果偏差，确保能够正确实施评价。过程中控制手段如表 8-15 所示。

表 8-15 绩效考核结果偏差的过程中控制手段

序号	控制手段	具体内容
1	强化原始记录，提高评价质量	1. 在绩效考核实施前，要注意原始绩效考核资料的维护和收集 2. 公司应当形成有效的文件管理制度，以保证绩效考核原始记录能够良好地反映员工当期绩效表现，从而保证绩效考核结果的有效性
2	对评价标准形成一致的理解	1. 绩效评价标准应当采用清晰无歧义的阐述 2. 承担绩效考核责任的所有管理者都应当接受相关培训课程，从而保证所有考核者在绩效考核过程中能够以统一的标准衡量不同员工的绩效表现
3	为自己的主观感觉寻找事实和客观依据	1. 任何绩效考核方法都无法做到完全客观地反映员工当期绩效表现，考核部分还是依靠于管理者的主观判定 2. 管理者应当尽量保持客观的态度对待绩效考核，主观判定也应当来源于客观的绩效考核信息

而在绩效考核实施后，调整考核结果偏差的手段主要有宽严修正、部门修正和强制分配技术三种。

（一）宽严修正

首先，在绩效考核中，我们会预先认定考核的"宽严"是无差别的，并在此基础上提出三条"宽严修正理论假设"：假设每个部门对企业的贡献一样；假设每个部门员工素质一样；假设每个部门员工工作努力程度一样，如图 8-4 所示。

宽严修正

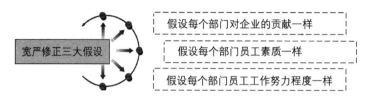

图 8-4　宽严修正三大假设

（二）部门修正

部门修正

由于各部门存在绩效方面的实际差异，因此必须在宽严修正的基础上进行部门修正，以使考核结果修正接近现实，确保公平。部门修正的核心理念是：越极端的评价机制越趋向于不合理。因此要在对员工个人评价的同时综合考虑部门评估修正。

采取部门修正方法，其最大的好处在于能够鼓励员工在关注个人绩效的同时，也关注部门业绩的提升，从而培养团队合作精神，增强对组织的归属感。

四、考核结果的强制分配法

强制分配技术是一种考核结果的处理方法，其核心理念是通过"比较"的方法来区分员工绩效的优劣，它的关键作用在于强制管理者承担起考核的责任，以避免绩效考核沦为形式。在人力资源管理中，奖励机制如果既没有鼓励优秀绩效也没有纠正不良绩效，那就是失败的。同样，强制分配法作为一种考核方法，对于促进员工改进绩效有着十分重要的作用。

考核结果的强制分配法

需要注意的是，在进行结果应用时，强制分配并不能等同于末位淘汰。强制分配法其实可以看作末位管理的一种方法，它根据员工的不同绩效情况，实施相应的人力资源管理办法。对于绩效不良的员工，组织应当追踪导致员工绩效不良的原因是主观的还是客观的。根据引发业绩未能达到期望的不同原因，可以将不良绩效员工分为几种类型，如图 8-5 所示。

其中，对于企业的价值观体系不认同的员工应当予以淘汰，对于其他态度不佳、能力欠缺或行为不当的员工，应当采用相应的绩效改进措施。个人价值观与企业文化相冲突的员工，是企业管理的毒瘤，其能力越大，给企业造成的实际损失越大。只有那些认同企业价值观，愿意将企业视作自己职业生涯发展平台的员工，才能够和企业共同发展。而员工的态度、能力和行为是可以通过适当的纠偏措施和培训手段来改变的。

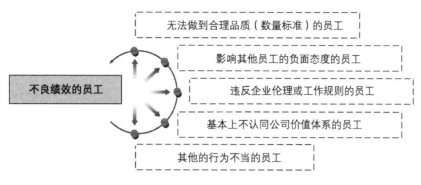

图 8-5　不良绩效员工分类情况

第九章

绩效反馈与面谈

第一节 绩效面谈的重要性和目的

一、绩效反馈的重要性

绩效反馈是绩效管理过程中的一个重要环节。绩效反馈是实现绩效考核向绩效管理转化的联结关键，它主要通过管理者与员工之间的沟通，就员工在绩效考核周期内的绩效情况进行反馈，在肯定成绩的同时，找出不足并加以改进。绩效反馈的关键，是员工和管理者双向沟通，并达成共识。员工可以在绩效反馈过程中对自己的考核结果予以认同，有异议的可以向公司高层提出申诉，最终使绩效考核结果得到广泛认可。

绩效反馈对于整个绩效管理流程有着极为重要的作用：首先，它是确保绩效考核公平、公正、公开的重要手段；其次，它是提升绩效、实现组织战略目标的重要手段，如图 9-1 所示。

二、绩效面谈的目的

在实施绩效面谈的过程中，应达到五大目的，如图 9-2 所示。

1. 沟通绩效结果

> 关键点：整个绩效考核周期内，反复、多次地充分沟通

绩效面谈可以让员工了解自身绩效，强化优势，改进不足。管理者要与员工沟通，使其了解业绩是否达到既定的目标，了解自身的绩优点和改进点，并就考核结果达成共识。要使得员工与企业对绩效考核的最终评定结果达成一致，需要管理者与员工就绩效反复进行多次沟通，这样才能改变员工的惯性看法。

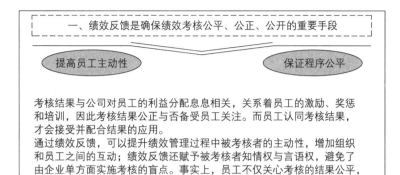

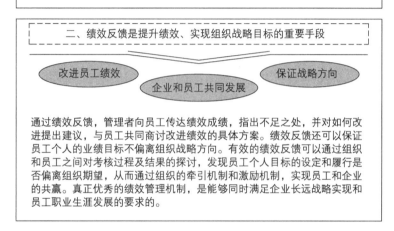

图 9-1 绩效反馈的重要性

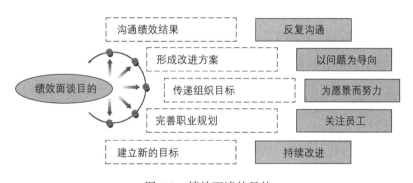

图 9-2 绩效面谈的目的

2. 形成改进方案

> 关键点：从问题出发，制订目标清晰的可行性改进计划

在绩效面谈中，管理者应该提出绩效改进建议，然后与员工讨论，形成最终的绩效改进计划。在改进计划中，应该有具体的目标要求和时限要求。

3. 传递组织目标

> 关键点：愿景层层传递成为个人期望，战略目标层层分解成为绩效目标

企业长远的战略目标只有经过层层分解，并最终落实到具体职位上的个人目标，战略才真正实现可操作化。在绩效面谈中传递组织目标，是非常合适的时机。

4. 完善职业规划

> 关键点：为员工的未来着想，改进绩效的同时注重素质的提升

在绩效面谈时，管理者也应依据员工的职业发展目标，指明员工哪些能力欠缺应该进行弥补，职业发展规划是否需要修正等问题。当企业站在员工的角度考虑管理问题时，员工的自我管理意识会得到极大的加强，潜在能力也更能得到充分发挥。

5. 建立新的目标

> 关键点：当期绩效改进目标与下一期绩效目标相结合，持续改进

根据本绩效周期的绩效完成情况，管理者和员工要共同协商，制订下一绩效周期的绩效目标，并签订新的绩效合约。

第二节 绩效面谈前的准备

在正式实施绩效面谈前，应当全面做好准备工作，尤其应明确员工需要得到什么样的反馈、管理者应当反馈什么信息，以及绩效面谈需要哪些资源支持等。

一、管理者的准备

实施绩效面谈前，管理者应该做好准备，如表 9-1 所示。

表 9-1 绩效面谈中管理者应做的准备

序号	准备事宜	具体内容
1	熟悉员工的绩效表现	充分了解被面谈员工的全面信息 1. 员工的绩效考核信息，如员工的职务、以往和当期的评估结果 2. 考核的背景信息，如教育背景、家庭环境、工作经历、性格等
2	面谈程序预演	事先计划好面谈的程序和进度 1. 面谈要进行哪些内容 2. 面谈的重点是什么

续表

序号	准备事宜	具体内容
2	面谈程序预演	3. 先谈什么，后谈什么 4. 每一部分进行多长时间 5. 面谈要达到何种目的 6. 运用哪些技巧来促进双方沟通
3	营造适合面谈的氛围	**抱着与员工平等商讨的心态** 1. 管理者不是批判员工错误的审判人，而应当是帮助员工发现问题、解决问题的导师 2. 管理者应当去除"上位者"的惯性思维，塑造轻松、友好的氛围，与员工共同协商 3. 管理者必须挑选适当时间和地点与有关员工会面，中立的地点可能比办公室更有益于交谈

管理者还必须清楚地明白成功的绩效面谈的衡量标准，即"四个共识"，如图9-3所示。

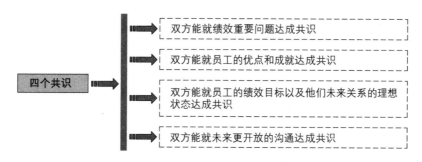

图 9-3　绩效面谈的衡量标准——"四个共识"

二、员工的准备

在绩效面谈开始前，员工应该做如下准备。

（1）回顾当期绩效表现。员工要对自己在这一个绩效周期内的业绩表现以及行为、态度和素质能力表现重新回顾，并作出绩效表现的自我评价。

（2）提出自己的疑问。员工要准备好向管理者提问，以解决自己工作过程中的疑惑和障碍。尤其是对于绩效考核结果不解或不认同之处，员工要勇于提出异议。需要注意的是，员工一定要准备好相关的证明依据。此外，员工在执行绩效目标中遇到的障碍，也应当向管理者提出。

（3）调整心态。员工应当正视自己的优缺点和有待提高的能力，致力于绩效水平的提高，而不是防备管理者。

三、资料准备

管理者在实施绩效面谈前，要做好资料准备工作。与员工沟通绩效表现时，应该以具体的事例为依据。尤其是对于员工的不良绩效，更要有充分的绩效考核资料作为参考。需要准备的资料有以下几种。

（1）绩效计划。这是公司与员工就任务目标所达成的共识与承诺，也是绩效反馈的重要信息来源。

（2）职位说明书。员工的工作有可能在绩效执行过程当中发生改变，可能增加一些当初制订绩效目标时所不能预料到的内容，也有可能一些目标因为各种原因而没能组织实施。这个时候，职位说明书作为重要的补充将发挥重要的作用。

（3）当期绩效考核表。这是进行面谈的重要依据。

（4）绩效档案。这是作出绩效评价的重要辅助材料。绩效档案包括员工的年度绩效考核指标、业务目标季度分解表、季度绩效评估表、绩效辅导记录，以及员工绩效改进计划书/员工培育规划书和可能出现的绩效评估申诉表。

面谈时间和地点选择

四、面谈时间和地点选择

管理者应该选择恰当的时间和地点进行绩效面谈。

（1）时间选择。管理者应和员工事先商定一个双方都比较空闲的时间。应该注意，这个时间一定要和员工一起商定而不要由管理者单方面来决定，从而避免员工对面谈重要性的认识不足。另外还应该计划好面谈将要花费的时间，这样有利于双方把握面谈反馈的进度和安排好自己其他的工作。

（2）地点选择。中立的地点可能比办公室更有益于交谈。办公室可以营造一种严肃、正式的感觉，但也经常会遇到各种各样的打扰；而且，办公室也会给人以明显的上下级的感觉，容易给员工造成层级压力。

第三节 绩效面谈的实施

一、绩效面谈的流程与内容

（一）面谈流程

管理者和员工都做好相应的准备后，就进入正式的绩效面谈过程。绩效面谈主要是由管理者主导，带领员工就上一绩效周期的成果作出讨论。

> 作为一般性规则，解决问题的第一步就是看到存在的问题。而这有赖于管理者和员工能坐下来，心平气和地谈一谈这个问题究竟是什么因素导致的。
>
> 第二步是分析这些因素的深层诱因所在。比如，这个月的销售利润没有达到既定的目标水平，通过第一步，我们分解的原因是：虽然销售收入上升了，但成本上升得更快；通过第二步，我们发现导致成本上升加快的原因是工人在生产过程中报废产品过多，即没有达到既定的合格率。

这时，就必须和员工一起层层分析，引导他认识到这一问题的严重性。但这要求管理者采取一种或几种公开谈话的形式进行有目的、有计划的引导，解开管理者与员工之间关系的不健康的心结。这种引导的目标是要在逐渐减小管理者干预的同时，使员工的自我认识不断提高。

绩效面谈实施的流程如图9-4所示。

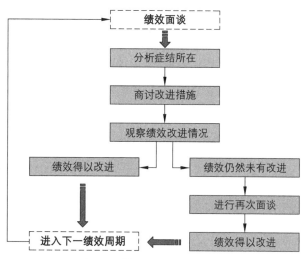

图9-4　绩效面谈实施的流程

（二）面谈内容

具体来说，面谈主要内容应涵盖四个方面：绩效结果反馈、行为、态度与能力、绩效改进措施、下一期绩效目标，如图9-5所示。

1. 绩效结果反馈

绩效面谈最主要的内容是绩效结果反馈。绩效面谈应该在绩效结果评定后及时向员工反馈。若员工对绩效考核结果存在异议或者不解，管理者应该与员工一起寻找问题所在。这个过程可以依据绩效诊断访谈提纲进行。

绩效诊断访谈提纲

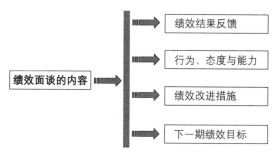

图9-5　绩效面谈的内容

2. 行为、态度与能力

员工绩效的改进，并不是只靠绩效考核目标来控制的，考核目标外的行为、态度与能力因素也会对员工产生影响。

3. 绩效改进措施

在与员工讨论如何改进绩效时，管理者应当引导员工发现绩效不佳的问题关键，给予适当的改进建议，并协助员工制订出具体的绩效改进方案。

4. 下一期绩效目标

管理者要根据员工当期的绩效完成情况和组织对其的未来期望，与员工共同商讨，提出下一绩效周期的新绩效目标和绩效标准，并最终形成新一轮绩效计划。

绩效面谈标准话术示范

二、如何实施绩效面谈——技巧、原则与策略

（一）绩效面谈沟通技巧

在面谈中，管理者需要特别注意一些关键的人际沟通技巧，图9-6列出了沟通中应该注意的一些关键技巧，管理者也可以参考标准话术，以使沟通能够更有效地进行。

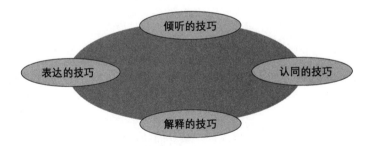

图9-6 绩效面谈的人际沟通技巧

（二）绩效面谈反馈原则

有效的绩效面谈，通常还需要注意十大反馈原则，如表9-2所示。

表9-2 绩效面谈十大反馈原则

序号	反馈原则
1	绩效面谈是以问题为导向的
2	绩效反馈应快速及时
3	在正式的绩效面谈前，先让员工作出自我绩效评估

续表

序号	反馈原则
4	站在员工的角度上实施面谈
5	积极调动员工的主动性和参与度
6	不要吝啬于认同员工
7	在面谈中应该针对具体行为
8	绩效改进计划应该有目标和时限要求
9	反馈应当是经常性的，而非固定的一年一次
10	管理者与员工应当就未来更开放的沟通达成共识

（三）绩效面谈策略

大体上，根据员工的工作态度和工作业绩，可以将员工分为四种类型，如图 9-7 所示。不同类型员工采取不同的绩效面谈策略。

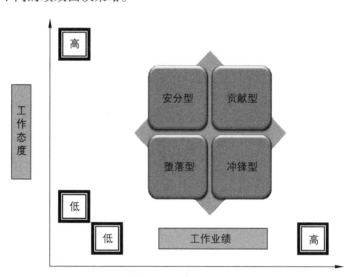

图 9-7　绩效面谈策略中的员工类型

1. 贡献型（好的工作业绩＋好的工作态度）

在与贡献型员工进行面谈时，应该在了解公司激励政策的前提下予以奖励，并提出更高的目标和要求。

2. 冲锋型（好的工作业绩＋差的工作态度）

对冲锋型员工采取的面谈策略应当是沟通加辅导。既然冲锋型下属的工作态度不好，就只能通过良好的沟通建立信任，了解原因，改善其工作态度；通过日常工作中的辅导改善工作态度，不要将问题都留到下一次绩效面谈。

3. 安分型（差的工作业绩＋好的工作态度）

对安分型员工采取的面谈策略应当是：以制订明确的、严格的绩效改进计划作为绩效面谈的重点；严格按照绩效考核办法予以考核，不能用态度好代替工作业绩不好，更不能用工作态度掩盖工作业绩。

4. 堕落型（差的工作业绩＋差的工作态度）

对堕落型员工采取的面谈策略应当是：重申工作目标，澄清下属对工作成果的看法。

三、绩效面谈工具

在整个绩效面谈实施后，管理者应当至少达到三个有效成果：一是对员工当期绩效成果的评价形成一致意见；二是对员工下一期绩效如何改进形成一致意见；三是对员工未来的职业发展形成一致意见。要达到这三个面谈成果，管理者可以采用三个面谈工具：绩效考核评估意见表、绩效改进计划和个人发展计划，如图9-8所示。

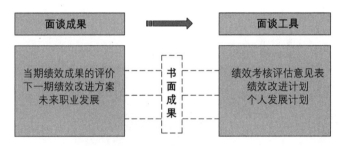

图9-8　绩效面谈工具

绩效考核评估意见表

（一）绩效考核评估意见表范例

绩效考核评估意见表见表9-3。

表9-3　绩效考核评估意见表

绩效考核评估意见表			
部门：		评估人：	
××指标完成情况	取得的成绩		
	存在的不足	1. 绩效提高计划	
		2. 行为改进计划	
		3. 寻求的支持	
被评估人签字		日期	

(二)绩效改进计划范例

绩效改进计划见表 9-4。

表 9-4 绩效改进计划

绩效改进计划		
绩效类型	绩效目标	绩效改进难点与要点
关键业绩指标		
追加业绩指标		
综合素质考核		
绩效承诺		
		被评估人签字:

(三)个人发展计划范例

个人发展计划见表 9-5。

表 9-5 个人发展计划

个人发展计划表			
运用这个发展计划,提出未来需要改进的技能或行为			
发展目标			预期的成果标准
1.			
2.			
3.			
你会如何透过富有挑战性的任务来发展你的技能,以达到目标?			
哪些绩效协助措施(如在线学习)会有所帮助?			
你要如何与他人合作并善用同事的意见回馈来推动你的发展?			
培训			
哪些特定的培训或学习经验可以用来发展你的技能并协助你达成目标?			
目标	培训类型	时间	预估费用
所需支持			
你需要哪些额外的支持来帮助你达成目标?要如何提供这些支持?			
进程控制			

续表

个人发展计划表				
你将如何知道你有了进步？谁会提供意见反馈？多久反馈一次？请尽可能地明确反馈的内容和频率。				
时限——计划开始日期：			预期结束日期：	
同意签署——这项计划由以下人员同意并签署：				
计划参与人		日期	指导人	日期

四、存在的问题与解决方案

（一）绩效面谈中的常见问题

实际操作中，绩效面谈时常流于形式，起不到反馈的作用，其原因可以归结为两类：一是管理者或者员工产生了认识偏差；二是绩效考核体系出现了运行偏差，如图9-9所示。

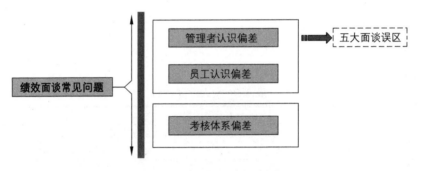

图9-9　绩效面谈常见问题

1. 绩效面谈的认识偏差

（1）管理者认识偏差。有些管理者没有清楚地认识到绩效面谈的目的，不明白自己在面谈中应当起到的作用。比如，有的管理者只是简单地针对员工的绩效结果进行上传下达，整个面谈过程都只是管理者在发表意见；有的管理者过于严苛，只是挑剔地批评员工的不足和错误，却不对员工的成绩作出认可；有的管理者则相反，夸奖员工的成绩，却怯于指出不足；还有的管理者指出了问题，却未给出改进建议，导致员工找不到绩效改进的方向。

（2）员工认识偏差。有时员工会认为，绩效考核只是形式上分配利益的工具，是企业监控员工的手段。错误的看法导致员工无法正确认识绩效面谈的重要性，不信任面谈者。这就导致有些员工在面谈中态度冷淡，只是应付管理者的提问却不做回应；或者避重就轻，不谈缺点只提优势。

2. 考核体系偏差

有些企业在制订绩效目标时，没有充分考虑员工的能力和外界因素，导致绩效目标设置不科学，使得员工的绩效结果与企业要求不符；有些企业的绩效评价标准缺乏针对性和合理性，绩效结果在很大程度上受到评估者主观因素影响。考核体系不够科学有效，从而引发员工的排斥和不认同。

3. 绩效面谈的五大误区

管理者在绩效面谈中的表现会对整体面谈效果产生最直接的相关影响，具体来说，在绩效面谈中管理者容易陷入的面谈误区如图 9-10 所示。

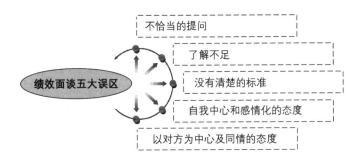

图 9-10　绩效面谈五大误区

（二）解决方案

1. 管理者提升面谈有效性的三大关键要素

管理者提升面谈有效性的三大关键要素如图 9-11 所示。

不要让绩效评估表格支配面谈
让绩效评估表格支配面谈会把管理者和员工锁在特定问题逐项的谈判里，让员工产生防备心态

保持意见反馈的叙述详尽
指出特定的行为和事件，并将它们和特定的绩效目标相对照

管理者和员工都有可能是问题的来源
管理者和员工都可能是问题的来源，找到绩效问题的根源，这样可以帮助管理者和员工拟订可行的发展计划

图 9-11　管理者提升面谈有效性的三大要素

2. 绩效面谈的核心要点——"双向沟通"

双向沟通的三个关键因素如图 9-12 所示。

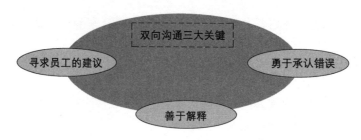

图 9-12 双向沟通的三个关键因素

在进行绩效面谈时，管理者应该做好"双向沟通"。管理者首先应该摆正心态，与员工坦诚相见，不要抱着"上位者"的思维与员工谈话，而要充分考虑员工的立场所在，消除位差效应。

第四节 面谈结果与评估

一、绩效面谈结果

绩效面谈结束后，应该对绩效面谈结果进行总结，总结的要点如表9-6所示。

绩效面谈的结束并不意味着绩效反馈的终止，绩效面谈是为绩效的持续改进服务的。因此，在面谈结束后，管理者应当对绩效面谈结果进行跟进和追踪，如表9-7所示。

表 9-6 绩效面谈总结要点

序号	总结要点
1	总结意见反馈，从正面的意见开始
2	如果排有后续进程，加以确认
3	回顾新的绩效目标以及达成目标所需的发展计划
4	在总结面谈之前，进行简单的检讨。询问员工这次面谈有益与无益的部分。同时征求建议，如何让今后的意见反馈交流更有帮助
5	感谢员工的认真参与

表 9-7 绩效面谈后续追踪工作

序号	绩效面谈后续追踪
1	制订一份追踪计划和管理者承诺的书面指导记录，并确保员工也拿到副本
2	安排定期面谈，以进行指导并检查是否按照发展计划实行
3	评估此次绩效面谈
4	使用适当的工具来检讨你是否成功支持了面谈目标的达成

二、绩效面谈效果评估

在绩效面谈结束后，企业要对面谈的效果进行评估，以便下一阶段的绩效面谈取得更好的效果。对于绩效面谈效果的评估分为两部分：即时评估和跟踪评估。

（一）即时评估

即时评估主要针对面谈者技巧、面谈感受、面谈内容等可以马上呈现的问题。即时评估一般采用开放性问题来测评，没有必要量化。

面谈效果即时评估表如表 9-8 所示。

表 9-8 管理者面谈效果即时评估表

序号	面谈评估项目
1	这次面谈是否达到了预期目的？
2	下次面谈应怎样改进面谈方式？
3	有哪些遗漏需要加以补充？哪些讨论显得多余？
4	此次面谈对员工有何帮助？
5	面谈中员工充分发言了吗？
6	此次面谈中学到了哪些辅助技巧？
7	对这次面谈结果是否满意？
8	对这次面谈的总体评价如何？

（二）跟踪评估

在实施了绩效面谈后，员工的行为和态度可能会发生相应的变化。由于行为和态度的改变需要较长时间才能够显现，所以需要进行跟踪评估。员工的态度和行为可能出现四种情况：积极、主动地工作，保持原有的工作态度，消极、被动地工作和抵制工作。

1. 积极、主动地工作

在这一情况下，绩效反馈与员工自我绩效评估基本一致。在双方绩效评估均良好时，领导常常通过情感、奖励、地位等多方面的激励方式来反馈下属的绩效，而下属则以积极、主动的工作态度回报领导对其绩效的认同。

2. 保持原有的工作态度

在绩效评估基本一致，员工认为其绩效与需求相当，且无满足更高需求的可能时，常常会保持原有的工作态度不变。而当绩效评估不一致时，员工往往认为上级低估了他的绩效结果，但又不愿消极、被动地工作，所以常常采取这种工作态度。

3. 消极、被动地工作

出现这种情况的主要原因，一是绩效反馈情况与员工自我绩效评

绩效面谈效果评估表

估不一致;二是绩效反馈情况基本一致且绩效良好,但员工对绩效反馈的形式存在不满。

4. 抵制工作

导致这种情况出现的原因除了绩效反馈情况与员工自我绩效评估不一致外,还有就是绩效反馈双方在情感交流方面发生了冲突。

评估绩效面谈效果,可以采用表 9-9 所示的绩效面谈效果评估表。

表 9-9 绩效面谈效果评估表

绩效面谈效果评估表			
问题	是	否	建议
即时评估			
你是否创造了公开的气氛			
你在面谈前,就了解员工的目标和程序			
你和员工是否都做好事前准备			
你有没有仔细聆听员工			
你有没有提出清晰而明确的意见反馈			
跟踪评估			
你有没有对这位员工得到新的了解,可以帮助你在未来对他进行辅导			
你有没有对自己得到新的了解			
面谈是不是达成双方同意的绩效改进计划			
面谈是否激发了员工的动力			
员工是否对你的指派有清楚的理解			
员工是否知道怎么改善未来的绩效			

第十章

绩效改善

第一节 绩效考核结果分析及应用

一、实现理念转变

传统的绩效考核，是为了通过评估确认员工的绩效达成水平，决定奖惩、奖金分配、提薪、调职、晋升等人力资源管理决策，从而激励员工努力工作。然而，传统意义中企业对绩效考核结果的应用，在理论上和实践上都存在问题，如表10-1所示。

表10-1 传统绩效考核的消极影响

序号	消 极 影 响
1	员工改善绩效的动力来自利益的驱使和对惩罚的惧怕
2	过分依赖考核制度而削弱了组织各级管理者对改善绩效方面的责任
3	单纯依赖定期的、既成绩效的评估而忽略了对工作过程的控制和督导
4	管理者充当"警察"的角色，造成管理者与被管理者之间的对立与冲突
5	这种只重结果不重过程的管理方式，不利于培养缺乏工作能力和经验的资浅员工
6	员工自觉无法达到工作标准时，自暴自弃、放弃努力，或归因于外
7	工作标准不能确切衡量，导致员工规避责任
8	产生对绩优者的抵制情绪，使绩效优秀的员工成为被攻击的对象

为避免这些不利的消极影响，我们建议企业转变绩效管理理念，通过绩效考核实现绩效的持续改进才是绩效管理的根本所在，企业管理者应当树立如图10-1所示的观念。

为更有效地实施绩效考核结果的应用，管理者应当遵循三条原则，如图10-2所示。

绩效结果应用的三个观念
绩效考核不仅仅是为了奖惩，奖惩只是强化考核功能的手段
绩效考核不仅仅是为了调整员工的待遇，调整待遇是对员工价值的不断开发的再确认
不断提高员工职业能力，改进工作绩效，提高员工在工作执行中的主动性和有效性

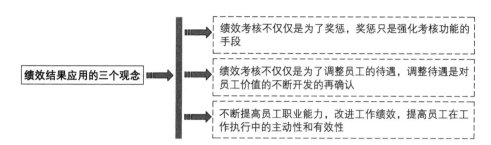

图 10-1　绩效结果应用的三个观念

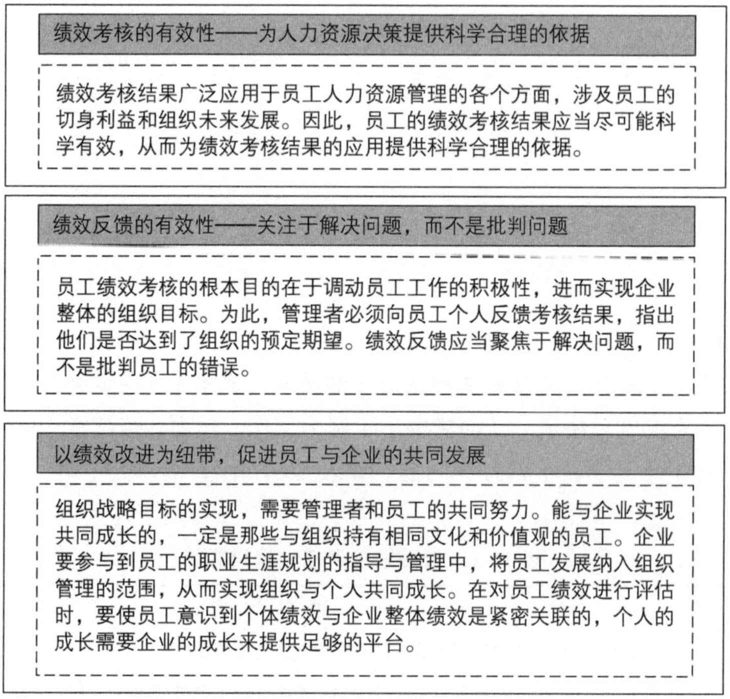

绩效考核的有效性——为人力资源决策提供科学合理的依据
绩效考核结果广泛应用于员工人力资源管理的各个方面，涉及员工的切身利益和组织未来发展。因此，员工的绩效考核结果应当尽可能科学有效，从而为绩效考核结果的应用提供科学合理的依据。
绩效反馈的有效性——关注于解决问题，而不是批判问题
员工绩效考核的根本目的在于调动员工工作的积极性，进而实现企业整体的组织目标。为此，管理者必须向员工个人反馈考核结果，指出他们是否达到了组织的预定期望。绩效反馈应当聚焦于解决问题，而不是批判员工的错误。
以绩效改进为纽带，促进员工与企业的共同发展
组织战略目标的实现，需要管理者和员工的共同努力。能与企业实现共同成长的，一定是那些与组织持有相同文化和价值观的员工。企业要参与到员工的职业生涯规划的指导与管理中，将员工发展纳入组织管理的范围，从而实现组织与个人共同成长。在对员工绩效进行评估时，要使员工意识到个体绩效与企业整体绩效是紧密关联的，个人的成长需要企业的成长来提供足够的平台。

图 10-2　绩效结果应用的三条原则

二、绩效结果应用

绩效考核结果在企业管理中得到了广泛应用，大多数企业都将绩效考核作为实施其他人力资源措施的重要依据。

（一）人力资源规划

绩效考核可以帮助企业获得总体人力资源质量优劣程度的确切情况，提供员工晋升和发展潜力的数据，以便为企业未来的发展制订人力资源规划。

（二）招聘和录用

根据绩效考核结果，可以确认招聘和选拔员工应当采用何种评价指标与标准，以便提高绩效的预测效度，提高招聘的质量并降低招聘成本。

（三）人力资源开发

绩效考核结果可以为确定员工在培训和发展方面的特定需要提供切实的依据，以便最大限度地发展他们的优势，使缺点最小化，从而实现：

（1）增强培训效果，降低培训成本。
（2）实现适才适所，按具体需要确定培训计划。
（3）在实现组织目标的同时，帮助员工发展和执行他们的职业生涯规划。

（四）薪酬方案的设计与调整

薪酬奖金分配是绩效考核结果的一种最为普遍的用途。绩效评价的结果为报酬的合理化提供决策的基础，使企业的报酬体系更加公平化、客观化，并具有良好的激励作用。

具体来说，绩效结果从以下三个方面影响员工的薪酬设计与调整。

1. 提薪的标准和方式

绩效加薪是将基本薪酬的增加与员工所获得的绩效考核等级联系在一起的绩效奖励计划。员工能否得到加薪及加薪的比例高低通常取决于两个因素：一是员工在绩效考核中所获得的评价等级；二是员工的基本工资额度，即加薪的基数。一般来说，绩效加薪是依照员工基本薪酬的百分比来给予的，如表10-2所示。

表 10-2　考核等级与加薪比例的关系

考核结果等级	A	B	C	D	E
加薪比例/%	10	8	5	0	−5

绩效加薪的具体奖励幅度由公司自行决定，不过由于绩效加薪后，新增的工资额就会变成员工下一绩效周期的基本工资。因此，绩效加薪的幅度不应过大。实际上，大多数企业采取了绩效奖金的激励方式来代替绩效加薪的做法。

2. 奖金的标准和分配方式

绩效奖金是企业依据员工个人的绩效评价结果，确定奖金的发放标准并支付奖金的做法。绩效奖金的常用公式为

$$员工绩效奖金 = 奖金总额 \times 奖金系数$$

奖金总额的确定没有固定的统一标准，一般是以基本工资为基数，确定一个浮动的绩效奖金额度。奖金系数则是由员工的绩效评价结果决定的。

3. 为有贡献的员工追加特别奖励计划

特别奖励计划是在员工的努力程度远远超出工作标准的要求、为企业作出重大贡献时，企

业给予的一次性奖励。奖励的形式非常多样化，可以是货币奖励、物质奖励，或非物质奖励，甚至荣誉称号之类的精神奖励。绩效奖金计划的灵活性还能够依照员工的切身需要，给予最恰当的激励。

（五）正确处理内部员工关系

公平的绩效评价，为员工在提薪、奖惩、晋升、降级、调动、辞退等重要人力资源管理环节提供公平客观的数据，减少人为因素对管理的影响，因而保持组织内部员工的相互关系建立在可靠的管理基础之上。

（六）员工职业生涯规划

对于绩优的员工，企业可以通过晋升或潜力培训的方式，使他们在未来取得更好的业绩。对于能力素质与当前职位不匹配的员工，企业可以采取职位调动的方式，扬长补短。对于能力不足但态度认真的员工，企业可以对其进行培训，以弥补素质能力的差距。对于工作态度不佳导致绩效不良的员工，可以直接采取淘汰的方式，如降职、辞退等。

总体来说，绩效考核的目的不同，其结果应用也会有相应的差异。绩效考核的时间越长，越有助于企业发现员工深层次的绩效因素。当绩效考核周期相对较短时（一年或更短），实施绩效考核可以评估员工的业绩表现，这时，绩效考核结果适合应用于奖金的分配。当绩效考核周期相对较长时，员工对企业的忠诚程度可以在绩效考核过程中显现，绩效考核结果应用于薪酬调整会收到很好的成效。当绩效考核周期更长时，可以发现员工的绩效水平受自身素质能力的影响很大，此时应当将绩效考核结果应用于员工的职位晋升上，如表 10-3 所示。

表 10-3 绩效考核目的与结果应用的内在关系

考核时间	短	➡	长
绩效相关因素	业绩	忠诚	能力
	⬇		⬇
考核结果的应用	奖金	调薪	晋升

三、绩效考核结果应用于绩效改进

绩效管理的最终目的是通过绩效的持续改进，支持组织愿景和战略目标的实现。因此，在绩效考核结果的应用中，管理者应当以问题为导向，致力于员工绩效的改进。

（一）绩效改进的指导思想

绩效改进是绩效考核的后续工作，所以，绩效改进的出发点是对员工现实工作的考核，不能将这两个环节的工作割裂开来考虑。由于绩效考核强调的是人与标准比，而非人与人比。因此，绩效改进的需求，应当是在与标准比较的基础上确定的。

绩效改进必须自然地融入部门日常管理工作之中，才有其存在价值。这种自然融入的达成，一方面有赖于优秀的企业文化对管理者和员工的理念灌输，使他们真正认可绩效改进的意义和价值；另一方面有赖于部门内双向沟通的制度化、规范化，这是做好绩效改进工作的制度基础。

帮助下属改进绩效、提升能力，与完成管理任务一样都是管理者义不容辞的责任。对绩效管理的一个普遍的误解是，管理者常常认为它是"事后"讨论，其目的仅仅是抓住那些犯过的错误和绩效低下的问题。这实际上不是绩效管理的核心。绩效管理的核心实际是通过在整个绩效管理过程中通过帮助下属改进绩效、提高能力以达到绩效的持续改进。

（二）绩效改进的措施

管理者应该是业绩改善和能力提高的推动者；而不仅仅是员工业绩和能力的评定者。这样一来，绩效管理就对管理者提出了更高的要求。

1. 能力提升

从长期来看，绩效的持续改进是需要通过能力素质的提高来实现的。首先，要建立起绩效管理的素质模型，如表 10-4 所示。

表 10-4　绩效管理能力素质库（一）

绩效管理能力素质库		
绩效相关能力	完成任务的能力	以业绩为导向 绩效管理 生产效率 影响力 主动性 灵活性 创新能力 质量关注意识 不断改进的精神 专业知识和技术
绩效相关能力	人际交往能力	团队精神 人际意识 建立良好的关系 沟通能力 以服务为导向 对组织的认识 解决冲突的能力 跨文化的敏感意识
	个人素质能力	正直诚信 自我发展能力 决断能力 决策素质 应对压力

续表

绩效管理能力素质库		
绩效相关能力	个人素质能力	分析问题能力
		概念思维能力
		收集信息的能力
	管理能力	团队建设能力
		激励能力
		授权能力
		培养下属的能力
	领导能力	远见卓识
		开拓进取能力
		建立工作重点
		管理变革的过程控制能力
		工作目标、原则和价值观
		战略思维能力
		建立对组织的忠诚

有些能力素质是很难得到提升的，然而许多素质维度是可以通过培训和开发促使员工得到提高的，如表10-5所示。

表10-5 绩效管理能力素质库（二）

绩效管理能力素质库	
容易提高的能力	培养下属的能力
	生产效率
	团队精神
	专业知识和技术
	以服务为导向
	绩效管理
较难提高的能力	以业绩为导向
	决策素质
	影响力
	解决冲突的能力
	战略思维能力
	分析问题能力
	对组织的认识
很难提高的能力	主动性
	创新能力
	正直诚信
	应对压力
	灵活性
	概念思维能力

从这里可以看出，员工的人格特质和道德水平方面的能力素质是很难提升的，如影响力、主动性、正直诚信等。人力资源管理实际上对两类人是无用的：一是性格有问题的员工；二是道德有问题的员工。如果是性格道德问题，企业不要试图用培训去解决，也就是说，在关注绩效考核的时候，企业必须关注与这一绩效相关的工作是由什么人来做的。

在诸多的能力素质中，只有少部分是与优秀绩效密切相关的。优秀员工的能力标准主要有以业绩为导向、以服务为导向、质量关注意识、团队精神、影响力、主动性六项。

2. 业绩改善

员工业绩水平的改善，能够为绩效改进带来最为明显的效用。一般而言，员工的绩效改进计划主要是针对员工业绩水平的提高而制订的。

第二节　绩效改进计划

一、制订绩效改进计划

（一）影响绩效水平的主要因素

在制订绩效改进计划前，我们应当进一步深入判断引起员工绩效不佳的可能因素究竟是什么，从而对症下药，根据不同员工不同原因制订出合理有效的改进计划。影响绩效水平的主要因素如表10-6所示。

表10-6　影响绩效水平的主要因素

主要因素	内容
障碍	工作流程是否阻碍绩效 操作者是否拥有所需的资源（时间、工具、人员、信息）
绩效期望	是否已经建立绩效期望 是否已沟通
后果	未达到绩效期望是否有不好的后果 对于好的绩效是否有积极的后果 这些后果是否及时
知识/技能	是否具备进行工作所必要的技能和知识 工作人员是否知道为什么期望的绩效非常重要
个人能力	工作者的身体、精神和情绪是否可以完成任务
反馈	工作者是否收到有关他们工作绩效的反馈 收到的这些信息是否有效 相关　　准确　　及时　　明确　　有建设性　　易懂

（二）改进绩效的措施

从导致绩效不佳的原因入手，为了改进绩效，就需要从以下几个方面来努力，如表10-7所示。

表 10-7 绩效改进努力方向

原　因	改　进　措　施
障碍	提供资源、工具和环境支持
绩效期望	关注动机
后果	注重激励和奖励
知识/技能	提高技能和知识水平
个人能力	改善个人能力
反馈	加强信息沟通

（1）员工可能会由于外部的一些障碍而影响绩效水平发挥，当外部环境资源匮乏或资源分配不当时，经常会导致员工产生低绩效。为员工提供有效资源以取得最佳绩效是管理者的责任。

（2）当企业对员工的绩效期望不合理或沟通不足时，员工可能产生低绩效。企业应该关注员工的动机，在甄选员工时就应当注意审查其工作动机，以避免日后出现低水平绩效却无法改进，从而影响公司业绩。

（3）员工在作出绩效时，会考虑公司对于优秀绩效是否有合乎自己期望的奖励，对于不良绩效的惩罚性措施是否会损害自身的利益，从而权衡不同行动产生的预期后果，并决策自己的绩效行为。因此，企业应该从绩效角度出发，注重激励和奖励的有效性。

（4）当员工由于知识或技能水平不足以满足企业对员工的绩效要求时，企业应当考虑给予相应的知识技能培训。

（5）当问题的关键被认定是缺少能力时，通常采取的解决方法是进行调整以使这个人的能力和工作要求更加匹配。

（6）当员工缺乏反馈或者反馈信息有效性不足时，可能导致低水平绩效。这时管理者就应该采取更及时、明确及有效的沟通方式。

（三）制订改进计划的主要流程

（1）确定绩效改进目标。改进目标主要包括工作绩效改进目标和个人能力提升目标。在确定绩效改进目标时，秉持的原则是"容易改的先改，容易见效的先改"。建议一次不要涉及过多的绩效改进目标。在一部分改进目标见成效后，将对员工绩效产生连锁反应，其他方面的改进目标通常也能够得到提高。

（2）拟订具体的行动方案。在制订行动方案时要遵循以下原则：行动方案应该是明确具体的；行动方案应该是可量化的；行动方案要与企业目标及经营目标一致。

（3）明确资源方面的保障。这些资源主要来源于：①组织与上级；②员工的客户；③培训教师；④企业培训制度等。

（4）明确评估改进计划完成的方法。在评估计划完成情况时，最好的方法是与上一绩效周期的员工绩效表现进行对比。

（四）绩效改进计划书

一般来说，在经过绩效面谈这一环节后，绩效改进计划就已基本成形，但管理者还需要协助员工制订出更详尽的行动计划，涵盖具体的时限要求和结果目标，如表 10-8 所示。

表 10-8 绩效改进计划书范例

绩效改进计划书				
员工：____ 部门：____ 职务：____ 时间：____				
改进项目	类型	行动计划	关键控制点	评价标准
…	…	…	…	…
员工签字：		管理者签字：		

二、实施绩效改进计划：选取绩效改进工具

在确定绩效改进计划后，就需要根据企业和员工的实际情况来实施绩效改进计划。在这个过程中，管理者要激发员工的主动性，适时监督员工改进计划的完成，并在关键环节对员工给予清晰明确的指导。

在组织中实施绩效改进计划时，还需要选择合适的绩效改进工具。每一个绩效改进工具并不是排他的，在选择具体的绩效改进工具时，可以根据组织的需要自行决定。

（一）组织发展/绩效改善策划法

组织发展/绩效改善策划法（organization development/performance improvement planning，OD/PIP）是一种咨询和培训的方法，是一种有计划的和系统的变革方法，OD/PIP 是整个组织系统（包括高层管理人员在内）的一种努力行为，其目标在于提高整个组织的效益和活动，并借助行为科学、管理科学以及其他一切相关知识，通过对组织结构和组织过程做有计划的干预，来帮助实现组织的具体目标和意图。

OD/PIP 工作或周期有下列五个主要构成阶段。

（1）前期的初步诊断阶段。

（2）高层管理人员熟悉 OD/PIP 的阶段。

（3）为进行组织诊断和制订行动计划而举办 OD/PIP 研讨培训班阶段。需要达到四个目标：确认组织目标和绩效指标；确认和分析绩效问题（阻力/动力）以及与这些问题、力量相关的因素；制订出改善绩效的战略和行动方案；对实施行动方案作出安排。

（4）目标和行动方案实施阶段。

（5）结果审核和计划修订阶段。

这五个阶段应当被当成一个循环的周期，以后不断重复出现。OD/PIP 阶段模型如图 10-3 所示。

OD/PIP 的四个操作阶段

（二）标杆超越——基于绩效提高的目标管理

所谓标杆超越，就是通过对比和分析先进企业的行事方式，对本企业的产品、服务、过程等关键的成功因素进行改进和变革，使之成为同业最佳的系统性过程。标杆超越是一个持续不

断地进行比较分析、制订赶超计划并实施计划的过程。标杆超越主要包括以下内容。

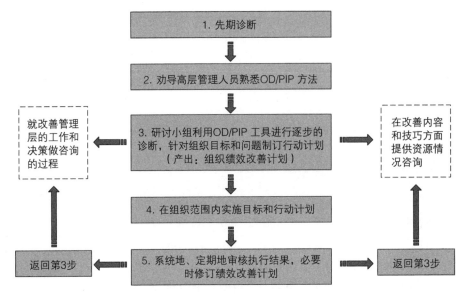

图 10-3　OD/PIP 阶段模型

（1）不管行业与国别的差异，将组织以及组织的各个部门与最佳的组织进行比较。

（2）将组织的业务流程与任意行业或所有行业类似的、优秀的流程进行比较，寻找最优、最有价值的流程。

（3）将组织的产品、服务和最强的竞争对手的产品与流程进行比较。

（4）根据具体应用情况对不同型号的机器设备进行比较，选择最经济、最有价值的设备。

（5）实施和执行行业已确定的最佳经营管理实践。

（6）对确定的最佳管理与运作实践的发展趋势进行预测，并对这一趋势作出积极应对。

（7）满足并超过顾客/客户的预期。

标杆超越的实质是对组织的变革，旨在改变组织因循守旧、抱残守缺、按部就班、不思进取等陋习，它必然伴随着企业原有"秩序"的改变。标杆超越活动是持续改进的有力武器，它应当成为企业的一项常规性的工作，而不应成为面临危机、走投无路时的救命稻草。

一般而言，在实施标杆超越后，企业绩效会得到明显改进，如表 10-9 所示。

表 10-9　标杆超越实施前后对比

标杆瞄准实施之前	标杆瞄准实施之后
这没有什么新花样	让我们试试这种新的方法
每一个问题只有一种答案	每一个问题都有不同的解决答案
关注组织内部	关注组织外部
基于历史（业绩）目标的制定	基于可能的最佳目标的制定
对市场理解不透彻	洞察市场及其变化

续表

标杆瞄准实施之前	标杆瞄准实施之后
内部优先（内部导向）	关注客户（外部导向）
被动的反应式的改进	前瞻性的绩效改进
关注问题	关注环境和机会
以自我为中心	以行业最佳实践为动力
（决策）选择阻力最小化的方案	（决策）选择价值最大化的方案
我们是不错的	我们应该会变得更好
凭经验和直觉进行管理	以事实为基本的管理
行业追随者	行业领先者

（三）波多里奇卓越绩效标准

波多里奇卓越绩效标准通过识别和跟踪所有重要的组织经营结果，关注整个组织在一个全面管理框架下的卓越绩效，从而保证顾客、产品或服务、财务、人力资源和组织的有效性。

波多里奇卓越绩效标准主要包括：领导作用，战略策划，以顾客和市场为中心，测量，分析和知识管理，以人为本，过程管理，经营结果。

波多里奇的标准制定的主要目的在于：组织自我评价、评奖和为申请组织提供反馈报告的基础。此外，该标准在增强美国竞争力方面还有三个很重要的作用。

（1）有助于改进组织经营方面的实践、能力和结果。

（2）促进在全美各类组织中交流并分享最佳的运作方法。

（3）作为一种理解并管理组织经营的工具，指导策划，并提供学习的机会。

（四）六西格玛管理

六西格玛管理是世界级企业追求卓越的一种先进的绩效改进工具，目前世界各国众多大企业竞相推出六西格玛管理，在绩效改进和效益提高等方面取得了巨大的成功，形成了企业管理的新潮流。

六西格玛是一种能够严格、集中和高效地改善企业流程管理质量的实施原则和技术。它包含众多管理前沿的先锋成果，以"零缺陷"的完美商业追求，带动质量成本的大幅度降低，最终实现财务成效的显著提升与企业竞争力的重大突破。我们可以把六西格玛管理定义为，"获得和保持企业在经营上的成功并将其经营业绩最大化的综合管理体系和发展战略。它是使企业获得快速增长的经营方式"。六西格玛管理是"寻求同时增加顾客满意和企业经济增长的经营战略途径"。它是使企业获得快速增长和提升竞争力的经营方式。它不是单纯的技术方法的引用，而是全新的管理模式。

六西格玛管理的重点是，集中在测量产品质量和改进流程管理两方面，推动流程改进和节约成本。六西格玛管理的基本思路是，以数据为基础，通过数据揭示问题，并把揭示的问题引入统计概念中去，再运用统计方法提出解决问题的方案。其核心是建立输入变量和输出变量之间的数学模型，通过对输入变量的分析和优化，改善输出变量的特性。

三、评估绩效改进结果

改进方案的实施并不意味着任务的完成。结果评估就是对改进结果进行评价,以确定其是否实现了缩小绩效差距的目标。Kirkpatrick 提出了结果评估的四个维度。

维度1:反应。工作场所的各类成员对改进活动,以及活动对他们的影响的反应怎样?客户和供应商的反应怎样?

维度2:学习或能力。实施后,人们了解或掌握了哪些以前不会的知识或技能?

维度3:转变。改进活动对工作方式是否产生了所希望的影响?工作中是否开始运用新的技能、工具、程序?

维度4:结果。改进活动对绩效差距的影响是什么?差距的缩小与经营行为具有正向相关关系吗?

评估结果将反馈回组织观察和分析过程之中,从而开始新的循环过程。

第三节　绩效改进指导

在员工绩效改进中,管理者扮演着监督指导的角色。

在员工执行绩效改进计划时,管理者应当适时跟进员工的绩效改进情况。如果管理者不予以跟踪指导,员工可能并没有按照约定的行为标准去做,或者做得不到位,导致最终的绩效水平并没有很大改观。

绩效改进指导是管理者与其所属员工共同参与的一个持续性互动过程,绩效改进指导是管理者的一种日常性质的工作,设计的内容包括对员工的绩效进行观察、表扬绩效优秀的员工、帮助未达到绩效期望或绩效标准的员工。

总体来说,管理者可以采用以下的方式来实现对员工绩效改进的监督指导。

(1)给予回馈。

(2)激励好的表现(口头嘉奖是最好的)或是找出不好的原因帮助清除障碍。

(3)重申正确行为及不允许的行为。

(4)警告不良表现。

此外,管理者还需要让员工了解自己的目标和行动步骤。让他们看到自己的工作在管理者的目标中处于什么位置,向他们示范如何跟踪目标和行动步骤的进展。如果员工经常看到管理者在使用要求他们使用的程序,他们就会更自觉自愿地去使用这一程序。

绩效改进指导主要包括以下几步:分析绩效改进指导需求、制订指导计划、执行指导计划和评估绩效指导成效。

一、分析绩效改进指导需求

(1)明确绩效改进项目的先后次序。员工绩效不良的现象可能是多重因素造成的,因此改进员工绩效也不可能仅仅通过一种方式来实现。各种绩效改进措施能对员工起到的改进效用大小不同，改进的绩效方向不同，而每种改进方法的特点也不同。

（2）明确各绩效改进项目的关键点。管理者应当在不影响员工绩效改进总体方向的情况下，关注员工绩效改进的关键环节，并在员工有疑惑时给予明确的解答。

（3）明确各绩效改进项目的最佳时机。各个绩效改进项目有各自不同的特点，且每个员工对同一改进项目的接受程度也不同，因此管理者需要掌握好每个绩效改进项目开展的最佳时机。一般而言，在确定绩效改进项目的先后次序时，遵循"容易改的先改，容易见效的先改"的原则。

二、制订指导计划

（1）评估下属的学习风格。在对员工进行绩效改进的培训指导前，管理者应当基于自己对所属员工人格特质以及能力素质、学习习惯等的了解，评估出员工的学习风格。

（2）选择学习活动。在对员工的学习风格进行评价之后，管理者应当根据员工的实际绩效改进需要，选择恰当的培训课程或其他学习活动。

（3）准备指导计划。管理者根据对员工和改进方法的了解，拟订指导计划，并明确在指导计划中管理者自身所需要承担的责任，尤其要明确每个绩效改进点的关键环节是什么，并为员工的疑惑提供解答。

三、执行指导计划

在实施绩效改进指导计划过程中，管理者要注意以下两点。

（1）与下属保持深入沟通，发挥下属绩效改进的主动性。

（2）营造有利的学习环境，包括管理者的指导技巧、员工的学习条件和其他人的有效配合等。绩效改进方案的实施需要细致的策划以及有组织的培训和指导。如果组织想要提高新的能力，那么在最初使用这一体系时应尽量保持简单。

四、评估绩效指导成效

评估管理者的绩效指导效果，主要通过以下几个参考维度。

（1）指导目标是否达成。
（2）是否需要进一步的指导。
（3）对下属的辅导是否有效。
（4）下属在指导过程中有什么反应。
（5）下属下一阶段的发展需求是什么。
（6）有哪些需要改进的地方。
（7）还需要进行哪些指导等。

绩效改进指导表范例如表10-10所示。

表 10-10　绩效改进指导表范例

绩效改进指导表					
员工：＿＿＿		部门：＿＿＿	职务：＿＿＿	指导人：＿＿＿	
绩效目标名称		绩效改进的主要控制点	管理者的指导与帮助	双方签章	
业绩指标	1				
	2				
工作行为与工作状态	1				
	2				
管理行为与管理能力	1				
	2				

对于一个优秀的绩效指导者而言，应该具备以下行为。

（1）利用能力框架传达你对于员工的展望。

（2）倾听。倾听员工的诉说，不要老想着去控制他们或让他们把事情做完。

（3）同情他们。使你自己认同他们以及他们的感情。

（4）给予反馈信息。反馈的目的是让他们了解能够帮助他们改变行为的有关信息。

（5）让员工自己认同一个更高的目标。

（6）利用能力概念来判断问题。

（7）看清障碍。确定阻碍绩效发展的因素，是信息、技巧、过程还是情感方面的障碍？

（8）预测并建设性地处理员工的抵触心理、防御性行为和责怪。

（9）确定目标。利用手头一切信息确立能力发展目标和绩效目标。

（10）制定行动步骤。

（11）跟踪并监控目标和行动步骤的进展情况。

（12）让员工了解你的目标和行动步骤。让他们看到他们的工作在你的目标中处于什么位置，向他们示范如何跟踪目标和行动步骤的进展。

第四篇

公平薪酬设计与操作

第十一章

薪酬管理的系统平台

薪酬管理是人力资源管理的重要活动之一，企业与员工的直接利益体现在薪酬福利制度上，即企业通过考核来维护自身利益，通过薪酬福利制度来保护员工利益。因此，薪酬管理既是对企业和员工利益的保护，也是维系二者关系的重要手段，有效的薪酬管理体系是企业战略得以落地的重要前提。

本书创造性地提出了薪酬管理的系统平台模型，将薪酬管理活动的有效实施建立在战略牵引、系统运行和组织支持这三个要素形成的框架下，提供了解决薪酬管理问题的思维方式和系统工具。

第一节 战略牵引：薪酬管理的战略视角

一、薪酬管理的八大思考

有关薪酬管理，本书提出以下八大思考，涵盖了薪酬管理理论与实务的八大核心问题。

（一）人是企业资源中最有价值的，也是最不容易满足的

企业资源既包括有形的资产、厂房、设备等，也包括人力资源这种无形资产，其中人力资源的价值最高。可以从以下两方面来理解。

（1）企业的其他资源可以直接通过金钱来购买，并且能买到与竞争对手毫无差异的资源；而人力资源是一种特殊的无形资源，就算购买过来也存在差异，因而构成了企业竞争优势的源泉。

（2）企业的竞争优势是指无论是否易于被模仿，都是组织最擅长的。充分利用人力资源的价值是企业发展到一定阶段的必然要求——当企业规模小的时候，依赖的是老板的能力和所能

运用的资源；而随着企业的成长，老板的资源和能力都变得有限，这时候，人力资本便成为企业最有价值的资源，帮助企业赢得竞争优势。

但是，同时人也是最不容易满足的。一方面是因为人性的弱点；另一方面源于人力资本抵押和看护属性合二为一，不可分割——其价值越高，则流动性越强，管理越困难。因此，薪酬管理体系的设计要基于对人性的把握，重视对人的尊重和管理控制。

（二）薪酬管理不仅要体现人的价值，更重要的是符合企业的利益

薪酬管理体现的是对员工劳动付出的回报，是企业与员工之间利益交换的一种体现。但是，企业薪酬管理的终极目标是要符合企业的利益。因此，薪酬管理的一个重要原则是要通过薪酬的支付和管理，使员工的潜能发挥与组织的目标达成高度一致，从而在体现员工价值的同时，最终满足企业对利益的追求。

（三）企业的目标、企业对劳动力的支付能力、政府法规的限制要求共同决定了薪酬管理的实施策略

薪酬管理的制定和实施需要考虑一系列的影响因素。由于薪酬管理的一个重要作用是战略支撑，它是实现企业战略目标落地的一种必要途径，因此薪酬管理的实施策略首先来自对企业战略目标的理解和分解。此外，还受到企业对劳动力的支付能力、政府法规的限制要求等因素的限制。

（四）建立薪酬管理体系必须考虑企业内外因素的影响

在决定薪酬管理的实施策略和建立薪酬管理体系时，还需要综合考虑企业的各种内外部因素，包括企业对劳动力的支付能力、劳动立法和政府法规的限制要求、劳动力市场价格水平，以及行业类型、组织战略、组织规模、组织文化等因素。

（五）薪酬调查是确定企业薪酬水平的重要手段

薪酬调查是采集、分析竞争对手所支付薪酬水平的系统过程。通过薪酬调查可以把握市场薪酬水平，了解竞争对手的薪酬策略，为企业自身的薪酬定位提供依据，从而吸引和留住企业需要的人才。同时，薪酬调查的结果还能反映竞争对手的薪酬结构，企业可以通过比较，检验本企业职位评价的合理性，并结合实际情况作出相应调整。此外，通过对市场薪酬动态的调查，企业还能获取薪酬发展的最新趋势，从而借鉴竞争对手的薪酬管理实践经验。

（六）选择不同的薪酬体系体现了企业对人的价值的基本看法

构建一套分层分类的薪酬体系是当今薪酬体系设计与管理的一个基本方向，也是本书所遵循的基本思想，它体现了企业对人的价值的基本看法。我们认为，不同层次的员工对薪酬的需求是不一样的，适合不同类别员工（高管人员、中层员工、销售人员、研发人员、生产人员等）的薪酬工具和支付模式也是不一样的，总体薪酬中各个组成部分的激励效果也不一样。在实践中很难找到一种能够适应不同层次、不同类别员工需求的薪酬解决方案。

在这种思想的指导下，可以建立以下几大薪酬体系：年薪制人员薪酬体系、等级制人员薪酬体系、销售人员薪酬体系、研发人员薪酬体系和生产计件人员薪酬体系。

（七）工作评价是薪酬体系设计中一项复杂的技术操作，同时也是非常有效的

工作评价是一项相对复杂和繁重的技术工作。它需要对整个企业不同职位的工作难易程度、职权大小、任职资格高低、工作环境的优劣、创造价值的多少等因素进行比较，完善不同岗位职能并比较其相对价值，最终形成职位明晰、职责清楚、程序性较强的工作系统。

同时，工作评价是薪酬体系中非常重要和有效的基本技术。不同的职位承担着不同的职责，因此其知识、技能和能力特征的要求也不同。只有在经过客观的工作评价之后，才能确定组织中各个不同岗位的相对价值，然后将员工与职位相匹配，从而进行薪酬体系设计的后续工作，此外也便于企业按职位进行系统管理。

（八）员工的收益是通过多种形式体现的，其中，奖励和福利计划尤为重要

作为企业的一项特殊的人力资本，员工具有多样化和需求个性化的特点。传统的薪资只重视单一的现金支付以及固定工资的给付，这造成了对员工的激励不足和企业资金成本上升等问题。而"全面报酬"的概念则充分考虑员工的个性化需求，对员工采取多种形式的支付。一方面，通过压缩固定薪酬比例、增大可变薪酬比例的方式，提高薪酬激励的有效性，使员工的努力方向与组织目标保持高度一致；另一方面，采用多种形式的福利计划，能够让员工体会到企业独特的文化和个性化的薪酬支付，同时具有税收优惠、节省现金成本、增强企业吸纳保留优秀人才的能力等好处。

二、薪酬管理的全新内涵

（一）薪酬管理的传统定位

如图 11-1 所示，组织战略可以大体分为以下三个层次。

（1）公司战略：包括产业选择以及产业内的扩张方案的选择。

（2）经营战略：指通过何种方式在一个特定产业内竞争。常见的经营战略有波士顿产品矩阵、迈克尔·波特的三种基本竞争战略（总成本领先战略、差异化战略和集中化经营战略），以及米尔科维奇（Milkovich）的三种基本经营战略（创新战略、成本领先战略和客户中心战略）。

（3）功能战略：包括管理各个部门（职能）的方向与模式，如市场营销战略、财务战略、人力资源战略等。

按照战略的层次划分，薪酬既可以被视为一种相对独立的功能战略——它与人力资源战略属于同一层级，公司战略直接决定经营战略从而决定薪酬战略；它又可以被视为从属于人力资源战略——公司战略影响人力资源管理战略从而对薪酬战略产生间接影响。这样，薪酬战略便成为经营战略和人力资源管理战略的一种直接延伸。但是两种视角都强调了一点，即公司战略对薪酬战略具有驱动作用，同时薪酬战略对公司战略和经营战略的实现具有重大影响。

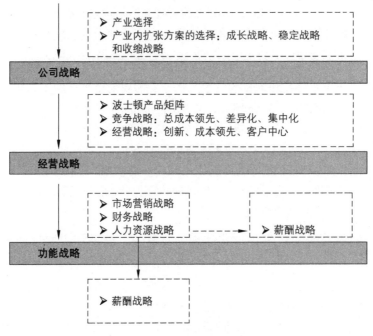

图 11-1 组织战略的层次划分

（二）薪酬管理的全新内涵——战略性薪酬管理

随着薪酬管理理论的不断发展和人们对薪酬在组织运营中所扮演角色的重新认识，薪酬管理的内涵已经发展到一个全新的阶段——战略性薪酬管理。战略性薪酬管理就是从战略的角度来看薪酬管理。薪酬管理不再单纯地被视为企业职能管理中的一个分支模块或者仅仅对员工所付出劳动和所作出贡献的补偿与回报，而是一整套把企业愿景、价值观和经营目标转化为具体的行动方案，并使这套行动方案有效实施。

战略管理理论对于战略有着不同的解释。迈克尔·波特在《竞争论》中指出了对战略的关键理解："经营的有效性不等于战略""战略是差异化的选择和定位""战略就是要使企业的各项活动都具有适应性"，而"适应性"则驱动竞争优势和可持续的发展。

因此，基于战略管理理论和薪酬管理理论，本书提出了战略性薪酬管理的三大要素。

1. 适应性

战略性薪酬管理不是一成不变的，而是动态的，具有不断适应企业内外部环境变化的能力。这种适应性不仅体现在设计薪酬体系时对环境的全面分析，还体现在薪酬管理过程中对薪酬管理体系持续不断地反馈、调整和修正。

2. 基于未来

战略性薪酬管理能协助企业战略的确定和实施，帮助企业实现愿景和目标。薪酬的制定不是被动地解决当期问题,而是基于对未来主动的思考。企业未来的目标和愿景决定了当期的薪酬战略,从而决定了薪酬管理体系的制定和运行。因此,战略性薪酬管理能够有效地支持和驱动企业战略,为企业带来持续的竞争优势,牵引企业实现未来愿景。

3. 基于人性

传统的薪酬管理往往设计刚性的制度体系让员工被动接受,而战略性薪酬管理能够基于员工的个性化需要,通过分层分类等方式设计出差异化的薪酬体系来激励员工,又能够通过符合战略需求的薪酬体系向员工有效传达企业所需要和认可的行为和态度。

三、薪酬管理的重要作用

薪酬管理职能的作用可以从战略与薪酬的驱动和适应关系的角度来认识。美国薪酬管理专家米尔科维奇基于权变理论,提出了不同的人力资源管理战略要适应不同的企业战略的观点。这种适应性或者匹配性越高,企业的效率就越高,如图 11-2 所示。

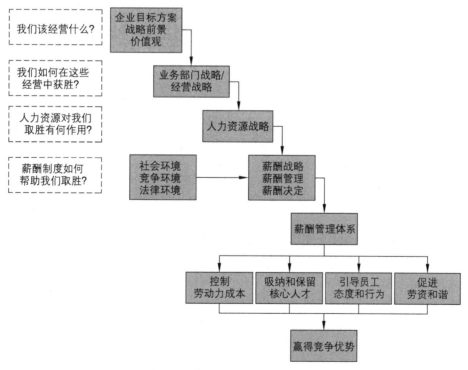

图 11-2 薪酬对战略的支持与适应

总的来说,一个基于战略视角的薪酬战略和薪酬管理体系能够支持和适应企业的经营战略,能够不断适应内外部环境的变化,并最终为企业赢得竞争优势。

根据战略性薪酬管理理论，这种竞争优势取决于企业经营战略与薪酬体系之间如何适应；薪酬与人力资源其他活动之间的适应性；薪酬体系如何实施。

这三个方面如果做得很好，薪酬管理体系就能够具有组织的专属性特征——它根植于组织内部，已经将企业的愿景、价值观和战略目标内化为员工的目标和行为态度，最终与企业文化融为一体，这样的薪酬管理系统便很难为同行所仿效，从而为企业带来持续的制度化竞争优势。这种制度化的竞争优势主要体现在以下四个方面。

1. 控制劳动力成本

有效控制劳动力成本是企业竞争优势的重要来源。通过因人制宜设计高效且适应企业战略的薪酬管理体系，能够帮助企业有效地节省薪酬开支，获得人力资源方面的成本竞争优势。

2. 吸纳和留住核心人才

当今企业的竞争已经从技术、资本的竞争上升到人才的竞争。一方面，较高的薪酬水平和多样化的薪酬方案可以帮助企业吸引和激励企业稀缺的核心人才；另一方面，公平合理和具有竞争性的薪酬体系对于维系核心员工也具有十分关键的作用。

3. 引导员工态度和行为

通过薪酬制度，员工很清楚地知道什么样的态度和行为是值得嘉奖的。企业根据战略及员工管理的需要，设计具有内部公平性的分层分类的薪酬管理体系，需要什么就奖励什么，从而能够有效地激励核心员工，引导员工的态度和行为，促进企业战略的实现。

4. 促进劳资和谐

战略性薪酬管理强调从设计、调整到实施的整个过程中要与员工保持双向沟通，使薪酬管理体系真正建立在和谐的劳资关系的基础上，这不仅有利于缓解劳资冲突，而且可以持续不断地倾听员工心声和改进薪酬方案，从而保证企业的持续竞争优势。

第二节　组织支持：薪酬管理的组织基础

一、薪酬诊断

（一）薪酬诊断的概念

薪酬诊断是指通过问卷调查和访谈等形式，了解和分析企业薪酬体系方面存在问题的过程。其目的在于对企业现行的考核、薪酬制度作出总体判断，发现企业经营活动中薪酬体系设计及薪酬管理中存在的问题，有针对性地找出切合实际的调整方向，进而提出完整的薪酬制度优化设计方案。

需要说明的是，对于薪酬制度的诊断往往也涉及对绩效考核现状的诊断，因为薪酬制度是对绩效考核结果的重要应用，同时公平合理的绩效考核是薪酬支付合理的前提保障。

（二）薪酬诊断的操作流程

薪酬诊断的操作流程如下。

1. 确定调研背景和方式

了解调查背景是薪酬诊断的基本前提，它能为调研者提供有关企业基本的内外部环境因素和薪酬制度的形成背景，使调研者更好地理解和解释薪酬现状。具体来说，调查背景包括调查目的、调查对象、调查地点、调查时间、参加人员、调查方法、配合方法、调查执行人等相关信息。

薪酬诊断有多种调研方法，包括问卷、面谈、现场观察、资料阅读等形式，其中以问卷和面谈为主，以现场观察和资料阅读为辅。

2. 设计调查问卷和访谈提纲

薪酬调查的问卷或者访谈提纲应该包括以下几方面的内容：①被调查者基本情况——部门分布、年龄分布、学历分布、司龄分布等；②基本问题，指员工对公司和自己在公司里面状况的总体评价方面的问题；③考核问题，主要指公司实施绩效考核的情况以及被调查者对绩效考核效果的感知和反馈；④薪酬问题，主要指公司薪酬管理的实施情况和被调查者的反映，以及薪酬对考核结果的应用情况。

薪酬诊断的调查问卷应该采用无记名的方式，面向公司各类人员，以便所有被调查者均有机会表达自己的看法、希望。访谈法则可以选择与薪酬制度相关的代表性人物（例如，公司高管、人力资源部薪酬管理人员、各个薪酬等级的员工等）进行针对性的提问，从而发现制度制定者的目标和做法，以及制度适用者的需求和反馈。

3. 实施调查

问卷调查是一种间接的书面调查，调查的实施按照以下步骤进行。

（1）确定调查对象的数量。确定调查对象的数量时，需要考虑问卷的回收率和有效率，并且根据问卷数量的统计有效性和实施可行性，确定最终的调查数量。

（2）分发与回收问卷。问卷的分发方式有很多种，比较常用的是集中填答式、调研员走访分发问卷、网上答题式等。集中填答式是研究者亲自到被调查对象的单位，将调查对象集中起来即时填答并当场回收的方法，其回收率和有效率都很高，但将所有调查对象集中起来可行性较低。调研员走访分发问卷是指调研员将问卷送到每个被调查者手中，待其填完后再收回，这种方法的回收率高，但是比较费人力、物力。网上答题式则通过公司内网或者员工的企业邮箱进行调查，这种方法实施方便快捷，问卷的回收数量较大，但有的企业不是所有员工都在室内使用电脑，调查对象受限，代表性较差。

（3）审查回收的问卷。对于回收的问卷必须进行认真的审查，对一些回答不完整、不按要求回答和回答不正确的问卷都应视为无效问卷。对问卷的数据处理，必须建立在有效问卷的基础上，才能保证问卷调查结论的科学性。对于访谈法也应该考虑相应的问题，不同的是，访谈法的数据往往是一些开放式的语句和评论。另外，调研者必须保存好原始数据，以便重新查看和必要的回访。

4. 分析调查结果，提出诊断建议

通过对调查问卷结果的频数和比例分析，主要可以得出三方面信息：被调查者目前对企业薪酬制度实施状况的总体评价；每个考察项目的实施现状；存在的最突出问题。

薪酬诊断问卷

通过对访谈资料的整理、归类和分析，可以得出以下几方面信息：被调查者对薪酬管理现状的评价、现阶段最突出的问题、提出的个人建议、提供的其他可供参考的资料或者值得调查的对象等。

提出诊断建议需要考察以下方面：薪酬制度是否与企业战略相匹配、薪酬制度是否具有内部公平性和外部竞争性、薪酬制度是否设计了动态调整机制、员工的薪酬满意度、薪酬制度是否节省成本、薪酬管理是否与绩效考核合理挂钩、员工最看重的薪酬激励因素等。

二、薪酬调查

（一）薪酬调查的功能

薪酬调查是采集、分析竞争对手所支付薪酬水平的系统过程。薪酬调查的功能体现在以下几个方面。

1. 调整薪酬水平

企业通过薪酬调查数据，能够把握市场薪酬水平，了解竞争对手的薪酬策略，为企业自身薪酬水平的定位提供依据。薪酬水平的动态调整包括整体薪酬水平的调整和具体职位薪酬水平的调整。

2. 优化薪酬结构

薪酬调查的结果不仅能反映调查对象的薪酬水平，还能反映其薪酬结构。通过比较，企业可以检验本企业职位评价的合理性，确定和调整薪酬等级、级差，贯彻内部公平性的原则，实现货币薪酬与非货币薪酬、固定薪酬与可变薪酬、短期薪酬与长期薪酬的合理配置。

3. 借鉴成功经验

通过对市场薪酬的动态调查，企业能获知最新薪酬发展的趋势，对新的薪酬管理实践经验予以借鉴。例如，薪酬调查报告显示，一些实力强劲的竞争对手正在运用股权激励计划来激励中高层人员，企业就应该分析并决定是否借鉴其成功经验。

（二）薪酬调查的操作流程

薪酬调查的操作流程如下。

1. 界定相关劳动力市场

界定相关劳动力市场，即确定要对哪些企业进行薪酬调查。企业的相关劳动力市场是指与本企业竞争员工的其他代表性企业。在选择要调查的企业时，应该本着与企业雇用的劳动力和薪酬有可比性的原则。一般来说，相关劳动力市场主要包括以下几类企业。

（1）与本企业竞争同一类型劳动力，可构成人力资源竞争对象的企业。
（2）与本企业在同一地域范围内竞争员工的企业。
（3）与本企业竞争同类产品或者服务的企业。
（4）与本企业薪酬结构（如以职位定酬或者以人定酬）相同的企业。
（5）其他行业中有相似岗位或者工作的企业。
（6）经营策略、信誉、报酬水平和工作环境均合乎一般标准的企业。

薪酬调查的企业数目没有一个统一的规定。采取领先型薪酬策略的企业，一般只需调查6～10个支付高薪酬的竞争对手的薪酬数据。一般企业可根据企业的人力、物力、财力等而有所不同，但通常调查10家以上。由2～3人负责的小型组织一般仅调查小的竞争对手。咨询公司进行的全国性调查一般超过100家企业，咨询公司为服务客户经常要进行特殊分析，根据所选的行业、地理区域或者薪酬水平来报告薪酬率。

2. 选择基准职位

一般而言，薪酬调查并不针对所有职位，而仅仅针对基准职位。只需要从工作类似的职位中选择一个代表职位进行调查，其他相似职位则可以参照这个职位作出薪酬决策。这是因为一些职位是企业所独有的，要得到这些职位的市场工资调查数据是不可能的，而且即使能够获得组织中所有职位的市场薪酬数据，但往往也因面临高昂的成本而没有必要调查。

基准职位的选取基于以下标准。

（1）职位内容众所周知、相对稳定，且得到从事该职位雇员的广泛认可。
（2）职位供求相对稳定，且不受最近文化的影响。
（3）能代表当前所研究的完整的职位结构。
（4）这些职位上有相当数量的劳动力被雇用。
（5）这些职位容易用语言界定，以使被调查者和调查信息的使用者能够准确获得该职位的具体信息，而不出现对职位理解的偏差和误解。
（6）在这类职位上，不同企业之间应该存在着人才竞争；否则便没有实施薪酬调查从而建立外部竞争性的必要。
（7）组织中有问题的职位（如无力雇用或者过多地变换）常常不作为基准职位。

一般来说，此方法会确保基准职位能代表关键的职能和层次。例如，可以把工作归为四个系列，在每一系列中的不同层次上选择基准职位能确保调查职位的覆盖面，如图11-3所示。在调查中需要包括对基准职位的详细描述，以便被调查者和调查信息的使用者能够精准地识别所调查的职位与现实中职位的关系。

图11-3　基准职位示例

3. 确定调查渠道

薪酬调查有多种渠道。是聘请外部专家还是自己来设计，这需要权衡成本和效果。

（1）企业自己进行薪酬调查。为了使调查更适合自己的需要，在员工时间充裕、有专家且企业想控制分析和结论的质量的情况下，企业可自己组织薪酬调查，但往往面临着成本高昂的问题。

（2）聘请专业咨询公司为企业进行专门的薪酬调查。在我国的现实状况下，由于缺乏行业协会的支持，企业往往难以自己组织薪酬调查，因此一般选择聘请专业机构展开薪酬调查，实现各企业之间薪酬数据的共享，大幅提高薪酬调查数据的真实性和准确性。

（3）购买专业机构（如咨询公司、网站等）的薪酬数据库或者调查报告。这种渠道的好处是成本较低，但缺点在于难以与企业的薪酬实践相配合。企业需要对这些薪酬报告数据进行选择性利用，同时还可以根据几个不同的薪酬调查报告进行综合决策。

在国内已经有很多咨询公司作出了相当大规模的薪酬调查。比如惠悦国际已经将"中国薪酬数据服务（RDS）"设计成了一个薪酬福利信息的电脑数据库。10多年来，我国内地市场的数据调查一直在进行，其报告涵盖150个以上公司的资料。

4. 确定调查方式

进行薪酬调查的常见方式包括电话调查、访谈、问卷调查和网络调查。

电话调查具有简洁多样性的优点，但它会在获得及时性的同时丧失信息的质量。

问卷调查是对于大量的、复杂的岗位做调查时常用的方法。在美国，20%~25%的企业是通过正式的问卷调查来实现薪酬调查目标的。

目前，网络调查作为一种新兴的调查方式，由于其调查实施成本相对较低，保密性较高，大幅提高了调查结果的可靠性，并且可以使参与者通过能嵌入数据库的表格回答问题，使数据的后期处理变得非常简便可靠，因而越来越受到青睐。

5. 设计调查表并展开调查

一般来说，薪酬调查需要采集以下几种典型的资料。

（1）企业的基本信息。包括企业的名称、地址、联系人、所在行业、企业性质、组织规模、组织结构、财务状况等，从而判断调查对象和本企业之间的匹配程度，这将影响调查结果的可用性。

（2）企业的总体薪酬信息。包括工作量、薪酬结构、薪酬组成、相关薪酬政策等，调查时要把薪酬的所有基本形式都包括在内，以便准确地评估竞争对手的薪酬状况。

（3）基准职位的基本信息。包括职位名称、基本工作特征、主要工作职责和内容，以便被调查者能够准确识别该职位，同时调查信息的分析者能够准确把握调查对象的职位和本企业对应职位之间的匹配程度。

（4）基准职位的薪酬信息。薪酬调查中最重要的资料是支付给在职者的实际工资状况，包括其薪酬构成、薪酬水平、工作日长短、最后增资的日期和幅度等。

（5）基准职位任职者的相关信息。包括性别、年龄、学历、专业、资历等，以判断相似工作的薪酬差异是否由任职者的个人因素差异造成，从而对薪酬调查的数据进行调整。

6. 调查结果的分析和应用

企业进行薪酬调查的最终目的是为自身薪酬管理服务，因此，准确、科学地分析并有效运用调查资料，才能发挥薪酬调查的作用。

（1）频率分布。把某一职位的薪酬按照一定的组距划分为不同等级，并由低到高排序，再计算每个等级出现的次数便得到频率分布。

（2）居中趋势。居中趋势体现了某职位普遍的薪酬水平。一般通过均值、加权平均数、中位数、众数等指标来衡量。

算术平均数（均值）是应用最普遍的一种方法，即简单地将调查所得到的所有数据相加除以数据个数。

加权平均数是将调查数据进行加权加总后的平均数。每个公司的平均薪酬根据该公司中从事该职位员工的人数来赋予权重。加权平均数反映了劳动力的供求规模，因此更能准确地反映劳动力市场的状况。

中位数是将薪酬数据排序后，处于最中间位置的数值。中位数能够避免存在特殊的值（极值）时均值指标带来的偏差。

众数指的是在频率分布表中分布最多的数值。

以上每种指标都有其优缺点，因此分析人员必须根据实际情况选择一个最能准确描述调查数据的薪酬指标，从而把每一职位的所有薪酬数据归纳为一个值，便于后续的比较和分析。这也是中间趋势尺度的意义所在。

（3）离中趋势。离中趋势反映了薪酬率在中间趋势周围的分散程度。标准差是用来描述离中趋势的最常用的统计指标，但是在薪酬调查中较为少用。四分值和百分比则是薪酬调查分析中最常用的衡量离中趋势的指标。

计算四分值要把所有的数据从小到大按顺序排列，然后将这些数据分为四组，每组包括25%的数。这样三个临界点的数据值便形成了三个四分值，即薪酬调查结果中常出现的薪酬的25P、50P、75P，其中第二个四分值与算数平均数相对应。例如，一个数据落在第二个四分值和第三个四分值之间，则称这个数据在第三分位上。

百分比的意思类似于四分值，即薪酬数据按照百分比分布的情况。比如，说一个企业的薪酬策略是"全国薪酬的75%线"，意思就是全国有75%的公司的薪酬率等于或者低于这一点，只有25%的公司超过这一点。

（4）构建市场薪酬线和企业薪酬政策线。薪酬调查结果的一种重要应用就是对调查结果进行数据分析从而得到市场薪酬线，并结合企业的薪酬战略设计出企业的薪酬政策线。

市场薪酬线，即市场薪酬率，制定需要用到统计学技术和统计软件，把组织中每项职位评价得分与劳动力市场每个职位的薪酬率之间的关系归纳为线性回归的关系。首先，企业通过职位评价得到公司的职位结构，并通过薪酬调查得到基准职位的市场薪酬率；其次，以职位评价点数为 x 轴，以市场薪酬率为 y 轴，形成市场薪酬线，如图11-4所示。

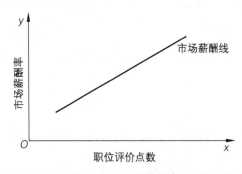

图11-4　职位评价点数与市场薪酬率之间的回归线

把当前的市场薪酬率和企业的薪酬率相比较，能够看出当前企业薪酬水平的竞争力。但竞争对手支付的薪酬是经常变化的，所以需要及时更新调查数据。实践中往往还需要基于市场经济形势走向、企业运行的经济环境和管理人员的判断等，预测未来具有竞争性的薪酬率。

企业薪酬政策线。企业得出其市场薪酬线之后，根据其薪酬水平策略，可得到企业的薪酬政策线，这条回归线可以帮助企业将每个职位评价点值转换为企业将要支付的实际金钱价值。若采用领先型薪酬策略，则企业的薪酬政策线高于市场薪酬线；若采用跟随型薪酬策略，则薪酬政策线与市场薪酬线重合；若采用滞后型薪酬策略，则薪酬政策线低于市场薪酬线，如图 11-5 所示。

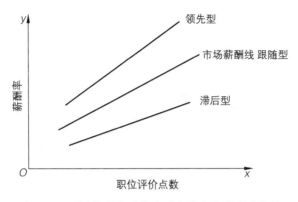

图 11-5　不同薪酬水平策略对应的企业薪酬政策线

薪酬诊断和薪酬调查是薪酬体系设计的组织支持，在对薪酬管理的系统平台进行了总体介绍，并对薪酬管理的战略牵引、组织支持进行阐述后，接下来，本书将重点介绍薪酬体系设计的系统运行，也就是薪酬管理的基本流程。

第十二章

薪酬策略制定

制定薪酬策略是薪酬管理体系的第一个环节。只有制定出与企业战略和环境相适应的薪酬策略，才能明确在建立薪酬制度和进行日常薪酬管理时所应该遵循的原则。

薪酬战略是企业战略、经营战略和人力资源管理战略的支撑力与直接延伸，薪酬体系应随着企业战略的改变而改变。薪酬体系只有对公司的经营战略保持强有力的支持和适应，才能够承受周围环境中来自社会、竞争以及法律、法规等各方面的压力，最终为企业赢得竞争优势。因此，基于战略的薪酬策略制定方法的基本流程包括三步。

第一节 基于战略的薪酬策略制定方法

一、环境分析

制定薪酬策略的首要前提和基础是要通过调查分析，了解企业所处的内外环境的现状和发展趋势。分析企业所处的内外部环境非常重要，因为它是薪酬策略的基本出发点，为薪酬设计的后续步骤提供了重要的基础性材料，同时薪酬管理的战略性正是体现在对不断变化的环境的适应性、对企业战略的正确解读和分解的基础上，因而准确分析和预测这些重要的影响因素，是制定科学合理的薪酬策略的重要前提。

（一）劳动立法和政府法规

企业的运营需要遵循劳动立法和政府的相关法规，这些法律、法规是企业薪酬策略的制约因素，企业不能因为任何理由越过这条底线。因此，薪酬策略的制定在很大程度上受到法律、法规的影响，而策略制定者如果能很好地掌握相关法律、法规，既能帮助企业有效地控制劳动力成本，又能帮助企业避免卷入劳资纠纷。相关的法律、法规包括《中华人民共和国公司法》

《中华人民共和国劳动法》《中华人民共和国劳动合同法》，以及有关最低工资、女职工保护、税收等方面的法律、法规。

（二）社会劳动力市场的价格水平

企业的薪酬支付是否具有竞争力，是否能够吸引和保留需要的优秀人才，在很大程度上取决于企业对于劳动力这种"商品"的支付价格。因此，社会劳动市场的价格水平是决定企业薪酬水平策略的主要因素。

劳动力市场的价格水平主要是由劳动力的供给和需求状况决定的。如果某种类型的劳动力在市场上非常稀缺，则企业需要支付较高的薪酬才能为本企业吸引和保留劳动力；相反，如果劳动力供给大于需求（例如，金融危机期间），则企业就可以用较低的价格购买到优秀的劳动力。

（三）产品市场状况及企业支付能力

产品市场状况通过产品市场的竞争程度和产品的需求状况两方面直接影响企业的盈利状况，从而影响企业的支付能力。而如果企业本身的支付能力不强，则不应当选择领先型的薪酬水平策略，在设计薪酬结构时也应该充分考虑自身的支付能力，尽量降低薪酬支付风险和减轻薪酬财务负担。

（四）组织因素

除了劳动法律法规、社会劳动力市场价格、产品市场状况等外部因素以外，组织内部因素也是影响薪酬策略制定的重要方面，它包括组织战略、组织规模、组织文化、员工特征等。其中，组织战略是企业薪酬策略的最重要的影响因素，这是因为薪酬战略作为企业运营层战略，是对企业战略的支持和适应，只有支持企业战略落地的薪酬管理体系才是有效的体系。本书所介绍的薪酬策略制定方法即是以组织战略为主线，分析在不同的组织战略引导下，综合考虑上文所提到的其他因素，企业将如何选择薪酬战略和制定薪酬策略。

二、薪酬策略体系分析

薪酬策略是指企业制定薪酬制度时所要遵循的基本原则，它是整个薪酬体系设计的基本指导思想。薪酬策略体系如图 12-1 中右侧所示。

（一）薪酬目标

薪酬目标是指薪酬应该怎样支持企业战略，又该如何适应整体环境中的文化约束和法规约束。例如，成本领先型企业的薪酬目标往往更加侧重于劳动力成本的控制，从而适应企业严格控制成本的战略目标；创新型企业的战略则要求薪酬目标定位于吸引和留住优秀的员工，满足企业对于高素质员工的需求，通过使用劳动力市场上的优秀人才来提升组织的竞争力。如星巴克公司的薪酬目标是这样：让所有的员工体验他们的价值，以此来推动企业的发展；意识到企

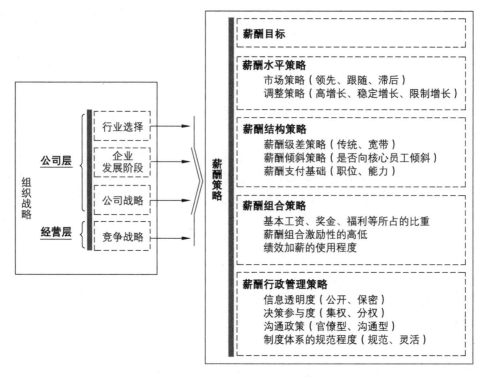

图 12-1 基于战略制定薪酬策略

业的每分钱都是由员工辛苦挣来的;在支付薪酬的同时,给员工提供福利,使他们忠于企业,并且让竞争对手难以模仿。

(二)薪酬水平策略

薪酬水平策略指的是企业的整体薪酬应该定在什么水平来与同行相抗衡。薪酬水平策略决定了企业整体薪酬的外部竞争力,包括静态和动态两个方面,即薪酬水平的市场策略和调整策略。

1. 市场策略

市场策略是指企业的薪酬水平在相应劳动力市场中的定位,包括以下三种:①领先型市场策略,即通过超过竞争企业的薪酬水平以吸引、保留优秀员工;②跟随型市场策略,即采取与竞争对手相当的薪酬水平,这样企业的薪酬成本接近竞争对手的薪酬成本,同时企业吸纳人才的能力也接近竞争对手;③滞后型市场策略,采取低于竞争企业的薪酬水平,从而降低劳动成本。

2. 调整策略

调整策略是指企业的薪酬水平如何随时间变化而进行动态调整,包括以下三种: ①高增长策略,即根据企业利润的提高和外部环境的变化相应提高员工整体薪酬水平;②稳定增长策略,即根据物价水平等要素综合考虑，只对员工整体薪酬水平进行适度的动态调整；③限制增长策略，即企业由于经营状况、成本控制等方面的考虑而限制员工整体薪酬水平的增长。

（三）薪酬结构策略

薪酬结构策略指的是企业内部不同员工个体薪酬差异所形成的特征和标准，包括薪酬级差策略（传统或者宽带）、薪酬倾斜策略（是否向核心员工倾斜）和薪酬支付基础（职位或者能力）。

1. 薪酬级差策略

传统级差，即薪酬等级较多，相邻等级之间以及最高与最低薪酬之间差距较大的结构；宽带薪酬，即薪酬等级较少，相邻等级之间以及最高与最低薪酬之间差距较小的结构。薪酬级差越大，激励性越强，但是宽带薪酬的优势也越来越明显。

2. 薪酬倾斜策略

薪酬倾斜策略是指企业在建立薪酬结构时对部分人才是否具有倾斜性，包括：①统一结构策略，即全公司范围内执行统一的薪酬结构，没有对人员进行划分和明显的倾斜；②核心员工倾斜政策，即对核心员工的薪酬进行特殊倾斜的薪酬结构策略。

核心员工往往对企业的战略具有重要贡献、对业务运营具有较大影响、承担的管理责任较大、人员的可替代性较小。薪酬结构向核心员工倾斜，有利于企业优化配置人力资源，合理将公司资源投放到关键岗位，加快战略实现。

3. 薪酬支付基础

薪酬支付基础是指企业对员工的薪酬回报是以职位和绩效为基础，还是以员工价值为基础。

（1）以工作和绩效优先为原则。薪酬的水平取决于工作本身的性质和劳动量的支出，按照工作岗位中报酬要素的价值来决定薪酬结构。薪酬水平具有强烈的竞争性，体现劳动力能力优先的原则；而员工能力的培养则主要依靠自己，员工的吸引也依赖于外部劳动力市场。其实施前提是严格、公平的考核制度和晋升制度。

（2）以员工价值、人本优先为原则。薪酬水平取决于员工的职务、资历和任职期限。员工的吸引来自企业内部劳动力市场，员工工作能力的提高主要依靠企业有计划地培养。这种策略容易使员工保持良好的合作性和人际关系，有利于建立团队式的企业文化。其缺点在于管理环境中激励性、竞争性较差。

（四）薪酬组合策略

薪酬组合策略指的是企业向员工支付的总体薪酬中有哪些薪酬形式，以及这些薪酬形式各自所占的比重。具体来说就是基本工资、奖金、福利所占的比重，薪酬组合激励性的高低，以及绩效加薪的使用程度等。

同样的总薪酬，薪酬组合构成比例不同，激励效果也会产生很大的差别。基本工资、奖金和福利的激励性是不一样的：奖金最强，基本工资次之，福利最弱。单从这个角度来讲，奖金的比重越大，薪酬组合的激励性就越高。由于员工的工作性质不同，其薪酬组合中薪酬形式上应该各有侧重，以适应不同岗位的特征。

另外，绩效加薪的使用程度也因企业经营的不同情况而有所选择。如果企业的经营需要具有较高的绩效激励性，并且能够承担固定化的绩效加薪所带来的薪酬成本，则可以较多使用；否则，如果不恰当地使用较高程度的绩效加薪，将会给企业带来很高的支付压力。

（五）薪酬行政管理策略

薪酬行政管理策略是指企业薪酬管理策略是如何制定和实施的，主要包括信息透明度、决策参与度、沟通政策和制度体系的规范程度。

1. 信息透明度

信息透明度是指与员工有关的薪酬管理政策信息的透明程度，包括公开制和保密制。公开制体现了薪酬管理公开、公平、公正的原则，当薪酬差别较大时，具有强烈的激励作用，但也容易产生负面效果。保密制有利于激励，但不能体现薪酬管理公开、公平、公正的原则。一般情况下，操作层、技术层采取公开制，中高管理层采取保密制。

2. 决策参与度

决策参与度是指员工对企业薪酬决策的参与程度，包括：集权策略，即薪酬决策权高度集中在企业管理者手中，员工没有或者较少知晓和影响薪酬决策；分权策略，即员工充分参与企业薪酬决策，拥有一定的薪酬决策权。

3. 沟通政策

沟通政策是指企业在多大程度上给予员工对薪酬体系知晓、反馈和申述的权利。沟通包括管理层向员工自上而下的沟通，也包括员工向管理层自下而上的沟通。沟通策略可分为以下两种：①官僚型，即员工进行薪酬申诉的难度很大，反馈渠道很少，知晓程度较低；②沟通型，即员工有多种渠道进行薪酬的申诉和反馈，企业对员工的上行沟通在制度上有保障。

4. 制度体系的规范程度

制度体系的规范程度存在两种情况：一种是比较规范，同时也比较官僚化的薪酬制度体系，它往往适用于发展比较稳定的企业；另一种是比较灵活机动的薪酬制度体系，它往往适用于新兴成长的或者需要进行大变革、需要有较高反应速度的企业。

三、基于战略制定薪酬策略

组织中的战略分为公司战略、经营战略和功能战略三个层次，薪酬战略则受到公司层战略、经营层战略的层层牵引。

首先，应该明确企业最基本的总体价值观、战略定位、战略选择和战略实施方案。

其次，从业务部门的层次来分析，为确保企业总体战略的实施，企业应该确定相应的业务部门战略，思考靠什么赢得并保持在本行业或者相关产品市场上的竞争优势。

再次，根据企业战略和经营战略，制定相应的人力资源管理战略，辅助和推动战略的实施。

最后，在一定的社会、市场和法律法规环境下，制定相应的薪酬战略和薪酬管理制度，作出有效的薪酬决定，最后形成薪酬管理体系。

基于战略制定薪酬策略的基本思想也遵循上述逻辑，首先进行环境分析和企业薪酬策略体系分析，其次分别考察不同层次的组织战略如何逐层牵引薪酬战略，从而影响企业薪酬策略的制定。

需要注意的是，薪酬策略制定过程中，我们将组织战略作为主导因素，但同时需要综合考虑其他环境因素。此外，实务操作中，可以根据企业的具体情况，同时执行几个不同的、相对独立的薪酬体系；同时，薪酬策略不是一成不变的，要随着不同阶段组织战略的变化进行随动性调整。

（一）行业选择

行业选择决定了企业所采用的薪酬策略。从薪酬目标来看，高科技行业强调利用薪酬工具来支撑组织创新战略和文化，吸引和留住优秀人才，薪酬需要具备较高的激励性；而传统行业往往更注重成本控制，所以薪酬目标也在于控制薪酬水平，节省劳动力成本开支。从薪酬水平来看，高成长行业倾向于采用市场领先策略，而传统行业倾向于采用滞后或者跟随市场的策略。从薪酬结构来看，高科技行业的工资差别比传统行业的工资差别要高，这是由于高科技行业一方面需要鼓励高素质的人才；另一方面它比传统行业具有更强的支付能力。此外，从薪酬支付基础来看，高科技行业主要奖励能力，同时因为强调合作，更注重团队激励；而传统行业主要奖励绩效，强调个人对组织的贡献，所以更注重对个人的业绩报酬。

（二）企业发展阶段

企业发展阶段可以细分为初创期、高成长期、成熟期、稳定期、衰退期和更新期。对于不同的发展阶段，基本的薪酬策略也有所不同，如表 12-1 所示。

表 12-1　企业不同发展阶段的薪酬策略

企业发展阶段	基本薪资	奖金	福利
初创期	低	高	低
高成长期	具有竞争力	高	低
成熟期	具有竞争力	具有竞争力	具有竞争力
稳定期	高	低	高
衰退期	高	无	高
更新期	具有竞争力	高	低

从薪酬水平来看，企业在初创期和高成长期一般倾向于采用领先策略，在成熟期和稳定期一般采用稍微领先或者跟随策略，而在衰退期和更新期往往采用跟随或者滞后的薪酬策略。从薪酬结构来看，企业在初创期和高成长期更强调薪酬的激励作用，级差相对较大，以便拉开收入档次；在成熟期、稳定期和衰退期的级差相对较小，以确保公平和员工队伍的稳定。从薪酬组合来看，企业在初创期、高成长期和更新期更注重对员工贡献、员工创新的激励作用，因而奖金的比重较高；而在稳定期和衰退期薪酬组合中基本工资和福利的比重较高，以确保公平性和稳定性。

（三）公司战略

公司战略一般包括成长战略、稳定战略和收缩战略三种。企业采取的战略不同，其薪酬策略也相应不同，以适应企业战略和内外部环境的变化，如表12-2所示。

表12-2　企业不同战略条件下的薪酬策略

公　司　战　略	市场地位与企业发展阶段	薪　酬　目　的	薪　酬　方　案
成长战略：以投资促发展	合并或迅速发展	刺激创业	高报酬与中等个人业绩奖励相结合，中等福利
稳定战略：保持利润与保护市场	正常发展的成熟阶段	奖励管理技巧	平均工资与中等个人、班组和企业奖励相结合，标准福利
收缩战略：收获利润并投资别处	无发展或衰退	着重于成本控制	低于平均水平的工资与刺激成本的适当奖励相结合，标准福利

1. 成长战略

成长战略是一种关注市场开发、产品创新等内容的战略。它所强调的主要是创新、风险承担以及新市场的开发和占领等，因此与此相联系的薪酬战略目标是：刺激创业，通过与员工共同分担风险，同时分享企业未来的成功来帮助企业达到战略目标，同时使员工有机会在将来获得较高的收入。这样企业需要采用的薪酬方案便是在短期内提供水平相对较低的固定报酬，但同时实行奖金或者股票选择权等计划，使员工得到比较高的回报，高报酬与中等个人业绩奖励相结合，采用中等福利；薪酬制定的标准对员工的能力和技能比对职位价值更加关注，这是由于公司的扩张导致员工所从事的工作岗位本身在不断地发生变化。此外，成长战略要求极高的灵活性，薪酬的管理方面一般会比较分权。

2. 稳定战略

稳定战略又称集中战略，这是一种强调市场份额和运营成本的战略。采取稳定战略的企业往往处于正常发展的成熟阶段，环境较为稳定，企业维持竞争力的关键在于保持利润和保护市场。这就要求企业从技术创新和投资促发展的战略转到靠管理制胜的层面上来，注重对已经掌握的技术、市场、人力资源管理的整合资源的维持。这样企业的薪酬战略就要强调薪酬内部的一致性,以及薪酬管理的连续性和标准化。薪酬水平一般采取略微领先或者跟随策略;薪酬组合中较为稳定的基本工资和福利的成分比较大,采取平均工资与中等个人、企业奖励相结合,采用标准福利。薪酬管理方面,薪酬制度的标准化、规范化要求比较高,薪酬决策的集权化程度较高。

3. 收缩战略

收缩战略又称精简战略。采取此种战略的企业往往处于无发展或者衰退期,企业面临严重的经济困难而想要缩小一部分经营业务。这种企业的薪酬战略的重心在于成本控制。由于此时期企业的特性,总薪酬水平不可能高,同时企业不能要求将员工薪酬与企业的经营业绩挂钩。因此,薪酬水平较低,薪酬组合中降低固定薪酬部分所占的比重,低于平均水平的工资与刺激成本进行适当奖励相结合,采用标准福利。此外,许多企业还力图使用员工股份所有权计划,以最大限度地节省货币成本开支,同时鼓励员工与企业共同承担风险。

(四)经营战略(竞争战略)

不少学者对企业竞争战略有深入的研究,例如,波特的三种基本竞争战略,即总成本领先战略、差异化战略和集中化经营战略,以及米尔科维奇的三种基本经营战略,即创新战略、成本领先战略和客户中心战略。下面以米尔科维奇的三种经营战略为框架,说明薪酬策略如何随着企业不同竞争战略的实施进行随动性调整,如表12-3所示。

表 12-3 调整薪酬制度以适应经营战略

经营战略	商业反馈	人力资源方面的配合	薪酬制度
创新战略:提高产品的复杂性,缩短产品生命周期	产品的领导地位 转向大众化生产和创新周期	灵敏、富有冒险精神和创新意识的人	奖励对产品创新和生产过程的改革 薪酬以市场为基础 灵活的工作描述
成本领先战略:注重效率	操作精确 寻求节省成本的方法	少用人,多办事	重视竞争对手的劳动成本 提高可变工资 重视生产力 重视系统控制和工作分工
客户中心战略:提高顾客期望	密切与顾客的关系 售后服务 对市场反应迅速	取悦顾客,超过顾客期望	以顾客满意为基础的激励工资 以与顾客的交往为依据评价工作和技能

1. 创新战略

创新战略是以产品的创新以及产品生命周期的缩短为导向,从而在市场上建立独特竞争优势的一种竞争战略。这种企业非常强调占据产品市场上的领导地位和满足客户的个性化需要;对于人才的要求以高技能工人、创造型人才和敢于承担风险的人才为主,因此其薪酬制定标准不再过多地重视评价和衡量各种技能与职位,而是将工作重点放在激励工资上面,以此鼓励员工在生产流程中大胆创新，缩短从产品设计到顾客购买产品之间的时间差。采取创新战略的企业，支付能力往往比较强，所以一般采用领先或者跟随的薪酬策略，以吸引更多的高技能人才和知识型员工。在薪酬结构方面，由于企业更加关注研发、生产、市场开发各个流程之间的合作和沟通反应能力，往往采用较少的工资等级。另外，薪酬制度具有相当的灵活性。

2. 成本领先战略

成本领先战略以效率为中心，在产品本身质量大体相同的情况下，以低于竞争对手的价格向客户提供产品。这就要求企业以低于竞争对手的成本生产产品，其方法是不断寻求节省成本的方法、鼓励提高生产率、详细而精确地规定工作量。因此，薪酬制度会重视系统控制和工作分工，重视生产力，并提高薪酬组合中可变工资的比例。在薪酬水平方面，企业会高度关注竞争对手的劳动成本，及时调整本企业的薪酬水平，使其既不低于竞争对手又不高于竞争对手，在尽可能的范围内控制劳动力成本开支。

3. 客户中心战略

客户中心战略的核心目标是通过提高客户服务质量、服务效率和服务速度来赢得竞争优势。因此，强调售后服务，对市场反应迅速和维持良好而密切的客户关系，人力资源管理方面的配合便要求取悦顾客，奖励那些能够很好地满足客户提出的需求，同时能够帮助客户发现和满足其潜在需求的行为。对应的薪酬策略则是以顾客满意为基础支付激励工资，以与顾客的交往为依据评价工作和技能。

第二节 薪酬策略制定的其他理论

一、组织战略—薪酬战略模型

美国学者 Luis R. Gomez-Mejia（路易斯·戈麦斯-梅西亚）等研究了不同的公司战略类型与薪酬战略的关系，如表 12-4 所示。他们将组织战略按照多元化的程度、业务关联形式和企业

表 12-4 组织战略-薪酬战略模式的关系

组 织 战 略		薪酬战略模式
多元化的程度	单一业务型	有机的薪酬战略
	主导业务型	混合的薪酬战略（有机和机械的薪酬战略混合）
	相关多元化	机械的薪酬战略
	不相关多元化	有机的薪酬战略
业务关联形式	垂直一体化	机械的薪酬战略
	多业务经营	有机的薪酬战略
	集团企业	有机的薪酬战略
企业发展阶段	发展期的企业	有机的薪酬战略
	稳定期的企业	机械的薪酬战略

发展阶段三个维度来划分，而将公司薪酬战略模式分为机械的薪酬战略和有机的薪酬战略。在每个维度下不同的情况将会对应不同的薪酬战略模式，组织战略与薪酬战略模式之间匹配度的上升将有利于提高公司薪酬管理体系的有效性和对企业战略的支持与驱动，从而促进企业的良性运行，赢得竞争优势。

另外，Luis R. Gomez-Mejia（路易斯·戈麦斯-梅西亚）等还对两种薪酬战略模式进行了具体的描述和比较，如表 12-5 所示。机械的薪酬战略和有机的薪酬战略在报酬支付基础、设计问题和管理框架三个方面具有很大的差别。

表 12-5 两种薪酬战略模式的比较

比较的维度		机械的薪酬战略	有机的薪酬战略
报酬支付基础	评价单位	工作	技能
	加薪标准	资历	业绩
	业绩水平的测量	个人业绩	个人业绩和团队业绩
	时间导向	短期导向	长期导向
	风险喜好	风险规避	风险偏好
	公平性关注重点	内部公平性>外部公平性	外部公平性>内部公平性
	报酬分配	强调等级	强调平等
	控制类型	数量绩效指标	质量绩效指标
设计问题	工资支付水平	高于市场	低于市场
	报酬组合中激励报酬的比重	固定报酬>激励报酬	激励报酬>固定报酬
	强化周期	大量的短期奖金激励	大量延期支付的未来收入
	奖励重点	非货币报酬（内在报酬）	货币报酬（外在报酬）
管理框架	决策制定	集权化	分权化
	薪酬的保密程度	保密政策	公开政策
	管理方式	没有员工参与	员工参与
	薪酬政策的特性	官僚化的政策	灵活的政策

二、经营战略—薪酬策略模型

美国学者 Edilberto F. Montemayor 认为，在高绩效公司中，不同的薪酬策略支撑着不同的企业经营战略。他将企业业务层面的竞争战略分为三类：成本领先型、差异型和创新型。薪酬策略则配合这些不同的经营战略，从不同维度进行调整，从而帮助企业达到其经营目标，如表 12-6 所示。他用实证研究方法对美国薪酬协会的 1 400 家成员企业进行研究发现，在高绩效公司中，经营战略的侧重点不同（成本领先型、差异型和创新型），则采取的薪酬策略也不同。如果薪酬策略和经营战略之间的匹配性不够，则公司整体绩效将很差。

采用成本领先型经营战略的企业往往将薪酬策略定位于控制成本，与企业有机的组织结构和传统规范的制度体系相适应，从薪酬支出的角度最大限度地帮助企业节省开支。因此，报酬水平是低于劳动力市场平均水平的，报酬组合的刺激性也相对较低，一般会较多地采用定量方法来衡量工作成果及薪酬额，并且会奖励员工在成本节省方面所作出的贡献，例如，成本节省分享计划。

表 12-6 支持不同经营战略的薪酬策略

薪酬策略	经营战略		
	成本领先型	差异型	创新型
组织结构	机械 —————————————→ 有机		
人力资源体系	控制	承诺	—
薪酬体系	制度规范的 ———————————→ 经验的		
报酬哲学	控制成本	激励	吸引、保留
报酬水平	低于市场	与市场持平	高于市场
薪酬组合激励性	低	高	高
绩效加薪	有限使用 ———————————→ 广泛使用		
薪酬管理与控制	封闭、集权化 ———————————→ 开放、分权化		

差异型经营战略所持的薪酬哲学是，薪酬应该发挥其激励的作用，鼓励员工对企业整体目标的认同。薪酬水平基本与劳动力市场平均水平相等；激励工资的比重比较高，较多地采用定量方法来衡量工作成果和报酬，例如，通过收益分享计划等措施来提高经营效率；适当地使用绩效加薪政策，以承认员工过去对组织整体目标的高度认同和突出贡献。

创新型经营战略十分强调吸引和保留对组织有价值的员工，因而其薪酬水平往往高于劳动力市场水平的薪酬定位，以吸引和留住大量高素质的人才，满足企业对员工技能的要求。薪酬组合的激励性非常高，使员工产生强烈的组织归属感，往往是有机型的组织结构，企业薪酬管理比较开放。

三、战略薪酬整合模型

美国学者 Lance A. Berger（兰斯·A. 伯杰）认为，薪酬战略是与组织转型和组织战略密切相关的，应该根据不同的企业特征和企业所处发展周期的阶段实施不同的薪酬战略。如图 12-2 所示，他建立了一个薪酬整合模型，描述了建立薪酬战略的过程，并阐明了如何将薪酬与企业发展周期中的各个阶段结合起来，在应用时还必须根据企业中每一业务单元所处行业的不同而进行调整。

伯杰认为，企业向另一个成长阶段快速发展或者在经历诸如裁员、并购等激烈或突发的组织变革时，企业的生存和效率取决于其内部各变动要素（战略、运作方式、人力资源和薪酬）之间能否成功地再整合。具体来说就是是否有一种不同的企业文化，进而是否有一种不同的薪酬体系。因而，企业文化变革和薪酬体系的变革至关重要。

	企业特征		
	增长型	盈利型	成熟型
目标	市场份额增长 购买份额定价 产品开发 不断扩张的生产销售力量和分配体系	市场份额保有额 利润最大化 产品多样化 细分的市场 最优化价值链	以利润而非以销售为中心 控制价格/利润 生产力萎缩 销售力量萎缩 效率增加
	营销	运营	财务
评价指标	市场份额 资本化利率 相关产品质量 相关产品价格	销售费用及销售额 研发支出及推广 附加值及雇员价值	投资收益率 净现金流量和存量 利润总额和销售总额 销售额和资产
运作战略	组织结构扁平 分权 职能较少 运用先进技术 计划扩大信息系统	有限的集权 控制雇员规模 采用终端对终端的解决方案 创建持续改进的循环机制	职能化 能力降低 日益集权化 雇员职能减少 引进流程再设计
文化战略	招募雇员 培训最少化 对雇员的激励表现为 职业发展和高级培训 文化：富有活力	保持雇员数量 选择性培训和雇用雇员 鼓励竞争 调解导向 文化：重视刺激	控制培训 雇员减少 动机：安全 短期目标导向 文化：重视效率
风险定位	敢于承担风险 冒险 创新/投机的 不稳定的 最大化参与	承受风险 发展 创造性 稳定 广泛参与	反对冒险 保守 固执的 有效的 参与式
薪酬战略	灵活的层级 高度激励 公平导向 高度竞争的总薪酬 长期导向	平衡红利和各种激励的结合 稳健的长期激励计划 总薪酬水平保持适度的竞争	成本控制 激励有限 短期目标导向 减少长期计划 降低总薪酬水平的竞争性

图 12-2　薪酬整合模型

此外，伯杰还提出了如图 12-3 所示的量身定做个性化的薪酬体系。他以产业增长的速度和人才的可获得性两个维度，帮助企业确定薪酬组合的个性化程度。他还详尽地列出了三大类工具：企业处境和薪酬技术，薪酬技术的描述性矩阵，企业文化与薪酬制度。这些工具贯穿在整个薪酬制度设计与实施的各个环节，辅助公司在变革危及其内部各要素的整合状况时作出理智的决策。

		人才可获得性		
		低	中	高
产业增长	高	高度个性化		
	中		具有适度弹性的薪酬包	
	低	有选择的个性化		高度标准化的薪酬包

图 12-3　量身定做个性化的薪酬体系

第十三章

薪酬的额定

薪酬策略的制定为整个薪酬体系的设计与执行奠定了基础。有了薪酬设计的总原则,接下来需要解决的是个人薪酬总额的确定问题。我们首先将企业的岗位进行基本分类,然后根据不同岗位的工作特点和薪酬需求特征采取不同的工作评价方式,从而确定各个岗位的评价点值,继而根据岗位的评价点值进行工资测算以得到每个岗位的薪酬总额。岗位分类、工作评价和工资测算三个环节紧密相扣、相辅相成,共同确保薪酬的内部公平性。

第一节 岗位分类

一、岗位分类的概念和目的

(一)岗位分类的概念

岗位分类是指根据各个岗位在功能、工作性质、所需知识技能、工作特点等方面的特点将公司所有岗位划分为不同的类别。每一个岗位类别归属于不同的薪酬体系,同一类岗位具有相同的薪酬额定方式。

(二)岗位分类的目的

岗位分类的薪酬体系设计体现了分层分类的薪酬管理思想。岗位分类为组织内部公平奠定了有力的基础,员工在各自的职位系列里公平、合理、有序地竞争,有着清晰的职业发展路径;同时,员工会进行目标的自我设定,明确努力的方向,从而建立一个激励员工不断奋发向上的心理环境。

岗位分类的功能如表13-1所示。

表 13-1　岗位分类的功能

序号	功　能
1	使薪酬管理工作更具有针对性
2	是实现同工同酬，建立公平、合理的工资制度的基础和依据，有助于调动工作人员的工作积极性
3	是对各类工作人员进行考核、升降、奖惩、培训管理的依据
4	是实行岗位责任制的基础和依据
5	有助于提高人力资源统计的正确性和实用性

二、常用岗位分类

目前，在国内企业中较为普遍和适用的岗位分类为中高层管理岗位、等级制系列岗位、销售类岗位、研发类岗位和生产类岗位，如图 13-1 所示。

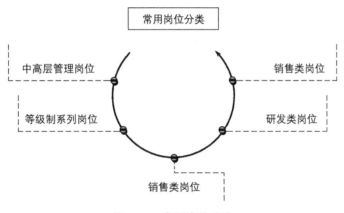

图 13-1　常用岗位分类

（一）中高层管理岗位

中高层管理岗位采用的是年薪制薪酬体系。中高层年薪制薪酬体系是为那些承担重要管理责任、对企业发展方向具有主导作用、工作复杂程度高的岗位所设计的，适用对象主要是企业的中高层管理人员。

1. 中高层管理人员的工作特点

中高层管理人员是企业的一个特殊群体，他们的工作特点也具有一定的特殊性。
（1）他们从长远的角度看待企业问题，高瞻远瞩。
（2）他们为企业制订宏远卓越的目标，关注企业的整体利益。
（3）他们是有感染力和领导力的群体，带领、指导和鼓励企业员工共同努力。

2. 中高层管理人员的薪酬需求特征

由于中高层管理人员在工作内容上与普通员工存在很大的差别，因此他们的薪酬需求也存在较为显著的特征，主要表现在以下几个方面。

（1）他们的工作结果很难用准确的量化指标来进行衡量，因此他们希望薪酬水平能与绩效关联得更加紧密。

（2）他们的管理行为与组织的长期绩效之间的联系更为紧密，因此他们更关注长期激励。

（3）他们的工作业绩在短期内难以衡量，因此适用年薪制的薪酬模式。

（4）由于中高层管理人员担任着对员工领导和指挥的任务，在素质方面要求较高，因此他们对福利的需求具有特殊性。

中高层管理人员的薪酬需求特征如图 13-2 所示。

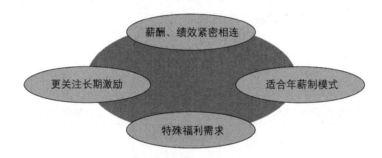

图 13-2　中高层管理人员的薪酬需求特征

（二）等级制系列岗位

除中高层管理岗位外，研发人员、销售人员、生产人员的岗位基本都可以纳入等级制系列岗位体系中。

在等级制系列岗位中，根据其工作性质和职能类属的区别，进一步划分为六个系列，在各个系列内分为初级、中级和高级三个层级，分别对应不同的职业发展通道，如表 13-2 所示。

表 13-2　等级制系列含义及职级划分

等级制系列	系 列 含 义	举　　例	职 级 划 分
工勤系列	从事简单体力工作或一般技术工种的岗位	司机、保安、保洁员	分为工勤初级、工勤中级和工勤高级三个层级
技工系列	从事需要专业技能的工作岗位，但通常是常规、重复性的工作，比技术系列的级别低	维修电工、车床工、磨床工	分为初级技工、中级技工、高级技工三个层级
职员系列	担任一般行政工作的岗位	办公文员、档案员、总经理助理	分为初级职员、中级职员、高级职员三个层级

续表

等级制系列	系列含义	举例	职级划分
财务系列	从事财务工作的岗位	出纳、会计、材料会计	分为初级财务、中级财务、高级财务三个层级
技术系列	从事专业技术工作,具有相应专业技术水平和能力要求的工作岗位,通常需要研究与设计	土建工程师、安装工程师、钢管塔设计师	分为初级工程师、中级工程师、高级工程师三个层级
管理系列	从事一般管理工作的岗位	办公室主任、财务科科长、车间主任	分为初级主管、中级主管和高级主管三个层级

等级制薪酬体系一览表如表 13-3 所示。

表 13-3 等级制薪酬体系一览表

职级	工勤系列	技工系列	职员系列	财务系列	技术系列	管理系列	职等	调整系数
25						■	八职等	
24						■	八职等	
23						■	八职等	
22				■	■	■	七职等	
21				■	■	■	七职等	
20				■	■	■	七职等	
19			■	■	■		六职等	
18			■	■	■		六职等	
17			■	■	■		六职等	
16		■	■	■			五职等	
15		■	■	■			五职等	
14		■	■	■			五职等	
13		■	■				四职等	
12		■	■				四职等	
11		■	■				四职等	
10	■	■					三职等	
9	■	■					三职等	
8	■	■					三职等	
7	■						二职等	
6	■						二职等	
5	■						二职等	
4	■						一职等	
3	■						一职等	
2	■						一职等	
1	■						一职等	
							调整系数	

1. 等级制人员的工作特点

（1）例行性事务较多，从事的工作大多比较常规，有章可循。

（2）绩效实现周期较短，除技术系列项目制人员和管理系列人员以外，其他系列人员的绩效结果在短期内是较容易衡量的。

2. 等级制人员的薪酬需求特征

（1）为防止产生工作倦怠的情绪，他们需要一些特殊奖励计划的激励。例如，特殊贡献、成本节约、不良事故预防和合理化建议等方面的奖励。

（2）需要将薪酬划分为较清晰的职等职级，为不同的员工设置不同的职业发展通道。

（3）薪酬需要与绩效及时挂钩，以及时认识问题并解决问题，提高绩效。

（三）销售类岗位

公司的盈利主要来源于其产品和服务的销售。企业的销售收入、利润直接影响公司的财务状况、投资再生产、业务扩张与不断发展壮大。因此，企业的销售能力是企业发展的命脉，销售人员的业绩直接关系企业的生存发展和核心竞争力的建立。

1. 销售人员的工作特点

（1）由于环境因素和销售人员自身因素，工作结果的不确定性大。

（2）由于工作时间和地点的不确定性，工作监督的难度较大。

（3）工作过程的自主性、独立性和灵活性强。

2. 销售人员的薪酬需求特征

（1）由于他们比其他工作人员有更多的机会跳槽，因而希望薪酬水平具有外部竞争性。

（2）他们需要薪酬能充分与绩效挂钩来保证公平性、合理性和激励性。

（3）他们希望底薪高一些以保证基本生活，从而产生安全感和企业归属感。

（四）研发类岗位

这里的研发类岗位指的是公司最核心的研发岗位。研发部门的其他职能人员适用于之前介绍的等级制薪酬体系。创新和研发能力是高新技术企业的生存之本，关键研发人员则是这些企业的核心员工。是否能有效激励关键研发人员、充分调动他们的积极性、激发他们的创造力将决定企业的未来发展。

1. 研发人员的工作特点

研发人员的工作特点有以下几点（图13-3）。

（1）研发工作通常以项目团队的方式出现。

（2）工作周期长，业绩难以短期衡量。

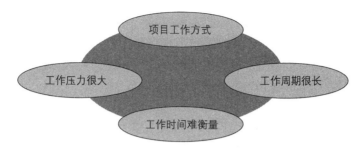

图 13-3 研发人员的工作特点

（3）无形的脑力劳动导致工作时间难以衡量。

（4）源于工作本身和其他研发人员竞争的工作压力很大。

2. 研发人员的薪酬需求特征

（1）他们不希望薪酬支付与业绩挂钩，也不适用短期激励的方式。

（2）研发成果具有很大的外溢性，因而更强调奖金和分享利润。

（3）他们对福利的需求具有特殊性，尤其在继续教育和进修方面。

（4）他们希望有可供选择的双重职业发展通道，一条是一直从事科研工作，另一条是从科研转到管理工作上。

（五）生产类岗位

生产类岗位通常指从事一线工作的生产操作人员，车间主任除外。生产人员工作虽例行性大、重复性高，但是其工作质量直接关系企业的生产成本和质量信誉。为提高生产员工的生产积极性和劳动生产率，需要为这一群体建立一套科学、公平、激励性的薪酬体系。

1. 生产计件人员的工作特点

生产计件人员的工作特点包括以下几点（图 13-4）。

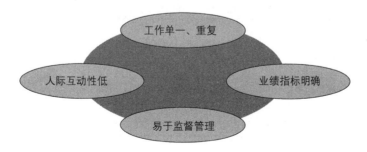

图 13-4 生产计件人员的工作特点

（1）业绩指标明确，工作结果可以量化为生产数量、合格率、次品数量等直观指标。

（2）工作内容更具单一性和重复性，因而更容易产生情绪耗竭等倦怠情绪。

（3）工作地点、工作内容固定，因而易于监督管理。

（4）主要是与生产机器打交道，人际互动性低，付出的情绪劳动较少。

2. 生产计件人员的薪酬需求特征

（1）基本工资往往不具有激励性，因而薪酬要充分与绩效挂钩以激励员工。

（2）为抑制倦怠情绪的产生需要特殊奖励计划的激励，例如，特殊贡献、成本节约、不良事故预防和合理化建议等。

（3）对福利保险需求具有特殊性，需要较高份额的人身保险、意外事故保险等。

第二节　工 作 评 价

一、工作评价概述

（一）工作评价的概念

工作评价是指系统地确定组织中岗位之间的相对价值，从而为组织建立一个岗位结构的过程。以工作（岗位）为依据设计薪酬结构时，需要先进行工作评价。进行工作评价需要综合考虑工作内容、技能要求、对组织的价值、组织文化以及外部市场等因素。

工作评价的重要意义、基本假设、应遵循的原则分别如表 13-4、表 13-5、表 13-6 所示。

表 13-4　工作评价的重要意义

序号	意　义
1	为构建薪酬管理体系奠定基础
2	为组织内部不同岗位之间的薪酬差异提供合理解释
3	为薪酬体系或薪酬结构的调整提供系统的理论支持和操作方法

表 13-5　工作评价的基本假设

序号	假　设
1	根据职位对组织目标达成所作出的贡献大小来支付薪酬的做法是合乎逻辑的
2	基于员工所承担职位的相对价值来确定员工报酬，员工会感到比较公平
3	组织能够通过维持基于职位相对价值的职位结构而促成企业目标的实现

表 13-6　工作评价应遵循的原则

序号	原　则
1	评价的对象是工作，而不是工作者

续表

序号	原则
2	选择评价因素应具有通用性，便于解释，并注意避免因素内容的重复
3	因素定义的一致性和因素程度选择的紧密衔接是工作评价成功的关键
4	评价工作的具体实施需要得到管理人员和基层员工的了解与支持

（二）工作评价方法

目前，比较普遍的工作评价方法主要有四种：职位排列法、职位分类法、因素比较法和因素计点法。前两种属于定序的评价体系，后两种属于定量的评价体系。定序方法是指那些仅仅从总体上来确定不同职位之间的相对顺序的职位评价方法，而定量方法则是试图通过一套等级尺度系统来确定一种职位的价值比另外一种职位的价值高多少或低多少。工作评价方法的分类如表 13-7 所示。

表 13-7　工作评价方法的分类

分类标准	评价方法
定序方法	职位排列法
	职位分类法
定量方法	因素比较法
	因素计点法

二、职位排列法

（一）职位排列法的概念

职位排列法是指由经过培训的、有经验的测评人员，依据对职位所需技能、承担责任、发挥价值等的了解，将各个工作职位进行相互比较，最后确定所有职位价值顺序的一种方法。

（二）职位排列法的操作流程

职位排列法的操作流程如图 13-5 所示。

职位排列法的操作流程

（三）职位排列法的优缺点

职位排列法最大的优点在于快速、简单、费用较低，而且容易和员工进行沟通，但是也存在以下一些问题。

（1）评价结果必须依靠评价人员的判断，而评价人员的组成和各自的条件并不一致，也难以找到对工作内容非常熟悉的评价人员，这势必会影响评价结果的准确程度。

图 13-5　职位排列法的操作流程

（2）由于对工作岗位没有进行细分因素的比较，方法相对简单、粗糙，它只适用生产单一、岗位较少的中小企业。

（四）职位排列法的细分

职位排列法通常有直接排序法、交替排序法和配对比较法三种方法。

1. 直接排序法

直接排序法是指简单地根据岗位的价值大小从高到低或从低到高对职位进行总体上的排队的一种定性的工作评价方法。

具体操作由负责工作评价的人员根据其经验认识和主观判断，对各项工作在企业中的相对价值进行整体的比较，并加以排序。在对各项工作进行比较排序时，一般要求工作评价人员综合考虑以下各项因素：工作职责、工作权限、岗位资格、工作条件、工作环境等。权衡各项工作在各项因素上的轻重程度并排定次序后，将其划入不同的工资等级内。

直接排序法示例如图 13-6 所示。

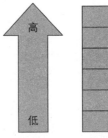

图 13-6　直接排序法示例

2. 交替排序法

交替排序法的具体操作方法如下。

（1）列举出所有需要进行评价的岗位名单，判断其中价值最高的一个排在第一位。

（2）在剩余的岗位中判断价值最低的一个排在最后一位。

（3）在剩余的岗位中挑出价值最高和最低的两个分别排在第二位和倒数第二位。以此类推，直到所有必须被评价的岗位都被列出。

3. 配对比较法

配对比较法就是将所有要进行评价的职位列在一起，针对每一个评价因素两两配对比较，其中价值较高者得 3 分、价值相当得 2 分、价值较低者得 1 分。最后将各职位在每个评价要素上的所得分数相加，获得各个职位的评价点值的方法。

年薪制人员工作评价操作实例

三、职位分类法

（一）职位分类法的概念

职位分类法是将所有岗位根据工作内容、工作职责、任职资格等方面的不同要求，分为不同的类别（一般可分为管理类、事务类、技术类及营销类等），然后给每一类确定一个岗位价值的范围，并且对同一类的岗位进行排列，从而确定每个岗位不同的职位价值的方法。

职位分类法是职位排列法的改进，是在职位分析基础上，按岗位的工作性质、特征、繁简难易程度、工作责任大小和人员必备资格条件，对企业全部（或规定范围内）岗位所进行的多层次划分，即先确定等级结构，然后再根据工作内容对工作岗位进行归类。

职位分类法的操作流程

（二）职位分类法的操作流程

职位分类法的操作流程如图13-7所示。

图13-7　职位分类法的操作流程

（三）职位分类法的优缺点

职位分类法的优缺点如表13-8所示。

表13-8　职位分类法的优缺点

优　　点	缺　　点
简便易行，时间成本低，技术要求低	职位等级描述的发挥空间很大，容易出现范围过宽或过窄的情形
以选定要素为依据，更准确、客观	对职位要求的说明比较复杂，对组织变革的反应也不太敏感
等级结构能真实地反映组织的结构	难以说明不同等级的职位之间价值差距到底多大

四、因素比较法

（一）因素比较法的概念

因素比较法是按照决定的评价因素对选定的标准岗位进行评分定级，制定出标准岗位分级表，把非标准岗位与标准岗位分级表对比并评价相对位置的方法。

因素比较法无须关心具体岗位的岗位职责和任职资格，而是将所有岗位的内容抽出若干个要素。根据每个岗位对这些要素的要求不同，而得出岗位价值。评估小组首先将各因素区分成多个不同的等级，然后再根据岗位的内容将不同因素和不同等级对应起来，等级数值的

因素比较法的操作流程

总和就为该岗位的岗位价值。

（二）因素比较法的操作流程

因素比较法的操作流程如图 13-8 所示。

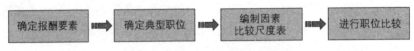

图 13-8　因素比较法的操作流程

（三）因素比较法的优缺点

因素比较法的优点：它是一种比较精确、系统、量化的职位评价方法。它把各种不同工作中的相同因素相比较，然后再将各种因素工资累计，使不同职位获得较为客观的工作评价；而且这种评价方法易理解，很容易向员工解释。

因素比较法的缺点：首先，报酬因素的确认是一个难点，虽然有通用的报酬因素，但是企业的状况并不相同，一旦有误差，整个评价过程就会前功尽弃；其次，典型职位的薪酬水平未必是公平、合理的，倘若典型职位的薪酬水平有偏差，则最终所有岗位评价价值都将会受到影响；最后，因素比较尺度表的编制工作量非常大，费时、费力，应用上非常烦琐。

五、因素计点法

（一）因素计点法的概念

因素计点法是通过若干因素来评定各个职位的价值大小的方法，由于其准确性较高、成本适当，是目前国内咨询公司中最广泛使用的岗位评估方法，能广泛应用于等级制岗位体系、生产计件制岗位体系的职位评价等。

因素计点法要求组建评价委员会，首先确定影响所有岗位的共有因素，并将这些因素分级、定义和配点，以建立评价标准，这样就形成了一套职位评估的工具。之后，通过这一套要素体系来对各个职位进行评价，对所有的岗位进行评价并汇总每一岗位的总点数。最后，将岗位评价点数转换为工资等级。

因素计点法的操作流程

（二）因素计点法的操作流程

因素计点法的操作流程如图 13-9 所示。

（三）因素计点法的优缺点

因素计点法的优点：首先，它通俗易推广，由于特定的职位评价方法具有明确界定的指标，

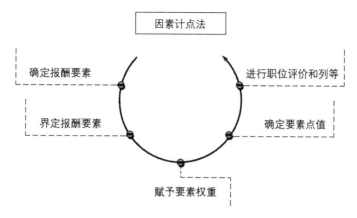

图 13-9 因素计点法的操作流程

因此职位评价方案有很强的适应性;其次,在定义职位评价要素时保留了大量原始的调查数据,有利于根据组织的变化进行动态分析与管理;最后,它明确地指出了比较的基础,能够有效地传达组织认为有价值的因素。

因素计点法的缺点:首先,它会耗费大量的时间和成本;其次,在报酬要素的界定、等级定义以及点数权重确定方面都存在一定的主观性,并且在多人参与时可能会出现意见不一致的现象,这些都会加大运用因素计点法的复杂性和难度。

因素计点法的优缺点

第三节 工资测算

当工作评价形成职位等级序列表之后,接下来的任务就是给每一个岗位等级"定价",即标明从事某个岗位等级中某个岗位的工作,其岗位价值是多少。下面介绍几个典型岗位序列的工资测算方法。

一、年薪制岗位工资测算

年薪制岗位工资测算方法适用于企业内年薪制人员的年薪总额的测算,其测算流程如图 13-10 所示。

(一)年薪制参评岗位工作评价

通过配对比较工作评价法可以得到年薪制岗位的评价点值。对于划入年薪制但未参评的岗位,可将其对比某个类似岗位,将类似岗位评价点值乘以一定比例;比例系数通常小于 1,具

体值根据企业实际情况设定。公式为

$$分公司副总经理岗位点值 = 分公司总经理岗位点值 \times 一定比例系数$$

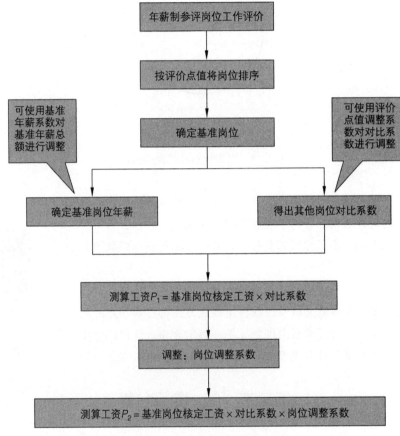

图 13-10　年薪制岗位工资测算流程

（二）按评价点值将岗位排序

将工作评价得到的岗位点值按高低排序。

（三）确定基准岗位

通常将点值最低的岗位作为基准岗位，但可以根据实际情况做调整。例如，当测算点值最低的岗位具有特殊性而不便于做基准岗位时，可以取点值倒数第二位的岗位为基准岗位。

（四）确定基准岗位年薪

以上一年度基准岗位人员的个人全年收入乘以一个系数来确定基准职位年薪总额。

基准年薪系数：在实际操作中，可以在基准年薪的基础上乘以一个共同的系数。其作用主要是普调，即使所有岗位人员的薪酬同比上升或下降，以适应外部变化的环境，如地区物价上涨、居民消费水平提高等。例如，工资测算总额想要提高 10%，则基准年薪系数为 1.1。

（五）得出其他岗位对比系数

将其他岗位的评价点值与基准岗位比较得出每个岗位的对比系数。公式为

$$对比系数 = 该岗位评价点值 / 基准岗位评价点值$$

评价点值调整系数：在实际操作中，可以在评价点值的基础上减去一个共同系数，再使用调整之后的评价点值来求对比系数。这样求得的对比系数比较明显，能够拉大岗位之间的收入差距，更明确地体现出不同岗位间的对比价值。公式为

$$调整后的对比系数 = \frac{该岗位评价点值 - 评价点值调整系数}{基准岗位评价点值 - 评价点值调整系数}$$

注意：年薪制工资测算流程中的基准年薪系数和评价点值调整系数都为可选项，而非必选项。当有必要整体提高或降低所有岗位的工资水平时，可以依据实际状况设定一个基准年薪系数；当根据工作评价点值直接求得的岗位对比系数难以区分岗位之间的对比价值时，可以设定一个评价点值调整系数，从而更明确地体现出岗位之间的对比价值。

某公司经评价点值调整系数调整前后的对比系数如表 13-9 所示。

表 13-9 某公司经评价点值调整系数调整前后的对比系数

岗　　位	岗位点值	对比系数	评价点值调整系数	调整后的对比系数
副总裁	400	2.08	80	2.85
房地产公司总经理	385	2.01	80	2.72
担保公司总经理	381	1.98	80	2.69
集团财务部部长	376	1.96	80	2.64
集团人力资源部部长	355	1.85	80	2.46
集团办公室主任	271	1.41	80	1.71
工程公司总经理	266	1.39	80	1.66
燃气公司总经理	247	1.29	80	1.49
集团保卫部部长	210	1.09	80	1.16
物业公司总经理	205	1.07	80	1.11
基准岗位——石材公司总经理	192	1.00	80	1.00

（六）初始工资测算

根据下面的公式计算其他年薪制岗位人员的初始测算工资：

$$测算工资 P_1 = 基准岗位核定工资 \times 对比系数$$

（七）初始测算工资调整

结合公司战略和薪酬策略，通过设定带有一定倾向性的岗位调整系数对初始测算工资 P_1

进行调整,最终得到测算工资 P_2。公式为

测算工资 P_2 = 测算工资 P_1(基准岗位核定工资 × 对比系数)× 岗位调整系数

岗位调整系数:在测算出的某一个具体岗位的年薪上进行调整。其作用主要是反映公司的战略倾向性。

某公司经岗位调整系数调整前后的测算工资对比表如表 13-10 所示。

表 13-10 某公司经岗位调整系数调整前后的测算工资对比表

岗　位	调整后的对比系数	测算工资 P_1	岗位调整系数	测算工资 P_2
副总裁	2.85	102 777	1.10	113 054
房地产公司总经理	2.72	97 875	1.08	105 705
担保公司总经理	2.69	96 670	1.13	109 237
集团财务部部长	2.64	95 223	1.10	104 746
集团人力资源部部长	2.46	88 473	1.10	97 321
集团办公室主任	1.71	61 473	1.08	66 391
工程公司总经理	1.66	59 786	1.02	60 981
燃气公司总经理	1.49	53 679	0.96	51 531
集团保卫部部长	1.16	41 625	0.94	39 128
物业公司总经理	1.11	40 018	0.88	35 216
基准岗位——石材公司总经理	1.00	基准岗位年薪 36 000	1.00	36 000

按照上述 7 个步骤,年薪制工作岗位的核定年薪总额就已经确定。年薪制岗位工资测算示意图如图 13-11 所示。其中有几个关键点:基准岗位年薪需要根据公司效益和物价指数进行普调,对比系数体现了岗位价值,岗位调整系数体现了公司的战略倾向性。

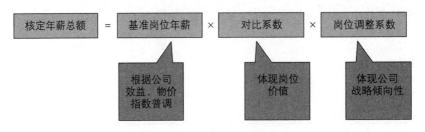

图 13-11　年薪制岗位工资测算示意图

二、等级制岗位工资测算

等级制岗位工资测算方法适用于企业内等级制人员的工资总额的测算,其测算流程如图 13-12 所示。

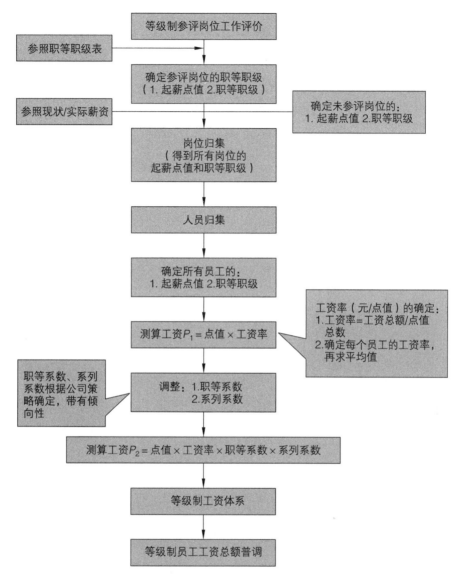

图 13-12　等级制岗位工资测算流程

（一）等级制参评岗位工作评价

由于一个企业内部等级制岗位的数目相当庞大，难以一一进行工作评价，因而只对那些具有代表性的、涵盖等级制岗位各个层级的职位进行评价，得出参评岗位的点值。企业所挑选的等级制参评岗位需要涵盖等级制岗位中各个属性、各个层级的岗位。某公司等级制参评岗位清单如表 13-11 所示。

表 13-11　某公司等级制参评岗位清单

序号	单　位	部　门	参评岗位
1	集团	办公室	副主任
2	集团	办公室	文秘
3	集团	办公室	司机
4	集团	办公室	招待所所长
5	集团	办公室	招待所厨师
6	集团	办公室	招待所服务员
7	集团	公司管理部	主管
8	集团	审计督察部	主管
9	集团	人力资源部	主管
10	集团	财务部	出纳
11	集团	保卫部	保安队长
12	集团	保卫部	保安
13	电机公司	办公室	主任
14	电机公司	质量技术科	科长
15	电机公司	质量技术科	技术员
16	电机公司	质量技术科	质检员
17	电机公司	质量技术科	售后服务人员
18	电机公司	生产供应科	科长
19	电机公司	生产供应科	采购员
20	电机公司	生产供应科	保管员
21	电机公司	生产供应科	周转工
22	电机公司	金工车间	车间主任
23	电机公司	金工车间	统计兼保管
24	电机公司	金工车间	维修工
25	电机公司	金工车间	电气焊
26	电机公司	金工车间	冲床工
27	电机公司	装配车间	车间主任
28	电机公司	装配车间	装配工
29	电机公司	装配车间	校平衡
30	电机公司	装配车间	喷漆工
31	电机公司	销售科	内勤
32	电机公司	销售科	成品库保管员
33	电磁线公司	拉丝车间	车间主任
34	房地产开发公司	综合办公室	主任
35	房地产开发公司	工程部	主任
36	房地产开发公司	工程部	土建工程师

续表

序号	单位	部门	参评岗位
37	房地产开发公司	预算造价部	主任
38	房地产开发公司	预算造价部	预算员
39	房地产开发公司	财务科	科长兼会计
40	房地产开发公司	财务科	出纳
41	房地产开发公司	销售部	经理
42	房地产开发公司	材料科	科长
43	房地产开发公司	材料科	材料员
44	投资公司	业务部	经理
45	投资公司	业务部	法律顾问
46	投资公司	业务部	业务经理
47	物业公司	物业管理部	物业主管
48	物业公司	物业管理部	管理员
49	燃气公司	生产运行部	充装员
50	石材公司	销售科	科长
51	石材公司	销售科	业务员

（二）确定参评岗位的职等职级

按照表 13-12 所示的职等职级表，确定参评岗位的起薪点值和职等职级。为简化起见，起薪点值通常为岗位的评价点值，职等职级区间则取评价点值所对应的最近上限的点值分数所在的职等职级。例如，某岗位评价点值为 870，则其起薪点值为 870，5 职等，14 职级；某岗位评价点值为 462，则其起薪点值为 462，2 职等，5 职级。

表 13-12　等级制岗位序列职等职级表

								职级
							1 500	25
							1 440	24
							1 380	23
						1 320	1 320	22
						1 260		21
						1 210		20
					1 160	1 160		19
					1 100			18
					1 050			17
					1 000	1 000		16
					950			15

续表

一职等	二职等	三职等	四职等	五职等	六职等	七职等	八职等	职级
				900				14
			860	860				13
			810					12
			760					11
		720	720					10
		670						9
		620						8
	580	580						7
	530							6
	480							5
440	440							4
390								3
340								2
300								1
一职等	二职等	三职等	四职等	五职等	六职等	七职等	八职等	职等
								调整系数

（三）岗位归集

根据岗位的工资负荷和责任大小，确定其他未参评岗位的起薪点值和职等职级区间。通常的做法是，每个未参评岗位都设定一个参照岗位，没有特殊情况的话，则起薪点值和职等职级区间与所参照岗位相同，这样就得到了所有岗位的起薪点值和职等职级。

表 13-13 为某企业分公司未参评等级制岗位的参照示例，承接表 13-11。

表 13-13　某企业分公司未参评等级制岗位的参照示例

部门	岗位	参照岗位
综合部	主任	参照 34
	司机	参照 3
预算部	部长	参照 37
	预算员	参照 38
工程部	部长	参照 35
	电气工程师	参照 36
	土建工程师	参照 36
财务部	主管会计	参照 39
	出纳	参照 40

（四）人员归集

参照员工的原有收入、业绩和服务年限来确定未参评岗位的起薪点值和职等职级区间，最终得到等级制体系所有人员的起薪点值和职等职级区间。

（五）初始工资测算

根据下面公式计算所有人员的测算工资：

$$测算工资\ P_1 = 起薪点值 \times 工资率$$

其中，工资率（单位：元/点数，具有普调的性质）的计算有以下两种方法。

（1）用员工现有工资总额除以工作评价点数总额得到的比值。公式为

$$工资率 = 员工工资总额 / 岗位工作评价点数总额$$

（2）先求得每个员工的具体工资率，再求工资率的平均值。

实际操作中，我们通常采用第一种方法，即员工工资总额除以岗位评价点数总额。某企业部分岗位薪点归等归级及初始测算工资汇总表如表13-14所示。

表 13-14 某企业部分岗位薪点归等归级及初始测算工资汇总表

部门	岗位	系列	月平均工资/元	起薪点值	职等	职级	测算工资 P_1/元
董事长办公室	董事会秘书	职员系列	2 600.00	410	2	4	1 730.20
财务部	秘书	职员系列	2 050.00	410	2	4	1 730.20
财务部	经理	财务系列	4 200.00	870	5	14	3 671.40
财务部	出纳	财务系列	1 700.00	373	1	3	1 573.71
财务部	会计	财务系列	3 000.00	462	2	5	1 949.99
俱乐部	回访经理	管理系列	2 050.00	755	4	11	3 186.10
总办	总经理秘书	职员系列	2 604.25	410	2	4	1 730.20
营业部	销售助理	职员系列	2 454.00	425	2	4	1 791.74
营业部	销售秘书	职员系列	1 807.00	425	2	4	1 791.74
行政部	保洁员	工勤系列	800.00	204	1	1	859.83
行政部	夜值人员	工勤系列	900.00	204	1	1	859.83
备件部	备件部经理	管理系列	5 878.00	800	4	12	3 377.76
销售部	展厅经理	管理系列	6 716.78	695	3	10	2 932.90
销售部	销售助理	职员系列	2 550.00	425	2	4	1 791.74
销售部	销售秘书	职员系列	1 700.00	410	2	4	1 730.20
财务部	会计	财务系列	2 120.67	583	3	8	2 458.15
市场部	市场经理	管理系列	3 003.67	804	4	12	3 393.58
备件部	备件经理	管理系列	6 230.58	800	4	12	3 377.76
销售部	销售秘书	职员系列	1 479.11	425	2	4	1 791.74
市场部	市场经理	管理系列	2 960.00	804	4	12	3 393.58
备件部	备件主管	管理系列	2 661.98	800	4	12	3 377.76
营业部	销售秘书	职员系列	1 291.00	425	2	4	1 791.74

（六）初始测算工资调整

结合公司战略和薪酬策略，通过设定带有公司战略倾向性的职等系数和系列系数对测算工资 P_1 进行调整，初始职等系数 = 1，系列系数 = 1，最终得到测算工资 P_2，计算公式如下：

测算工资 P_2 = 起薪点值 × 工资率 × 职等系数 × 系列系数

职等系数：将岗位按照重要程度以及在组织中的层级，划分为 8 个职等，为了体现薪酬政策的有所侧重和对核心价值的认可，我们设计了职等系数，以便对不同职等岗位的工资进行调整，职等系数一般来说是随着职等的递增而递增的，当企业薪酬政策调整时，可通过调整职等系数来体现对不同职等岗位的侧重力度。职等系数示例表如表 13-15 所示。

表 13-15 职等系数示例表

职 等	1	2	3	4	5	6	7	8
职等系数	1	1.03	1.08	1.12	1.15	1.16	1.18	1.21

系列系数：按照工作性质的不同，将企业内的岗位划分为诸多系列，每个系列有一个系数，该系数运用于工资测算时，主要体现的是这个系列的岗位对于企业的经营目标的实现所具有的价值，一般来说，价值越高的系列，系数会越大。例如，一般来说注重财务职能的企业，它的财务序列系数要比工勤系列或者职员系列的系数要高一些。系列系数示例表如表 13-16 所示。

表 13-16 系列系数示例表

系 列	工勤	技工	职员	财务	技术	管理
系列系数	0.93	0.96	0.93	1.10	1.25	1.03

通过职等系数、系列系数调整过的等级制岗位工资，科学、合理地体现了员工的价值大小、员工的发展空间以及公司战略和薪酬策略。

表 13-17 承接表 13-14 为某企业部分岗位经过职等、系列系数调整后的测算工资汇总表。

表 13-17 某企业部分岗位根据职等、系列系数调整后的测算工资汇总表

岗 位	系 列	起薪点值	职等	职级	测算工资 P_1/元	职等系数	职等系数调整后的测算工资/元	系列系数	职等、系列系数调整后的测算工资 P_2/元
董事会秘书	职员系列	410	2	4	1 730.20	1.03	1 782.11	0.93	1 657.36
秘书	职员系列	410	2	4	1 730.20	1.03	1 782.11	0.93	1 657.36
经理	财务系列	870	5	14	3 671.40	1.15	4 222.11	1.10	4 644.32
出纳	财务系列	373	1	3	1 573.71	1.00	1 573.71	1.10	1 731.08
会计	财务系列	462	2	5	1 949.99	1.03	2 008.49	1.10	2 209.34
回访经理	管理系列	755	4	11	3 186.10	1.12	3 568.43	1.03	3 675.48

续表

岗 位	系 列	起薪点值	职等	职级	测算工资 P_1/元	职等系数	职等系数调整后的测算工资/元	系列系数	职等、系列系数调整后的测算工资 P_2/元
总经理秘书	职员系列	410	2	4	1 730.20	1.03	1 782.11	0.93	1 657.36
销售助理	职员系列	425	2	4	1 791.74	1.03	1 845.49	0.93	1 716.31
销售秘书	职员系列	425	2	4	1 791.74	1.03	1 845.49	0.93	1 716.31
保洁员	工勤系列	204	1	1	859.83	1.00	859.83	0.93	799.64
夜值人员	工勤系列	204	1	1	859.83	1.00	859.83	0.93	799.64
备件部经理	管理系列	800	4	12	3 377.76	1.12	3 783.09	1.03	3 896.58
展厅经理	管理系列	695	3	10	2 932.90	1.08	3 167.53	1.03	3 262.56
销售助理	职员系列	425	2	4	1 791.74	1.03	1 845.49	0.93	1 716.31
销售秘书	职员系列	410	2	4	1 730.20	1.03	1 782.11	0.93	1 657.36
会计	财务系列	583	3	8	2 458.15	1.08	2 654.80	1.10	2 920.28
市场经理	管理系列	804	4	12	3 393.58	1.12	3 800.81	1.03	3 914.84
备件经理	管理系列	800	4	12	3 377.76	1.12	3 783.09	1.03	3 896.58
销售秘书	职员系列	425	2	4	1 791.74	1.03	1 845.49	0.93	1 716.31
市场经理	管理系列	804	4	12	3 393.58	1.12	3 800.81	1.03	3 914.84
备件主管	管理系列	800	4	12	3 377.76	1.12	3 783.09	1.03	3 896.58
销售秘书	职员系列	425	2	4	1 791.74	1.03	1 845.49	0.93	1 716.31

（七）普调等级制员工的工资总额

依据公司效益和当地物价指数的变化，普调等级制员工的薪酬水平。例如，要等级制员工的薪酬水平整体提高 5%，则工资总额变为核算后的 1.05 倍。其公式如图 13-13 所示。

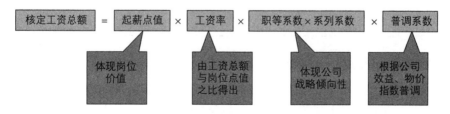

图 13-13　等级制岗位工资测算示意图

三、销售岗位工资测算

销售人员薪酬的额定与年薪制员工和等级制员工的薪酬额定有很大的区别。销售人员的工作价值主要体现在其所创造的销售额给企业带来的利润。因为销售额是浮动的，销售人员的薪酬也是浮动的，从而销售人员不能像年薪制人员和等级制人员那样确定一个核定工资总额。鉴于销售人员工作价值的浮动性,销售人员的工资结构通常为底薪加提成,在此我们主要分类介绍各级销售人员底薪的确定,其他内容将在后面章节中详细介绍。

通常将销售人员分为大区经理、销售员和售后服务人员三大类。

(一)大区经理

在高度市场导向的企业中,大区经理以及其他相当级别的职位比年薪制销售总监的级别低一些,但其权限中也包含了大量的决策、管理和承担风险的职能。这类岗位底薪可以按照等级制管理系列岗位工资测算的流程计算,具体操作参照前文等级制岗位相关的工作评价法和工资测算的内容,大区经理的底薪可取核定工资总额的一定比例(例如 70%)。

(二)销售员

根据劳动力市场水平,销售员的底薪按照以往销售业绩以及从事销售岗位工作的年限等标准划分等级;销售员底薪等级的升降将与其销售业绩挂钩,逐年调整。表 13-18 为某企业销售员底薪等级表。

表 13-18　某企业销售员底薪等级表

职　　等	职级/级	底薪/元
高级销售员	9	3 000
	8	2 800
	7	2 600
中级销售员	6	2 400
	5	2 200
	4	2 000
初级销售员	3	1 700
	2	1 500
	1	1 200

(三)售后服务人员

售后服务人员对维护客户关系和产品品牌知名度的提升起着重要的作用。售后服务人员底薪根据各个层次的售后服务人员按照以往业绩以及从事售后服务岗位工作的年限等标准,划分等级;售后服务人员等级的升降将与其考核结果挂钩,逐年调整。表 13-19 为某企业售后服务人员底薪等级表。

表 13-19　某企业售后服务人员底薪等级表

职　　等	职级/级	底薪/元
维修工程师	6	1 800
	5	1 700

续表

职　　等	职级/级	底薪/元
维修员	4	1 600
	3	1 500
	2	1 400
	1	1 300

四、研发岗位工资测算

研发工作方式的独特性要求研发工作常以项目团队的方式出现。工作的技术含量高、创新性强，常常没有现成的经验借鉴。这种产品或服务的特点决定了研发工作往往需要跨学科、多领域专业人员的共同参与、相互协作才有可能完成。这些工作在本质上是以团队为基础的，因而在实践中研发人员通常是组成一个个独立项目团队来开展工作的。

鉴于研发工作的团队合作性，研发人员也不能像年薪制人员和等级制人员那样确定一个核定工资总额，而通常为基本工资加项目奖金等。研发人员基本工资的核定可以参照等级制薪酬体系中技术系列的核定方法，根据工作评价确定每个研发岗位的相对价值。同时，在薪资调查的基础上确保基本工资水平不低于社会同行业的平均水平。研发人员的基本工资可取核定工资总额的一定比例（例如70%）。

五、生产岗位工资测算

企业生产车间主要有两类工作岗位：一类是生产线上的操作岗位；另一类是从事辅助生产任务的岗位，如统计员等岗位。鉴于两类岗位性质和生产任务的差异，两类岗位的工资测算方式也是不同的。

（一）一线生产操作岗位

根据岗位性质和生产任务的差异，对从事一线工作的生产操作人员采用集体计件制的薪酬方式，以有效激励其生产积极性，提高劳动生产率，降低生产成本。

为了保护计件制员工的利益，保证计件制薪酬体系的顺利推行，同时确保工资测算的准确性，需要生产中心及公司财务部确认以下数据。

1. 公司在现有生产能力下的年产量（核定年生产总数）

该数值是企业在正常运转情况下、设备的使用处于正常负荷时的年产量，不考虑淡季或者旺季对产量的影响。

2. 现有设备和生产能力情况下，生产中心岗位的定员数

这个数值是在正常生产、适当负荷的情况下，所应具备的计件人员的总数（特别要求各岗

位上的定员数要准确）。

3. 年人工成本

在生产运转正常、岗位人员配置合理的情况下，一年所发放的人工成本。

在获得这些数据以及根据上文所介绍的计件制工作评价方法所得出的各岗位评价点值之后就可按照以下公式计算出各岗位的月度计件工资。

月度计件工资计算公式：

$$个人月度计件工资 = 月计件件数 \times 岗位点值 \times 单位点数工资含量$$

其中，

$$单位点数工资含量 = \frac{单件人工成本}{\sum 某岗位 \times 该岗位评价点值}$$

单件人工成本 = 年人工成本 / 核定年生产总数

（二）辅助性生产岗位

辅助性生产岗位的工作性质和等级制岗位一致，因此，把此类岗位统一纳入等级制体系技工系列中，即这类岗位的薪酬按照等级制技工系列岗位工资测算的流程计算，具体操作参照前文等级制岗位工作评价法和等级制人员工资测算的内容。

第十四章

薪酬结构设计

薪酬结构设计是整个薪酬体系设计的关键环节，清晰合理的薪酬结构，既可以帮助企业有效地控制薪酬成本，又对员工的工作行为起到指示性作用，传达组织对员工的工作期望，从而最大化地激励员工。

第一节　年薪制人员的薪酬结构设计

中高层管理人员多为年薪制人员，其薪酬结构设计的关键是通过对其薪酬的支付，对他们产生激励作用，促使中高层管理者给企业带来价值增值，从而使企业获得最大的投资回报。结合中高层管理人员的工作特点和他们对薪酬的特殊需求，其薪酬结构如图 14-1 所示。

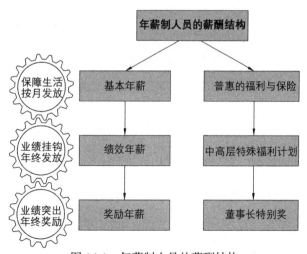

图 14-1　年薪制人员的薪酬结构

其中，基本年薪、绩效年薪和奖励年薪是年薪制人员薪酬结构的主体部分。

一、基本年薪

中高层管理人员的基本年薪是每年固定的现金额。基本年薪按月足额支付，用于保障管理者的基本生活。

根据工资测算的介绍，年薪制工资核算总额包含基本年薪和绩效年薪两部分，其比例根据企业以往经验值（比如6∶4）和实际情况而定。现在企业高层管理者有基本年薪比例下降、绩效年薪比例上升的趋势，具体比例可根据公司所处行业、所处发展阶段以及工作性质的差异进行相应调整，具体如图14-2、图14-3所示。

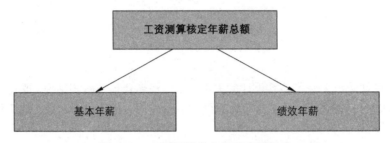

图 14-2　工资测算核定年薪总额组成

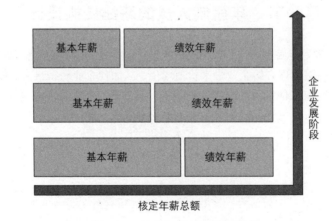

图 14-3　核定年薪总额分配趋势

二、绩效年薪

中高层管理人员的绩效年薪将中高层管理人员的总收入与他们的绩效结果紧密联系起来，从而使他们更加努力地从事企业的经营管理工作。绩效年薪的一定比例（如50%）可以当期不予发放，作为股权激励基金，用于年薪制人员的股权激励计划。绩效年薪的发放要与考核系数、公司整体绩效水平和不良事故考核三个方面同时挂钩。

1. 考核系数

绩效年薪不会逐月发放给中高层管理人员,而是预留至年底,根据年度绩效考核结果决定发放比例。考核系数由员工个人的年度绩效考核结果决定。表 14-1 为年薪制人员绩效年薪考核系数表。

表 14-1　年薪制人员绩效年薪考核系数表

考 核 等 级	A（优秀）	B（良好）	C（称职）	D（基本称职）	E（不称职）
考核系数	1.5	1.2	1.0	0.6	0
绩效年薪发放比例	全额发放	全额发放	全额发放	60%	0

2. 公司整体绩效水平

绩效年薪的发放同时也与公司整体业绩挂钩。如果在本考核周期内公司关键经营指标未完成,则绩效年薪根据公司关键经营指标的实际完成量同比折算;若公司关键经营指标完成量低于一定比例（如 88%）,则该年度绩效年薪取消。承担直接经营目标的中高层管理者未能完成经营目标时,若其目标完成量低于一定比例（如 90%）,则本年度绩效年薪取消。

绩效年薪发放与公司业绩水平如图 14-4 所示。

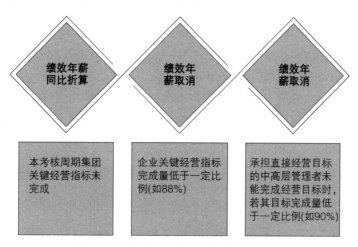

图 14-4　绩效年薪发放与公司业绩水平

3. 不良事故考核

绩效年薪的发放还与不良事故考核结果挂钩。不良事故考核根据不良事故造成不良后果的影响程度,划分为 A（重大）、B（一般）、C（轻微）三个等级。凡发生不良事故者,根据所发生的不良事故等级,对责任人进行相应处罚,惩罚办法见表 14-2,具体评定细则可根据公司的实际状况制定。

表 14-2　不良事故考核管理表

不良事故等级	A（重大）	B（一般）	C（轻微）
绩效年薪管理	不享受该述职周期内绩效年薪	扣除该述职周期内 50%绩效年薪	扣除该述职周期内 20%绩效年薪

三、奖励年薪

奖励年薪是在集团年度目标达成或超额完成的基础上对年薪制人员一年工作业绩的奖励。在企业经营业绩超额完成的基础上，从超额利润中提取一定比例作为年薪制人员的奖励年薪总额，具体比例由公司根据实际情况确定。奖励年薪可以当期不予发放，作为股权激励基金，用于年薪制人员的股权激励计划。

个人奖励年薪根据年薪制人员的岗位价值和业绩完成情况确定，其计算公式如下：

$$岗位奖励年薪 = \frac{该岗位对比系数 \times 考核系数}{\sum(对比系数 \times 考核系数)} \times 奖励年薪总额$$

四、普惠的福利与保险

普惠的福利与保险包括和中高层薪酬体系相配套的法定福利与保险。

五、中高层特殊福利计划

在国家规定的福利保险以外，根据公司的经济效益和个人对公司的贡献，对中高层管理人员提供额外的特别福利、保险、在职教育、进修等特别的长期奖励计划。表 14-3 是由翰威特合伙人公司（Hewitt Associates）于 1990 年提供的关于美国公司的高层管理人员一些特殊福利的相关数据。

表 14-3　美国高层管理人员特殊福利相关数据

特殊福利的类型	提供此类福利的企业所占百分比/%	特殊福利的类型	提供此类福利的企业所占百分比/%
体检	91	携配偶外出旅行	47
公司提供交通用车	68	专用司机	40
金融咨询	64	预留停车位置	32
使用公司提供的飞机	63	专用餐厅	30
个人所得税的筹划工作	63	家庭保险计划	25
乘头等舱外出旅行	62	汽车配备电话	22
乡村俱乐部会员资格	55	金融讲座	11
午餐俱乐部会员资格	55	低息或无息贷款	9
个人资产管理	52	法律咨询	6
个人伤残保险	50		

六、董事长特别奖

有特殊贡献的中高层年薪制人员，可享受董事长特别奖，具体奖励的内容和方式由董事长根据实际情况自主确定。

除了上述六部分外，年薪制薪酬体系发展到一定程度时，往往还需为中高层人员设立股权激励计划，以达到长期激励的目的。如前文所述，股权激励计划的资金可以来源于绩效年薪一定比例的留存或者奖励年薪的留存。

第二节　等级制人员的薪酬结构设计

等级制岗位是本书划分的五大类岗位中最为特殊的一类。等级制岗位中包含许多职能岗位，进一步又划分为管理、财务、职员、工勤等系列。等级制岗位对企业日常运营起着非常重要的作用。为等级制人员建立合理的职业发展通道，有效激励等级制人员的工作热情是企业可持续发展的重要保障。结合等级制人员的工作特点和他们对薪酬的特殊需求，其薪酬结构如图 14-5 所示。

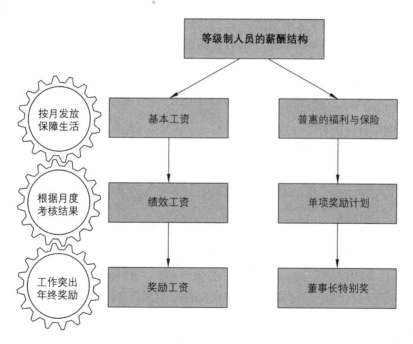

图 14-5　等级制人员的薪酬结构

其中，基本工资、绩效工资和奖励工资是等级制人员薪酬结构的主体部分。

一、基本工资

等级制人员的基本工资是每月固定的现金额。基本工资按月足额支付，用于保障等级制员工的基本生活。

等级制工资测算核定工资总额包含基本工资和绩效工资两部分，其比例根据企业以往经验值（比如 7：3）和实际情况而定，具体比例可根据公司所处行业、所处发展阶段以及工作性质的差异进行相应调整，如图 14-6 所示。

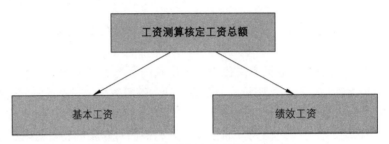

图 14-6　工资测算核定工资总额组成

为了保证薪酬激励机制的动态性与灵活性，基本工资可以根据员工工作表现进行适当调整，基本工资调整的方式主要有调职、调等和调级三种方式，如图 14-7 所示。

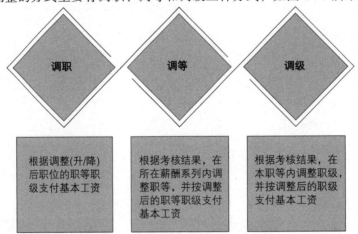

图 14-7　基本工资的调整方式

二、绩效工资

绩效工资是绩效考核结果在薪酬体系中的具体应用。绩效工资与员工个人绩效相关，是工资测算核定的工资总额扣除基本工资的部分，根据员工月度考核结果确定发放额度。表 14-4

为等级制人员绩效工资发放比例表。

表 14-4　等级制人员绩效工资发放比例表

考 核 等 级	A（优秀）	B（良好）	C（称职）	D（基本称职）	E（不称职）
绩效工资发放比例	全额发放	全额发放	全额发放	60%	0

三、奖励工资

奖励工资与公司整体相挂钩，结合实际情况，建议以年度为周期进行发放。当公司超额完成年度经营计划时，可从超额利润中提取一部分（比例由公司根据实际情况确定）作为等级制人员奖励工资总额。奖励工资由公司根据员工年终绩效考评结果进行发放，具体如表 14-5 所示。

表 14-5　等级制人员奖励工资发放示例表

考 核 等 级	A（优秀）	B（良好）	C（称职）	D（基本称职）	E（不称职）
发放标准	3个月基本工资	2个月基本工资	1个月基本工资	50%月基本工资	无
人员比例/%	5	20	50	20	5

四、普惠的福利与保险

普惠的福利与保险包括和等级制员工薪酬结构相配套的福利与保险，其项目和水平以国家、地区及企业有关规定为准。

五、单项奖励计划

根据实际需要，企业可建立与特殊贡献、成本节约、不良事故预防、合理化建议等相关的单项奖来激励员工。

六、董事长特别奖

对有特殊贡献的员工，企业可由董事长进行特殊奖励，具体奖励的内容和方式由董事长根据企业实际情况确定。

第三节　销售人员的薪酬结构设计

销售人员薪酬结构设计的关键是通过与其销售绩效紧密挂钩的薪酬支付，对他们产生激励作用，促使销售人员更多地将企业的资本投入转化为实在的经济利益，从而使企业获得最大的投资回报。

针对销售人员的不同工作模式，实行不同的计酬模式：对于那些主要是依靠销售人员个人能力、独立开展业务而达成目标的，适用于个人计酬模式；对于那些销售业绩的达成是一个销售团队相互协作、共同努力的结果，而不单纯依赖销售人员个人能力的，则适用于团队计酬模式。

一、个人计酬模式

个人计酬模式可以有效激发销售人员工作的积极性，明确业绩导向，使他们关注于个人销售目标的实现。个人计酬模式下的销售人员薪酬结构如图 14-8 所示。

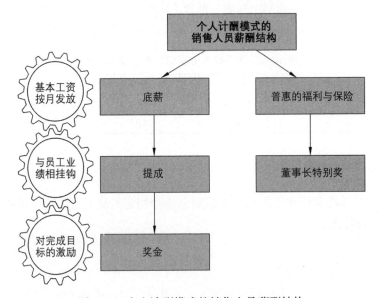

图 14-8　个人计酬模式的销售人员薪酬结构

其中，底薪、提成和奖金是个人计酬模式下销售人员薪酬结构的主体部分。

（一）底薪

销售人员和售后服务人员的底薪采取等级工资制，各个层次的销售人员及售后服务人员按照以往工作业绩以及从事销售岗位工作的年限等标准划分等级，其等级的升降将与考核结果相挂钩，逐年调整；大区经理的底薪按照等级制管理系列岗位的核定工资总额的一定比例而定。

（二）提成

1. 销售人员的提成

为了促使销售人员在整个销售过程中不仅关注产品的价格，而且重视销售额目标的实现，可以按照销售额大小和利润率高低两个维度来确定销售人员的提成比例。在实际操作中，首先为销售人员设定一个销售额目标,将目标销售额划分为几个阶段,每一个阶段设定不同的提成比例;同时,将利润率作为一个控制指标,对提成比例进行调节,如表 14-6 所示。

表 14-6　某企业销售人员提成系数表

利润率等级	调节系数	销售额及提成比例			
		130 万~159 万元（1%）	160 万~249 万元（2%）	250 万~399 万元（3%）	400 万~450 万元（5%）
优秀	1.2	1.2%	2.4%	3.6%	6%
良好	1	1%	2%	3%	5%
合格	0.8	0.8%	1.6%	2.4%	4%
劣等	0	0	0	0	0

其中,利润率等级可以通过两种方式来确定:第一,以公司当月的平均利润率作为标准,各等级根据标准利润率进行上下浮动而得到;第二,以公司规定的最低成交价为基础,根据实际成交价与最低成交价的比例划分为几等,并根据实际成交的比例确定利润率等级。两种利润率等级标准界定的示例如表 14-7、表 14-8 所示。

表 14-7　某企业销售人员利润率等级标准界定（一）

与考核当期公司平均利润率之间的关系	平均利润率的80%以下	平均利润率的80%~110%	平均利润率的111%~150%	平均利润率的150%以上
利润率等级	劣等	合格	良好	优秀

表 14-8　某企业销售人员利润率等级标准界定（二）

实际成交价/最低成交价	1 以下	1~1.1	1.1~1.2	1.2 以上
利润率等级	劣等	合格	良好	优秀

还有一种提成的方式是累进提成制,将销售计划额度划分为几个阶段进行累进提成,根据个人销售额的实际完成数额确定提成比例。以某业务员年销售计划额 100 万元、总提成比例为销售额的 5%为例,具体如下。

（1）销售额在 100 万元以下的提成方式如图 14-9 所示。

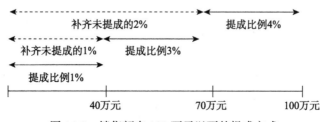

图 14-9　销售额在 100 万元以下的提成方式

（2）销售额在 100 万元以上的提成方式如表 14-9 所示。

表 14-9　销售额在 100 万元以上的提成方式

销售额	提成比例
100 万元	5%
100 万～150 万元	（实际销售额 − 100）×6%
150 万元以上	（实际销售额 − 150）×7%

为了发挥薪酬激励与约束相结合的作用，可以将销售人员提成总额的一定比例作为大区经理的提成基金，并预留至年底，与年终绩效考核结果挂钩，余下的部分按月度足额发放，详见表 14-10。

表 14-10　企业销售人员提成的发放方式

时间类型	发放比例	发放方式
月度提成总额	70%	按月度足额发放
	20%	与月度绩效考核结果挂钩
	10%	作为销售人员所在区域的大区经理的提成基金

2. 大区经理的提成

大区经理的提成包括两部分：一部分是所管辖大区内销售人员提成总额的 10%，此部分预留至年底，与年终绩效考核结果挂钩；另一部分是大区经理个人订单的提成，计算方法与销售人员提成的计算一致。大区经理提成的来源和发放方式如表 14-11 所示。

表 14-11　大区经理提成的来源和发放方式

岗位类型	提成来源	发放比例	发放方式
大区经理提成总额	所管辖大区内销售人员提成总额的 10%		预留至年底，发放比例与年终绩效考核结果挂钩
	大区经理个人订单的提成	70%	按月度足额发放
		30%	与月度绩效考核结果挂钩

3. 售后服务人员的提成

为了有效激励售后服务人员，可以通过维修业务额大小和利润率高低两个维度来设计售后服务人员的提成比例。

在实际操作中，首先为售后服务人员设定一个维修业务额目标，将目标维修业务额划分为几个阶段，每一个阶段设定不同的提成比例；同时，将利润率作为一个控制指标，对提成比例进行调节，其中利润率等级的确定方法同销售人员。某企业售后服务人员提成系数如表 14-12 所示。

表 14-12　某企业售后服务人员提成系数

利润率等级	调节系数	维修业务额及提成比例			
		50万~99万元（1%）	100万~149万元（2%）	150万~199万元（3%）	200万~250万元（5%）
优秀	1.2	1.2%	2.4%	3.6%	6%
良好	1	1%	2%	3%	5%
合格	0.8	0.8%	1.6%	2.4%	4%
劣等	0	0	0	0	0

为了发挥薪酬激励与约束相结合的作用，将售后服务人员提成总额的一定比例按月度足额发放，余下的与月度绩效考核相挂钩。售后服务人员提成的发放方式如表 14-13 所示。

表 14-13　售后服务人员提成的发放方式

时间类型	发放比例	发放方式
月度提成总额	70%	按月度足额发放
	30%	与月度绩效考核结果挂钩

（三）奖金

奖金是对达到或超额完成销售目标的激励，对于按计划或超额完成销售目标的销售人员，结合其年度考评情况，企业给予一定的奖励。具体的奖励方法，公司可根据以往经验及实际情况制定。

（四）普惠的福利与保险

普惠的福利与保险包括和销售人员薪酬体系相配套的法定福利与保险，其项目和水平依国家、地区及公司的有关规定执行。

（五）董事长特别奖

对有特殊贡献的销售人员，可享受董事长特别奖，具体奖励的内容和方式由董事长根据企业实际情况确定。

二、团队计酬模式

对于那些销售业绩的达成是销售团队互相协作、共同努力的结果，而不单纯依赖某销售人员个人能力的，运用团队计酬模式可以强化销售团队的凝聚力和合作意识，避免资源的内耗，使销售团队更多地关注整体销售目标的完成。

在实际操作中，依据销售团队成员在项目销售中的工作性质、重要程度和贡献大小，对团队成员进行角色分类，如项目主管、销售人员、市场推广人员、技术支持人员和安装调试人员等。

项目主管的主要职责是：根据市场情况，主持制定产品和目标市场的销售推广策略；负责销售团队的组织和管理工作，有效地进行项目日常跟进工作和开发项目的支持工作；制订相关产品的销售计划，并负责销售计划的实施和达成。

销售人员的主要职责是产品销售和回款。

市场推广人员的主要职责是：塑造集团和产品的形象，完成销售前期的市场开拓。

技术支持人员的主要职责是：协助市场营销部重要项目的对外报价、投标、合同谈判、合同签订等销售工作；负责组织对销售的技术支援；对销售团队相关人员的产品技术培训；协助组织销售部门和人员完成市场推广、销售、服务等工作；促进公司产品改进和新产品开发。

安装调试人员的主要职责是产品的安装调试及维护。

团队计酬模式的薪酬结构如图14-10所示。

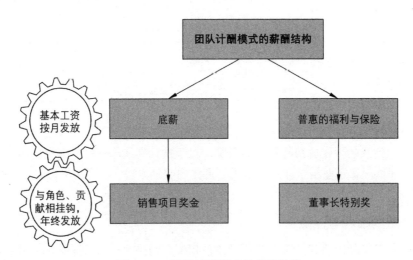

图14-10 团队计酬模式的薪酬结构

其中，底薪和销售项目奖金是团队计酬模式销售人员薪酬结构的主体部分。

（一）底薪

销售团队成员底薪的确定和个人计酬模式中底薪的确定类似，即各个层次的销售人员按照以往工作业绩以及从事销售相关岗位工作的年限等标准，划分为不同的等级，参照劳动力市场水平核定每个级别岗位的底薪水平。

销售团队成员底薪等级示例表如表14-14所示。

（二）销售项目奖金

确定销售项目奖金的总额，可以首先将项目销售额的一定比例（例如10%）作为项目奖金来源，然后再根据项目团队中各角色人员的重要性和贡献大小进行分配。

表 14-14　销售团队成员底薪等级示例表

等级	底薪/元	安装调试人员	技术支持人员	市场推广人员	销售人员	项目主管
15	3 500					
14	3 300					
13	3 200					
12	3 000					
11	2 800					
10	2 600					
9	2 400					
8	2 200					
7	2 000					
6	1 900					
5	1 700					
4	1 500					
3	1 400					
2	1 200					
1	1 000					

按照项目主管、推销人员、市场推广人员、技术支持人员和安装调试人员 5 种角色在项目销售中的重要程度和贡献大小，为每个角色岗位赋予一个系数，如表 14-15 所示。

表 14-15　销售团队成员岗位系数示例表

岗　位	项目主管	推销人员	市场推广人员	技术支持人员	安装调试人员
岗位系数	2	1.8	1.5	1.2	1

注：（1）项目主管在项目销售中起关键作用，因此系数最高；
　　（2）除项目主管以外的职能人员，根据在项目中的贡献和作用排序；
　　（3）具体系数根据实际情况确定。

为了发挥薪酬的激励与约束相结合的作用，要先将个人项目奖金与绩效考核结果相挂钩，然后再确定个人项目奖金发放的考核系数，如表 14-16 所示。

表 14-16　销售团队成员考核系数示例表

考核等级	优秀	良好	称职	基本称职	不称职
考核系数	1	1	1	0.8	0

在确定项目奖金总额、岗位系数以及考核系数之后，就可以确定个人项目奖金，公式为

$$个人项目奖金 = \frac{岗位系数}{\sum(某岗位人数 \times 岗位系数)} \times 项目奖金总额 \times 考核系数$$

（三）普惠的福利与保险

普惠的福利与保险包括和销售人员薪酬体系相配套的法定福利与保险，其项目和水平依国家、地区及公司的有关规定执行。

（四）董事长特别奖

对有特殊贡献的销售人员，可享受董事长特别奖，具体奖励的内容和方式由董事长根据企业实际情况确定。

第四节　研发人员的薪酬结构设计

研发人员薪酬结构设计的关键是通过对其薪酬的支付，对他们产生激励作用，促使研发人员给企业带来持续的递延性收益，从而使企业获得最大的投资回报。鉴于研发人员项目工作制的特点，项目分享是最能够起到激励性作用的薪酬组成部分，结合研发人员的工作特点和他们对薪酬的特殊需求，其薪酬结构如图 14-11 所示。

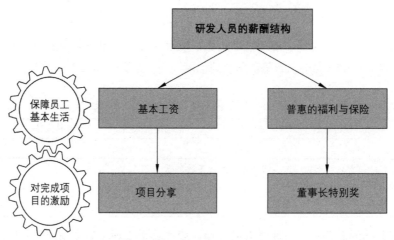

图 14-11　研发人员的薪酬结构

其中，基本工资和项目分享是研发人员薪酬结构的主体部分。

一、基本工资

基本工资的核定可参照等级制薪酬体系中技术系列的核定方法，根据工作评价确定每个设计岗位的相对价值。同时，在薪资调查的基础上确保薪资水平不低于社会同行业的平均水平。基本工资核定额占工作评价所确定总额的一定比例（例如 70%），按月足额发放，用以保障员工的基本生活。

二、项目分享

项目分享是对新产品开发进行的奖励，新产品投入市场之后，公司提取产品利润的一定比例作为奖励，在研发团队成员之间进行分享。其目的是提高研发人员开发的有效性，鼓励研发人员真正按市场的需求去进行产品开发。

1. 项目分享的来源

研发出的产品投入市场产生利润后，公司提取一定额度的利润作为研发人员项目分享的来源。

2. 项目分享的比例

第一年项目分享比例可以根据项目周期和项目难度两个维度来进行确定，如表 14-17 所示。

表 14-17　某企业第一年项目分享比例表

项 目 周 期	低难度：极少创造性的工作/%	中等难度：适当创造性的工作/%	高难度：具有大量创造性的工作/%
因项目团队原因，超过立项规定时间 15 天以上	0.5	0.75	1
立项规定时间的 15 天之内	0.75	1	1.5
比预期的立项完成时间提前了 15 天	1	1.5	2

为了保证研发人员不断地研究创新，新开发的产品应当只在有限的时间里参与利润分享，并且分享比例呈逐年下降的趋势。表 14-18 为第一年分享比例为"1"的某企业的逐年分享比例。

表 14-18　某企业逐年项目分享比例表

分享年限	第一年	第二年	第三年
分享比例	1.0	0.7	0.3

3. 个人项目分享点数的确定

对于每一位参与项目的研发人员，根据其在项目中承担任务的难度和在项目团队中扮演的角色，确定其项目分享点数，如表 14-19 所示。

4. 个人项目分享额的确定

在知道项目分享的总额和参与项目人员的项目分享点数之后，就可以确定个人的项目分享额，具体的计算公式如下：

$$个人项目分享额 = \frac{项目分享总额}{\sum(项目参与人员项目分享点数)} \times 个人项目分享点数$$

表 14-19　项目分享点数示例表

项目角色	低难度：常规的、重复性的工作	中等难度：适当创造性的工作	高难度：具有大量创造性的工作
主管：负责整个工作的安排和大部分工作的完成	400	450	500
参与：独立负责其中的某一部分关键环节工作	250	300	350
协助：协助主管或者参与人员做一些辅助性工作	100	150	200

5. 个人项目分享额的发放

为了实现薪酬激励与约束相结合，应当将个人项目分享总额的一定比例预留至年底，与年终绩效考核结果挂钩。余下的部分，一定比例按季度足额发放，剩余的与季度绩效考核结果挂钩。

表 14-20 为某企业研发人员个人项目分享额的发放方式。

表 14-20　某企业研发人员个人项目分享额的发放方式表

项目类型	发放比例	发放方式
个人项目分享总额	30%	预留至年底，与年终绩效考核结果挂钩
	70%	50%按季度足额发放 50%与季度绩效考核结果挂钩

三、普惠的福利与保险

普惠的福利与保险包括和研发人员薪酬体系相配套的法定福利与保险，其项目和水平依国家、地区及公司的有关规定执行。

四、董事长特别奖

对有特殊贡献的研发人员，可享受董事长特别奖，具体奖励的内容和方式由董事长根据企业实际情况确定。

第五节　生产计件人员的薪酬结构设计

生产计件人员薪酬结构设计的关键是通过对其薪酬的支付，激励他们节约成本、减少浪费、生产出高质量的产品，从而保证企业的信誉。结合生产计件人员的工作特点和他们对薪酬的特殊需求，其薪酬结构如图 14-12 所示。

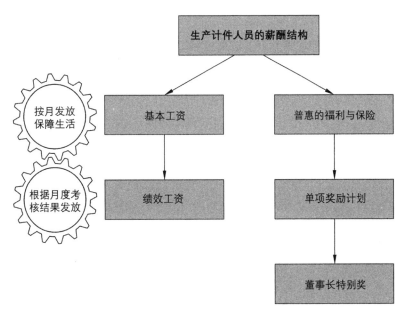

图 14-12 生产计件人员的薪酬结构

其中，基本工资和绩效工资是生产计件人员薪酬结构的主体部分。

一、基本工资

基本工资核定额占个人计件工资额的一定比例（例如 70%），按月足额发放，用以保障员工的基本生活。

二、绩效工资

个人计件工资额减去基本工资的剩余部分即为绩效工资，绩效工资根据月度考核结果决定发放比例。

考核系数由绩效考核结果对应得出，考核内容为员工每月指标性目标的完成情况以及职责履行状态，员工考核结果划分为 5 个等级，每个等级对应一个考核系数，如表 14-21 所示。

表 14-21 生产计件人员考核系数表

考核等级	A（优秀）	B（良好）	C（称职）	D（基本称职）	E（不称职）
考核系数	1.0	1.0	1.0	0.8	0

三、普惠的福利与保险

普惠的福利与保险包括和生产计件人员薪酬结构相配套的法定福利与保险，其项目和水平以国家、地区及企业有关规定为准。

四、单项奖励计划

根据企业的实际需要，可建立与特殊贡献、成本节约、不良事故预防、合理化建议等相关的单项奖。

五、董事长特别奖

对有特殊贡献的生产计件人员，由董事长进行特殊奖励，具体奖励的内容和方式可由董事长根据企业实际情况确定。

第六节　薪酬制度文本化

在企业内部推行管理的计划性是企业可持续发展的前提，而计划性的体现则需要一套文本性的制度规定告诉员工游戏规则，以及遵循或违背游戏规则所带来的奖励或惩罚。薪酬制度的文本化是企业薪酬制度得以推行的前提。

一、薪酬制度文本化的含义及作用

"文本"是文化理论中的术语，是文化环境的生产和消费的过程，受众在这个过程中获得并构建起自身的文化意义，薪酬制度文本化就是薪酬制度的文本写作过程。通过这一过程，把与薪酬有关的各方面规则用条文的形式表现出来，将企业的薪酬理念、薪酬结构系统化、规范化转化为具体的、可执行的薪酬制度。制度文本化是制度管理化的基础。

薪酬制度文本化在企业管理中的作用主要有以下几点（图14-13）。

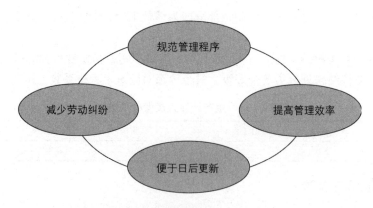

图14-13　薪酬制度文本化的作用

（1）有效地避免官本位的管理制度，规范管理程序。
（2）促进企业的制度管理，提高企业的管理效率。
（3）方便了企业日后制度的修正与更改。
（4）使得员工明确自己的薪酬水平与结构，不容易产生内部不公平的猜测，减少劳动纠纷。

二、制度文本的制作者

1. 外部专家

外部专家指的是来自企业外部、对企业薪酬管理有较深造诣的专业人士。他们愿意为企业提供帮助，并具有相当的实际经验，从而可以较好地为企业提供有益的意见和建议。外部专家一般是高校、协会、营销服务中介机构以及独立的专业人士。

在如表 14-22 所示的情况下，一般适用于聘请外部专家。

表 14-22　聘请外部专家

管理决策	适用情况
聘请外部专家	当公司的管理层中缺乏具有文本编写的技能及知识的专家，而又要处理一些自身无法解决的问题的时候
	当需要进行文本编写，但企业人员工作任务繁重无法抽身编写的时候
	当调用内部人员需要损失较大成本、聘请外部专家成本更低的时候
	当内部人员缺乏公信力，不能获得满意的认同率的时候
	当内部人员对文本的设计与编写产生较大分歧，意见不一致的时候

2. 内部人员

内部人员，就是来自企业内部的员工。在进行薪酬制度文本化的时候，项目小组成员并非全部来自人力资源部，而是以人力资源部人员为主，各层面、各类别员工代表参与。人力资源部把握文本统筹、写作、修正等主线，而员工代表则参与每一项问题的讨论、意见的提出，辅助人力资源部完成薪酬制度的文本化。

在如表 14-23 所示的情况下，一般适用于使用内部人员。

表 14-23　使用内部人员

管理决策	适用情况
使用内部人员	公司内部有优秀的薪酬专家，并且其能力足以满足薪酬文本的编写要求
	公司内部机密较多，不便于外部知晓的情况
	聘请外部专家的成本远大于企业预算的情况

3. 外部专家和内部人员的比较

外部专家和内部人员各有利弊，其优、缺点比较如表 14-24 所示。

表 14-24　外部专家和内部人员的比较

人员类型	优点	缺点
外部专家	较为完备的专业知识可能会提高制度文本的专业化程度 处于中立的立场，可以公平、客观地制定文本制度 作为外部人士更能帮助企业发现自身的问题	增大企业的成本 外包可能会限制企业自身管理能力的提高 往往不能全面了解企业，降低文本的针对性、操作性 外包可能会带来暴露企业商业机密的危险
内部人员	节约成本 在制定薪酬制度的过程中，可以提高企业自身的管理能力 由于对企业情况了解，文本的针对性较强，保密性好，防止商业信息外流	专业知识可能不如外部专家 本位主义可能会影响文本的公平性 身处企业内部从而难以清醒地认识企业所存在的问题

当然，企业文本制作者的选择并不是只有这两种单一的选择，也可以采用二者相结合的方式来进行。

三、薪酬制度文本化流程

图 14-14 所示为薪酬制度文本化的操作流程。

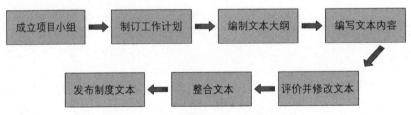

图 14-14　薪酬制度文本化的操作流程

薪酬制度文本化的操作细则如表 14-25 所示。

表 14-25　薪酬制度文本化的操作细则

操作流程	操作细则
成立项目小组	在进行薪酬制度文本化之前需确定是采用内部人员、外部专家还是二者的结合，选择项目小组成员要考虑其资历、学历、经验、职位等因素
制订工作计划	在进行正式的文本化工作之前，需要部署工作，包括工作时间、工作内容、工作流程等
编制文本大纲	根据所有的材料，确定整个文本的大纲，厘清整个文本的脉络，确定文本的基本格式。文本大纲是制度文本的骨架，一个清晰、合理的大纲有助于制度文本的推行

续表

操 作 流 程	操 作 细 则
编写文本内容	这是制度文本化工作的主体内容,在确定骨架之后,把公司具体的薪酬政策、规章、结构、计算公式等填充进文本中
评价并修改文本	在完成制度文本的初步设计之后,最好找一些项目小组之外的人员来评价,提出修改意见,对于合理的建议予以采纳并修改文本
整合文本	对修改后的文本进行归总,形成以薪酬体系为目录的薪酬制度文本
发布制度文本	将已编写好的文本发布,运用到企业的薪酬管理中去

四、薪酬制度文本的结构

企业的薪酬制度文本并没有统一的格式,一般来说,应当包含一个综合的薪酬管理制度文本和区分若干职位类别的薪酬管理制度文本。例如,年薪制、等级制、计件制薪酬管理制度等。

企业薪酬制度文本的结构如表 14-26 所示。

表 14-26 企业薪酬制度文本的结构

项 目	内 容
总则	表明企业的薪酬制度的指导思想、制定原则、制定依据等
薪酬的分类	介绍企业薪酬制度覆盖的管理范围及人员的分类,便于分级分类地管理
各薪酬体系的简介	简介各薪酬体系的使用对象和基本结构等
需要特殊说明的薪酬体系的管理办法	介绍一些特殊的薪酬体系的相应管理办法、操作细则等
附则	其他需要说明的问题

企业分类薪酬制度文本的结构如表 14-27 所示。

表 14-27 企业分类薪酬制度文本的结构

项 目	内 容
总则	详细介绍该薪酬制度适用的对象及该薪酬体系下的薪酬结构
薪酬管理办法	介绍薪酬总额的确定办法、薪酬各个组成部分(如基本工资、绩效工资等)的确定以及发放等
福利保险	对该薪酬体系下人员所享受的福利保险事项做特别说明
附则	其他需要说明的问题

薪酬制度文本举例

第十五章

薪酬执行管理

薪酬执行管理是建立完整的薪酬体系并保证其实施落地的关键环节,在实施上应当是贯穿始终的。薪酬预算、薪酬成本控制和薪酬沟通是薪酬执行管理的三个主要环节。其中,薪酬预算与薪酬成本控制是紧密相扣的,而薪酬沟通反馈的结果又将为企业薪酬策略的调整提供宝贵的意见,从而形成薪酬管理的循环闭环。

第一节 薪 酬 预 算

一、薪酬预算概述

(一)薪酬预算的概念

薪酬预算是指企业管理者在薪酬管理过程中进行的一系列成本开支方面的权衡和取舍。薪酬预算是薪酬控制的重要环节,准确的预算可以保证企业在未来一段时间内的薪酬支付受到一定程度的协调和控制。薪酬预算要求管理者在进行薪酬决策时,要综合考虑企业的财务状况、薪酬结构及企业所处的市场环境因素的影响,确保企业的薪酬成本不超出企业的承受能力。

薪酬预算是一项较为复杂的工程,它通过成本收益分析控制企业成本支出,同时为企业评估提供基础。薪酬预算的难点不在于预算的编制,而在于预算所反映出的组织结构和薪酬设计的难度。薪酬预算影响着组织权力的分配,是人力资源部门与财务部门、运营部门功能的结合。薪酬预算本身作为一种沟通工具,提供了调和组织内部部门冲突的手段。

(二)薪酬预算的作用

薪酬是企业与员工之间达成的一项隐含契约,它体现了雇佣双方就彼此的付出和给予达成的一致性意见。正是凭借这一契约,员工个人与企业之间的交换才得以实现。在企业复杂的人力资源管理过程中,科学、合理的薪酬预算发挥的作用如图 15-1 所示。

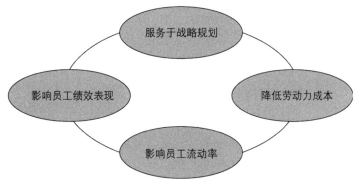

图 15-1　薪酬预算的作用

二、薪酬预算的环境分析

在薪酬预算之前,充分了解企业所处的内外部环境对于准确的薪酬预算是十分重要的。通过这一环节,企业可以更清晰地了解自己目前的位置、市场环境、竞争对手状况、行业动态以及其他要面临的机遇与挑战,同时有助于企业制定相应的应对策略。

(一)内部环境分析

企业制定薪酬预算的内部环境主要取决于组织既有的薪酬决策和它在招募、留住员工方面所花费的费用。为了清楚地把握自身当前的内部状况,企业必须深入了解公司支付能力、薪酬策略、人力资源流动情况、招聘计划、晋升计划、薪酬满意度等人力资源政策的各个方面,如图 15-2 所示。

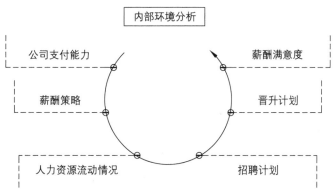

图 15-2　内部环境分析

(1)公司支付能力。公司支付能力的衡量包括劳动分配率、薪酬费用率和薪酬利润率三项指标，一般选用同行业的平均水平或标杆企业的同类指标进行比较。在其他因素一定的情况下，企业的支付能力是其自身财务状况的函数。

（2）薪酬策略。薪酬策略是薪酬分配的总方针，它包含三个方面：第一，薪酬水平策略，即领先型、跟随型还是滞后型；第二，薪酬激励策略，即重点激励哪些人群，采用什么样的激励方式；第三，薪酬结构策略，即薪酬应当由哪些部分构成，各占多大比例；薪酬分多少层级，层级之间的关系如何。

（3）人力资源流动情况。人力资源流动情况即预计下一年度有多少员工会离开公司。企业对各个部门的预期流动率进行估计往往是很难的，但根据市场情况和历年经验对企业整体的流动情况进行评估则多半会简单一些。流动效应的规模可用下面的公式来表示：

$$员工流动效应 = 年度流动水平 \times 计划中的加薪额$$

（4）招聘计划。招聘计划即公司该年度准备吸收多少新员工，是应届毕业生还是有经验者。

（5）晋升计划。晋升计划即公司准备提拔多少员工，提拔到什么等级，给予他们什么样的薪酬待遇。

（6）薪酬满意度。薪酬满意度即员工对薪酬的满意程度，员工对薪酬的哪些方面最不满意。

（二）外部环境分析

从薪酬预算的角度来说，企业了解外部市场的一种常见方式就是进行薪酬调查。通过这种薪酬调查，企业可以收集到有关市场情况、生活成本的变动、市场薪酬水平、市场薪酬水平的变化趋势以及标杆企业或竞争对手的薪酬支付水平等方面的信息，如图15-3所示。

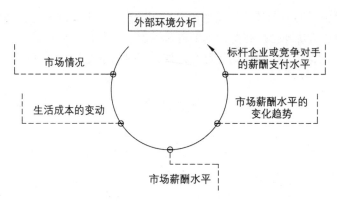

图15-3 外部环境分析

（1）市场情况。企业在未来一年中会快速增长、稳定增长还是萎缩，这决定了企业的战略和对人力资源的需求。企业的市场情况通常会受到国家政策的影响，也取决于市场竞争的激烈程度。

（2）生活成本的变动。企业在进行薪酬预算时，把生活成本的变动情况结合进去考虑是一种很自然的做法。通常企业普遍采取的做法是选取消费者物价指数（CPI）作为参考，以产品或服务价格的变化来反映实际生活水平的变动情况。

（3）市场薪酬水平。市场薪酬水平包括基准职位的市场薪酬水平和分布（主要是 25 分位、50 分位、75 分位和 90 分位等关键点），基准职位的平均薪酬水平、最高水平和最低水平，基准职位薪酬水平分布最集中的区域以及基准职位薪酬的一般构成比例等。

（4）市场薪酬水平的变化趋势。市场薪酬水平的变化趋势即薪酬是匀速增长、迅速增长还是呈下降趋势。企业应当通过近 5 年、10 年的市场薪酬水平调查来预测薪酬水平的走势，从而保证企业自身的薪酬水平跟上市场薪酬水平的变化。

（5）标杆企业或竞争对手的薪酬支付水平。了解竞争对手的薪酬水平很重要，可为企业制定有吸引力的薪酬水平提供合理的外部依据，从而保证企业自身薪酬水平的外部竞争力，防止企业内的核心员工被竞争对手挖走。

三、薪酬预算的方法

薪酬预算对于任何达到一定规模的企业来说都是一件不可掉以轻心的大事。虽然企业在这方面采用的方法众多，但是最常规的薪酬预算方法主要有以下两种，即自上而下法和自下而上法。

（一）自上而下法

自上而下法也称宏观接近法，是指组织的高层管理人员根据组织的总体业绩指标和下一年度发展的预期，确定组织薪酬预算的总额和增薪的标准，再按照一定的比例把它分配给各个部门的一种方法。自上而下法的特点表现为特定企业里这一流程所需的层级数是与组织结构的繁简程度成正比的。因此，在结构复杂、层级繁多的机械型企业里，这一过程是相当烦琐的，倘若管理不力，可能会给组织带来较大的管理成本。

三种常见的操作方法

（二）自下而上法

自下而上法也称微观接近法，是首先由管理者预测每一个员工下一年度的薪酬水平，然后将这些个体数据进行汇总，得到整个企业薪酬预算的一种方法。在实际操作中，这种做法比自上而下法更为常见，具体的流程如图 15-4 所示。

上面详细介绍了自上而下法和自下而上法的操作细则，两种薪酬预算方法的优缺点比较如表 15-1 所示。

鉴于自上而下法和自下而上法各有利弊，我们可以将二者结合起来以做到一定程度的优势互补。由企业高层进行总体财务预测，管理者参考总体财务预测预计薪酬变动幅度，为其下属每一位员工编制薪酬预算。

自下而上法操作步骤

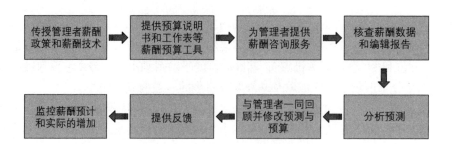

图 15-4 自下而上法的操作流程

表 15-1 自上而下法和自下而上法的优缺点比较

薪酬预算方法	优　点	缺　点
自上而下法	与企业战略紧密相连，符合企业发展的战略要求	虽然能够控制总体的薪酬水平，但却使薪酬预算缺乏灵活性，而且确定薪酬总额的主观因素过多，降低了预算的准确性，不利于调动员工的积极性
自下而上法	对员工的绩效水平进行了翔实的考察	工作复杂、不准确、周期长，管理者的决策通常是短期的，不能将组织的长期发展和短期利益有效地结合起来，不易于控制总体薪酬成本和人工成本；薪酬预算与企业战略的不一致，会影响或破坏企业达到预期目标的能力

薪酬预算是一个反复的过程。在这一过程中，首先由每一级管理者完成预算提议；其次由组织上层逐级汇总，每一层级都应在本级别目标下，结合对其他部门的影响对下级的薪酬预算进行重新检验；最后，将统一的全年和部门预算分发给预算编制者，对改动的地方进行重点检讨，如有不同意见，仍然存在最后调整的机会。

第二节　薪酬成本控制

一、薪酬成本控制概述

薪酬成本控制是指为了确保既定薪酬方案顺利落实而采取的各种相关措施，常用的方法主要包括控制员工人数、使用薪酬总额、最高薪酬、最低薪酬和薪酬结构等。在企业的实际经营中，正式的控制过程包含以下几个步骤：首先，确定相关标准以及若干衡量指标；其次，将实际结果和既定标准进行比较；最后，如果二者存在巨大差距，明确并落实补救性措施。

薪酬预算和薪酬控制是一个不可分割的整体：企业的薪酬预算需要通过薪酬控制加以实现，在薪酬控制过程中对薪酬预算的修改意味着新一轮薪酬预算的产生。在任何情况下，薪酬预算和薪酬控制都不能被简单看作企业一年一度的例行公事，它们持续不断地贯穿于薪酬管理的整个过程中。

二、薪酬成本控制的方法

在企业的经营过程中,薪酬控制在很大程度上指的是对劳动力成本的控制。在多数企业里都存在着正式的薪酬控制体系。一般情况下,企业的劳动力成本可用下面的公式表示:

劳动力成本 = 雇用量 ×(平均薪酬水平 + 平均福利成本)

由公式可知,劳动力成本主要取决于企业的雇用量以及员工基本薪酬、可变薪酬和福利与服务这三方面的支出,它们自然也就成了薪酬控制的主要着眼点。同时,企业所采用的薪酬技术,例如,工作分析和工作评价、技能薪酬计划、薪资等级和薪酬宽带、收益分享计划等,在一定意义上也能够对薪酬控制发挥不小的作用。

因此,我们主要从以下几个方面来关注企业的薪酬控制:第一,通过控制雇用量来控制薪酬;第二,通过对平均薪酬水平、薪酬体系的构成调整以及有目的地设计企业的福利计划来达到控制薪酬的目的;第三,利用一些薪酬技术对薪酬进行潜在的控制。

薪酬控制的关键控制点如图 15-5 所示。

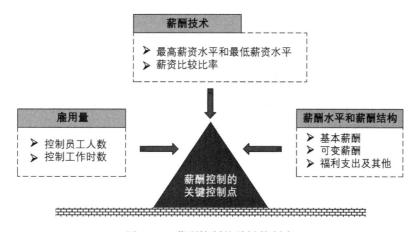

图 15-5 薪酬控制的关键控制点

(一)通过雇用量进行薪酬控制

雇用量取决于企业里的员工人数和他们相应的工作时数,而通过控制这两个要素来管理劳动力成本可能也是最简单、最直接的一种做法。

1. 控制员工人数

有证据表明,在股票市场上,无论是裁员还是关闭工厂,都可以算得上是利好消息。因为在市场看来,这些做法会有助于改善企业的现金流量,有效控制企业的成本开支。当然,这种做法的副作用也是很明显的:裁员不当可能会导致熟练工人的大量流失,从而直接影响企业的人力资本储备。

2. 控制工作时数

由于与调整变动员工的人数相比，调整变动员工的工作时数往往更加方便和快捷，所以控制工作时数这种做法在企业里更为常见。值得一提的是有关工时的法律规范方面的问题。举例来说，很多国家都有明文规定，员工的工作时间在超过正常周工作时数以后，额外工作时间里的薪酬应该按照原有的薪酬水平的 1.5 倍来计算。因此，对于企业而言，就需要在调整员工人数和调整工作时数两种做法之间作出选择，选择的依据则是哪一种调整方式的成本有效性更高。事实上，在实践中，当一个国家的劳动法管辖效力不高的时候，许多企业都会通过变相增加员工工作时数的做法来达到降低劳动力成本的目的。这种情况在我国经济发达地区的一些劳动密集型加工企业中也经常能够看到。

（二）通过薪酬水平和薪酬结构进行薪酬控制

对薪酬的控制，主要通过对薪酬水平和薪酬结构的调整来实现。此处的薪酬水平主要是指企业总体上的平均薪酬水平，薪酬结构则主要涉及基本薪酬、可变薪酬和福利支出这样一些薪酬的构成以及各个具体组成部分所占的比重大小。各种薪酬组成的水平高低不同，所占的比重大小不同，对企业薪酬成本的影响也是不同的。

1. 基本薪酬

基本薪酬是员工获得的较稳定的收入，为其生活提供了基本保障。对企业而言是较固定的成本，基本薪酬的增加将会形成成本累积的作用。而且社会保险费与基本薪酬之间有固定的比例关系，因而，基本薪酬的管理应该是合理控制人工成本的重中之重。

基本薪酬对薪酬预算与控制的最主要影响体现在加薪方面，而在原有薪酬水平之上的加薪一般基于以下三方面的原因：原有薪酬低于理应得到的水平；根据市场状况进行的调节；更好地实现内部公平性。而任何一次加薪能够发挥的效用直接取决于加薪的规模、加薪的时间以及加薪的员工参与率。

2. 可变薪酬

可变薪酬是指奖金等直接与员工绩效挂钩的收入，由于其能够起到较强的价值引导作用，而且是变动成本，因而可变薪酬的合理设计可以更好地发挥人工成本的经济杠杆作用。可变薪酬的目的是在绩效和薪酬之间建立起一种直接的联系，这种联系既可以是员工个人的业绩，也可以是企业中某业务单位员工群体团队甚至整个企业的业绩。

从劳动力成本方面来看，可变薪酬相对于基本薪酬所占的比例越高，企业劳动力成本的变化余地也就越大，而管理者可以控制预算开支的余地也就越大。这对于今天这种崇尚灵活性和高效率的企业环境来说，无疑是一种不错的选择。

3. 福利支出及其他

根据对薪酬预算与控制的作用大小，我们可以把企业的福利支出分为两类：与基本薪酬相联系的福利以及与基本薪酬基本没有联系的福利。前者大多是像人寿保险和补充养老保险这样比较重要的福利内容，它们本身变动幅度一般不大，但是由于与基本薪酬相联系，因而会随着基本薪酬的变化而变化。同时，由于它们在组织整体支出中所占比重较大，因而会对薪酬预算和薪酬控制产生较大的影响。而后者则主要是一些短期福利项目，例如，健康保险、牙医保险以及工伤补偿计划等。比较来说，它们对于企业的薪酬状况所能发挥的作用要相对小得多。

除了上面提到的基本薪酬、可变薪酬以及福利支出之外，可以对薪酬预算发生影响的因素还有很多。比如带薪休假，这种额外休假时间的成本取决于劳动力本身的性质。当不享受加班工资的员工暂时离开职位的时候，一般不需要其他员工来代替，因此没有什么额外损失。而当享受加班工资的员工休假时，必须把承担其工作任务的人工成本计算在内。

（三）通过薪酬技术进行潜在的薪酬控制

1. 最高薪资水平和最低薪资水平

一般而言，每一薪资等级都会具体规定出该级别内的最高薪资水平和最低薪资水平。其中，最高薪资水平对于企业薪酬控制的意义是比较大的，因为它规定了特定职位能够提供的产出在组织里的最高价值。如果发生特殊情况而导致员工所得高于这一限额，就会使企业不得不支付"赤字薪酬"。当然，如果员工因为绩效突出而晋升速度过快的话，也有可能出现这种情况。而当这种情况在组织里很普遍时，对薪资等级和职位说明书进行调整就很有必要了。最低薪资水平代表着企业中的职位能够创造出来的最低价值，因而它一般都会支付给那些尚处于培训期的员工。

2. 薪资比较比率

在薪资控制过程中，一项经常会被用到的统计指标是薪资比较比率。这一数字可以告诉管理者特定薪资等级的薪酬水平中值，以及该等级内部职位或员工薪酬的大致分布状况。该比率的计算公式为

薪资比较比率 = 实际支付的平均薪资水平 / 某一薪资区间中值

因此，当薪资比较比率值为1时，意味着等级内员工的平均薪资水平和薪资区间中值是恰好相等的。

我们在前面已经指出，薪资区间中值是绩效表现居中的员工理应得到的薪酬水平。在理想情况下，企业支付薪酬的平均水平应该等于薪资区间中值。因此，当比较比率大于1时，就说明企业给员工支付的薪酬水平偏高；而当该数值小于1时，薪酬支付不足的情况就显而易见了。当然，对于为什么会出现这种结果，企业需要进行进一步的深入分析。

第三节 薪酬沟通

一、薪酬沟通概述

在薪酬管理的整个流程中,薪酬沟通是不可或缺的重要组成部分,它贯穿于薪酬方案的制订、实施、控制、调整的全过程。在薪酬管理中,有一个很重要的原则就是沟通。如果员工不知道为什么拿钱,那么企业即便发再多的钱,对员工也起不到激励作用。

(一)薪酬沟通的概念

薪酬沟通是指为了实现企业的战略目标,管理者与员工在互动过程中通过某种途径或方式将薪酬信息、思想情感相互传达交流,并获取理解的过程。也就是说,薪酬沟通主要是指企业在薪酬战略体系的设计、决策中就各种薪酬信息(主要指企业薪酬战略、薪酬制度、薪酬水平、薪酬结构、薪酬价值取向等内容以及员工满意度调查和员工合理化建议),和员工全面沟通,让员工充分参与,并对薪酬体系执行情况予以反馈,再进一步完善体系;同时,员工的情感、思想与企业对员工的期望形成交流互动、相互理解、达成共识,共同努力推动企业战略目标的实现。

(二)薪酬沟通的意义

薪酬管理在人力资源管理中的重要性已经在很多研究分析中得到论证,对于企业的经营绩效而言,薪酬既可以起到正面的推动作用,也可能产生阻碍和制约的作用,关键在于企业的薪酬沟通做得如何。因此,良好的薪酬沟通已经成为有效激励员工、提高组织盈利率的关键要素。薪酬沟通的意义如图15-6所示。

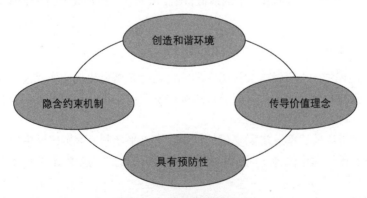

图15-6 薪酬沟通的意义

二、薪酬沟通的操作流程

一个完整的薪酬沟通过程应当是一个循环的闭环,通常如图15-7所示。

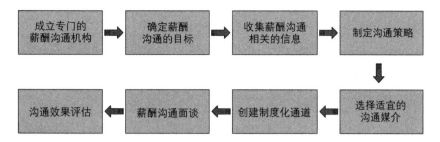

图 15-7　薪酬沟通的操作流程

薪酬沟通的操作流程

第五篇

人力资源吸引与招聘

第十六章

人力资源招聘的系统平台

为系统地解决招聘问题,本章创造性地提出人力资源招聘系统平台的建立,试图将战略牵引、组织支持和系统运行作为完整实施招聘活动的三要素,既创造了一种思维方式,又提供了解决问题的系统工具。

本章将探讨建立招聘系统平台的三要素模型,在铺开全章的构图之后,探讨平台中的思想篇——战略牵引和组织支持。

第一节 招聘的战略视角

一、基点——基于组织战略的人力资源招聘战略

(一)组织战略与人力资源战略

组织战略回答企业的两个基本问题:一是"Where do you want to go?(你想去哪里?)";二是"How do you want to go there?(你想怎么去?)"。哈佛大学战略管理教授潘卡·盖莫沃特认为:战略是一种坚持不懈的承诺和投入,是一种义无反顾的献身。承诺是战略本身固有的性质。战略之所以必须坚持不懈,是因为它投资的要素具有持久性、专用性、不可交易性。企业资源的有限性,使得企业领导者只应关注少数投入密集型的战略性决策。

在知识经济条件下,市场环境的变化和竞争的日益激烈,迫使企业以创新的观点重新思考组织的未来。创新的战略发展思路必然导致对企业组织的战略性变革。当前西方大型企业集团都在对组织形态进行积极探索,以求更好地适应新的战略思路。比尔·盖茨曾经说过,如果把我们最优秀的 20 名员工拿走,微软将变成一个无足轻重的企业。不同的组织战略决定不同的人力资源战略。图 16-1 所示即是几种典型的公司战略对员工招聘和保留策略的影响。

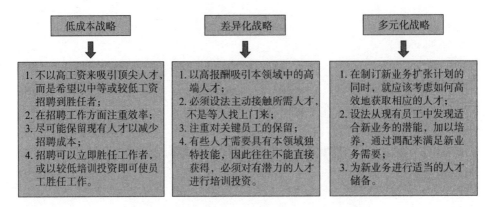

图 16-1　公司战略对员工招聘和保留策略的影响

在现代社会中,人力资源是组织中最有能动性的资源,如何吸引到优秀人才,如何使组织现有人力资源发挥更大的效用,支持组织战略目标的实现,是每一个领导者需要认真考虑的问题,这也正是企业的最高领导者越来越多地出自人力资源管理领域的一个原因。

战略性人力资源管理认为人力资源是组织战略不可或缺的组成部分,如图 16-2 所示。

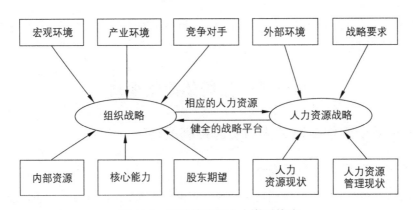

图 16-2　组织战略和人力资源战略

首先,组织战略成功的关键在于确定好、经营好自己的顾客,实现顾客的满意和忠诚,但要实现顾客满意,需要企业提供优良的产品和服务,而高质量的产品和服务,则需要企业员工的共同努力。所以,人力资源是企业获取竞争优势的首要资源,竞争优势正是组织战略得以实现的保证。

其次,企业获取战略上成功的各种要素,如研发能力、营销能力、生产能力、财务管理能力等,这些能力最终都要落实到人力资源上,因此在整个企业战略实现的过程中,人力资源的作用是最重要的。

战略性人力资源管理强调通过人力资源规划、政策及管理实践来实现人力资源的优化配置。它将人力资源管理提升到了战略的高度，系统地将人与组织联系起来，建立统一性和适应性相结合的人力资源管理。

（二）战略性人力资源管理

战略、组织和人力资源共同构成了组织的基础。

通常来说，似乎是设定了组织的战略并搭建了组织的结构之后才考虑人力资源的问题，其实不然，战略、组织和人力资源几乎是同时产生的。企业战略确定了企业存在的理由，确定了企业落实使命和愿景的关键步骤。以此为基础设计的人力资源管理流程则在实践过程中保证了企业的行为符合所设定的战略要求，不发生偏离轨道的现象。

人力资源管理的内涵是在不断充实和丰富的。从传统的人事管理到现代意义上的人力资源管理，所涉及的工作范围已经从单纯的档案文书管理等一般性工作内容拓宽到从招聘到员工安置、从培训到绩效管理、从薪酬福利到员工发展等一个完整的人力资源管理体系，具有很强的系统性和科学性；发展到今天，战略性人力资源管理概念的提出进一步扩充了人力资源管理的内涵，使之和一个企业的战略紧密相连，每一个环节都体现出对企业战略的关注与支持。战略性人力资源管理实际上就是战略在人力资源管理各个方面的映射，人力资源管理体系中的各个组成部分并没有结构上的变化，只是现在每一部分的内容都变得更加重要，覆盖的期限更加长远，影响力更大。战略性人力资源管理之所以这么重要，与它所具有的关键性、系统性和竞争性等特点是相关的，它迎合了人们对智力资本的追求，迎合了当今企业和市场竞争的特征。

总的来说，可以从以下四个方面理解战略性人力资源管理。

1. 一个核心理念——以人为本

战略性人力资源管理理念视人力为资源，认为企业的发展与员工职业能力的发展是相互依赖的。企业鼓励员工不断地提高职业能力以增强企业的核心竞争力，而重视人的职业能力首先要更重视人本身。

把人力资源提升到资本的高度，一方面通过人力资本投资形成企业的核心竞争力；另一方面，人力资本要素参与企业价值的分配。

战略性人力资源管理认为人力资源开发可以为企业创造价值，企业应该为员工提供一个有利于潜力发挥的公平环境，给员工提供必要的资源，在赋予员工责任的同时进行相应的授权，保证员工在充分的授权范围内开展工作，并通过制定科学有效的激励机制来调动员工的积极性。在对员工能力、行为特征和绩效进行公平评价的基础上，给予相应的物质激励和精神激励，激发员工在实现自我价值的同时为企业创造价值。

2. 一套战略规划——实现人和战略的匹配

人力资源规划的意义随着管理学的不断发展而演变。传统的观点认为，人力资源规划的目的是对人员的流动进行动态预测和决策，是预测企业人力资源需求和可能的供给，确保企业在需要的时间使需要人的岗位获得所需的合格人员，实现企业发展战略和人力资源相匹配的过程。

传统的人力资源规划，重点在人力资源规划的度量上，同时也会适当注重人力资源规划和其他规划的一致性与协同性。战略性人力资源管理规划，一方面吸取了现代企业战略管理研究和战略管理实践的重要成果，遵循战略管理的理论框架，高度关注战略层面的内容；另一方面把传统意义上聚焦于人员供给和需求的人力资源规划融入其中，同时更加强调人力资源规划和企业的发展战略相一致。

战略性人力资源管理规划，在对内外部环境进行理性分析的基础上，明确企业人力资源管理所面临的挑战以及现有人力资源管理体系的不足，清晰地勾勒出未来的人力资源愿景、目标以及与企业未来发展相匹配的人力资源管理机制，并制定出能把目标转化为行动的可行措施以及对措施执行情况的评价和监控体系，从而形成一个完整的人力资源战略系统。

3. 四大核心职能——打造战略所需的人力资源队伍

战略性人力资源管理的核心职能包括人力资源配置、人力资源开发、人力资源评价和人力资源激励四方面职能。

战略性人力资源配置的核心任务就是基于企业的战略目标来配置所需的人力资源，根据定员标准来对人力资源进行动态调整，引进满足战略要求的人力资源，对现有人员进行职位调整和职位优化，建立有效的人员退出机制，实现人力资源的合理流动。

战略性人力资源开发的核心任务是对企业现有人力资源进行系统的开发和培养，使其从素质上满足企业战略的需要。然后根据企业的战略需要组织相应培训，并通过制订领导者继任计划和员工职业发展规划来保证员工和企业同步成长。

战略性人力资源评价的核心任务是对企业员工的素质能力和绩效表现进行客观的评价，一方面保证企业的战略目标与员工个人的绩效有效结合；另一方面为企业对员工激励和职业发展提供可靠的决策依据。

战略性人力资源激励的核心任务是依据企业的战略需要和员工的绩效表现来对员工进行激励，通过制定科学的薪酬福利政策和长期激励措施来激发员工充分发挥潜能，在为企业创造价值的同时实现自己的价值。

4. 比较——战略性人力资源管理与传统的人事管理

战略性人力资源管理与传统的人事管理存在明显的区别，这种区别体现在管理理念、管理内容、管理形式、管理方式等各个领域，具体如表16-1所示。

战略性人力资源管理与传统的人事管理相比有了"质"的飞跃，人力资源管理开始进入企业决策层，人力资源管理的规划和策略与企业的经营战略相契合。"人"作为一种资源纳入企业管理的决策当中，这不仅使人力资源管理的优势充分发挥，也给企业的整个管理注入生机和活力，确保实现企业的战略目标。

表 16-1　战略性人力资源管理与传统人事管理的区别

项　目	战略性人力资源管理	传统人事管理
管理理念	以人为本 人力资源是资本	人力是成本
管理内容	以人为中心 重点是开发人的潜能	以事务性工作为主
管理形式	动态管理 强调整体开发	静态管理 孤立地考虑问题
管理方式	人性化管理 物质激励和精神激励并举	制度控制 物质刺激
管理策略	同时兼顾现状和未来 战术和战略相结合	只顾及眼前 战术性管理
管理技术	力争科学性和艺术性平衡 引入新的人力资源管理技术	照章办事 呆板
管理体制	主动开发型 工作自主性和主动性大	被动反应型 工作自主性很小
管理手段	采用多种人力资源管理手段 建立人力资源管理信息系统，保证信息的及时性和准确性	管理手段单一 人工采集信息，信息不完整且不及时
管理层次	人力资源管理部门定位于决策层 直接参与决策	人事部门定位低 只是上级的执行部门，很少参与决策

二、体系——对理念的流程化操作

招聘体系存在的目的是提高招聘绩效，使招聘活动成为一项有效的人力资源管理活动。一个有效的人力资源管理活动要达到三种效果：高满意度、适度的人力成本和高的工作效率。而招聘活动是实现这些效果的主要人力资源管理职能之一，组织的绩效最大化要求我们必须选用适当的人才，促使员工个人绩效最大化。

本书认为组织中招聘的理论体系应该基于流程，整个体系的核心是对理念的流程化操作。

（一）一个核心理念：以人为本、人职匹配

有效的人力资源管理的核心是人职匹配，它能减少人力资源配置和管理中的矛盾，使企业在人力资源配置中把每个员工分配在最适合的工作岗位上，做到因人施配，以求人适其职，是充分发挥人力资源潜能的一个重要条件。从特定岗位对任职者的素质要求出发来安排最适合该

岗位的人员，可以充分调动人员的工作积极性，从而产生高绩效。同时，随着工作多样性的推行，以团队为基础的工作设计和工作安排在企业内日益增多，在组建工作团队、对员工进行调配时，参照各职位的素质模型，进行人员配置，有利于提高团队效能。

在人力资源开发和管理过程中，人和事的矛盾大体可分解为三个方面，即事的总量与人的总量的矛盾，事的类型结构与人的能力结构、素质类型的矛盾，具体岗位（职位）与个人资格素质的矛盾。这三方面的矛盾是普遍存在的。人与事之间不适应是绝对的，适应是相对的。两者之间的关系就经历着不适应—适应—再不适应—再适应的循环往复的过程。因此，我们在人力资源开发与管理过程中，复杂的人事矛盾决定了没有一成不变的管理人与事的原理。

（二）一套流程：实现人与战略的匹配

组织战略体现在战略规划上，而人力资源战略体现在人力资源规划上，因为招聘直接影响员工的工作业绩，进而直接影响整个组织的业绩，因此人力资源规划应与组织战略规划直接挂钩。战略规划中对公司优势和劣势的评价常常集中于三类资源：物质资源、组织资源和人力资源。同其他公司相比较，公司在这三种资源的每一种上都可能处于优势或劣势地位。

对公司人力资源的不同评价将导致不同的计划：保持这些雇员所提供的优势，或者对雇员进行开发，使他们转化为公司的优势。这些计划以及制订这些计划的过程被称作人力资源规划。最近几项研究已经表明，在公司的战略、人力资源规划和人力资源管理实践、公司业绩之间存在着强相关关系。①换言之，人力资源规划就是具体说明公司为了全面提高其业绩，在开发人力资源方面应该采取哪些活动的过程。也就是说，人力资源规划是联系公司战略和甄选活动的桥梁。公司的战略规划影响人力资源规划，而后者又反过来影响甄选计划。因为甄选是雇员能力的决定因素，所以它也是人力资源规划中的首要活动。

第二节　招聘的组织基础

一、应用案例和工具：人力资源规划

人力资源规划，是指根据组织发展战略、组织目标及组织内外部环境的变化，预测未来的组织任务和环境对组织的要求，为完成这些任务和满足这些要求而提供人力资源的过程。它包括预测组织未来的人力资源供求状况、制订行动计划及控制和评估计划的过程。人力资源规划的目标是：确保组织在适当的时间和不同的岗位上获得适当的人选（包括数量、质量、层次和结构）。一方面，满足变化的组织对

流程、案例和表格工具

---

① WRIGHT P M, MCMAHAN G C. Theoretical perspectives for strategic human resource management[J]. *Journal of management*, 1992(18): 295-320.

人力资源的需求；另一方面，最大限度地开发和利用组织内现有人员的潜力，使组织和员工的需求都得到充分满足。

本部分将以人力资源规划为例，说明如何流程化、制度化地解决这一工作问题，包括 3 套流程、3 个企业案例和 8 个表格工具。

二、战略应如何指导人力资源规划

本部分讨论如何在实践中将战略牵引和平台支持两要素联系起来的思维方式和操作方法。实践中，在制订人力资源规划的时候由于没有充分考虑企业整体战略的需要，战略实施过程中产生严重问题的企业不在少数。目前国内的很多企业都已经开始做人力资源规划或者人力资源的年度计划，但是大多数企业把人力资源规划仅仅看成人力资源部的事情，最多加上一些对其他部门的人才和培训需求的调查及汇总。

这里介绍一种可以将企业战略与人力资源规划紧密结合起来的操作方法。企业可以根据该操作方法，形成企业战略规划与人力资源规划的联动机制，为战略实施提供充足的人力资源保障。

（一）明确企业的发展战略

在进行人力资源规划前，企业的人力资源规划工作小组首先应该明确企业的发展战略，明确各阶段的发展目标，明确企业为了实现各阶段的目标制订的主要的战略举措。其中发展战略目标可以分为财务目标、业务目标和管理目标等，应该明确企业在未来几年内各个阶段的这些目标的量化描述。主要的战略举措是企业为了实现这些目标而制订的指导性的行动计划，人力资源规划小组也应该明确各战略举措的具体时间表和各战略举措之间的逻辑关系，如表 16-2 所示。

表 16-2　企业战略发展目标示意

财务目标	1 年内	3 年内	5 年内
销售收入			
净利润			
净资产收益率			
……			
业务目标	1 年内	3 年内	5 年内
产量			
市场份额			
产品结构			
……			
管理目标	1 年内	3 年内	5 年内
成本管理			
企业信息化			
……			

通过对企业发展战略的深入理解，人力资源规划小组才能够描绘出未来几年内企业的发展方向和主要行动计划的蓝图，为制订人力资源规划打下基础。

（二）明确各部门在战略实施中的工作

在明确企业战略的前提下，人力资源规划小组还要对企业未来的行动计划进行分解，如表 16-3 所示。明确每个活动计划涉及的部门以及每个部门在行动计划中的职责和要求，进而明确各部门在各阶段的工作重点。这是人力资源规划小组在制定针对每个部门的人力资源配置原则时应收集的必要信息。

表 16-3　各部门工作举措示意

部门	举措 1 ＿年至＿年	举措 2 ＿年至＿年	举措 n ＿年至＿年	各部门重点工作摘要（分时间段描述）
研发部门				
生产部门				
营销部门				
财务部门				
……				
战略管理部门				

同时，人力资源规划小组要根据各部门在未来几年内的主要工作，确定各部门的关键岗位。明确各部门的关键岗位将有助于企业的人力资源规划有重点地进行，对关键的人才有更加详细的资源配置规划，确保战略的顺利实施。

各部门的关键岗位具有以下几个特征：该岗位是某项战略举措实施过程中最核心的岗位；该岗位是企业特有的研发、技术岗位；该岗位的员工需要接受较长时间的培养才能符合岗位的任职要求；这些关键岗位的人才一般都是劳动力市场不能马上提供的，需要企业提前进行培养，并针对这些岗位制订比较详细的人力资源规划。

（三）分析企业各部门人力资源现状

人力资源规划小组对企业总体的人力资源状况进行分析，主要是进行人员结构的分析。比如企业管理人员、技术人员、生产工人、后勤人员的构成比例，企业员工年龄的构成情况，企业员工的学历构成情况等。

人力资源规划小组在进行企业人力资源整体分析的同时，要对各部门的人力资源现状进行分析，明确各关键岗位的人力资源现状以及该部门总体的人力资源状况。对各部门的人力资源状况进行分析，特别是对研发、生产和营销等与企业的经营目标直接相关的部门的人力资源现状进行分析，可以了解目前企业是否具有充足的人力资源来实现战略目标，进而为制定各部门的人力资源配置原则提供信息，也为人力资源需求调查提供信息。

（四）明确各部门的人力资源配置原则

人力资源规划小组在明确了各部门在战略实施中的职责以及各部门的人力资源现状之后，应制定企业各部门在战略实施的各个阶段的人力资源配置原则。这个原则是企业人力资源规划和企业战略相结合的最重要的保障。

人力资源规划小组根据各部门在战略实施过程中的重点工作和需要达到的目标，以及该部门目前的人力资源状况，确定该部门各类人员的配置原则。部门内各类人员主要指管理人员、专业人员、技术人员和后勤人员等不同类别的人员，不同类别的人员在战略实施过程中的职责是不同的，因此人员的配置原则也是不一样的。人员的配置原则一般有四种：增加编制、减少编制、培训提高、保持不变。

人力资源规划小组在确定部门整体的人员配置原则时，应该同时制定各部门的关键岗位配置原则。因为，关键岗位在企业战略实施过程中将起到非常重要的作用。关键岗位配置原则一般有两种：增加编制、培训提高（如果某岗位人才数量需要减少或者维持不变的，质量需要降低或者维持不变的，该岗位一般不会成为关键岗位），如表16-4所示。

表16-4　各部门关键岗位配置原则示意

战略阶段	1年内			3年内			5年内		
	岗位A1	岗位B1	岗位C1	岗位A3	岗位B3	岗位C3	岗位A5	岗位B5	岗位C5
研发部门									
生产部门									
财务部门									
……									
战略管理部门									

注：在各阶段，各部门的关键岗位不一定相同，关键岗位随着战略的发展会有所调整。

各部门的人力资源配置原则应该由企业的战略管理部门或者战略管理委员会进行确认，以确定该配置原则与企业的发展战略是否一致。人力资源配置原则得到确认后，人力资源规划小组可以根据该原则全面开展人力资源规划工作。

（五）全面开展人力资源规划

企业的人力资源规划小组在各部门的人力资源配置原则的指导下可以全面开展人力资源规划工作。可以对各部门进行人力资源规划的相关技术的培训，进行企业发展战略和重点战略举措的培训，这些可让各部门明确本部门未来的工作重点，明确本部门未来各阶段人力资源的配置原则。

在此基础上，各部门提出自己未来各阶段的人力资源需求，包括人才需求和培训需求。企业的人力资源规划小组根据各部门提出的具体的、量化的人力资源需求进行人力资源规划，确定各阶段人才的招聘规模和人才结构，明确各阶段员工内部晋升和转岗的规划及各阶段员工培训提高的规划以及各阶段员工淘汰的计划等。

如果企业战略发生重大调整，人力资源规划也应该进行相应调整。通过了解与战略匹配的人力资源规划的操作方案，通过建立上述企业战略规划与人力资源规划的联动机制，可以让人力资源规划真正成为实现企业战略的有力保障。

第十七章

招聘计划的制订

本章将基于前文的讨论，进一步梳理招聘实施和计划执行的策略。在提出一个工作吸引策略模型和两个招聘策略落实的细节举例之后，提供了招聘计划的程序和工具，对应招聘程序中主流程的录用计划和招聘计划两个环节。

此外，本章希望开拓管理者的思路，使之认识到招聘计划的制订不仅包括通常意义上的招聘计划，还包括招聘的策略实施以及替代性活动与相应的方案。企业管理永恒地追逐效率，如果能在节约资源的同时有效地完成工作，则不仅实现了任务目标，同时在资源总量有限的前提下保障了企业总体招聘价值的实现。

第一节 招聘策略

在本节中，招聘策略是一个更宽泛的概念，相对于我们经常遇到的"强势企业的人才营销"问题，本节更关注两个方面：一是当企业未具备对人才足够的吸引力时，应采取何种招聘策略；二是如果将招聘看作一个持续的过程，对新员工应采取何种策略才能使招聘过程效率最大化，使后续工作实现录取工作的有效过渡，甚至能够挖掘更大的招聘价值回报。

一、工作吸引策略模型

Worldatwork 公司调查了 2 554 家企业的人力资源专家，其中 72%宣称他们关注如何吸引、保留人才问题。企业也提出了许多吸引人才的措施。使用最多的 10 种措施及百分比分别是：市场调整/增加基础工资（62%）；额外津贴（60%）；工作环境的改善，比如弹性工时制、压缩工作时间、相关着装规范和远程办公等（49%）；留任津贴（28%）；升迁和职业发展机会（27%）；高于市场平均工资水平（24%）；专门的培训及教育机会（22%）；个人现金红利（22%）；股票计划（19%）以及项目阶段性或完成奖（15%）。

本节的一个前提是求职者在整个招聘过程中将受到许多力量的影响。这些力量包括劳动力市场、法律及法规、招聘选拔过程、对工作要求和报酬的了解。图 17-1 呈现了基于此目的的一个有用的工作吸引策略模型。这个模型说明了工作吸引有三个基本的成分：招聘活动、诱因、求职者资源。在这里诱因是与利益相关的。因为它代表报酬（金钱上的或外部的，非金钱的或内部的）成为工作吸引的一部分。招聘活动和求职者资源也是重要的成分。

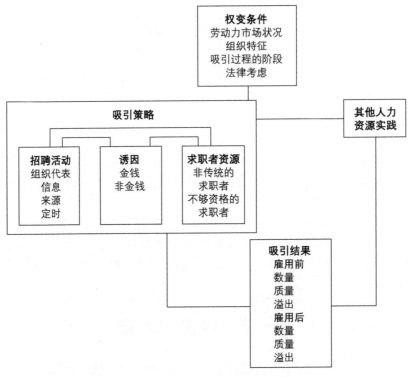

图 17-1　工作吸引策略模型

这三个基本的策略成分结合起来共同影响雇用前、后的结果。雇用前的结果是指那些或出现在前面或出现在工作接受点上的雇用结果。它们包括求职者数量（例如求职者数目，空缺的比例），求职者质量（例如 KSAO），溢出效应（例如求职者向别人诉说的招聘经验的报告，顾客或者潜在的求职者）。

吸引策略还表明诱因不是凭空出现的，而是出现在更广泛的策略背景之下。以工作要约为例，工作要约是由组织作出的关于要约接受者可以与组织建立雇佣关系的努力。工作要约不同于面试或录用通知，是招聘中一种常见但不常规的程序，因此在我们的招聘程序图中没有画出工作要约环节。常见是指它可以发生在内部或外部招聘中，不常规是指相对于一般招聘过程，要约企业更加主动地搜寻人才并邀请他们参加公司的选拔，要约对象事先对公司的招聘信息可能知晓,也可能不知晓,通常发生于公司急切希望获取某方面的人才时。正是通过工作要约,而不是其他手段,组织寻找足以吸引接受者的报酬种类和数量。一个对要约的"好的"首肯暗示了接受者的认可,足以保证通过雇佣合同正式进入人员/职位匹配。

二、工作销售策略

工作吸引人才可能有多种多样的因素,这里仍以工作要约的方法为例,介绍如何在招聘的每个环节体现公司对人才的渴求和需要。在实践中,工作要约可以选择不同途径,途径选择取决于要约的内容,以及规划要约时所有考虑的因素。为了说明更加形象,可以用两种极端的方法来介绍工作要约——机械方法和销售方法。

1. 机械方法

机械方法是指组织单向与接受者沟通的简单方法。在形式上是标准化的、"表格化"的,通常用书面形式发给接受者,然后等待回音。接受者不能增添和修改,这样的要约即使被接受,也没有进一步的沟通。如果个体拒绝这样的提供,只需回复另一格式的信告知已收到并拒绝。同时,提供要约的过程反复重复,对不同的接受者没有任何校正。

2. 销售方法

销售方法把工作要约当作一件必须开发和卖给顾客(接受者)的产品。组织和接受方之间有积极的互动,对条款和条件进行开发,整合形成一整套提供方案("要约包")。在接受者与组织间会呈现一些非正式的协议,而缩减协议使之成为正式的工作要约便是正式化。在正式提供呈现之后,组织继续与接受方进行积极的沟通。通过这种方式,组织能够修改一些提供过程中的小故障,继续将工作销售给接受者。

图 17-2 呈现了销售方法的一个很好的例子。

三、招聘延伸策略:新员工定位与社会化计划

完成最后的录用活动并没有结束对人员/职位匹配的考虑。相反地,现在这个关系必须被培养和保持,以确保匹配能长时间有效。新雇员刚刚加入组织,他们在工作和组织中的最初进入应该被定位和受社会化活动所指导,整个过程是一个完整的适职管理过程。

(一)定位

新员工的定位可以在雇佣关系确定以后马上开始。整个定位应该关注人员/匹配以及人员/组织的匹配,并使它们成为有效的现实。定位要求对所要覆盖的问题预先有详细的计划,如为新员工准备材料,为有效的定向计划做好相关活动的日程安排。通常情况由人力资源部负责设计和执行定位计划,并且在真实的定位活动中寻求与新员工主管密切的合作。

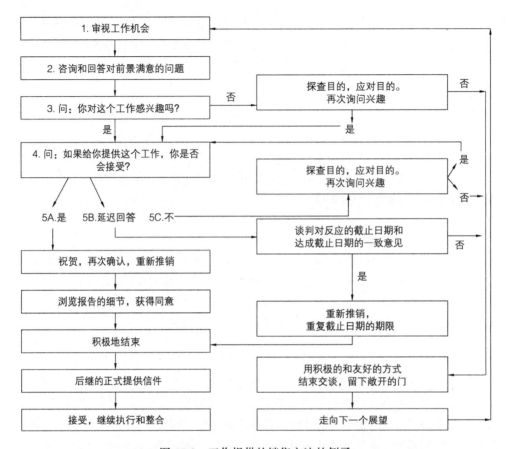

图 17-2 工作提供的销售方法的例子

资料来源：GODDARD R, FOX J, PATTON W E. The job-hire sale[J]. Personnel administrator, 1989, 34(6): 121.

定位应该包含的信息是决定和提供新员工"需要知道的信息"。为避免信息超负荷，间隔信息是必要的。正如现实的招聘，信息应该精确，并且在范围上更广泛；应该使用多重媒介：书面的、口头的和视听的。

新员工定位计划的建议包含为定位项目提出的大范围信息的建议，完成信息的传递需要通过材料、培训项目、与各种人员会面、视觉侦察等。注意到这些活动都是间隔的，而不是集中在新员工工作的第一天。在定位项目的所有方面，应期望新员工的主管发挥关键作用，尤其是在开始日期里，这时的定位应正确地聚焦在与工作绩效有关的主题上。在以团队为基础的环境中，这些主管的行为可能是团队领导者和团队成员的责任。

新员工定位计划的建议

（二）社会化

新员工的社会化是定位活动的延伸，社会化的目标是赢得有效的人员/职位，以及人员/组织之间的匹配。如果说定位培训关注新员工最初的和即时的适应，那么社会化则强调帮助新员工持续地适应工作和组织。开发和执行一个有效的社会化过程，必须讨论两个关键的主题：首先，社会化应该出现的关键要素和内容是什么；其次，组织如何给新员工传递这些要素。

1. 内容

社会化过程的内容明显与具体的组织和工作相关，但要考虑几个成分。从新员工角度看，它们包括以下内容。

人——见面和了解合作者，关键接触，非正式群体和聚集，网络；成为可接受的和被这些人尊重的"一伙人中的一个"。

绩效效率——对工作要求非常熟悉；掌握任务内容；对绩效结果施加影响。

组织目标和价值——学习组织的目标，接受这些目标和价值观；学会关于理想行为的价值观和标准。

政治——学会如何使事情真正有效；熟悉关键的人物，了解他们的特点；寻找可接受的捷径；闲谈和网络。

语言——学会特别的术语，强义词，缩写词；知道说什么；学会行业中的行话。

历史——了解组织的起源和成长；熟悉顾客，了解仪式、特别事件；理解工作单位的起源和人的背景。

前面提到的许多主题都可能成为定位性培训计划中的内容，建议将定位培训和社会化计划紧密配合起来进行开发，使它们能同步发展，使新员工可以从定位性计划中无隙地进入社会化计划。

2. 发送

向新员工传递社会化应该由新员工的上级负责，尤其是关于绩效效率、组织目标和价值观。新员工和上级之间对这些要素进行直接、坦率和正式的沟通是有益的。

新员工的工作小组或团队中的伙伴是帮助新员工社会化的有效人选。他们可以和新员工分享自己不断积累的经验。当新员工以一种非正式的方式提问时，他们也可以使自己变得可接近和可提供帮助。

最后，人力资源部在社会化的过程中是非常重要的。人力资源部代表可以帮助筹备正式的组织范围内的社会化活动，如指导人计划、特别事件、信息介绍。还有，代表可以从事开发指导人和主管的培训项目。

第二节 招聘计划

➢ 现有员工

进入"人员登记表",每条记录与该员工的"个人登记卡"相链接。

对于填补空缺的申请,请填写"人员需求申请表";

对于需要扩大编制的申请,请填写"人员增补申请表";

填写完毕后,会同时自动进入"人员需求汇总表";而只有通过审批后,才会进入。

➢ 进入"招聘计划表"

招聘计划包括以下几方面内容:组建团队、渠道选择、信息发布、问话提纲、招聘方式的选择和招聘费用预算。

一、组建团队

日本索尼公司十分重视招聘工作,因而在激烈竞争中一直保持领先的地位。该公司招聘的特色,一是欢迎在目前任职公司未能发挥潜力的人;二是非常重视招聘团队的组建。该公司对应聘人员的考试极其严格,每个应聘人员都要经过 30 个经理以上级别人员的面试,而且考官的评分在 5 年内有效,在之后 5 年的工作中一一检验,这是对经理人员评估能力的重大考验。

索尼公司拥有一个职业化的招聘团队。在招聘过程中,工作申请人是与组织的招聘者接触而不是与组织直接接触,因此他会根据组织在招聘活动中的表现来推断组织其他方面的情况。因此,招聘者应具备良好的个人素养、多方面的能力、广阔的知识面和相应的技术要求;而对招聘团队的领导而言,焦点问题则是与部门主管人员之间的职责划分,如表 17-1 所示。

表 17-1 招聘与选拔在直线和职能部门之间的职责划分

部门主管人员(直线人员)的活动	人力资源管理专业人员的活动
列出特定工作岗位的职责要求,以便协助进行工作分析	在部门主管人员所提供资料的基础上编写工作描述和工作说明书
向人力资源管理人员解释对未来雇员的要求以及所要雇用人员的类型	制订出雇员晋升人事计划
描述出工作对人员素质的要求,以便人力资源管理人员设计甄选和测试方案	开发潜在合格求职者来源并开展招聘活动,力争为组织招聘到高质量的求职者
同候选人进行面谈,作出最后的甄选决策	对候选人进行初步面试、筛选,然后将可用者推荐给部门主管人员去考虑

组建招聘团队应该遵循以下原则:知识互补、能力互补、气质互补、性别互补及年龄互补;

与此同时，还应注意招聘活动的严密性、招聘者的言行以及确保求职者的隐私权。

二、渠道选择

招聘渠道主要包括内部招聘和外部招聘两种，对内、外部条件的分析是选择并确定招聘方式的基础。内部招聘是通过公司内部人员调整，把公司内的某些人员调任到空缺职务上去。这需要对公司员工进行有效的绩效考核和知识、技能评价。外部招聘人员选择范围广，外部进入的人员可带来新观念；但由于外聘人员对本公司的机构设置、发展历史和常规等并不熟悉，故风险、成本也大，且不利于增强组织凝聚力。

表 17-2 是对内部招聘与外部招聘的比较。

表 17-2　内部招聘与外部招聘的比较

优缺点	内 部 招 聘	外 部 招 聘
优点	1. 员工熟悉企业，易进入新角色 2. 招募和培训成本低 3. 能提高员工士气和工作意愿	1. 可引入新的理念 2. 新员工上任，凡事可以从头开始，不会因循守旧 3. 可引入企业没有的知识和技术
缺点	1. 容易引起员工因竞争而产生的不和 2. 员工来源偏窄，容易将不具备条件的员工提升到较高职位 3. 未得到录取，应聘者情绪较易低落	1. 新员工不能迅速适应新环境 2. 降低现有员工的士气和投入感 3. 新、老员工间需要一定的磨合期

（一）内部招聘

1. 实施内部招聘的方法

（1）内部晋升和岗位轮换。内部晋升和岗位轮换需要建立在一种系统的职位管理和员工职业生涯规划管理体系的基础之上；建立一个接班人计划，对组织中的重要职位确定一些可能的候选人；跟踪候选人的绩效，对他们的提升潜力作出评价；一旦重要职位发生空缺，就将最有潜力的候选人提升上去。

（2）内部公开招聘。

在信息发布后，符合条件的内部员工可以根据自己意愿申请，填写"内部申请表"。

同样要进行选拔评价。

员工应聘成功，原主管应给予支持，并给予一定的时间进行工作交接。

（3）内部员工推荐。

应鼓励员工利用自己的人际关系为企业推荐优秀的人才，填写"内部推荐表"。

对推荐者的推荐情况进行跟踪和记录，如果某一员工推荐的候选人总是不合格，则以后不再考虑。

2. 实施内部招聘的注意事项

人力资源部向每一位合适的基层管理人员发出通知书，说明现有职务空缺；通知书应包括职务名称、职务编号、报酬级别、工作范围、履行的基本职责和任职资格（从职务说明/规范中获取资料）；确保通知书的广泛性、公开性；确保每一位胜任该职位的员工清楚地了解空缺的职务；符合资格条件的员工应积极地与人力资源部取得联系；必要时，组织一个竞聘答辩会。

非公开招聘是依据员工的职业生涯而设计，由上级主管人员提名推荐的一种招聘方式。它可能是人力资源部要求推荐的，也可能是人力资源部未做要求而部门主管自主推荐的。推荐者需承担推荐责任。

此处的注意事项：内部招聘中，无论谁中选，其上级主管都必须在 30 日内把他从现任岗位上撤换下来，让其担任新的岗位工作。即使一时找不着合适的接替者也在所不惜；在 6 个月内，如果新任者被证明并不胜任，则可以把他们送回到原职位；若原职位已有合适人选，则对其进行必要的培训，待时机再行安排工作。

（二）外部招聘

公司必须不断地从外部招聘员工以满足以下需求：补充初级岗位；获取现有员工不具备的技术；获得能够提供新思想的、具有不同背景的员工；获得通过内部招聘不能达到目标的人员。

1. 外部招聘的方式

外部招聘有招收应届毕业生和招收有经验的人两种形式，这主要取决于公司对员工经验、经历等的要求。

（1）招收应届毕业生时，就要招收不同类型的人才，如技术型人才、管理型人才、操作类员工等，选择最合适的院校及生源。

（2）招收有经验的人，主要是通过诸如猎头公司、人才招聘会、新闻媒体、人才交流中心等不同渠道来进行，要做好这些招聘渠道的资格认证，最终选择最合适的招聘渠道。

2. 实施外部招聘

可以通过人才招聘会、新闻媒体、猎头公司、人才交流中心、网络招聘、院校招聘等实施外部招聘。此外，应重视并查询一些网上的个人求职简历，选择合适的应聘者进行面谈，关注主动或慕名到公司求职人员的接待和处理，如表 17-3、表 17-4 所示。

三、信息发布

（1）无论采取什么招聘渠道，都必须发布招聘信息，它的作用是要让求职者清楚地知道自己是否就是企业所需要的。

（2）招聘信息的内容必须全面，表述必须准确。

（3）招聘信息一般包括工作名称、职位级别、年龄、学历要求、联系方式等。

表17-3 各种外部招聘方法比较

方　法	优　点	缺　点
直接申请者	1. 快捷 2. 成本低	以补充初级岗位员工为主
员工推荐外部人员	1. 对应聘者比较了解 2. 快捷，成功率较大 3. 应聘者就职后稳定性强 4. 成本低	1. 易造成内部结派和小集团 2. 易掺杂人情关系，导致录用非所需人才，且录用后难以辞退 3. 推荐不成功将使推荐者难堪
广告招聘	1. 传播范围广，可吸引较多求职者 2. 时效性和针对性强 3. 有树立企业形象等辅助功能	1. 因应聘者较多，甄选工作量及难度较大 2. 广告效果受所选媒体和留存时间的影响大
人力资源市场	1. 可在较短时间内收集较多求职信息 2. 成本低	1. 异地招聘成本高 2. 甄选的工作量大
大专院校招聘	1. 人才集中，且有一定的知识技能 2. 可信度高 3. 成本随招聘人数上升而下降 4. 聘用后不需太多的培训且应届毕业生可塑性强	1. 大多数人才缺乏实际的工作经验 2. 只能在固定时间招聘
专业招聘机构	1. 可用于招聘高级经营管理人才 2. 被聘用的人员素质较高	1. 成本高 2. 聘请到的人员日后易被猎走
网络招聘	1. 不受时间和空间的限制 2. 方式灵活、快捷 3. 传播范围广 4. 成本低	1. 缺乏针对性 2. 应聘的人过多导致甄选的难度很大

表17-4 各种招聘广告媒体比较

媒体类型	适用情形	主要优点	主要缺点
网络（互联网）	1. 全球范围的招募； 2. 招募对象年轻化，具备一定的网络技能	1. 信息覆盖面广 2. 方便、快捷、时效性强 3. 成本低 4. 针对性强 5. 具有快速筛选功能	1. 信息真实性难以保证 2. 中高端岗位招募的成功率较低
杂志	1. 当要寻找的职位候选人集中在某个专业领域中时，选择该领域中人们比较广泛阅读的杂志会比较适合 2. 所需候选人地区分布较广时 3. 空缺职位并非迫切需要进行补充时	1. 接触目标群概率较大 2. 杂志便于保存，能够在长时间内被看到 3. 杂志的纸质和印刷质量相对较好	1. 申请职位的期限会比较长 2. 发行的地域可能会比较分散 3. 广告的预约期比较长

续表

媒体类型	适用情形	主要优点	主要缺点
广播电视	1. 当公司需要迅速扩大影响时，将企业形象的宣传与人员招聘同时进行 2. 需要进行大量人员招聘时 3. 用于引起求职者对其他媒体上广告的注意	1. 可以产生有较强冲击力的视听效果 2. 如果选择在黄金时段，则吸引的人数众多 3. 容易给人留下深刻印象	1. 广告的时间比较短 2. 成本比较高 3. 缺乏持久性
印刷品	1. 在特殊的场合比较适合，比如：招聘会、展示会、校园招聘等 2. 适合配合其他形式的招聘活动	1. 容易引起应聘者的兴趣并引发他们的行动 2. 成本较低	宣传力度比较有限

（4）招聘启事需张贴在醒目的地方，并保留一定的期限。

企业发布招聘信息的渠道主要有招聘会、招聘广告、职业介绍机构、人才机构、校园招聘、员工推荐、网络招聘等。各种发布方式都有其优、劣势，要选择最有效的渠道，就必须综合考虑招聘职位的不同、职位空缺的数量、需要补充空缺的时间限制等因素。在选择过程中，不仅要考虑信息发布的费用成本，而且要考虑招聘信息覆盖的范围，更要考虑招聘信息能否及时准确地到达目标人群。

四、问话提纲

> 进入本书后：问题清单和本章后：问话提纲

五、招聘方式的选择

山西票号日升昌在其经营近百年的时间里，一直非常重视职员的遴选。在票号内部，每个入号学徒的小伙计，都要经过长达数年的观察和考验。这种做法在日升昌创办之初就开始了，在此后近100年时间里，它作为票号最珍贵的传统一代又一代地传承着。民国初年，日升昌最后一任大掌柜曾用这样一段话进行了概括：票号以道德信义树立营业之声誉，故遴选职员、培养学徒非常慎重。人心险于山川，故用人之法非试验就无以知其究竟。远使之而观其忠；近使之而观其敬；烦使之而观其能；猝然问焉，而观其知；急与之期而观其信；委之以财而观其仁；告之以危而观其节；醉之以酒而观其侧；杂之以处而观其色。九征至，不肖人得矣。

其意为：让他到边远地方去，看他是否忠诚；让他在近旁，看他是否恭敬；分配给他繁难的工作，看他有无才能；突然向他提出问题，看他是否能回答得清楚、详尽；给他短促的工作期限，看他是否讲究信用；把钱财交付他保管，看他是否廉洁；告诉他处境危险，看他的节操如何；用酒把他灌醉，看他是否失去常态；让他到复杂的环境中，看他的表现是否正常。用上述九种方法来检验一个人后，品行不端的人就可以看出来了。

一般来说，招聘方式如表17-5所示。

表 17-5　招聘方式概览

招聘方式	简　介
加权申请技术	加权申请技术的使用，是将每个应聘者应聘材料中的有关情况根据加权申请表的相应权数核算成分数，然后依次排列，以作为聘用决策的依据 申请技术的难点在于加权申请表的设计 加权申请表的设计程序：拟订申请表—将申请表的每项内容与企业员工的业绩建立数量关系，即确定每项内容对员工业绩的影响权重—建立加权申请表 数量关系一般由过去的统计资料确定或由权威机构提供
面试	面试是企业目前使用最普遍、也是最重要的招聘甄选技术 它通过考官与应聘者直接面对面的交谈，使考官能更深入地考查应聘者各方面的能力 面试的优点表现在直观性强、考查面广、与实际联系密切、可以灵活掌握等方面
笔试	优点体现在： 可以大规模进行 可以事先编制试题，这样有利于多方咨询，提高测评的信度和效度 试卷的评判有比较客观的依据，公平性和准确性较高 应聘者的心理压力相对较小，可以发挥正常的水平
笔试	缺点体现在： 无法考查应聘者的品格、修养、工作态度、处世态度、口头表达能力、灵活应变能力、动手操作能力等 可能出现"高分低能"的现象，选拔出的人才可能并不适合企业的需要 测评的效果对试卷科学性的依赖较强 可能会有瞎猜或舞弊的应聘者侥幸过关
心理测验	包括能力测验和个性测验 常用的能力测验技术有：智力测验（韦氏成人智力量表、瑞文标准推理测验）、一般能力倾向测验（GATB）、鉴别能力倾向测验（DAT）、特殊能力测验等 个性是个体独特的、对待现实稳定的态度和习惯化了的行为方式，它是一个人区分于其他人的稳定的心理特征 常用的个性测量技术有：EPQ 个性测验、T-S 个性测验、自陈式量表法、投射测验、加州心理调查表（CPI）、卡特尔 16 种个性因素测量（16PF）、YG 性格测验、MB 行为风格测验、霍兰德职业兴趣测验等
评价中心	评价中心是一种综合性的人员测评方法，它使用情境性的测验方法对应聘者的特定行为进行观察和评价 这种方法通常是将应聘者置于一个模拟的工作情境中，采用多种评价技术，有多个考官观察和评价应聘者在这种模拟工作情境中的行为表现 它是用来识别应聘者未来潜能的评价过程，它包括应聘者从事各种个体的和群体的活动中的观察
无领导小组讨论	无领导小组讨论是指一组应聘者在给定的时间里、在既定的背景之下、围绕给定的问题展开讨论，并得出小组意见 参加讨论的应聘者人数一般为 4~8 个人，6 人为最佳 讨论持续的时间通常是一小时左右

续表

招聘方式	简 介
无领导小组讨论	在讨论中，可以给每个应聘者指定角色，也可以不指定，指定的为有角色的无领导小组讨论；不指定的为无角色的无领导小组讨论
	所谓"无领导"指的是，事先并不指定哪一位应聘者为小组领导者
	应聘者自行安排与组织发言次序并进行讨论
	讨论的问题应根据招聘的职位特点确定
	考官并不参与讨论，他们的作用体现在向应聘者介绍讨论的问题和规则，并在讨论过程中对应聘者的表现进行观察和评价
公文处理测验	公文处理测验是通过对应聘者未来的管理工作进行模拟从而对其潜能进行评价的一种有效方法在测验中，应聘者将扮演某一管理者的角色，处理一堆需要紧急解决的公文文稿，文稿一般包括通知、报告、下级反映情况的信件、客户的来信、电话记录、上级的指示、关于人事或财务方面的问题等，公文有来自上级的，也有来自下级的；有组织内部的，也有组织外部的；有紧急重要的，也有日常琐事
	应聘者被要求在规定的时间内，在没有其他人的帮助下采取措施或作出决定来解决问题，如写出处理意见、安排会议、将任务分配给其他人等
	考官根据应聘者的作答，针对某些特定问题要求应聘者作出解释
	考官通过对应聘者在该模拟测验中的表现，考查其在管理上的组织、计划、分析、判断、决策、协调各方面关系和分派任务的能力，以及对待客观事物和外在环境的主动性和敏感程度等
模拟演讲	模拟演讲是考官给应聘者出一道题目，让应聘者稍做准备后按题目要求发言，以便了解其有关的基本素质和潜在能力的一种测评方法
	在模拟演讲前，应向应聘者提供有关的背景资料
	模拟演讲可以是做一次动员报告、开一次新闻发布会、在员工联欢晚会上致辞或针对具体的岗位或职务做一次就职演说等
	模拟演讲主要用来了解应聘者的快速思维反应能力、理解能力、口头表达能力、思维的发散性、言谈举止和风度气质等基本素质
现场操作	要求应聘者现场完成所应聘岗位的部分或全部工作任务，以确定应聘者与工作的适应性
	现场操作应进行精心设计，以便能观察到应聘者在做特定工作时的实际情况

不同选拔方式的预测效度见表17-6。香港企业对各种选拔方式的利用率比较见表17-7。

表17-6 不同选拔方式的预测效度

方 法	预测效度	方 法	预测效度
心理测验	0.53	面试	0.14
工作试用	0.44	学术成果	0.11
个人简历	0.37	教育程度	0.10
背景调查	0.26	兴趣	0.10

表 17-7　香港企业对各种选拔方式的利用率比较

选拔方法	利用率/%	选拔方法	利用率/%
面试	99.1	体检	45.2
审查求职材料	89.1	评价中心	3.3
补充调查	76.9	其他方法	1.4
笔试	74.6		

六、招聘费用预算

表 17-8 列出了影响招聘费用的因素。

表 17-8　影响招聘费用的因素

序号	影响因素	序号	影响因素
1	薪水	6	参与招聘工作员工的开支
2	支付同样薪水的岗位空缺数量	7	招聘工作所需要的人时
3	某项工作需要招聘新员工的频率	8	培训
4	企业招聘一位新员工所付出的代价	9	新员工胜任工作的时间
5	广告费/中介费	10	其他不可估量的成本

> ➢ 进入"招聘费用预算明细表"
> ➢ 流程备注：
> ➢ 要求应聘人员填写"应聘人员登记表"。本流程给出多种模板的登记表，用户可以自行选择。
> ➢ 为了宏观了解应聘人员的信息，本流程会根据登记表的主要信息自动生成"应聘人员汇总表"，当然也可以人工录入。
> ➢ 对于落选的应聘人员，他们在登记表中的资料会自动转入"人才储备库"，并自动生成"辞谢信"，双击储备库中的记录便出现相应的"辞谢信"。

第三节　招聘计划的替代方案

许多招聘者在目光向外的同时，其实对自己公司现有的人才状况并不完全了解。在公司业务所需的能力中，我们现在已经具备了哪些能力，缺乏哪些能力？对于较缺乏的能力，是计划从外部招人，还是通过内部人员培养来获得？如果能够以一种前瞻性的眼光尽早发现公司在哪方面能力较缺乏，从而尽早地通过培训来提高这些能力，就可以减少外部招聘的需要。

因此，招聘并不是保证完成工作任务的唯一途径，还存在许多替代性活动，如图 17-3 所示。

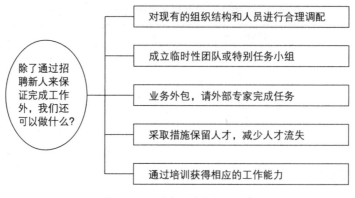

图 17-3　招聘的替代性活动

一、加班

解决工作量短期增加最常用的方法就是加班,但采取加班的方法也有其潜在的问题。对于企业来讲,安排员工加班应有时间限制,一方面,加班时间必须在法律、法规的规定范围内;另一方面,员工加班(尤其是过度加班)往往会因疲劳而影响工作时间的效率。此外,在加班报酬的计算和发放过程中,也容易引起劳资矛盾,影响员工的情绪。对于员工来讲,如果不在乎加班报酬的额外收益,可能会因加班影响其正常娱乐和休息时间而感到不满,而有些很在乎这种额外收益的员工一旦不再需要加班而使其报酬减少时,就会产生不满的情绪。

人员登记表

二、外包

外包也是企业解决工作量短期增加时常用的方法。企业将自己无法完成的部分或全部工作任务外包给其他企业或承包商,由其承担部分或全部工作任务并分享一定的利润。尤其是当其他企业或承包商在某些产品或服务上具有专长时,这种方法更具吸引力,这样的安排会使双方都能受益。

但采用外包的方法也有其潜在的问题。一定程度上,在转包工作量的计算和利润分配过程中,企业在利润上可能造成一定的损失,而且如果当其他企业或承包商提供的产品或服务出现偷工减料等质量问题时,将会损害企业的形象和声誉。

三、雇用临时工

采用临时工的方法可以节省劳动成本,并可避免因招聘引起的各种资源消耗。其存在的缺点包括：此方法只适用于不需要很高技能、不需长时间培训或具有明显季节性的熟练工作，而这些缺少技能和培训且抱有临时观点的临时工往往会给管理上带来很多麻烦。

四、员工租赁

员工租赁作为招聘的替代方法，在西方国家比较多见，现在在我国经济发达地区也经常可以看到。企业将其部分员工解雇，同时租赁公司以同样的薪水雇用他们，再将他们租赁给原来的企业。对于该企业来讲，采用租赁员工的方法，主要的好处在于可以根据工作量的需要，对这些员工"呼之即来、挥之即去"，而不必再进行大量的人力资源管理活动。但是潜在的问题是这些员工的报酬和福利均由租赁公司支付，员工对企业的忠诚度很低，人员流失率高。

五、内部晋升或调配

内部晋升或调配是当企业的组织结构发生改革或其他原因出现个别职位空缺时，从储备培养的人员或工作业绩突出的员工中晋升或调配合适的人选填补职位空缺的方法。采用内部晋升或调配的方法，在我国企业中较为常用，尤其是在招聘有一定职位级别的管理人员时，企业一般会首选在企业内部进行晋升或调配。

延伸阅读资源

第十八章

人员甄选

第一节 人员甄选概述

一、人员甄选的含义

人员甄选是从职位申请者中选出组织所需要的最合适的人员的过程。它包括资格审查、初试、笔试、面试、心理测验以及其他测验、体检、个人资料核实等内容。人员甄选有三个重要的假定。

人员甄选的第一个假定是"人是不同的"。今天，我们常常能够听到这样的声音："他评上先进只是因为他在那个位子，要是我处在他那个位子没准比他干得还好"，又或者"谁比谁能差多少呀"。这些说法也许是正确的，但其中内含的"人与人是无差别的"这种观念的确是错误的。不同的人适合不同的工作，人员甄选的根本目的就是根据任职要求找到符合该要求的求职者。

人员甄选的第二个假定是"人是可以测量的"，即人的特征和人的工作绩效是可以测量的。对人员甄选来说，心理特征是最重要且最难的。随着心理学的发展，人们已经开发出了大量的心理测量工具，这些测量工作的有效性已经得到了无数实证研究的支持。在绩效测量方面，人们也已经开发出了许多绩效测量工具，这些测量工具的有效性也得到了大量实证研究的支持。无论是特征测量还是绩效测量，最重要的一个问题就是测量方法。

人员甄选的第三个假定是对人的特征测量和绩效预测是相关的（线性相关或者非线性相关），就是说，在雇用之前通过申请表、面试、测验、工作模拟等甄选工具对求职者进行测量，所得到的测量结果能够准确地预测这些求职者被雇用后的工作绩效。对人员甄选持怀疑态度的人也许认为，我们永远无法找到一个能够准确预测员工未来工作绩效的甄选工具，理由是工作绩效的好坏并不是由员工被雇用前的知识、技术和能力等特征所决定的，而是由雇用后的培训以及工作环境决定的。这一观点提醒我们，即使人员甄选做得好，被选中的人很优秀，也应关注其他人力资源环节从而保持、提升员工绩效。因此，人员甄选的有效性不仅仅在于其本身科学与否，还与企业的综合管理水平息息相关。

上述三个假定是人员甄选最基本的假定，也是人员甄选的基础，而职位内在的要求是人员甄选的客观标准和依据。

二、人员甄选的标准

一般来说，甄选过程须遵循几个通用标准：信度、效度、普遍适用性、效用、合法性。

（一）信度

信度是指一种测试手段不受随机误差干扰的程度。

（二）效度

效度是指测试绩效与实际工作绩效之间的相关程度，也就是预测的有效性的问题。组织总是通过尽可能准确的测量工具，区分高绩效员工与低绩效员工，因此测试工具的效度是我们进行人员甄选最为关注的方面。

（三）普遍适用性

普遍适用性是指在某一背景下建立的甄选方法的效度同样适用于其他情况的程度。

（四）效用

效用是指甄选方法所提供信息对组织进行强化的程度，即甄选方式的成本与收益的相对大小。

（五）合法性

合法性是指甄选方法需合法，组织应避免因甄选工具的使用而引起的法律纠纷。

三、人员甄选的流程

人员甄选是一项系统化的工程，通常流程如图 18-1 所示。

人员甄选方法是获取应聘者素质与行为能力信息的重要手段，科学的测评方法体系的建立是人员甄选录用系统有效运行的可靠保证。

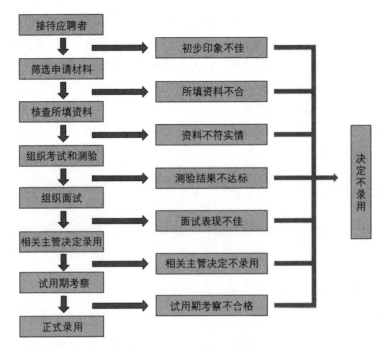

图 18-1 人员甄选的流程

第二节 笔 试

一、笔试的含义

笔试是最古老而又最基本的人员甄选方法。它是由企业的主考部门根据需要测试应试者的知识和能力,事先拟定好试题,让应试者在试题上笔答试题,然后由主考部门评判应试者解答的正确程度、评定成绩的一种测试方法。这种方法可以有效测量应试者的基本知识、专业知识、管理知识,以及综合分析能力、文字表达能力等素质要素。

笔试方法虽然有效,但必须辅以其他测评方法组成完整的招聘环节,如面试、评价中心等,从而更全面地测评应试者的知识和能力。一般来说,在企业组织的人才甄选程序中,笔试是作为甄选应聘者的第一种工具,只有成绩合格者才能继续参加面试或进入下一轮测试。

二、笔试的实施程序

公司实施笔试可以参考以下程序。

(一)成立考试组织结构

成立考试组织机构来专门组织实施,能保证笔试的公平性和客观性。组织考试是一项严肃的工作，应该选择那些正直、公平、责任心强、纪律性强的人员作为考试组织机构成员，负责整个考务工作。

（二）制订实施计划

实施计划主要包括：考试科目和考试方式；考试人数、考试时间、地点和考场安排；监考人员名单；出题方式，即由人力资源部命题，还是由外部机构命题；考场纪律；阅卷人员名单、阅卷单位和阅卷方式。

（三）命题

考试组织机构组织专家和人力资源部的负责人确定需要测定的应聘者的知识和能力，参考过去以及其他企业的笔试经验，确定笔试题目和参考标准答案。编制笔试题要根据工作岗位特点突出重点，尽量提高笔试题的信度和效度。

（四）组织考试

组织应聘者考试，包括试卷印刷、考场管理、试卷保管等事项。严格考场纪律，杜绝考场舞弊行为。

（五）评阅试卷

评卷的关键在于要做到客观公正、标准统一，严格按照标准答案和评分规则进行，阅卷时要注意防止阅卷人员看到答卷人的姓名，在无特殊要求的情况下，阅卷人不得因答卷人的书写而影响其所得分数。

（六）公布成绩

为使工作公开化，企业在条件允许的情况下应该公布笔试成绩，确定通过者名单，并通知通过者进行下一轮面试。

三、笔试的分类

从笔试考查的知识类型出发，笔试主要分为以下两大类。

（一）专业知识笔试

专业知识是指企业员工从事某专业领域工作必须具备的相应知识。专业知识笔试主要针对应聘者应具备的专业知识和对企业的了解程度进行测试。设计专业知识试题的关键在于对任职能力的针对性检验，前提是科学而规范的职位说明书，包括岗位需要具备的专业知识是什么、哪些知识点以及要掌握到什么程度。一份合格的专业知识笔试题，应该能够从应聘者的答题结果判断出他是否具有职位所需要的专业知识。

（二）综合知识笔试

综合知识又可称为百科知识，内容很广泛，知识来源复杂，而且不同单位、不同职业有不同的侧重点，因此准备起来比较困难。综合知识笔试就是对应聘者的知识广度进行测试，测试的目的是了解应聘者对综合知识的了解程度，以及掌握知识的水平。

四、笔试题编制技术

某公司初选笔试题

在我们接触的各类笔试试卷当中，常见的试题类型有十余种，包括填空题、选择题、判断题、改错题、简答题、论述题、计算题、作文题、案例分析题等。简答题、论述题、作文题都属于主观性试题。客观性试题的答案具有唯一性，阅卷评分只与答案有关而与阅卷者无关，填空题、选择题、判断题、改错题大多属于客观性试题。

（一）客观性试题的编制技术

客观性试题的种类包括选择题、判断题、填空题等，下面介绍几种常见的客观性试题编制技术。

选择题的编制，可以从书本中的某些原文出发，把某些话编成题干，某些话编成正确答案，再根据答题者容易出现的错误，编成几个干扰答案；也可以另外设计一个问题情境，利用某个原理进行说明，正确说明的语句拟为正确答案，对可能出现的错误理解加以概括，作为干扰答案。

填空题易于编制题目、答案明确、评分客观，在编制时应当注意要求应试者填写的应该是关键词、有实际意义的词，并且与下文有密切联系；为了提高笔试的区分度，通常测试的内容是一些容易混淆和被人遗忘的东西。但要注意不要为了难倒应试者，故意出生僻、不切实际而又没有考查意义的内容。

（二）主观性试题编制技术

在测试较高层次的知识水平时，应选用主观性试题。主观性试题在试题取样和评分时的主观性太强，容易造成测试误差，因而一般来说，能用客观性试题来测试的，尽量采用客观性试题。在测试应试者较高层次的知识，考查其运用知识、分析综合、逻辑推理能力时，即偏重于思维过程时，应采用主观性试题。

出主观性试题要新颖、灵活、突破常规。长期以来，主观性试题被经常使用，其形式被沿袭，已经基本形成了一套模式，应试者解答这类试题时，也形成了相应的解答思路。因此，在编制主观性试题时，也应当推陈出新，可以根据需要创设不同问题情境，多角度、深入考查，使试题达到"活"的要求，形式新颖可以引起应试者的兴趣，激发创造性思维。

简答题在考试中被广泛使用，出题要从宏观的角度综合考虑，考核内容要微观、具体，内容和形式要灵活多变。应注意多角度、多方向提问，以增加考查的准确性和深度。比如"影响企业战略环境的要素有哪些"就是从正面提问，而"降低利息率，一定能刺激消费吗？为什么？"则是从反面出题，应试者要从题中找出似是而非的说法中的错误之处，予以改正。

论述题是主观性试题的主要题型，适于考查应试者运用知识综合分析的能力，应给应试者以自由发挥的较大余地。简答题大多是考核应试者对基础知识的理解和掌握程度，反映应试者拥有知识量上的差异，论述题则主要是考核应试者运用知识去分析和解决问题的能力，要求应试者对问题作出扩展性回答，鼓励应试者创新。

案例思考

案例分析题是近年来应用广泛的一种试题类型，可以通过两个思路来构思：一是以社会生产生活实际发生的真实事件作为基础，编写背景材料、编制案例分析题；二是根据一定的理论、原理，虚拟一个背景、事件，编制成案例分析题。选取的案例应具有典型性、代表性；针对案例所提的问题，应该紧扣案例，具有针对性；应该扩展思路，扩大考查范围，加深考查深度。

第三节　面　　试

一、面试的含义

面试，又称面谈、口试，是指面试官同应试者直接见面，采取边提问、边观察的方法评定应试者各方面能力的一种考试方法。面试采用心理学研究中的会谈法来获得对应试者气质、性格、能力、价值观、应聘动机、以往绩效、潜能等方面的信息，对其进行综合评价，为企业招聘的最终聘用提供决策依据。现代企业的招聘甄选技术非常丰富，笔试、心理测评、评价中心等，但几乎所有的企业都会把面试作为招聘时必不可少的重要环节。

二、面试的实施程序

通常，面试的实施程序由以下几个环节构成。

（一）面试前的准备

（1）确定面试考官。面试考官应由三部分人员组成：人力资源部主管、用人部门主管和独立评选人。但是，无论什么人担任面试考官，都要求他们能够独立、公正、客观地对每位应试者作出准确的评价。

（2）选择合适的面试方法。面试方法有许多种类，面试考官应根据具体情况选择最合适的方法组织面试。

（3）设计评价量表和面试问话提纲。面试过程是对每位参加面试的应聘者的评价，因此，应根据岗位要求和每位应聘者的实际情况设计评价量表和有针对性的面试问话提纲。

（4）面试场所的布置与环境控制。要选择适宜的场所供面试使用，许多情况下，不适宜的面试场所及环境会直接影响面试的效果。

（二）面试实施

面试可分为三个阶段：第一阶段是导入阶段。这一阶段面试官主要提些轻松的话题，以缓和考场的紧张气氛，建立轻松、和谐、友好的气氛，使应试者渐入佳境。第二阶段是提问阶段。这是面试的主要环节，面试官一方面按照预先拟定的一些面试问题提问；另一方面根据应试者的回答随机提问，从而挖掘更多的有效信息，全面了解应试者的能力、素质、心理、工作动机等内容。通常，挖掘信息的能力是面试官经验的重要体现。第三阶段是结束阶段。面试的结束要轻松自然、流畅，不给应试者留下疑惑、突然的感觉，并且不应流露出对应试者评价的个人倾向，应给应试者以友好的印象。

（三）面试结果评价

面试结果评价主要是对面试者的面试情况进行综合分析与评价，确定每一位应试者的素质和能力特点，比照既定的工作标准或人员录用标准作出录用决定。录用决定应该由参与面试的所有面试官共同作出。对应试者的评价可采取以下方法进行。

面试评价表

（1）综合评价表。为提高效率，可事先设计一张评价表，表中罗列有关某一岗位的目标维度，供参加面试的面试官打分，然后在会议上集中讨论，得出综合评分。

（2）召集面试结果评价会议。原则上要求所有参与面试的面试官都出席会议。与会人员通过讨论，对每个应试者在面试中的表现进行综合评价，勾画出每位应试者的总体情况，将每位应试者的综合评价结果与特定的工作要求或录用标准相比较，作出最后的录用决策。评价要求以事实为依据，所有的陈述都必须有证据支持。要多方听取意见，综合各位面试官的判断以形成公正准确的决策。

三、面试的分类

按照性质，面试可分为传统面试、淘汰面试。
按照面试方式，面试可分为个人面试、集体面试。
按照进程，面试可分为一次性面试、分阶段面试。
按照面试形式，面试可分为常规面试、情境面试。
其他面试形式有餐桌面试、会议面试、问卷式面试、引导式面试等。

四、面试应注意的事项

想把面试工作做好,首先需要了解招聘者容易犯的一些错误。即使一些很成功的企业,也常常会出现聘用的人员无法胜任岗位职责的情况。为了成功选拔适岗的人才,面试过程中应当注意以下几点。

(一)因相似而引起的偏见

对多数人来说,在和一个人谈话时,如果这个人的背景、信仰、观念和业余爱好与你有许多相似之处,你就很容易喜欢上他,与他相处也会感到更舒服一些。面试中亦是如此,这类相似性常常使你看不到一个人的缺点。比较极端的例子是,因为某种巧合,某应聘者和主考官是校友,则面试官会选择校友而淘汰其他更加优秀的应聘者。

从另外一个角度来说,当遇到和你的长相、谈吐、观点、信仰不同的人时,一般就比较容易忽视他们的优点,而特别强调他们的不足。

(二)先入为主的倾向

人们往往说"第一印象最重要",也就是说,大家都比较看重对别人的第一印象。但在正规的面试中,切不可有这种"先入为主"的观念,即面试官根据面试的最初几分钟对应聘者的印象,就对应聘者作出判断,甚至在面试还没有开始就已经根据应聘者测验分数或个人简历作出了判断,而面试的内容和情况对应聘者已经没有影响了。许多研究都表明,应聘者在测验中的成绩对面试官在面试中的判断有很大的引导作用。

此外,面试官也经常会因为应聘者的某项特长而影响对其的整体感觉。面试官常常会给语言表达能力很强的应聘者加分,并因此认为他在其他方面也同样优秀。

(三)负面印象加重倾向

当面试官在面试开始之前获得的有关应聘者的信息是负面信息时,就很容易提前得出面试评价。例如,在一项研究中研究者发现,面试官在面试前如果收到过对应聘者不利的推荐信,应聘者的面试成绩多半会受此影响而降低,而不管应聘者在面试中的表现如何。也就是说,面试官在评价应聘者方面有一种加重负面影响的倾向,对应聘者不利的信息似乎比对应聘者有利的信息更容易在他们心目中留下印象,而且要把他们的坏印象转变为好印象是很难的。相反,好印象却很容易转变成坏印象。在这种心理影响下,面试几乎成了一种寻找负面印象的过程。

(四)对职位缺乏了解

很多时候,面试官对于他们正在招聘的职位缺乏基本的了解,也不了解什么样的应聘者能够胜任岗位职责。这时他们对应聘者的判断常常是建立在自己不正确的假想之上的。

（五）刻板印象

刻板指的是有时对某种人群产生一种固定的印象。例如，一听到老年人，马上就认为这是一种保守的人，认为文身的人一定是思想开放的人等。这种刻板印象往往会影响面试官客观、准确地评价应聘者。

（六）应聘者顺序错误

应聘者顺序错误是由于应聘者的排列顺序对面试官的判断产生影响而造成的错位。一项研究表明，面试官在刚刚面试了几个相对较差的应聘者之后，开始面试一个"平均水平"的应聘者，这个应聘者通常会被给予明显高得多的评价。相反，一个一般的应聘者如果在面试顺序上恰恰排在几个特别优秀的应聘者之后，那么通常他的得分低于他的真实水平。

（七）非言语行为造成的误差

应聘者非言语行为也常常会给面试官的决策带来影响。例如，许多研究显示，那些在面试中做出了更多的眼神交流、头部运动、微笑等非语言行为的应聘者，得到的评价通常要高一些。

（八）暗示

在某些特殊的情况下，面试官在面试的过程中会给应聘者暗示，让其有机会正确回答问题。例如，某公司急于填补一个职位空缺，面试官在这种心理驱使下可能会提出这样的问题："这个职位的工作需要面对许多压力，您能够应付这个，是不是？"有的时候暗示也并非这么明显，而是比较隐晦的，比如，在意识到应聘者能正确回答问题的时候，给他一个微笑，或轻轻地点头等。

第四节　心理测验

一、心理测验的含义

美国权威心理学家对心理测验的定义是：测验是借助数量或固定类别来观察和描述一个行为的一个系统化程序，心理测验本质上是对行为的客观和标准化的测量。

随着行业分工越来越细，企业对人才的要求也呈现出专业化和多元化的趋势，知识技能已经不是判断人才的唯一标准，个性等综合素质成为越来越多招聘单位考查的对象。心理测验就提供了一种全新的方法，使企业能更有效率地招聘到符合需要的人才。

心理测验的种类繁多，可以从不同的角度将其归纳为以下几种类型。

（一）按测验的具体对象分类

按测验的具体对象，可将心理测验划分为认知测验和人格测验。

1. 认知测验

这类测验主要测评的是应聘者的认知行为。认知测验可以进一步细分为成就测验、智力测验和能力倾向测验。成就测验主要测评人的知识和技能，是对认知活动结果的测评；智力测验主要测评认知活动中较为稳定的行为特征，是对认知活动或认知过程的测评；能力倾向测验是对人的认知潜能能力的测评，是对认知活动的深层次测评。

2. 人格测验

这类测验主要测评的是应聘者的社会行为，人格测验按其具体的对象可以进一步细分为态度、兴趣、性格测验。

（二）按测验的目的分类

按测验的目的不同，可将心理测验分为描述性测验、诊断性测验和提示性测验。

1. 描述性测验

描述性测验目的在于对人的能力、性格、兴趣、知识水平等进行描述、分析和评价。

2. 诊断性测验

诊断性测验目的在于对人的某种心理功能或行为特征及障碍进行评估和判断，以确定其性质或程度。

3. 提示性测验

提示性测验目的在于从测验的结果预示受测者未来可能出现的心理倾向或能力水平。

（三）按测验方法分类

按测验方法的不同，可将心理测验分为问卷测验、投射测验和操作测验。

1. 问卷测验

问卷测验是将文字组成的各种问题作为刺激呈现给应聘者，并了解、分析其应答反应的结果。

2. 投射测验

投射测验是指采用某种方法绕过受访者的心理防御，在他们不防备的情况下探测其真实想法。在投射测验中，会给受测者一系列的模糊刺激，要求受测者对这些模糊刺激作出反应。如抽象模式，可以给受测者做多种解释的未完成图片、绘画。分别要求受测者叙述模式，完成图片或讲述画中的内容。受测者的解释会带有自己潜意识的思想，因此这种方式能在一定程度上了解被试者的内心想法。

3. 操作测验

操作测验是用实物的或模型的工具所构成的测验项目，让受测者操作，观察其完成动作的速度及准确性。

二、心理测验的注意事项

要使心理测验在招聘选拔过程中发挥其价值和效应，在实际使用心理测验量表时应注意以下事项。

（一）认真设计和实施测验的操作过程

心理测验量表的编制和使用要遵循一定的流程和标准。在使用量表时，要注意严格按照规定的步骤进行，事前要精心规划，操作过程要避免任意改动。如果操作不当，测验结果的有效性将受到影响。此外，在使用心理测验量表中要注意版本问题，切不可随意删改或增加问题条目。比如，一份标准的量表有90道题目，任意挑选其中60题来测试，可能结果跟完整版的大相径庭。

（二）慎重选择测验量表

市面上可供选择的心理测验量表很多。不同量表的适用对象、条件和测验目的不同。有些量表有其特定的文化背景和时代背景。有些国外的量表，未经检验和修正，不一定适用于中国。此外，在选择时还需权衡量表的时效性。有的量表虽然经过广泛使用，效度和信度很好，但是内容陈旧；有的量表虽然形式新颖，但是其有效性有待检验。

（三）与受测者建立和谐的关系

主试者与受测者存在一种特殊的关系。如果这种关系不太和谐，就有可能影响应试者无法发挥真实水平。只有在一个良好和谐的关系中，受测者才能客观地对测验作出反应。

（四）注意测验的保密

如果使用心理测评作为人员筛选的重要依据，人力资源管理专员一定要坚守保密的原则，不要向应聘者透露测验的内容和项目。如果应聘者事前准备过，测试的结果就无法反映他的真实情况。此外，测评人员应该对测评结果保密，维护个人的隐私权。

三、能力测验

一个人要胜任一定的工作或在工作中取得一定的成就，就必须具备一定的能力，如观察能力、记忆能力、理解能力、推理能力等。因此很多职位的任职资格中都有对能力的规定。招聘者也希望能够通过一定的方法测评出候选人的能力。其实，心理学家们早就想办法对人的能力进行测量，能力测验最初也是被应用于人员选拔评价之中。具有科学意义的首次心理测验是由法国心理学家比奈于 1905 年编制出来的智力测验，当时编制这个测验主要是为了鉴别智力落后的儿童。第一次世界大战期间，美国政府出于甄选新兵的需要，委托心理学家编制了陆军甲种和乙种测验，这是一些非言语形式的能力测验。战后，这些测验被改造后用于民间，适用于教育和工商业等各个领域。测验的形式也有很大的发展，从测量单一的智力发展扩展为测量多种能力。

（一）什么是能力

1. 能力的概念

虽然能力这个概念有一定的抽象性和复杂性，但不清楚能力的内涵也就很难对其进行测量和评价。心理学家认为，能力是一种内在的心理品质，是完成某种活动、解决某个问题必须具备的条件。另外，有了足够的能力可以完成某些活动和任务，但有了能力并不一定能完成所有的活动和任务。

2. 能力与相关概念的区别

我们通常所说的智力就是指一般性的能力。在这里我们需要澄清的是：智力虽然是能力的核心，但它只是能力的一种，不能完全等同于能力；智力比较高的人综合能力不一定强，"书呆子"就能很好地说明这种差别。

在现实生活中，人们常常把知识、技能与能力相混淆。比如，人们常认为一个学历高的人有丰富的知识和熟练的技能，因而能力就强。但实际上，某些知识丰富却不会灵活运用、知识全面却缺乏思想深度和实践经验的人常常缺乏处理实际问题的能力；某些技能熟练但却不会灵活迁移的人常常在面临新任务时手足无措。因此，知识、技能不同于能力。知识是人们在头脑中存储的信息，技能是人们掌握的动作方式，而能力则是人们在活动中体现出来的内在心理品质。知识、技能相对具体和外显，而能力则相对抽象、内隐。另外，能力与知识、技能又是密不可分的。能力离不开知识与技能。能力是在学习知识和技能，利用知识和技能解决问题的过程中发展出来的。

能力和智力这两个概念是非常接近的，但它们仍然是两个不同的概念。简单地说，能力是一个更大的范畴，智力包含在能力这个概念中。如果将能力分为一般能力和特殊能力两种，那么智力就是一般能力的范畴。对于智力，我们常用智商（IQ）来表示一个人智力的高低，但对于能力目前还没有科学定量的衡量指标。

（二）招聘中经常使用的能力测验

1. 一般能力测验

一般能力测验，也就是我们通常所说的智力测验。智力测验是最早运用于人员的测评和选拔中的，尽管今天智力测验更多地运用于教育领域，同时人员的选拔和测评也有了越来越多的工具，但招聘者有时仍将智力测验作为测评应聘者的工具之一。

下面我们介绍比较典型的智力测验。

(1) 韦克斯勒智力量表。韦克斯勒智力量表是世界上最有影响力和应用最为广泛的智力测验。此测验是由美国心理学家大卫·韦克斯勒研制的成套智力测验。这套测验包括 1949 年发表的韦氏儿童智力量表（WISC），适用于测试 6~16 岁的儿童智力；1955 年发表的韦氏成人智力量表（WAIS），适用于测试 16 岁以上的成年人智力；1967 年发表的韦氏幼儿智力量表（WPP-SI），适用于测试 4~6 岁的幼儿智力。编制的依据是韦氏独特的智力概念：智力是人合理地思考、有目的地行动、有效地应付环境聚合成的整体能力。

韦氏智力测验是典型的个别施测智力测验，它要求主试者严格按照测验手册说明对被试者进行施测。如果在人员选拔和招聘中使用类似的测验，无疑工作量会很大。但该量表在提供结果时，不仅可以给出一个可与他人进行比较的总的智商分数，还可以给出每个分测验分数及分量表的分数，使我们可以知道被试者智力内部的情况，这在人员招聘时是非常有用的。

(2) 比奈-西蒙量表。早在 1896 年，法国心理学家比奈（Alfred Binet）就开始研究智力落后儿童，并建议学校应设置特别班以教育智力落后的儿童。当时，其他资本主义国家也开始有关智力落后儿童的教育和研究，并纷纷创办智力落后儿童学校，智力落后儿童的教育得到空前发展。在这种情况下，单靠长期观察、社会公认来鉴别智力落后儿童是很不科学的，社会迫切需要一个科学的确认智力落后儿童的方法。1904 年，法国教育局责成许多医生、教育学家和科学家成立了一个委员会，并要求比奈参加研究在校智力落后儿童的教育问题。1905 年，比奈与助手西蒙（T. Simon）总结了自己的一系列研究成果，发表了世界上第一个测量智力的工具，即比奈-西蒙量表。

我国心理学家陆志伟在 1924 年就发表了他所修订的《中国比奈-西蒙智力测验》。修订版本包括 65 个测验题，其中 48 个采用原测验，另外新增加了 17 题。1935 年，陆志伟和吴天敏又对此量表进行修订，名为《第二次修订中国比奈西蒙智力测验》。1979 年，在吴天敏的领导下，又开始新的修订工作，并于 1981 年 5 月出版了第三次修订的《中国比奈测验指导书》。

(3) 瑞文标准推理测验。瑞文标准推理测验（Raven's standard progress matrices，SPM），是英国心理学家瑞文（R. J. Raven）于 1938 年设计的一种非文字智力测验。这套测验包括三个测验：一个是 1938 年出版的标准推理测验，它适用于施测五岁半以上的儿童及成人。另两个测验编制于 1947 年，一个是适用于年龄更小的儿童及智力落后者的彩色推理测验（CPS）；另一个是适用于高智力水平者的高级推理测验（APM）。其中，标准推理测验应用最为广泛。该测验的编制在理论上依据了斯皮尔曼的智力二因素论，主要测量智力一般因素中的引发能力，即那种超越已知条件应用敏锐的创造力和洞察力、触类旁通地解决问题的能力。

2. 能力倾向测验

通常我们在招聘选拔中使用的能力测验多为能力倾向测验。能力倾向测验强调的是对能力多方面的测量，有些能力倾向是各种不同种类的工作都需要的，有些能力倾向只是在一些特定的工作中才需要。各种工作都需要一定的能力组合。能力倾向测验得到的不是一个 IQ 分数，而是被测者在各种不同能力上的得分。因此，通过能力倾向测验可以看出一个人在哪些能力上比较强，在哪些能力上存在不足，可以清楚地了解一个人胜任岗位所需关键能力的水平。

下面，我们介绍两种成套的能力倾向测验。

（1）一般能力倾向测验（general aptitude tests bettery，GATB）。一般能力倾向测验是 20 世纪 40 年代美国劳工部就业服务处编制的一套综合的能力倾向测验。这套测验用 12 个分测验，从 9 个不同方面测量了个人的能力和倾向，如表 18-1 所示。

表 18-1　一般能力倾向测验维度

维　度	具　体　内　容
G-智能 (intelligence)	指一般的学习能力。对测验说明指导语和诸原理的理解能力、推理判断的能力、迅速适应新环境的能力
V-言语能力 (verbal)	指理解言语的意义及与它关联的概念，并有效地掌握它的能力。对言语相互关系及文章和句子意义的理解能力，也包括表达信息和自己想法的能力
N-数理能力 (numerical)	指在正确快速进行计算的同时，能进行推理，解决应用问题的能力
Q-书写知觉 (clerical perception)	指对词、印刷物、各种票类之细微部分正确知觉的能力。能直观地比较辨别词和数字，发现有错误或校正的能力
S-空间判断能力 (special)	指对立体图形以及平面图形与立体图形之间关系的理解、判断能力
P-形状知觉 (form perception)	指对实物或图解之细微部分正确知觉的能力。根据视觉能够对图形的形状和阴影部分的细微差异进行比较辨别的能力
K-运动协调 (motor coordination)	指正确而迅速地使眼和手相协调，并迅速完成操作的能力。要求手能跟随着眼能看到的东西正确而迅速地作出反应动作，并进行准确控制的能力
F-手指灵巧度 (finger dexterity)	指快速而正确地活动手指，用手指很准确地操作细小东西的能力
M-手腕灵巧度 (manual dexterity)	指随心所欲地、灵巧地活动手及手腕的能力。如拿着、放置、调换、翻转物体时手的灵巧运动和手腕的自由运动能力

这套测验是一套较为全面和有效的能力倾向测验，它可以根据测验分数绘制个人的能力剖面图，从而全面地了解受测者在各种能力倾向上的水平。该测验中所测量的能力倾向与各种不同的职业类型之间有密切的关系。

（2）鉴别能力倾向测验。第二次世界大战后，多重能力倾向测验在美国发展较快。此种测验强调的是对能力的不同方面的测量，测量的结果不是得到单一的智商分数，而是产生一组不同的能力倾向分数，从而提供表示个体长处和短处的能力轮廓。鉴别能力倾向测验（different aptitude test，DAT）是多种能力倾向测验的一种，该测验由美国心理公司发行，经多次修订，最终有 S 型和 T 型两个副本。该测验主要用于升学指导和职业选择，在招聘中也有一定的运用。

DAT 包括 8 个单独施测、单独计分的分测验，如表 18-2 所示。

表 18-2　DAT 八个分测验

维　度	具　体　内　容
言语推理	采用类比推理的测验项目，测量个人言语理解、抽象概括与作建设性思考的能力，从而预测个人是否适合从事以复杂语言关系和概念为主的职业
数字能力	采用计算题，测量个人对数目关系的理解力和对数目概念的灵活性，预测个人是否适合于学习数理化、工程等学科，是否适合从事统计工作等与自然科学有关的职业
抽象推理	采用非文字材料，测量个人的非语言推理能力
机械推理	要求受测者从多种机械装置或情景中选出正确合理的一个，测量个人对熟悉情境中机械和物理原理的理解力，预测个人是否适合从事与机械和工程相关的职业
空间关系	测量个人在想象中操作图形等有形材料的能力，预测个人是否适合于从事美术、建筑和服装设计等需要空间知觉能力的职业
语言运用（拼写）	要求受测者从一个单词表中找出有拼写错误的单词并指正，测量的是文字水平
语言运用（文法）	要求找出句子中有语法或修辞错误的地方，测量的是语文水平
文书速度和准确性	测量完成一件简单知觉任务的速度

（3）特殊能力测验。特殊能力测验，实际上也是能力倾向测验，只不过这些能力倾向是一些特定的职业或职业群所需要的。例如，美术能力测验，是一种特殊能力测验，它所测的并不是一个人目前是否具有美术水平，而是想测量该个体在未来有没有潜在的美术能力，从而以后在美术方面能有所成就。

目前世界上比较著名的特殊能力测验有飞行能力测验、音乐能力测验、美术能力测验、文书能力测验、机械能力测验、操作能力测验和多种能力倾向测验。

四、个性测验

在过去的人员招聘选拔过程中，人们往往只注重一个人的专业和业务方面的能力，而忽视人的个性特征，其实个性特征与个体成功密切相关。例如，一个性格内向、不善言辞、不喜欢过多地与他人打交道的人，让其从事产品销售或公关一类的工作就会比较困难；一个人的手指灵活性和操作技能很普通，并且他性情急躁、情绪不稳定，如果让他从事装配精密仪器的工作，可能就会经常出错。因此，将个性测验应用到人员招聘与选拔的工作中，有利于提高选拔工作的有效性。

（一）什么是个性

个性，也可称为人格，心理学家对此还没有统一的定义。我们可以将其简单理解为在遗传与环境相互作用下形成的、个人对待现实的态度以及与之相对应的习惯化的行为方式和心理特征的总和；作为个体素质特征的重要组成部分，具有调节个人行为的功能，并且广泛地影响着个人的工作、学习和生活等方面。一个人的个性有两层含义：一层含义是指外在的自我、公开的自我，即每个人在人生的舞台上所表现出来的种种行为，每个人所扮演的不同的社会角色；另外一层含义是指真实的、内在的自我，这往往是人们由于某种原因而不愿展示出来的自我。

个性测验就是用标准化的测验工具，引发受测者陈述自己的看法，然后对结果进行统计处理、研究分析，从而对人的价值观、态度、情绪、气质、性格等素质特征进行测量与评价的一种心理测验方法。

在招聘工作中，个性测验是一项极为重要的工作内容，尤其是那些需要任职者和他人进行人际交流的职位的招聘工作，个性测验尤为重要。将个性测验引入招聘工作中，有助于在考查应聘者的知识、能力和技能的基础上，进一步考查其工作动机、工作态度、情绪稳定性、气质、性格等心理素质，使考查更全面、科学、客观，从而保证能够选拔出具有综合素质的优秀人才。

（二）测评个性特征的主要方法

测量个性有很多方法。在招聘选拔中最常用的是自陈式量表法。另外，投射测验和情境测验在招聘选拔中也有一定的应用。

1. 自陈式量表法

自陈式量表是问卷式量表的一种形式，采用被测评者自己作答的形式来收集信息。通常就是让被测评者自己提供关于自己个性特征的报告，通过将主观式的自我报告进行客观化和标准化的回答，使其易于评分。

自陈式量表的题目形式通常有以下几种。

（1）是非式。是非式即对一句陈述只提供"是"和"否"两种选择，被测评者必须从这两种选择中选出其中的一种。

（2）折中是非。这种方式在是非式的基础上增加了一个不确定的选项。在采用这种题型的测验中，通常会要求被测评者慎重选择不确定的选项，只有实在无法作出是或否的判断时才可以选择不确定，因为选择了过多的不确定会使得被测评者的个性特征表达得不明显。

（3）多重选择式。多重选择式是在一个题目后面给出若干选项，由被测评者作出选择，可以是单选，也可以是多选。

（4）迫选式。所谓迫选式，就是必须从两个给定的选项中选出一个来。迫选式题目很多情况下用来避免社会称许性，因为被测评者有时会被要求两个都容易受到社会称许的行为中选出一个，或者从两个都不受社会称许的行为中选出一个。如果两个都喜欢，那么就选出一个相对更喜欢的；如果两个都不喜欢，那么就选择一个相对不那么讨厌的。

自陈式量表一般使用数量比较多的题目。由于个性特征种类繁多，但大多数没有明确的意义，而人的行为又是由多种因素决定的，很容易受具体情境影响，如果题目数量太少，就不可能测出完整的个性结构和被测评者的典型行为。

2. 投射测验

所谓投射，就是让人们在不自觉的情况下，把自己的态度、动机、内心冲突、价值观、需要、愿望、情绪等下意识水平的个性特征在他人或环境中其他事物上反映出来的过程。

投射测验是向被试者提供一些未经组织的刺激情境，让被测评者在不受限制的情境下，自由表现出他的反应，通过分析反应的结果，就可以推断出他的某些个性特征。在这里，刺激情境对决定被测评者的反应并不重要，它的作用只是像银幕一样，让被测评者把他的个性特点投射到这张银幕上来。因此，利用这种投射技术编制的测验叫作投射测验。一般来说，投射测验在招聘中只是作为辅助工具，提供参考价值。

根据被测试者的反应方式，可以将众多的投射测验分为四类。

（1）联想法。要求被测评者根据刺激说出自己联想的内容。例如，荣格的文字联想测验和罗夏克的墨迹测验。

（2）构造法。要求被测评者根据他所看到的，编造出一个包括过去、现在和未来发展的故事，可以从故事中探测其个性。例如，默里的主题统觉测验等。

（3）完成法。要求被测评者对一些不完整的句子、故事进行自由补充，使之变得完整，从中探测其个性。例如，句子完成测验。

（4）表达法。要求被测评者用某种方法自由地表露出其个性特点。例如，画人测验、画树测验等。

3. 情境测验

情境测验是将被测评者置于特定的情境中，由测评者观察其在此情境下的行为反应，从而判断其个性特点。情境测验是评价中心采用的代表性测评方式，将在有关评价中心的章节中作详细介绍。

（三）招聘中常用个性测验介绍

1. 卡特尔16种个性因素测验（16PF）

卡特尔16种个性因素测验（16PF）是按照因素分析法编制的一个著名的测验，与个性的特征理论直接相关。该量表是由美国伊利诺伊州立大学人格及能力测验研究所的卡特尔教授编制的，最新版的卡特尔16PF测验包括187道题目，适用于16岁以上的青年和成年人。卡特尔16PF测验对人员的职业、性别均无限制，作答者只需具备五年级的阅读能力即可，完成时间约为35~50分钟。结果可为人员选拔与安置、人员调整和合理利用提供建议。因此，卡特尔16PF测验应用范围极广。

卡特尔16PF测验主要是对个体16种人格"根源特质"进行测量，表18-3列出了高分者特征与低分者特征的含义。

表 18-3　卡特尔 16PF 测验

根源特质	高分者特征	低分者特征
乐群性	乐群外向	缄默孤独
聪慧性	聪慧、富有才识	迟钝、学识浅薄
稳定性	情绪稳定	情绪激动
恃强性	好强固执	谦逊服从
兴奋性	轻松兴奋	严肃审慎
有恒性	有恒负责	权宜敷衍
敢为性	冒险敢为	畏怯退缩
敏感性	敏感、感情用事	理智、注重实际
怀疑性	怀疑、刚愎	信赖随和
幻想性	幻想、狂妄不羁	现实、合乎常规
世故性	精明能干、事故	坦白直率、天真
忧虑性	忧郁、烦恼多端	自信、安详沉着
试验性	自由、批评、激进	保守、服从传统
独立性	自立、当机立断	依赖、附和
自律性	自律严谨	矛盾冲突
紧张性	紧张困扰	心平气和

2. MB 行为风格测验（MBTI）

MBTI 是当今世界上应用最广泛的性格测试工具。它已经被翻译成近 20 种世界主要语言，每年的使用者多达 200 多万，其中不乏世界 500 强之内的大型企业。MBTI 全称为 Myers-Briggs type indicator，是一种迫选型、自我报告式的性格评估工具，用以衡量和描述人们在获取信息、作出决策、对待生活等方面的心理活动规律和性格类型。它以瑞士心理学家 Carl Jung（卡尔·荣格）的性格理论为基础，由美国的 Katherine C. Briggs（凯瑟琳·库克·布里格斯）和 Isabel Briggs Myers（伊莎贝尔·布里格斯·迈尔斯）母女共同研制开发。

3. 职业兴趣测验

职业兴趣是人们对具有不同特点的职业的喜好和从事该类职业的愿望，在人员选拔中，招聘者应该考虑候选人的职业兴趣与所招聘的职业类型是否匹配。霍兰德于 20 世纪 50 年代开始职业兴趣的测量研究，并提出了"职业兴趣就是个性的体现"，他依据自己的理论编制了一系列职业偏好量表。霍兰德认为大多数人都可以划分为六种职业兴趣类型：现实型、研究型、艺术型、社会型、企业型和传统型。目前在招聘选拔中所使用的职业兴趣测验大部分是依据霍兰德的职业兴趣理论编制的。

第五节　评价中心

一、评价中心的含义

评价中心（assessment center）或称评价中心技术，是一种综合性的人员测评系统，是一个将各种测试手段按照一定逻辑程序实施的选拔评价过程。评价中心技术包含多种评价方法，包括笔试、面试、心理测验等。作为素质测评和人员选拔的一种新方法，评价中心与传统方法的最大差别在于，它使用了情境性的测验方法对被测评者的特定行为进行观察和评价。通过精心设计，评价中心模拟实际的工作场景，并在这样的仿真环境下来考察被测评者完成指定任务的情况，如处理公文、进行分析决策、处理日常或突发事件等。透过这些特定的场景和事件，主试人员可以观察和综合分析被测评者的表现，以推断出其各种潜在的能力和素质等。在实践中，评价中心广泛应用于人员招聘选拔、培训需求诊断、技能开发和职业生涯规划等工作。

评价中心技术最早在西方国家中应用于战争期间对军官和情报人员的挑选，经过多年的验证，证实这种方法十分有效。20世纪70年代以后，在美国一些大公司如美国电话电报公司、通用电气公司、IBM和福特汽车公司纷纷开始采用这项技术来选拔和评价管理人员，并很快普及，成为一种主流的人才素质测评方法。20世纪80年代以后，评价中心技术被引入中国，并在各类组织中推广应用。

（一）评价中心的特点

1. 评价中心的优点

（1）评价中心综合使用了多种测评技术，由多个测评者进行评价，因此它提供了从不同的角度对被评价者的目标行为进行观察和评价的机会，能够得到大量的信息，从而能对被评价者进行较为可靠和有效的观察与评价。

（2）在评价中心测评过程中，由多个评价者按照严格的程序对候选人进行集体评价，最后通过讨论或统计的方法整合测评结果，达成一致的意见。通过向评价者提供每一个问题的行为反应的例子，列出行为和特定测评指标的相关程度，可以将评分标准化。

（3）通过评价中心，我们就可以让被测试者处在模拟的情境和接近自然的状态下验证他们真实的能力。因此，评价中心具有较高的内容效度和表面效度。

（4）评价中心的评价者是由企业或其他招聘单位内部的高级管理人员和组织外部的专家共同组成的，这样使得评价中心所产生的结果具有较高的信度。

（5）评价中心不仅能挑选出颇具潜力的管理人才，还能在选拔测评的过程中训练他们的管理与合作能力，使选拔过程成为培训过程，兼选拔与培训为一体。

2. 评价中心的缺点

（1）典型的评价中心操作起来较复杂，程序烦琐，一般需要经过分析目标岗位、建立资质模型、确定测评指标、制定评分标准、设计情境模拟、培训测评师、记录被试行为、整合指标评分、撰写测评报告、反馈信息等诸多环节，因此评价中心的成本较传统的测评方法高得多。

（2）评价中心对测评师的要求较严格，必须有多名测评师参加，而且测评师的组成除了有心理学工作者外，还要有测评对象所属组织的高级管理人员，包括人力资源管理人员。测评师在事先都要经过专门的培训，了解测评指标和评分标准，掌握行为观察和记录的方法。

（3）评价中心并非适合测评所有的管理品质，如领导威信、成就动机、个人价值观等。对于这些管理品质的测评，还需要使用心理测验等其他评估的方法。研究表明，能力和智力测验可以预测管理者成功与否，这些测验与评价中心的表现是吻合的。因此，评价中心与心理测验等其他评估方法结合起来使用，能够进一步提高其预测的效度。

（二）评价中心的主要形式

评价中心测评方法有各种形式，主要有公文筐测验、无领导小组讨论、管理游戏、模拟面谈、演讲和书面案例分析等。下面我们简单介绍一下这六种主要评价技术的特点和用途。

1. 公文筐测验

公文筐测验，又称文件筐作业、公文处理测验，是评价中心最主要的测评技术，常用于考查被试的分析判断能力、计划组织能力、管理控制能力、授权能力和决策能力等。公文筐测验的书面回答能够独立地进行评分，可以测量管理技能的多个不同维度，对于许多管理工作有很高的表面效度。但是，公文筐测验也存在一定的局限性，如耗时过多，通常需要 2~3 小时才能完成它，而且需要差不多同样长的时间来进行评分。另外，测评师必须考虑被试者对问题的不同回答方式以及这些回答的个人依据，因此评分会显得比较困难。

2. 无领导小组讨论

无领导小组讨论，又称无领导小组测验，是评价中心最具特点、最具典型性的测评技术（后篇将详细介绍）。

3. 管理游戏

管理游戏，又称商业游戏，也是评价中心常用的测评技术之一，主要用于考查被试者的战略规划能力、团队协作能力和领导能力等。管理游戏一般都比较复杂，一般来说，它比一般的情境模拟看上去更为真实，更接近组织中"真实的生活"。它能帮助有经验的管理者学习技巧，也能使被试者感到开心和兴奋。但同时，当被试者从这个房间到那个房间或待在一个小组中时，他们的行为常常难以观察。当管理游戏用于培训目的时，有时其情境可能过于复杂，以至于没有人能表现得很好，造成被试者很难学到什么东西。

4. 模拟面谈

模拟面谈是角色扮演的一种形式。一般是由评价者的一名助手扮演与被评价者谈话的人，这个人是经过了培训的，他的行为将遵循一种标准化的模式。谈话者可以充当各种与被评价者有关的角色，如被评价者拟任职位的下属、客户或其他可能与被评价者在工作当中发生关系的角色。按照具体情境的要求，这个人可以向被评价者提出问题、建议或反驳被评价者的意见，拒绝被评价者的要求等。被评价者必须与这个人进行交谈以解决他所要解决的问题，由评价者对面谈的过程进行观察和评价。这种测评方法主要考查被评价者的说服能力、表达能力和处理冲突的能力以及其思维的灵活性和敏捷性等。

5. 演讲

在该测评方法中，被评价者按照给定的材料组织自己的观点，并且向评价者阐述自己的观点和理由。有时，在被评价者演讲之后，评价者要向被评价者提问。这种测评方法可以考查被评价者的分析推理能力、语言表达能力以及在压力下反应的能力。

通常，被评价者拿到一个演讲题目之后准备5分钟，开始演讲，正式演讲的时间通常为5分钟左右，因此，演讲这种评价方法操作比较简便，而且节省时间。但是这种方法无法看到被评价者与他人的交往过程，因此得到的信息比较有限。

6. 书面案例分析

在书面案例分析这种测评方法中，通常是让一个被评价者阅读一些关于组织中的问题的材料，然后让他准备出一系列的建议，以提交给更高级的管理部门。这种测评方法可以考查被评价者的综合分析能力和作出判断决策的能力。

书面的案例分析测验与公文处理练习有些相似，都是让被评价者对所提供的文件资料进行分析。但公文筐测验中所提供的文件可能会相对比较零散一些，而且是原始文件；而书面案例分析中所提供的文件相当多是经过加工了的文件，如一些图标。公文筐测验会针对文件给被评价者提出一系列的具体问题，而书面案例分析则是要求被评价者撰写一份分析报告。评价者可以根据被评价者的报告对其综合分析能力或者对其管理以及业务技能作出评判。但这个测验的一个不足之处就是它很难找到客观的计分方法。

（三）各种评价中心手段在跨国公司中的应用

随着跨国公司人力资源吸收的重心由招聘转向选拔，评价中心作为一种新的甄选方式在世界知名的跨国公司中十分普及。它们对各种评价手段的创新和灵活运用给我们提供了宝贵的学习和借鉴经验。下面，简单介绍一下几家跨国公司应用评价中心的典型例子。

统一公司——先去扫厕所：统一公司要求员工有吃苦精神以及脚踏实地的作风，凡来公司应聘者，公司会先给你一个拖把叫你去扫厕所，不接受此项工作或只把表面洗干净者均不予录用。他们认为一切利润都是从艰苦劳动中得来的，不敬业，就是隐藏在公司内部的"敌人"。

松下电器——70分以上我不要：到松下应聘，该公司都要求应聘者据实给自己打分，那些给自己打70分以上者公司一般不予录用，该公司认为自认为优秀的人员，或者眼高手低，不服管教；或者跳槽率高。因为公司要的是适岗的人才，70分就已足够。

通用电气——木板过河游戏：公司将应聘者分为两组，开展"木板过河"游戏比赛，内容为每组有一个"病人"需要送到"河"的对岸，要求用手中的木板搭成"桥"将"病人"送到河对岸，公司设计此考题的目的就是观察此两组应聘者是否有团队意识，因为只有当两组木板合并起来才能过"河"，如果两组应聘者都只想着自己过河，则没有达到公司的人才要求，都将不予录用。

摩托罗拉——拒答隐私方录用：摩托罗拉公司会故意问你几个难堪的问题，如结婚否？啥时候要小孩？男朋友标准？你乐意性开放吗？因问题为个人隐私拒答者，公司持赞赏态度，他们认为这些应聘者不会因个人的眼前利益而屈服压力。有个性，有尊严，表现在工作上就会少受诱惑，坚持原则，始终以公司利益为先。

IBM——没有缺点请离开：IBM公司充分尊重员工个性，同时也承认人性中不可避免会有缺点，他们不信任一个自称没有缺点的人，也不欣赏一个不敢承认自己缺点的人，因此对于此道必答题，应聘者不说自己缺点或将缺点"技术处理"为优点的人，他们会毫不手软地予以排除。

二、无领导小组讨论

随着组织结构的扁平化和网络化，越来越多的组织活动以项目小组和团队为基础展开。从人力资源选拔的角度考虑，考查应聘者是否适应团队工作的环境成为招聘选拔工作中的一个重要环节。在知识型组织中，员工尤其是管理人员在日常工作中的一个重要工作就是与他人沟通，他们可能会与别人一起讨论某些问题，并对这些问题作出决策，或者需要说服他人，为自己的组织争取更大的利益，或者与一些不同背景的人合作共同完成一个项目。无领导小组讨论（leaderless group discussion）这种情境性测评方法就是设法模拟了这些重要的沟通情境。

无领导小组讨论，又称无领导小组测验，是指在招聘、考核与晋升中将被测评人员随机分组，在给定的时间、既定的背景之下或围绕给定的问题展开讨论，并作出小组决策的一种测评方法。"无领导"是指在讨论中不事先制定小组领导。参加讨论的被测评者人数一般是4～8人，最好不要超过8人；讨论持续时间通常是1小时左右。小组成员在讨论的问题情境中地位是平等的，成员可以自由地讨论如何完成给定的某项任务。被测评者自行安排、组织发言次序并进行讨论。所讨论问题的内容根据招聘的职位特点而确定，一般是虚拟的业务问题，涉及决策或选择取舍。在测评过程中，首先给每位成员一定的时间（如10分钟）阅读指导语等材料，然后通过讨论达成共识。在被测评者进行讨论的过程中，评价者并不参与。评价者的任务是在讨论之前向被测评者介绍一下讨论的问题，给他们规定所要达到的目标以及时间限制等，最重要的是在被测评者进行讨论时对他们的表现进行观察和评估。评价者主要考查每位被测评者在讨论中如何提出自己的想法，如何说服其他成员接受自己的观念，如何进行引导和总结，是否尊重其他成员，以及是否能听取别人的意见等。

无领导小组考评的重点主要有以下几方面。

（1）被评价者在团队中与他人发生关系时所表现出来的能力。主要有言语和非言语的沟通能力、辩论说服能力、组织协调能力、合作能力、影响力、人际交往的意识和技巧、团队精神等。

（2）被评价者在处理一个实际问题时的分析思维能力。主要包括理解能力、分析能力、综合能力、推理能力、想象能力、创新能力、对信息的探索和利用能力。

（3）被评价者的个性特征和行为风格。主要包括动机特征、自信心、独立性、灵活性、决断性、创新性、情绪的稳定性等特点，另外还包括考虑问题时喜欢从宏观出发还是关注细节，喜欢快速作出决定还是喜欢广泛考虑各种因素而不受最终目标的限制等。

第十九章

录用管理

第一节 录用管理概述

当应聘者经过了各种筛选以后，最后一个步骤就是录用与就职。人员录用是指从招聘选拔阶段层层筛选出来的候选人中选择符合组织需要的人，作出最终录用决定，通知他们报到并办理入职手续的过程。

一、人员录用应遵照的原则

（一）因事择人与因人任职相结合

因事择人强调人员录用必须按照岗位的特性，根据工作的需要来进行。同时，还必须考虑每位应聘者的能力和特点、个性的差异来安排相应的职位。把因事择人与因人任职相结合，可以大大提高人力资源的利用率。

（二）平等竞争

对所有报考者，应当一视同仁，不要人为地制造各种不平等的限制。对应聘者应该采用竞争录用和择优录用。

（三）重工作能力

在应聘者基本条件差别不大时，以往的工作经验和工作绩效应该是决策所看重的条件，即在其他条件相同或相似时，工作能力优先。

（四）工作动机优先

在应聘者的工作能力基本相同时，应聘者希望获得这一职位的动机强度，则是决策时所需要注意的又一个基本点。

二、人员录用的意义

企业做好人员录用工作具有以下意义。

（1）做好人员录用工作是提高职工队伍素质的重要一环。

只有确保合适的人才进入企业，才能在进一步培训的基础上构造一流的员工队伍。

（2）做好录用工作是提高企业运营效率的前提。

每个岗位上都是合格人员，才能确保每项工作的顺利完成；相反地，企业若存在许多不合格人员，则无法保证工作任务的完成，影响企业的运营效率。

（3）做好人员录用工作，是保证企业在人才市场公平竞争的重要措施。

公平地做好人员录用工作，有利于社会的安定团结，有利于尊重知识、尊重人才的良好企业氛围的形成，对整个人才队伍的工作积极性有良好的促进作用。

第二节　人员录用的流程

一、背景调查

背景调查是指通过从外部求职者提供的证明人或以前工作的单位那里收集资料，来核实应聘者的个人资料的行为，是一种能直接证明应聘者情况的有效方法。由于背景调查技术的成本较高，操作难度较大，企业一般在确定了目标职位的候选人之后才使用。这将花费一定的时间和财力，但一般仍值得去做。

通过背景调查，可以证实应聘者的教育和工作经历、个人品质、交往能力、工作能力等信息。简而言之，背景调查就是用人单位通过第三者对应聘者提供的入职条件和胜任能力等相关信息进行核实验证的方法。这里的第三者主要指应聘者原来的雇主、同事以及其他了解应聘者的人员或是能够验证应聘者提供资料准确性的机构和个人。背景资料可以有不同的来源。

（1）来自校方的推荐材料。

（2）有关原来工作情况的介绍材料。

（3）关于申请人财务状况的证明信。

（4）关于申请人所受法律强制方面的记录。

（5）来自推荐人的推荐材料。

背景调查的操作要点如下。

（1）参考目标职位的素质模型确定背景调查的内容。

（2）确定调查的对象和范围。
（3）设计相应的调查问卷或提纲。
（4）设法取得调查对象的合作。
（5）运用一定的方法或技巧解决较棘手的问题。
（6）提交背景调查报告。

二、录用决策

（一）录用决策的影响因素

在企业作出录用决策的过程中，可能会受到下列因素的影响。

1. 职位类别

不同的工作对从业者的要求不同，这直接影响着录用过程的繁简度，同样也可以影响到录用决策。比如，招聘一名保洁工人，公司的一般行政经理或者主管就可以决定，同时面试也只需要一次，最多两次；而如果招聘一名大客户经理，则要经过多次面试，同时需要由公司的高层来决定是否录用。

2. 劳动力市场条件

劳动力市场条件对于录用决策的影响非常大，劳动力充足（包括数量和质量）的招聘环境对于企业来说不需要进行太多的筛选工作，录用决策也很简单，因为每一个应聘者都有完成工作的能力。而如果企业面对一个劳动力不充足的市场，或者说低端求职者比较多的劳动力市场，则需要进行大量的筛选工作，录用决策相应也就比较复杂。

3. 录用决策者个人因素

在企业中，录用工作是由人力资源管理部门从头到尾具体进行的，在整个过程中他们会提供很重要的参考意见。无论是让部门经理决定还是让员工表决，我们都会发现，录用决策者的个人因素对录用决策的影响很大，而且决策者的职位越高影响越明显。

4. 科学测评方法的使用

随着各种测评方法的广泛使用，录用决策者可以从各个角度来评估候选人是否符合职位要求，这些都直接影响着录用决策的速度和质量。

（二）录用决策流程

企业录用决策流程如下。

1. 确定录用决策人员

一般而言，参与作出录用决策的人应包括那些直接负责考查应聘者的人，以及那些会与应聘者共事的人，如部门的主管。录用决策人员应该根据具体情况对录用标准灵活掌握，有时也需要一点直觉，但需注意应避免受到"外部游说"活动的影响。

2. 核实应聘者的证明材料

在之前介绍过背景调查内容，对于公司来说，无论是哪种级别的招聘，如果没有仔细地考核应聘者的背景，招聘者都不会心安理得地给应聘者一份工作。

3. 对应聘者进行评估

对应聘者进行有效的评估是录用工作中最重要的环节，这一阶段的主要工作如下。

（1）回顾招聘目标。招聘者应提醒自己注意公司填补空缺职位的目的，以及该职位与部门、产品线和公司中其他职位间的关系。

（2）重新审阅职务说明书和任职要求，确保自己完全熟悉该职位的具体职责和任职要求，这是做好录用决策的基础工作。要清楚了解目前公司这个职位所面临的最大问题，以及公司对拟招聘职位的明确要求。

（3）再次回顾应聘者简历及其他证明文件。列出应聘者简历中与公司拟招聘职位相仿的工作经历，对所有证明文件做一个清单。

（4）审视部门现状、负责人情况。即对拟招聘部门目前的人员状况和面临的工作问题等情况进行再次确认，同时对部门负责人的管理方式和对下属的要求等方面进行分析。

（5）对应聘者对于各种问题和陈述的反应作出评估。例如，如果某工作需要经常出差，查看每位应聘者对该问题的回答。

（6）对每位应聘者的非言语表述模式及语言表述进行评价。

（7）考虑每位应聘者的薪酬要求，将这些要求与拟招聘职位的工资标准做一个比较。

（8）对应聘者陈述的离开前任雇主的原因给予评定。如果同样的情况出现的频率较高，可能过不了多久你公司的名字也将出现在该候选人的简历中。

（9）确定你公司和拟聘职位对应聘者是否合适。对公司在事业发展和其他机遇方面能为个人所提供的帮助作出评估，然后将此信息与所理解的应聘者对职位和工作环境方面的期望联系起来。

三、薪酬谈判

（一）薪酬谈判的作用

1. 有利于维护企业和员工的共同利益，实现"双赢"

薪酬作为人力资本价格，是由市场上人力资本的供给和需求相互作用决定的。由于薪酬具有双重性，即一方面它是产品中所包含的人工成本；另一方面它又是劳动者收入的主要来源，因此，作为劳动力供求双方的应聘者和用人单位，必然会对薪酬标准问题作出不同的判断，提出不同的要求。这种利益分割上的矛盾，是在用人单位和应聘者相互依赖的总前提下存在的，完全应该通过双方协商，达成薪酬协议，既满足用人单位和应聘者双方的利益，又促进企业的发展。

2. 是现代社会中劳动法律制度建设和实施的核心内容

在市场经济条件下，企业的发展必须建立在法定的劳动关系基础之上。在现代企业制度中，企业和劳动者双方的劳动关系是通过签订劳动合同而确立的。劳动合同的履行受劳动法律的保护与调节。只有如此，企业生产才能正常进行，劳动者的收入才有保障。薪酬标准问题，是劳动合同中的一项重要内容。只有经过劳资双方平等协商，达成薪酬协议，劳动合同的签订才有实际的价值。

3. 是现代企业制度中完善、和谐劳动关系的有力保证

在薪酬问题上实行平等协商，使最敏感的分配问题公开化，条件摆在明处，要求摆在明处，分配形式和分配数额也放在明处，企业和应聘者能及时互相了解和加强沟通，这就避免了争议发生的可能性。薪酬平等协商，可以集思广益，使分配制度更合理、更完善，这就在源头上避免了矛盾和争议的发生。经过协商形成的薪酬分配方案具有法律效应，双方依法履行义务和享有权利，一旦发生争议，也能依法妥善调解。

（二）薪酬水平评定

1. 与业务部门沟通

对候选人的薪酬水平进行评定后，结合公司薪酬策略和指标，人力资源部应对候选人的薪酬水平提出初步意见，并与业务部门达成统一。

一般需要与业务部门沟通的事项如下。

（1）对候选人能力的评价是否达成一致。
（2）候选人的薪酬结构与标准。
（3）候选人与现任同类别同事之间的工资对比。
（4）候选人的福利标准。

2. 与候选人沟通

（1）了解候选人原来的薪酬水平。了解候选人原来的薪酬水平有助于我们作出一个正确的判断。大部分人离开原工作岗位都或多或少是因为对其薪酬不满。这里需要弄清楚候选人过去的薪酬结构、标准、发放方式等，还要明确每月实际发放的数额，通过验证获得有关候选人过去薪酬水平的第一手信息。

（2）了解候选人对薪酬的期望值。在决定薪酬水平的过程中，招聘负责人与待录用的职位候选人之间可以互相了解对方的意见，招聘负责人往往会询问候选人对薪酬的期望值。如果候选人对薪酬的期望值比职位所能提供的薪酬水平高，这种情况下要格外谨慎，一方面要有一定的灵活性；另一方面也不能一味依照候选人的期望做决策。

（三）薪酬谈判的技巧及注意事项

1. 薪酬谈判的技巧

在进行薪酬谈判前，要确认好候选人原来的薪酬水平、面试测评结果等，同时与业务部门沟通，确认公司可以提供的薪酬待遇，不能做无准备的谈判。

如果应聘者原来的薪酬数低于公司预定的最高薪酬，这段差距便是谈判的空间；如果应聘者原来的薪酬数高于公司预定的最高薪酬，那么招聘者则必须把说服的重点放在职位的其他优势上，如事业发展机会、工作条件等。

但是，如果应聘者原来的薪酬比公司预定的最高薪酬还要高很多，招聘者应该立刻诚实地告知应聘者，以避免浪费双方的时间。当公司诚实地告诉应聘者，虽然公司很希望聘请他，但是真的无法支付如此高的薪酬时，应聘者有可能会因为喜欢工作内容等原因，而在薪酬上自动让步。

2. 薪酬谈判中应避免的两种情况

（1）首先亮出自己的底牌。有些公司倾向于在一开始就公布职位的薪酬范围，这种做法其实对公司不利。亮出自己的薪酬底牌，一方面会让公司在与应聘者进行薪酬谈判时处于被动；另一方面也不利于公司薪酬制度的保密。

建议采取折中的做法，保留薪酬范围的上限，只告诉应聘者薪酬范围的下限及中间值。这种做法，一方面可以替公司筛选掉对薪酬有过高期望的应聘者；另一方面又保留了谈判空间，遇到经验丰富或者条件极佳的应聘者时，还可以有往上调整的空间。

（2）询问理想待遇。当招聘者询问应聘者的理想薪酬是多少时，招聘者就已经给予应聘者开价的权利了，这种做法往往对公司较为不利。尤其是当应聘者说出的理想薪酬公司没有办法满足的时候，便会产生负面的影响。

相反，如果询问应聘者上一份工作的薪酬，会让公司有一个较合理的参考标准，以及比较大的商议空间。

四、通知应聘者

通知应聘者是录用工作的一个重要部分。一般来说，通知分为两种：录用通知和辞谢通知。

（一）录用通知

录用通知一般应包括聘用职位、所属部门、入职日期、工作地点、薪酬标准、试用规定、资料要求等。

（二）辞谢通知

很多招聘企业往往注意在那些将要被录用的应聘者身上做工作，而忽视了对那些未被录用的应聘者的回复，对未被录用的应聘者的答复是体现公司形象的重要方面。

在对未被录用的应聘者进行答复时，应该注意以下问题。

（1）最好用书面的方式通知，并且有统一的表达方式。这样做，一方面可以保持公司对外形象的统一；另一方面可以做到公平地对待每一位应聘者。

（2）注意拒聘信的内容和措辞。发给未被录用者的拒聘信，首先要表达对应聘者关注本公司的感谢；其次要告诉应聘者未被录用只是目前一种暂时的情况，并且要把不能录用的原因归结为公司方面的原因，而不是应聘者能力和经验的因素。拒聘信使用的语言应该简洁、坦率、礼貌，同时应该具有鼓励性，并表示愿意与应聘者建立长期的联系。

员工录用通知书

拒聘信

五、新员工入职

（一）入职前的准备

在新员工正式入职前，人力资源部、相关部门、新员工本人要进行各项准备工作。

1. 员工个人资料的准备

人力资源部在通知新员工报到日期或发出《录用通知书》的同时，应要求新员工准备以下个人资料。

（1）原单位离职证明。

（2）体检合格证明（如本单位组织新员工体检，则新员工可不必提供）。

（3）个人有效身份证明（原件）。

（4）学历证明（原件）。

（5）个人近照。

（6）规定银行账号（用于发薪，本单位需要新开户的除外）。

（7）人事档案信息。

（8）保险、住房公积金等资料。

（9）其他需要提供的资料。

新员工到岗通知

2. 人力资源部的准备

（1）新员工到岗通知。在新员工报到前 3~5 个工作日，人力资源部需要向相关部门发出《新员工到岗通知》，相关部门包括：用人部门、行政管理部、IT 管理部和其他流程相关人员。

到岗通知内容包括新员工个人信息、到岗时间及安排、各部门需要准备的物品及资料。

（2）准备员工入职材料。人力资源部在发布《新员工到岗通知》后，需要准备的材料包括《员工登记表》《员工聘用合同书》《员工手册》以及其他需要的资料。

（3）落实新员工培训计划。入职培训是让新员工尽快融入组织中的一个必要手段，在新员工报到之前（为了方便新员工培训，一般安排新员工集中入职），人力资源部应当完成针对新员工的培训计划。

3. 相关部门的准备

（1）选定导师。用人部门在新员工到岗前，应为新员工选定导师。导师的主要职责为：介绍公司理念和文化；缩短新员工和同事之间的距离；指导新员工办理公司要求的各项手续；为新员工项目实施提供指导；解释、解答新员工困惑，帮助减轻新员工因工作环境变化带来的不适应感。

新员工导师的基本要求包括：两年以上本公司工作经验；熟悉公司理念和文化，并能够主动介绍；熟悉各项业务流程和行政事务办理流程；积极、主动、热情。

（2）试用期工作任务安排。在新员工报到前，用人部门应当对新员工试用期工作任务予以明确，具体包括：实习计划；资料交接计划；工作目标及阶段性工作考核计划；转正标准。

（3）准备工位及配套设施。资产管理员在收到《新员工到岗通知》后应协调新员工工位，并准备必要办公室设备，包括电脑、电话、办公用品等，完成后通知人事专员，并由人事专员备案。

（4）开设账号及权限。IT 管理部门在收到《新员工到岗通知》后负责开设邮箱及网络账号，设置 OA（办公自动化）、日报、报销等权限。完成后通知人事专员，由人事专员备案。

（二）入职手续办理

1. 入职前准备工作的检查

在新员工正式报到前一天，人力资源部组织对各相关部门的准备工作进行检查，同时对本部门的准备工作进行自查，确保各项入职前的准备工作到位。

2. 接收报到

在规定的日期内，新员工带齐所有资料，到人力资源部办理入职手续，缴纳规定要求的证件原件供查验。

3. 资料审核及签署试用合同

人力资源部负责对员工提交的各种资料进行审核，印制证件复印件，代表公司与新员工签署试用合同,为新员工办理各类保险、档案转入事宜。

4. 发放书面资料及物品,办理门禁和考勤卡

对已经签署试用期合同的新员工,人力资源部负责发放书面资料、办公用品,并说明注意事项。同时,为新员工办理门禁和考勤卡。

5. 部门报到

人事手续办理结束后,负责办理入职流程的人力资源专员带领员工至工位处,到部门正式报到。

6. 认识导师及同事,安排工位

人力资源专员带领新员工认识导师,安排工位,完成与导师的交接手续。导师带领新员工参观公司、了解相关业务部门所在位置,认识业务联系人。

7. 调试电脑及电话

新员工在 IT 管理员的帮助下,完成电脑的调测,安装各种办公软件,调试电话,开通电话权限。

8. 新员工入职手续审批

人事专员负责办理新员工入职手续审批,通知人力资源部人员到岗,协调考勤及薪酬管理人员开始计算考勤。

新员工入职后 3 个工作日内,人事专员负责建立该员工的个人档案。

第三节　新员工入职培训

一般说来,刚入职的员工对公司都不是很了解。公司要让新员工快速进入角色、开展各项工作,就要组织新员工进行入职培训。如何做好新员工培训,让新员工能够在短时间内真正掌握到应该掌握的东西是每一个公司都要面临的问题。

一、新员工培训概述

(一)新员工培训的目的

(1)明确责任和权利。
(2)统一核心理念。
(3)熟悉公司、提升自我。

（二）新员工培训的周期、时间和形式

1. 培训周期

新员工培训时间应根据公司业务规模、复杂程度、培训体系完善度而定，一般不少于 3 天，一些大公司新员工的培训时间为 3 个月，通过较长一段时间的引导和训练，塑造新员工对企业的忠诚度，让新员工了解并掌握公司的业务流程。

2. 培训时间

上班的第一天是开始岗前培训的最佳时间，因为新员工还没有卷入工作的细节中，也不可能从其他渠道得到不准确的消息。但从组织一个培训班的角度来说，要做好招聘和培训的配合，新员工报到的日期最好能够相对集中，这样才能保证一个培训班具有足够的人数。

3. 培训的形式

所有新员工都应该参加新员工培训。新员工培训班应当按照职位、能力类别予以划分，如将没有工作经验和有工作经验的新员工分开。同时新员工入职培训可以采用多种多样的形式，主要有讲授式、讨论式、参观式、演练式、活动式、多媒体式等。

二、新员工培训流程

（一）企业新员工培训需求分析

培训需求一般可以从组织分析、岗位分析和人员分析三个方面来收集和确定。组织分析相对于岗位分析和人员分析来说，是一个比较宏观的概念。主要指根据企业的战略、环境和资源进行分析，使得员工培训方案符合企业的远景目标和发展战略。岗位分析比较具体，是指根据新入职员工的岗位，为了提高其工作效率和绩效而培训所需的专业知识和技能，可以参照岗位说明书的要求对新员工进行培训。人员分析，是指通过新员工入职前的面试和观察、座谈等方法，找出新员工与岗位要求在态度、人际沟通、表达能力等方面的差距，从而量体裁衣地定制以培训员工非专业技术为重点的方案。

（二）企业新员工培训计划制订

培训计划，简而言之，就是在全面、客观的培训需求分析基础上作出的对培训时间、培训地点、培训导师、培训内容、培训方式等预先的系统设定。新员工培训计划的制订应注意以下要点。

1. 培训时间

不同性质的公司对于培训时间有不同的要求，企业层面的培训在 7～30 天，而部门层面的培训持续时间更长，在 2～6 个月。应该把员工入职的前一周作为最佳的培训时机，这样才能

有计划、有条理地实施培训计划，对于新员工来说也是最有效的。

2. 培训内容

一般来说，对于新员工的培训应该包括三个层面：第一个层面来自公司整体层面，要求不同部门的所有新员工共同参加，安排了解公司发展历史、企业文化价值观、组织架构、主要产品和业务、各种规章制度、公司环境等；第二个层面来自各个部门，培训内容比较具体和专一，主要针对部门职能，帮助新员工了解部门的工作环境、工作责任、主要产品业务和应用的技术；最后一个层面来自员工岗位，安排一个有经验的资深员工对员工进行实际操作的指导，这个层面的培训周期比较长。

3. 培训方式

倡导各种培训方式互相结合，传统的课堂授学具体清晰，但是由于长时间听课，难免枯燥，影响培训效果。外企公司普遍采用"伙伴制度"（buddy system），就是指给每一个新员工指定一个职责相近、热忱负责的老员工作为"结对子"的伙伴，事无巨细，给予新员工实际操作的指导，而对于被选上"伙伴"的员工是一种认可和荣誉，公司应该给予一定奖励，这一培训具有很强的亲和力和凝聚力。在 DELL 公司，这种培训方式被发挥到了极致，被称为"太太制度"，即老员工如同新员工的太太一样喋喋不休给予指导，及时纠正问题。当然还可以采取更加新颖刺激的户外拓展训练，这种训练沿用了体验式训练的基础理论，结合新人融入的心理学和组织学概念，通过情景设计来帮助新人定位自己，树立团体角色观念，推动对企业价值的认同，也使员工在体验中理解和认同企业文化。

4. 培训导师

根据培训内容，相应的培训导师也分为三种：其一，公司的高层领导致欢迎词，重视新员工的培训，这样员工对于公司的认可度和满意度大大提高；其二，公司各个专职部门的资深员工介绍公司的方方面面，使得新员工清楚全面了解公司；其三，所在部门的资深员工作为"伙伴"，长期对员工进行指导。

5. 企业新员工培训实施的注意事项

有的企业准备很周详的培训计划，但是培训效果却不尽如人意。要保证新员工入职培训达到预期效果，需要多注意以下两点。

（1）重视培训动员，加强培训宣传。当所有的培训计划都确定后，相关部门应该进行培训动员宣传，提前与新员工沟通，告知培训目的、重要性等，及时回答员工提问，为培训的开始做好充分准备。

（2）注意培训实施细节，体现人性化培训观念。新员工进入崭新的工作环境，企业应该像一个温暖的大家庭来欢迎新成员的到来。企业高层的开场讲话，培训地点的温馨布置，企业大厅培训指示的张贴，培训游戏的设计，都会让员工产生亲切感，减少紧张气氛。

（三）企业新员工培训评估与反馈

培训评估是衡量培训效果的重要手段，许多公司盲目开展培训却不见效果，很大程度上是因为忽略了培训评估与反馈机制。培训评估可以根据美国人力资源管理学家柯克帕特里克的评估模型来开展，这也是国内外应用得最为广泛的培训评估模型，他提出要从四个层面来对培训效果进行全面评估。

（1）反应层，即学员反应，在员工培训结束时，通过调查了解员工培训后总体的反应和感受。

（2）学习层，即学习的效果，确定受训人员对原理、技能、态度等培训内容的理解和掌握程度。

（3）行为层，即行为改变，确定受训人员培训后在实际工作中行为的变化，以判断所学知识、技能对实际工作的影响。

（4）结果层，即产生的效果，可以通过一些指标来衡量，如事故率、生产率、员工流动率、质量、员工士气以及企业对客户的服务等。

另外可以发调查问卷让员工填写对培训的满意度，和员工面对面访谈，让员工根据自己的需求提出培训改进意见，观察员工的工作表现，从而判断是否通过培训提高了工作绩效。

总之，只有了解新员工的心理特点，全面分析培训需求，企业高层引起重视，制订详细的培训计划，有效控制培训实施，及时做好培训评估和反馈，才能真正搞活新员工培训，才能帮助员工加速从"局外人"向"企业人"的转变，并在新环境中快速成长，在自我提高的同时为企业创造价值。

第二十章
招 聘 评 估

第一节　招聘评估概述

招聘工作结束以后，应该对招聘效果进行评估。通过系统、科学的评估，可以总结招聘手段的优、缺点，发现企业招聘工作中的不足，并探究解决问题的方案，从而提高日后招聘工作的效率。

一、影响招聘效果的因素

在评估招聘效果前，要了解招聘效果的影响因素。只有这样，才能够做到有针对性地对招聘效果进行评估。影响招聘效果的因素可以分为两大部分：一是内部因素；二是外部因素。

（一）影响招聘效果的内部因素

内部因素指企业自身影响招聘效果的各种条件，主要包括企业声望、招聘策略、福利待遇、成本和时间等。

1. 企业声望

企业是否在应聘者心中树立了良好的形象以及是否具有强大的号召力，将从精神方面影响招聘工作。如中石油、国家电网、GE 等大公司，单凭它们在公众中的声望，就能很容易地吸引大批的应聘者。相反，刚刚成立的公司、小型公司因为知名度的问题，在招聘的时候相对难度系数会大一些。

2. 招聘策略

企业招聘策略影响着招聘人员对招聘方法的选择。例如，对于中高层职位，企业选择从内部提拔、外部广告招聘，还是通过猎头公司来招聘，相对效果是不一样的。同时企业负责人对于招聘的认可度也是影响招聘效果的一个重要因素。

3. 福利待遇

福利待遇不仅包括直接的薪水，还包括员工的晋升机会及其他福利政策。相比同行业竞争对手，本公司的薪酬政策、薪酬标准、薪酬的公正程度、福利的完善性等方面，都直接影响着招聘的效果。

4. 成本和时间

由于招聘目标包括成本和效益两个方面，同时各种招聘方法取得效果的时间也不一致，所以，成本和时间上的限制明显地影响招聘效果。

（二）影响招聘效果的外部因素

1. 国家政策与法律、法规

国家的政策与法律、法规从客观上界定了企业招聘对象选择和限制的条件。例如，西方国家中的人权法规定在招聘信息中不能有优先招聘哪些性别、种族、年龄、宗教信仰的人员倾向，除非这些人员是因为工作岗位的真实需要。

2. 劳动力市场地理位置

劳动力市场的地理位置对招聘效果具有重要影响。根据某一特定类型的劳动力供给和需求，劳动力市场的地理区域可以是局部性、区域性、国家性或者国际性。通常，那些不需要很高技能的人员可以在局部劳动力市场招聘；而区域劳动力市场可以用来招聘那些具有更高技能的人员；专业高级管理人员应该在全国劳动力市场招聘；对某些特殊人员，如高级研究人员、投资银行家等，除了在国内招聘外，还可在国际市场进行招聘。

3. 劳动力市场的供求状况

我们把劳动力市场供给小于需求的市场称为短缺市场，而把劳动力供给充足的市场称为过剩市场。一般来说，当失业率比较高时，在外部招聘人员比较容易；相反，某类人员的短缺可能引起价格的上升并迫使企业扩大招聘范围，从而使招聘工作变得错综复杂。

4. 行业发展状况

如果企业所属的行业具有巨大发展潜力，就能吸引大量的人才涌入这个行业，从而使企业选择人才的余地较大，如近几年的金融、IT等行业。相反，当企业所属行业前景欠佳时，企业就难以有充裕的人才可供选择，如现在的纺织、钢铁等行业。

二、招聘评估的作用

招聘评估是招聘过程中必不可少的一个环节，是对前期工作的总结和今后招聘工作的经验积累过程。在某种程度上招聘工作的成功与否、企业的投资能否得到回报，将由最后的招聘评估来完成检验。具体来说，招聘评估的作用主要体现在以下几个方面。

（一）有利于检验工作分析的有效性

录用新员工的标准是根据任职资格来制定的。通过招聘完成比、录用比、新员工留存率、新员工贡献率等指标可以验证任职资格是否符合岗位要求。如果某岗位招聘完成率比较低，而且新员工留存率较低，说明该岗位的任职资格要求可能过高，难免会因为"大材小用"而导致高离职率。

（二）有利于检验招聘计划的有效性

将招聘完成比、招聘成本效益评估、录用人员质量评估等指标结合起来进行分析，可以检验招聘计划的有效性。如果某岗位在规定的时间内难以招募到合适的人员，或者只有通过提高吸引人才的成本才能够完成招聘任务，则说明招聘计划的承诺期可能较短，以后再制订招聘计划时应适当延长招聘期。

（三）有利于提高招聘工作质量

对招聘工作进行评估有利于评估招聘渠道的吸引力和有效性，有助于改进招聘的筛选方法，提高人才测评结果的准确度，从而提高招聘整体工作绩效和新聘员工的质量，避免招聘工作的短视性，实现合理配置企业资源。通过对录用员工质量的评估，检查招聘工作的成果与各种方法的有效性，有利于完善测评方法的组合配置，支持招聘战略更好地实现。

（四）有利于正确评价招聘者的工作业绩

通过对招聘者的相关测评，了解其工作质量及效率，对招聘活动的策划、统筹和费用支出，所选候选人的录用比例及相关业绩等方面进行评估，并进行针对性的培训和奖惩。因此，有效评估可以体现招聘人员的工作业绩，激发工作热情。

（五）有利于降低招聘费用

通过成本与效益核算能够使招聘人员清楚地知道费用的支出情况，区分哪些是应支出项目，哪些是不应支出项目，这有利于降低今后的招聘费用，从而为公司节省开支。

三、招聘评估的标准

一次招聘活动成功与否，可以从以下几个方面来评估。

（一）准确性

从所选用测评工作的测试内容、合理程度以及它与职位要求相吻合的程度来判断招聘的准确性，这要求负责招聘的人员必须真正了解空缺职位的要求。

（二）可靠性

可靠性即评价结果客观反映应聘者实际情况的程度。这主要取决于选拔方法的效度。例如，通过面试与知识考试相结合的方法测评营销人员的市场营销知识和能力，而要了解应聘者的个性特点就应该借助专门的心理测验方法。

（三）客观性

客观性即不受主观因素影响，对应聘者进行客观的评价。具体来讲，它包括两个方面：一方面招聘人员不受个人偏见、价值观和感情等因素的影响，客观地对应聘者进行评价；另一方面应聘者不会因其社会地位、种族、宗教、性别和籍贯等因素被人为地划分等级。

（四）全面性

全面性即测评内容是否具有完整性，能否全面反映招聘岗位所需的各项要求。要想全面地对应聘者进行评价，首先需要明确岗位各方面的任职资格要求，包括专业能力、人际能力、政治素质等。对专业能力来讲，不仅包括专业知识，还应该包括专业技能和专业领域的工作经验等。

第二节 招聘效果评估内容

一、招聘成本评估

招聘成本评估是指对招聘过程中发生的各种费用进行调查、核实，并对照预算进行评价的过程。

（一）招聘预算

招聘工作进行之前，企业每年在进行全年人力资源开发与管理的总预算时，必须认真考虑招聘工作的预算。招聘工作的预算主要包括以下方面。

（1）招聘广告预算。

（2）招聘测试预算。

（3）体格检查预算。

（4）招聘差旅费。

（5）其他预算。

（二）招聘成本核算

招聘工作结束以后，要对招聘成本进行核算。招聘成本核算是对招聘工作的经费使用情况进行度量、审计、计算、记录等的总称。通过核算，可以精确了解招聘中经费的使用情况、经费是否符合预算、主要差异出现在哪个环节上等。

1. 招募成本

招募成本是为吸引和确定企业所需要的内外部人力资源而发生的费用，主要包括招募人员的直接劳务费用、直接业务费用（例如场地租赁费、差旅费、广告费、宣传资料费等）、间接费用（例如行政管理费、设备使用费等）。招募成本既包括在企业内部和外部招聘人员的费用，又包括吸引人才的费用。招募成本的计算公式如下：

$$招募成本 = 直接劳务费 + 直接业务费 + 间接业务费 + 预付费用$$

2. 选拔成本

选拔成本由对应聘者进行鉴别选择，以作出决定录用或不录用这些人员所支付的费用构成。选拔成本随着应聘者需要从事的工作的不同而异，在一般情况下，选拔成本主要包括以下几个方面的费用。

（1）简历印刷及办公用品费。

（2）测评费用。包括测评实施及测评结果分析费用，一般为测评费、专家顾问费等。

（3）笔试费用。包括场地租赁费、主考官劳务费、差旅费、笔试试题费、评卷费等。

（4）实施评价中心测评方法费用。包括咨询顾问费、材料费用、培训费等。

（5）背景调查费用。包括交通费、电话费。

（6）体检费用。

3. 录用成本

录用成本是指经过招聘选拔后，把合适的人员录用到企业所发生的费用。录用成本包括录取手续费、调动补偿费、搬迁费和旅途补助费等由录用引起的有关费用。录用成本的计算公式如下：

$$录用成本 = 录取手续费 + 调动补偿费 + 搬迁费 + 旅途补助费$$

4. 安置成本

安置成本是为安置已被录取的员工到具体工作岗位所发生的费用。安置成本由为安排新员工的工作所必须发生的各种行政管理费用、为新员工提供工作所需要的装备条件以及录用部门因安置人员所损失的时间成本而发生的费用构成。其计算公式为

$$安置成本 = 各种安置行政管理费用 + 工作装备费用 + 时间成本$$

5. 新员工培训成本

新员工培训成本是企业对上岗前的新员工在企业文化、规章制度、基本知识、基本技能等方面进行培训所发生的费用。

6. 离职成本与重置成本

虽然招聘成本是招聘过程中实际发生的各种费用，但招聘工作只是整个人力资源管理工作的起点，招聘工作质量的高低直接影响着员工的质量及其稳定性。因此，招聘的成本还包括因招聘不慎，使员工离职而给企业带来的损失，即离职成本；重新再招聘时所花费的费用，即重置成本。

员工离职成本可以分为直接成本和间接成本两部分，直接成本是指那些通过检查记录和准确估计时间与资源可以被量化的成本。这部分成本主要包括以下内容：由于处理离职带来的管理时间的额外支出；解聘费；离职面谈的成本支出；临时性加班补偿费用；策略性外包成本；应付的工资和福利等。

员工离职的间接成本要比直接成本高得多。间接成本主要包括以下内容：员工离职后保留下来的员工的劳动生产率降低；替补人员学习过程中的低效成本；企业资产的潜在损失；顾客或公司交易的损失；留下来的员工士气降低造成的损失；离职员工带走的公司客户或机密造成机会损失；离职员工离职前工作失误造成企业形象的损失；离职员工离职前寻找新的工作造成的工作延误损失。

重置成本指除了重新招聘过程中发生的成本和离职成本外，还包括人力资源开发的成本以及医疗保健费用。人力资源开发成本包括在职培训成本、特殊培训成本、培训者时间损失和劳动生产率损失等。医疗保健费用包括医疗保险与卫生保健费用、养老保险和改善环境与生产质量的费用。

二、录用人员效果评估

评估招聘工作的效果可以采用多种方法，但是归根结底，所有的评估方法都要落实到招聘资源的限定下，为工作岗位招到的应聘者的适岗性上来。这种适岗性可以用全部应聘者中合格者的比重、合格应聘者的数量与工作空缺的比率、实际招聘数量与计划招聘数量的比率、录用后的新员工的绩效水平、新员工总体辞职率以及从各种招聘来源得到的新员工的辞职率等指标来衡量。

录用人员效果评估是根据招聘计划，从应聘者的数量、质量及用于填补空缺职位所用的时间三个角度来进行评估。

（一）应聘者数量

由于一个好的招聘计划以吸引大量可供选择的应聘者为目的，因此应聘者数量应作为评价招聘工作的基础。

（二）应聘者质量

除了数量以外，另一个应关注的事项是应聘者素质是否符合职位的工作要求以及应聘者是否与职位相匹配。

（三）填补职位空缺所用时间

填补职位空缺所用时间是评价招聘工作的另一个重要尺度，应该考核合格的应聘者是否及时填补了职位空缺，从而避免企业的工作和生产计划因空缺而延误。

三、招聘效率评估

评价招聘效率主要从以下两个方面进行。

（一）招聘部门的行动是否迅速

真正高效的招聘部门应该了解其他公司中干得出色的人并拥有市场上优秀候选人的资料。这就需要公司内部其他职能部门在平时就为招聘人员提供信息。比如在平时参加商务会议或其他活动时，有意识地寻找将来可能会对公司有用的候选人，并随时把他们推荐给人力资源部；而负责招聘的人员就可以开始为这些潜在的候选人建立档案甚至可以打电话以了解其情况。如果公司内每个部门的人员都这么做，人力资源部将建立一个宝贵的人才库以供随时调用。

（二）部门经理能否及时安排面试

当今的人才市场竞争异常激烈，许多候选人常常在一周的时间内要决定自己是否接受公司给予的职位，如在校园招聘的过程中，许多学生常常是同时面试好多家公司，一周甚至两三天时间的延误就可能会导致某个优秀的毕业生投奔其他公司。就现实状况来讲，许多公司部门经理由于工作的繁忙常常会延后面试的时间，这样实际上是传递了两个信息：一是使应聘者觉得自己并不是那么重要；二是使本公司的招聘人员觉得自己没有受到重视。

第三节　招聘效果评估方法和技巧

一、招聘效果评估方法

（一）评审会模式

评审会模式是指成立专门的评审小组，小组成员按照既定的规则对各类评估事项进行评价。评审会模式的主要优点在于评估事项比较全面，劣势在于需要大量的准备和评估过程管理工作。评审会模式一般适用于对大型招聘项目的评估。

（二）调研法

调研法主要是针对用人需求部门进行的，是对用人部门招聘计划的实际完成情况进行的调查评价。调研人对用人部门相关负责人进行口头或者书面调查，了解用人部门的评价意见。

二、招聘效果评估流程

在招聘项目结束后，人力资源部组织对招聘效果进行评估。评估流程包括下述三个阶段。

（一）评估准备

评估准备阶段的主要工作是收集各类招聘过程记录、选择评估人员、设计评估方法及评估表单，对于大型招聘项目还需要成立专门的评审小组，制定评审规则。

1. 收集各类招聘过程记录

这是进行效果评估要做的第一项工作，收集的各类资料包括但不限于：
（1）应聘者个人简历；
（2）应聘者学历、职称、身份证明；
（3）多轮面试记录；
（4）笔试答题卷；
（5）素质测评结果。

2. 选择评估人员

不是所有的人员都具有评估能力，评估人员应具备的胜任能力和任职要求包括：
（1）是某业务领域的专家，如财务部门、用人部门代表等；
（2）熟悉公司管理现状及招聘策略；
（3）受过有关评估技巧和方法的训练；
（4）具有良好的问题识别能力；
（5）具有良好的书面表达能力。

3. 设计评估方法及评估表单

评估人员确定后，需要根据评估需求设计评估方法及评估表单，此阶段主要完成以下工作。
（1）设计评估方法，对获得的各类信息进行整理。
（2）设计评估项目。
（3）设计评估项目权重及统计方法。
（4）设计评估过程应用表格。
（5）设计统计结果标准模板。

4. 成立专门的评审小组

对于大型招聘项目,要成立专门的评审小组,评审小组的主要职责包括:
(1)负责审核各类招聘过程资料和统计资料;
(2)组织招聘小组评审会议;
(3)对人力资源部就招聘项目执行情况进行评审;
(4)对招聘项目完成效果进行评价;
(5)完成评估报告。

5. 制定评审规则

评审小组要对评审方法进行明确,招聘效果评估相关评审规则如下。
(1)输入资料要求。
(2)评审方法介绍。
(3)评审流程。
(4)评审会议。
(5)评审小组异议处理方法。

(二)评估实施

由评估人员/评审小组根据评审规则,组织对招聘效果的评估工作,主要包括下述内容。

1. 核对各类招聘数据

对由人力资源部提交的各类招聘数据进行核实,明确招聘职位数量、招聘广告渠道发布情况、简历数量、笔试及面试数量、实际录取人数等信息。

2. 与用人部门沟通招聘质量与服务

这部分主要通过调研进行,评估人员/评审小组组织与各个业务部门负责人进行沟通,就招聘完成的质量、服务态度、招聘速度、招聘流程执行情况等进行实际的调查,调查应当有书面调查记录。

3. 对各类招聘成本的执行情况进行汇总统计

根据招聘成本评估内容的要求,评估人员/评审小组组织对各类招聘成本的实际发生额进行统计,比照预算额计算差额,并分析其中的原因。

4. 召开评审会议

对于大型招聘项目的效果评估,除要完成上述工作外,还要召开专门评审会议,会议输入上述各类评估需要准备的数据资料,由评审小组对整体招聘效果进行评价。

（三）起草评估报告

招聘效果评估实施结束后，由评估负责人组织编写评估报告。评估报告应当符合客观事实，能够对存在的问题进行分析，提出持续改进建议。评估报告包括下列内容。

（1）招聘项目简介。
（2）阶段性招聘目标及预算。
（3）招聘效果评估方法。
（4）各类数据统计分析结果。
（5）招聘成本分析。
（6）招聘效果分析。
（7）存在的问题及改进建议。

评估报告应当报送到相关领导处，供领导决策参考时使用。

招聘评估报告举例

三、编撰招聘工作总结

（一）招聘工作总结

评估工作完成之后，结合招聘效果评估结果，要对整体招聘情况进行总结，对招聘任务、招聘实施、甄选过程、录用、招聘工作的成功与不足之处等进行仔细回顾分析，撰写招聘工作总结，并把招聘工作总结作为一项重要的资料存档，为以后的招聘工作提供信息。

招聘工作总结的主要内容如下。

（1）招聘目标。
（2）招聘工作计划。
（3）招聘进程。
（4）招聘结果。
（5）招聘费用执行情况。
（6）招聘项目计划执行情况。
（7）招聘效果评价。
（8）改进建议。

（二）针对竞争对手的招聘总结

收集竞争对手的情报是指收集公司直接竞争对手的有价值情报，包括策略、计划、工作方法及人员资料。在下一次的招聘活动开展之前获取竞争对手的情报，能使我们进行人才招聘时更好地抗衡竞争对手。针对竞争对手的招聘总结通常包括下列内容。

（1）最优秀的应聘者为什么向竞争对手申请工作，而不愿意向本公司申请？
（2）应聘者为什么查询竞争对手的公司网站？

（3）若应聘者不来本公司求职，他们会转向哪家公司？本公司与其他公司之间的薪水差额是多少？

（4）本公司在招聘中最终取胜的因素是什么？哪些因素促使一些应聘者最终选择竞争对手提供的职位？

（5）影响本公司招聘工作的不良因素是什么？

（6）在竞争对手的广告、网站及其他招聘方式中，哪一项对应聘者的影响最大？

附　录

1. 面试问题清单
2. 评价要素清单
3. 猎头服务委托单
4. 猎头服务评价表

第六篇

员工成长与培养计划

第二十一章

培训管理的全新视角

培训实质上是一种系统化的智力投资。企业投入人力、物力对员工进行培训，员工素质提高，人力资本升值，公司业绩改善，获得投资收益。它区别于其他投资活动的特点在于它的系统性。企业的员工培训是一个由多种培训要素组成的系统。它包括了培训主体、培训客体、培训媒介、培训的计划子系统、组织子系统、实施子系统、评估子系统，还包括了需求分析过程、确立目标过程、培训实施过程、信息反馈过程、效果评价过程等。

第一节 培训管理的五点认识

对于培训管理，从认识上看，我们首先要了解以下五点。

一、什么是培训，什么是培训体系

培训是组织为了提升自身业绩水平、增强竞争力，使员工获取与工作相关的知识、经验和技能的过程，这些知识、经验和技能是保证员工能够正确、高效地完成工作任务所必需的。培训是要求，而不是需求。企业员工在培训结束后应该达到的标准是既定的，员工必须达到才能算是合格；培训是企业有能力去做的，而不是企业想做的，培训管理者经常面临的一个困境就是想要做到的理想境界和现实环境制约下能做到的状态之间存在差距。在这种情况下，应当全面衡量企业的人力、财力、物力，量力而行；培训最重要的就是努力达到培训目标，因此应当关注培训取得了什么成果，而不是在培训过程中做了些什么。

培训体系主要包括两个层面：第一个层面是基于企业战略人力资源规划、为完成企业所需的人才培养与人力资源开发工作而建立的一套动态系统和机制，包括培训机构、培训内容、培训方式、培训对象和培训管理等各方面的内容。第二个层面是为完成企业所需的各项培训任务

（例如提升员工业绩水平）而进行的一系列管理过程，它包括培训的调研、实施、管理、评估等一系列内容，是保证企业培训工作有效开展的一个整体系统。培训体系的培训管理体系是培训落实的支撑，是培训能否取得效果的关键。

二、培训的特点是什么

企业培训的主要对象是各类在职人员及新入职员工，他们本身具有明显的特征，因此，培训必须具有很强的针对性、系统性和实用性。

培训的针对性是指对于企业不同层级、不同岗位的员工，培训的内容及目标要求也不相同。这种针对性具体到岗位就是：岗位需要什么，就传授员工什么；员工缺乏什么，就补习什么。例如对于新员工，侧重于企业的价值观、行为规范、企业精神及岗位所需要的基本技能的培训；对于生产员工，更加注重与工作直接相关的技能，如新技术、新工艺的培训。培训的系统性是指为了有效地开展培训活动，需要按照一定的、科学的培训作业流程来开展培训活动。培训作业主流程主要由需求分析、计划制订、培训实施和评估反馈四个环节构成。这四个环节构成一个封闭的循环系统，将整个培训活动进行了有效的整合。培训的实用性指的是培训应当能够带来员工素质、技能的提升和态度的改变，产生预期的投资回报。首先，企业的培训内容应当具有实用性，使员工能够获得素质、技能的提升；其次，企业应当为受训者提供恰当的机会来应用所学的技能；最后，企业应当对员工培训后的表现进行一定的追踪，确保培训真正发挥应有的作用。

三、为什么培训总是出问题

在组织培训过程中，培训管理者经常面临这样或那样的问题。为什么培训工作一直无法得到企业高层的重视？为什么在培训活动中总是有人表现出无所谓的态度，并且在培训结束后依然我行我素？为什么企业资金一有风吹草动，首先受到冲击的就是培训费用？出现这些问题的原因在于未能建立起有效的培训职能管理体系和培训文化氛围。

1. 培训职能管理体系

建立有效的培训职能管理体系的目的在于将组织的培训体系进行有效的整合，确保培训效果的达成。如果组织内部培训职能管理体系不健全，就容易影响企业培训的效果，从而导致学员和管理者对培训认识的误差。组织内部影响培训职能发挥的情况主要表现为以下几种。

（1）组织内部缺乏统一的培训规划。
（2）培训需求分析不到位，所测量的并非是企业所需要的。
（3）培训管理者缺乏专业性，职能分工不明确。
（4）员工个人发展在培训中没有得到很好的体现。
（5）培训内容缺乏实践性和应用性，不能有效解决学员工作中的问题。
（6）培训结束后，学员缺乏应用培训所需的环境和条件。

2. 培训文化氛围

培训文化是企业文化的重要组成部分，是考察组织中培训发展现状的重要标志。良好的培训文化氛围能够在潜移默化中加强组织人员对培训的重视，增强员工参与培训的意识。即使精心组织的培训，在培训文化淡漠的氛围中，也容易受到学员的怀疑和否定。培训文化淡漠主要表现在以下几个方面。

（1）培训工作只是培训管理者的职责。

（2）培训被视为浪费时间和金钱的活动。

（3）培训内容单调，形式死板，难以激发参与者的兴趣。

（4）培训工作没有计划性，与企业战略发展脱节。

（5）缺乏对培训结果的反馈与应用。

四、怎样才能使培训对员工更具有吸引力

在组织培训过程中，培训管理人员最担心的情况就是培训已经计划好了，但是报名的人却寥寥无几。如何使培训对员工更具有吸引力，从而保证培训的上座率呢？企业可以从培训的强制力和吸引力两方面入手。

培训的强制力主要体现在培训制度的建设和高管的支持上。

（1）建立学员培训的签到制度，并与学员培训考核结果挂钩，而学员培训考核结果与绩效考核结果挂钩。

（2）提前半年到一年公布公司下一年度的培训计划，并征集员工报名。在报名截止日期后，未报名的员工将很难再获得培训的资格。

（3）建立部门培训积分制度，并与部门奖金挂钩，如果某部门员工报名培训后无故缺勤，则扣减该部门的培训积分，并相应抵扣部门奖金。

（4）尽量争取企业的高层管理人员对培训的支持，比如要求高管主持或者旁听培训等，但是这种方法适宜大型的或者骨干员工的培训，以体现公司领导的重视，不宜常用。

培训的吸引力主要体现在培训内容和员工成长方面。

（1）在培训的过程中，更多地激励学员而不是"惩罚"学员，给予学员正向的强化。

（2）为员工尽可能提供具有实用性的培训，减少枯燥的理论性的培训。

（3）将培训与员工个人发展挂钩，如果员工的直线上级难以获得晋升，将在一定程度上阻碍员工的晋升，而成为内部培训师则为员工提供了另一条成长的路径。

（4）建立企业接班人制度，将员工绩效考核结果和培训表现与结果纳入接班人评选标准，将有效地调动学员参加培训的积极性和主动性。

五、培训不是解决所有问题的万能良药

企业培训工作应该做和能够做的，首先是从企业发展战略和经营目标出发，找出和确认要

达到这些目标必须具备的能力和要求;其次,在具体操作过程中,把工作重点放在那些可衡量、可复制、可提高的地方,比如员工的行为规范和经理人的管理方法方面;要注意分辨哪些问题是培训可以解决的,哪些问题是培训难以有效解决的。在遇到问题时,切忌有组织一次培训就能够有效解决问题的想法,培训不是解决所有问题的万能良药,企业有很多难题是培训难以解决的,如价值观问题。组织必须认清这一问题,培训才能做到有的放矢。

第二节 培训管理的系统平台

所谓培训管理的系统平台,包含战略牵引、系统运行、组织支持三个方面。战略牵引确保培训管理系统始终符合组织的发展方向与目标,系统运行是培训战略与计划落地的基础,组织支持保证培训系统的有效运行,如图21-1所示。

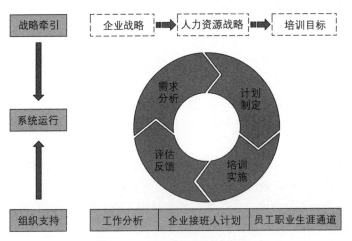

图 21-1 培训管理的系统平台

一、战略牵引

培训管理作为企业人力资源管理活动的重要组成部分,其目标必须与企业人力资源战略相一致。从本质上来说,培训管理是在企业总体战略的牵引下,基于组织平台的支持,通过系统有效的运行,来实现战略落地的人力资源活动。培训管理战略可以分为两大类,一是前瞻性导向,即以组织未来规划为目标,培训组织"未来"需要的人才;二是解决问题导向,即以组织现在的需求为目标,培训组织"现在"需要的人才。

二、系统运行

培训管理是一个循环的动态的运行系统,几个环节紧密联系、环环相扣,任何一环的脱节都将导致培训管理的失败。

培训需求分析是培训工作的第一步，也是最重要的一步。在培训需求分析的基础上，培训管理者才能制订培训计划并组织实施，才能产生对每个培训项目效果评估的科学依据和标准。培训需求分析的科学性，直接决定培训内容、培训方法和考核标准设计的科学性与客观性。从组织、任务和员工个人三个层面进行培训需求分析，以清楚地界定员工所需要的培训内容和培训后期望员工所达到的行为结果。培训需求分析产生的最重要的结果就是对培训目标的界定。培训目标来源于员工的培训需求，同时也是培训计划制订和培训课程开发的依据。

培训管理的第二步是培训计划的制订。培训计划是指导培训操作最具体、最详细的计划性文件。制订培训计划的过程也是企业的培训主管（或组织者）理顺思路、系统思考如何组织培训活动的过程。培训计划的制订必须综合考虑组织的人力、物力、财力各方面的情况，可能在培训需求分析之后发现员工需要改进的方面有很多，但是培训只能选择组织最需要、最紧迫的目标去制订培训计划。在培训计划制订过程中，最重要的就是培训课程的开发与设计，课程开发不仅需要培训专家的参与，而且也需要员工的支持。

计划制订之后是培训的实施。培训实施过程是决定培训效果的直接影响因素，无论培训计划多么完善，必须能够付诸实践才能取得想要的效果。在培训实施的过程中，企业应当逐渐建立起一支比较完善的内部培训师队伍。当内部培训无法满足企业的需要时，可以选择将培训的部分或者全部职能外包出去。

培训管理的最后一步是培训效果评估。培训效果评估是运用科学的理论、方法和程序，从培训项目中收集数据，并将其与整个组织的需求和目标联系起来，以确定培训项目的优势、价值和质量的过程。一般来说，这个过程包括以下三个部分：作出评估决定、实施培训评估和培训效果转化。

三、组织支持

培训管理在组织中是一个螺旋式的上升的闭环。那么培训管理的最终目标是什么，或者说，培训管理到底是为了什么而存在呢？

组织得以存在和延续的基础是核心竞争力。那么培训如何转化为核心竞争力呢？首先，培训需要把个人的能力组织化，即把个人所掌握的能力转化为标准化的流程和方法，然后通过培训在组织内部普及，使之成为组织的能力。其次，培训需要营造一种氛围和环境，一种外部的经验能够迅速被内化的环境，即有了什么新的技术或方法，能够迅速被组织内部所识别，并转化为可以复制的标准化课程。

有效的工作分析能够提炼出各个岗位任职员工所需要的技能素质要求，从而为培训需求分析中的工作分析提供依据。通过对比岗位要求和员工实际行为表现，可以确定员工需要培训改进的方面，进而制订培训计划并实施。工作分析的存在提供了将个人能力标准化的流程和方法。

组织文化氛围的营造在于提升培训的影响力，只要培训是有效的，是能够切实解决员工实际问题的，那么自然会受到员工的追捧。企业接班人计划（succession planning）和员工职业生涯通道分别从两个方面体现了培训的重要性和影响力。企业接班人计划，又称管理继承人计划，是指公司确定和持续追踪关键岗位的高潜能人才，并对这些高潜能人才进行开发的过程。高潜能人才是指那些公司相信他们具有胜任高层管理位置潜力的人。培养企业的接班人，离不开对接班人的培训。将培训考核的结果和绩效考核结果共同纳入接班人评价指标库，不仅可以提升接班人参加培训的积极性和主动性，而且也使企业在确定最终的接班人时有据可依，保证过程的公平、公正。

通常企业内部都会有两条职业生涯通道——管理类、专业技术类双重路径的职业发展通道。将员工职业生涯通道和员工培训相结合，明确员工在职业生涯发展上必须具备相应的技能才能获得相应的晋升，那么即使企业没有提供相关的培训，员工也会自己主动参加培训课程来自我提升。

总之，工作分析、接班人计划和员工职业生涯通道分别从组织的不同方面影响并提升培训的效果，构成了培训的组织基础。

第二十二章

培训需求分析

培训需求分析是整个培训管理体系的第一个环节,也是最重要的环节之一。

组织的问题可以分为两类:组织当前面临的问题和未来发展的问题,其中组织当前面临的问题又可以进一步划分为绩效的问题和工作变化的问题。对于这三类问题,培训是否是最佳的解决办法,这是培训需求分析首先需要确定的问题。

在确定了培训的必要性之后,需要对培训的内容进行分析,具体地说,包括从组织、任务和人员三个层次来分析培训的需求。分析组织的需求实际上就是从组织战略目标、组织资源、组织文化氛围和组织外部环境等多个角度,来看需要什么样的培训和组织能为培训提供什么样的支持。任务分析主要是从工作内容和任职资格两个角度来分析岗位的要求,具体地说就是基于对工作的研究,得到这个岗位需要完成什么工作内容,继而明确该工作内容对人的要求。人员分析主要是明确员工在某项工作的执行中实际具备的素质和能力、实际表现行为和态度、履行的职责以及最终达成的结果等。任务分析是找到组织所期待的理想状态,而人员分析则是确定员工的现实状态。

明确了培训的需求之后,下一步工作是确定培训内容、培训目标和受训人员。简单地说,就是通过培训需求分析中所确定的现实状态和理想状态,分析两者的差距,得出以下结论:

培训需要弥补哪些差距,也就是培训的内容是什么;

培训之后受训者需要达到的标准,也就是培训的目标是什么;

针对以上的培训内容和培训目标,哪些人更适合接受培训。

第一节 确定培训的必要性

这一步骤解决的问题是:当企业出现问题或者在可预见的未来可能出现问题的时候,培训是最佳的解决途径吗?简单地说,就是确定企业是不是需要培训。培训需求分析操作步骤如图 22-1 所示。

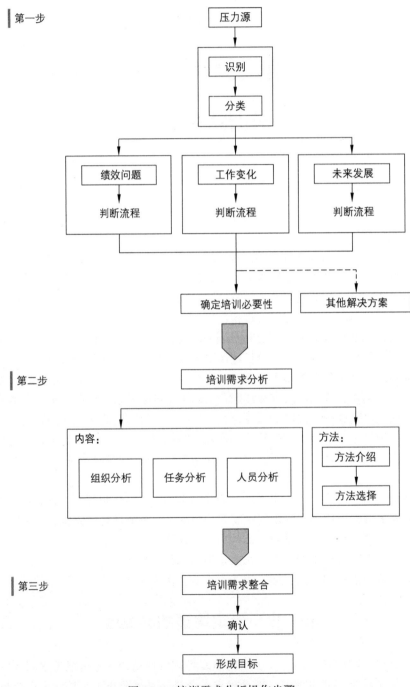

图 22-1 培训需求分析操作步骤

一、识别问题和变化

企业在生产经营活动中可能遇到各种各样的问题和困难,一些问题可能是以前遇到过的,或者是周期性反复出现的。遇到这类问题,管理者处理起来会比较容易和顺手,有据可依。但是更多的时候还会遇到一些陌生的、突发性质的问题,面对这类问题,又该如何提高解决问题的效率呢?

首先,我们列举了企业生产经营活动中可能遇到的各种问题;其次,我们对这些问题进行分类和描述,每一类各自有一个通用的流程。当管理者遇到某类问题的时候,只需要对号入座地识别问题,再将问题进行简单归类,我们提供的通用流程就可以帮助管理者更高效率地处理这些问题,如图 22-2 所示。

我们进一步将上述问题整理为三个类型,如表 22-1 所示。

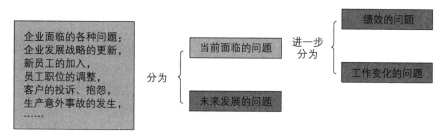

图 22-2 问题分类示意图

表 22-1 问题类型描述

问题类型	类型描述	具体问题列举
绩效问题	绩效考核结果所反映出来的员工的工作态度、技能以及知识等问题	考核结果不良 员工工作效率下降、士气低落 产品生产质量下降 企业内部损耗升高
工作变化	主要是指工作环境和工作内容的变化	企业发展过程中引进新设备、新技术或新工艺 进入新市场 企业或部门的重组或兼并,管理者和管理风格的变化 新的法律、法规、规章制度的出台 员工流动(新员工入职、岗位调动、提升或晋升等)所带来的工作内容的变化 客户偏好发生变化;工作重新设计
未来发展	企业发展阶段和发展战略对未来企业人员素质结构提出的要求 企业经营战略的变化对员工技能、素质提出的新的要求	企业发展战略的变化 企业经营业务范围的变化

二、各类问题的判断流程

(1)绩效问题的培训需求判断流程,如图 22-3 所示。

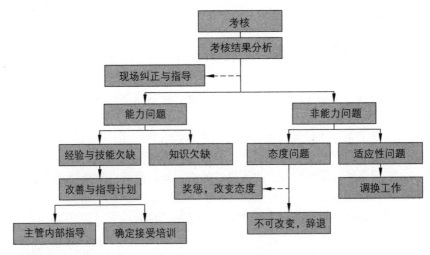

图 22-3　绩效问题的培训需求判断流程

（2）未来发展问题的培训需求判断流程，如图 22-4 所示。

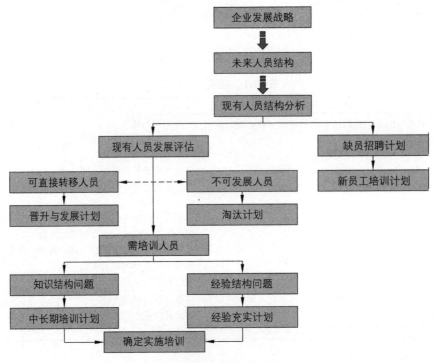

图 22-4　未来发展问题的培训需求判断流程

（3）工作变化的判断流程，如图 22-5 所示。

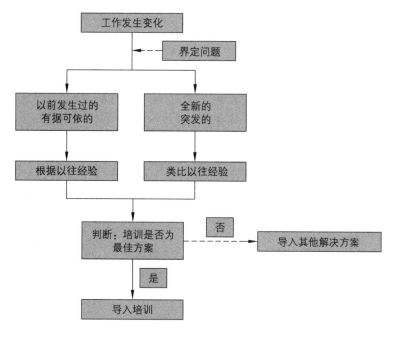

图 22-5　工作变化的判断流程

三、直线经理人的职责

直线经理人在培训需求分析的必要性确定这一步上，发挥着至关重要的作用。他们是直接面对问题的人，也是问题出现或即将出现时最敏感的人，面对问题的苗头，迅速作出反应，直线经理人的初步判断很重要。具体直线经理人判断流程如图 22-6 所示。

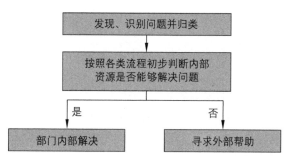

图 22-6　直线经理人判断流程

1. 发现、识别问题并归类

当问题的苗头出现的时候，直线经理人应当对问题进行简单分类。对于常规的、反复出现的问题,直线经理人应该迅速作出反应。对于突发性质的、较为棘手和陌生的问题,直线经理人可以在职能部门的辅助下进行初步的类比归类。

2. 按照各类流程初步判断内部资源是否能够解决问题

按照各类问题的判断流程,直线经理人作出初步的判断,该问题是否能够由部门内部自行解决;如果能够,自行消化解决,职能部门辅助;如果不能,寻求外部帮助,直线经理人辅助,并配合提供相应资料信息。

3. 寻求外部帮助时,直线经理人行使辅助职能

直线经理人的辅助职能如图 22-7 所示。

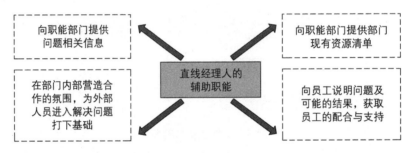

图 22-7　直线经理人的辅助职能

第二节　分析培训需求

一、培训需求分析的内容

根据培训需求分析所涉及内容的不同层次,又可将培训需求分析分为组织分析、人员分析和任务分析三项内容。

(一)组织层面的分析

组织层面的分析涉及能够影响培训规划的组织的各个组成部分,包括组织目标、组织资源、组织氛围与组织支持、组织的外部环境四个维度,每个维度又可以进一步细分,且每个方面对培训会产生有不同的影响,具体维度如图 22-8 所示。

1. 组织分析的维度

(1)组织目标分析。

①组织目标。分析组织目标时,主要从清晰度与可行性两个方面入手,如图 22-9 所示。当组织目标不清楚时,相应的支持组织目标实现的培训目标也是难以确定的,这时设计和实施

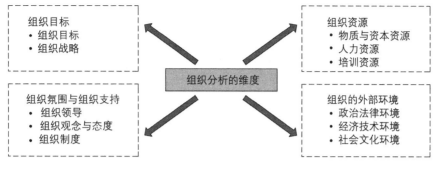

图 22-8 组织分析的四个维度

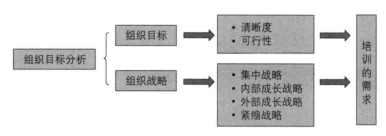

图 22-9 组织目标分析的内容

培训项目就十分困难，评价效果的标准也是不可能确定的。并且，培训项目的目标若与组织目标冲突，可能会导致员工不知所措或者不满意。同时，任何组织的培训资源始终是有限的，而组织需要进行培训的项目又有很多，但是组织不可能也没有必要对所有的培训项目都投资，所以培训决策必须确定将有限的经费投入什么培训项目。分析组织目标的意义在于，它为组织提供了培训必须优先考虑的方向，有利于选择培训重点，如表 22-2 所示。

表 22-2 目标的清晰度和可行性与培训策略的对照

目标状况	采取的方法	发生的情境（举例）
目标清晰且可行	组织把所有注意力集中在员工培训上 评估培训项目 确保培训项目的开展	组织选择了一个新的技术并且确定培训是需要的
目标清晰但不可行	确定员工需要哪些知识技能和能力的培训 营造培训的氛围 集中关注员工的培训	新技术引进了，但培训项目可能得不到
目标不清晰或在过程中不断变化	对目标进一步分析，以接近第一种或第二种情形 再根据第一种或第二种情形采取相应的策略	两个公司正在合并或新生产线的责任还不明确 组织正在试图发展多元化或考虑到外部冲击带来的变化

②组织战略。企业的战略与培训的数量及其种类方面存在一定的相关性。培训的主题因企业经营战略的不同而存在非常大的差异。企业有四种常见的经营战略——集中战略、内部成长战

略、外部成长战略、紧缩战略,每种战略都会对应不同的培训需求,如表 22-3 所示。

表 22-3 经营战略对培训的影响

战 略	重 点	达 成 途 径	关 键 点	培训重点
集中战略	增加市场份额 降低运作成本 建立和维护市场地位	改善产品质量 提高生产力或者技术流程创新 产品和服务的客户化	技能的先进性 现有劳动力队伍的开发	团队建设 跨职能培训 专业化的培训 人际关系培训 在职培训
内部成长战略	市场开发 产品开发 创新 合资	现有产品的经营或者增加分销渠道 市场的扩展 修正现有的产品 创造新的产品或者不同的产品 通过合资进行扩张	创造新的工作和任务 创新	支持或者促进高质量的产品 价值沟通 文化培训 帮助建立一种鼓励创造性地思考和分析问题的组织文化 工作中的技术能力 反馈与沟通方面管理者的培训
外部成长战略(兼并)	横向一体化 纵向一体化 集中的多元化	兼并在产品市场链上与本企业处在相同阶段上的企业 兼并能够为本企业供应原料或购买本企业产品的企业 兼并与本企业毫无关系的其他企业	一体化 人员富余 重组	确定被兼并企业中的雇员能力 使两家企业的培训系统一体化 合并后企业中的各种办事方法和程序 团队培训
紧缩战略	精简规模 转向 剥离 清算	降低成本 缩小资产规模 获取收入 重新确定目标 出售所有资产	效率	激励、目标设定、时间管理、压力管理、跨职能培训 领导能力培训 人际沟通培训 重新求职培训 工作搜寻技巧培训

(2)组织资源分析(图 22-10)。

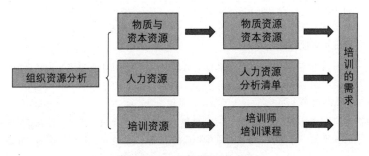

图 22-10 组织资源分析

①物质与资本资源。物质资源主要指固定的场地及各种通信、传输的设备等;资本资源主要指培训预算。物质和资本资源共同制约了培训方式的选择。

②人力资源。人力资源分析时应收集的清单，具体内容如表 22-4 所示。

表 22-4　人力资源清单所需要的数据

序号	数据
1.	工作分类中员工的人数
2.	工作分类中所需要的员工的人数
3.	工作分类中每个员工的年龄
4.	每个员工工作所要求的技能的水平
5.	每个员工工作所要求的知识的水平
6.	每个员工对工作和公司的态度
7.	每个员工工作绩效的水平、数量和质量
8.	每个员工对其他工作的技能和知识的水平
9.	公司外对这个工作的潜在替代
10.	公司内对这个工作的潜在替代
11.	潜在改变所需要的培训时间
12.	一个新手所需要的培训时间
13.	这个工作的旷工率
14.	在特定时间阶段中对这个工作的离职
15.	这个工作的工作说明书

③培训资源。组织的培训资源主要指组织以往所积累的培训经验，包括培训师的培养、培训课程和培训教材的开发等内容。

（3）组织氛围与组织支持（图 22-11）。

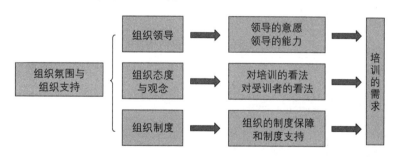

图 22-11　组织氛围与组织支持分析

①组织领导，包括领导的意愿和能力两个部分，如是否意识到了培训的重要性，是否愿意支持培训等。

②组织态度与观念，即大家对于培训的看法，如员工的上级和同事对于受训者参与培训活动的支持，对于受训者使用新的技能的看法等。

③组织制度，即是否有保障在培训学到的技能能够顺利和频繁使用的制度和环境，例如工作的流程是否使新技能有用武之地等。

好的组织氛围和组织支持举例如图 22-12 所示。

图 22-12　好的组织氛围和组织支持举例

（4）组织的外部环境。组织的外部环境会对培训产生两种作用：一是新的技术、法律等的出现，会产生培训的需求，组织必须培训相关人员获得必要的技术或法律的相关信息；二是文化或社会特点会制约培训的方式和内容，如图 22-13 所示。

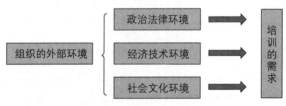

图 22-13　组织的外部环境

（5）小结。组织分析的四个维度下各有子维度，对培训的影响各不相同，表 22-5 是组织分析的各个维度对培训的影响的总结。

表 22-5　组织分析的维度对培训的影响

组织分析的维度	对培训活动的影响
1. 组织目标	
组织目标	决定培训重点
组织战略	决定培训重点
2. 组织资源	
物质与资本资源	决定培训重点
人力资源	决定培训重点
培训资源	影响培训方式选择
3. 组织氛围与组织支持	
组织领导	影响培训执行
组织观念与态度	影响培训迁移
组织制度	影响培训迁移
4. 组织的外部环境	
政治法律环境	影响培训内容
经济技术环境	影响培训内容
社会文化环境	影响培训内容

2. 与组织分析相关的信息

在进行组织分析时，最应该关注和收集的信息是与组织战略有关的信息。笔者在表 22-6 中列举了一些在进行组织分析收集信息时应注意的问题。

表 22-6 组织分析应注意的问题

问题类型	具体内容
广泛的问题	组织运作环境问题，组织目前的行业是静止型的，还是进取型的？行业的增长趋势如何？ 过去组织为什么成功？其成功的策略是什么？当时所学到的东西有哪些可用于新的战略？ 组织计划使用什么新技术/产品/服务？什么时候？有新的程序吗？什么时候建立？ 行业是否期望有改变市场格局的新革命？这对现存的产品/技术/服务有根本性突破和调整吗？对本组织的竞争有何影响？ 组织将采用哪些新的管理理念？团队工作？参与式管理？授权？什么时候进行？ 有何制度性问题（以前的、即将出现或预期的）会影响到组织的战略？ 各种决策和运作部门使用哪些职能性战略与影响中心性战略？为什么使用？如何使用？
人力资源开发方面的问题	工作场所的情况：组织雇员当前的强项和弱项是什么？总体上说雇员的技术、技能和知识状况如何？其灵活性和适应性如何？为了进入岗位，多数雇员接受的是什么样的培训？为了保持现有岗位，他们需要什么样的培训？ 组织所追求的战略是否导致解雇或其他形式的人员调整？预计有多大可能性？ 哪些人力资源管理政策（招聘、筛选、绩效评估、职业生涯开发）应根据组织战略的重点进行调整或重新审视？ 中心性战略的培训内容有哪些？各项职能运作战略及其组成战术的培训内容有哪些？培训怎样协助组织达到一些基本全部战略目标？ 组织需要下列特定培训项目吗？基本工作技术、技能和知识培训，管理监督和激励技能，产品知识。组织内部有完成所需项目的能力吗？组织外有专家可提供帮助吗？有的话，是谁？ 过去雇员怎样看待培训？管理层如何看待？培训项目和培训人员的可信度如何？这些观点对未来的培训有何影响？ 对每个培训项目，哪些实施机制最节省成本、最实际？ 组织有雇员教育辅导计划（学费补偿）吗？有很多雇员利用这一计划吗？如果是这样，它可以怎样提高雇员的技能？ 目前使用的是哪种培训评估程序？它提供了投资回报方面的信息吗？如果没有，这样的程序会有助于战略信息的沟通吗？ 要确认当前的培训是合适的，或要找出将受到新战略支配的培训需要，有正式的程序吗？ 人力资源管理职能需要重新调整吗？如招聘、筛选、绩效评估、薪酬与福利等？
组织分析层次的特殊问题	是否有特殊的组织目标应该被表述成培训目标或是标准？ 组织的不同层次对人力资源开发活动的承诺程度如何？ 组织的不同层次是否参与了培训项目的设计，从人力资源开发需求分析到对结果的评估？ 公司的关键绩效人物是否愿意作为标杆行为的模范？ 受训者是否由于在职务上恰当地表现出所学的行为而受到奖励？ 高层管理者愿意为培训和开发活动提供各种各样的支持吗？

（二）任务层面的分析

在培训需求分析中，任务分析包括两个内容：一是对工作内容的分析；二是对任职资格的分析。工作内容的分析是指，需要确定成功完成培训工作所需执行的任务是什么；任职资格则是指执行这些任务所需的知识、技能和能力（KSAs）。任务分析主要是通过对工作任务和岗位责任的研究，发现从事某项工作的具体内容和完成该工作所需具备的各项知识、技能和能力，以确定培训项目的具体内容。任务分析的结果也是将来涉及和编制相关培训课程的重要资料来源。

1. 任务分析的步骤

任务分析应遵循以下步骤，如图22-14所示。

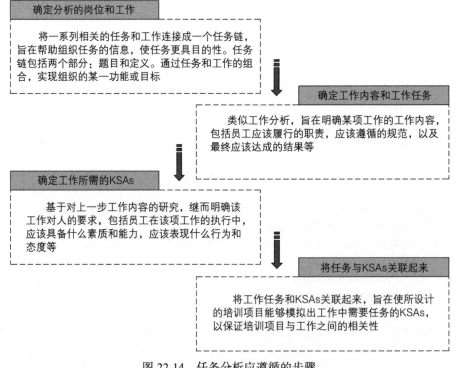

图22-14　任务分析应遵循的步骤

（1）确定分析的岗位和工作。具体来说，就是确定一组任务链。任务链的建立过程一般包括以下步骤：①建立能够描述工作职能的任务链的定义；②一旦任务链建立之后，下一步就是要求一群专家来独立地将每个任务分派在相应的任务链中；专家可以是一线工作人员或主管，也可以是组织外的专业人员，但最终的结果需要由一线工作人员或主管来确认；③建立一个规则，从而使一个任务能够成功地分派在链中；④再次对任务链的定义进行修正。

（2）确定工作内容和工作任务。任务分析中确定工作内容和工作任务的方法主要源自工作分析的方法和技术，具体来说，比较常用的是访谈法和非定量问卷调查法，其他的方法还有主题专家会议法、文献分析法、工作日志法和观察法等，如图22-15所示。

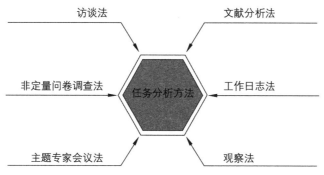

图22-15　任务分析的方法

①访谈法。访谈法是目前国内企业中运用最广泛、最成熟、最有效的任务分析方法。访谈法通过专业人员（如职位分析专家）的引导，在职者配合就某项或某系列工作信息进行会谈的方式，旨在获取该职位的工作信息，同时通过专业人员的引导，协助任职者完成对职位的系统思考、总结和提炼。访谈法是对中高层管理职位进行深度分析效果最好的方法。

②非定量问卷调查法。非定量的问卷旨在通过相对开放的问题，对职位信息进行全面、完整的调查收集。

③其他方法介绍。

主题专家会议法：通常指与熟悉目标职位的组织内部人和外部人集思广益，以类似头脑风暴的方式共同获得该职位的相关信息。其中内部人包括任职者、直接上级、曾经任职者、内部客户、其他熟悉该职位的人；外部人包括咨询专家、外部客户、其他组织标杆职位任职者等。

文献分析法：通过对现存的与工作相关的文档资料进行系统性分析来获取工作信息。文献分析法的最大优点在于经济有效，而缺点则是因为文献本身的问题，如文献的真实性或某一职位的文献空白，都会导致文献分析的最终结果失真。

工作日志法：通常指任职者在规定时限内，实时、准确记录工作活动与工作任务的信息收集方法。由于其精度和完整性都有很大的局限性，因此文献分析法和工作日志法更适用于工作任务的初次分析与辅助分析。

观察法：指由专业人员在工作现场通过实地观察、交流、操作等方式收集工作信息。由于只能观察到行为表现、体力要求和环境条件等外在因素，因此观察法主要适用于相对稳定的重复性的操作岗位，而不适用于管理岗位。

（3）确定工作所需的KSAs。KSAs是知识、技能和能力的简称。简单地说，KSAs是指与工作绩效高度相关的一系列人员特征的统称。具体地讲，KSAs指为了完成某项或某系列工作，并取得良好的工作绩效，任职者应该具备的知识、技能和能力，如图22-16所示。

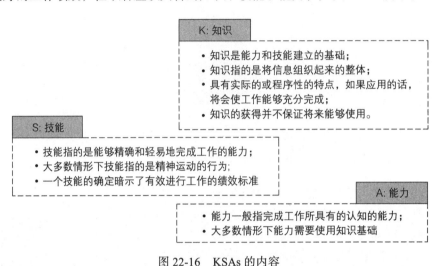

图22-16　KSAs的内容

① KSAs的类型。在确定KSAs的时候，一般将其分为三大类：通用要素、共用要素和特殊要素，如图22-17所示。

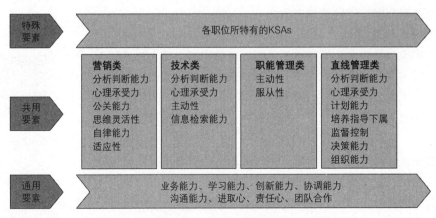

图22-17　KSAs的类型

- 通用要素：公司所有职位的任职者都必须具备的能力要素。
- 共用要素：公司某一类职位的任职者都必须具备的能力要素，并不包括在通用要素之中。
- 特殊要素：公司的某个职位的任职者所必须具备的个性化的能力要素，并且不包括在通用要素和共用要素之中。

②KSAs 的信息收集。一般来说，在任务分析过程中，获得工作任务相关信息的同时我们也能获得相关任务的 KSAs 信息。表 22-7 是收集 KSAs 信息过程中的面谈问题举例。

表 22-7　收集 KSAs 信息的面谈问题举例

问题举例
① 描述优秀的或一般的员工的特点。
② 想一想你知道的比其他员工表现更出色的员工，他做得好的原因是什么？
③ 一个人需要知道什么才能够完成任务链。
④ 努力回忆能够说明有效或无效完成任务链的实际例子，然后回忆它们有效或无效的原因。
⑤ 如果你要雇用人来从事相关的任务链，你希望他们具有什么样的 KSAs？
⑥ 你期望人们在培训中学习什么才能使他们有效完成任务链？

（4）将任务与 KSAs 关联起来。在确定了工作所需要的任务和 KSAs 之后，需要进一步确定什么 KSAs 对什么任务是重要的。KSAs 和任务内容的关联，旨在使所设计的培训项目能够模拟出工作中需要任务的 KSAs，以保证培训项目与工作之间的相关性。例如，在顾客服务代表的工作中，培训设计者可以从关联的数据中知道他必须建立起培训，帮助受训者学会解释基本的自我检查的技术信息和提供给顾客可以获得的服务的信息。通过 KSAs 与任务的关联，培训者需要获得以下信息：哪些 KSAs 是完成工作所必需的；哪些 KSAs 对什么任务来说是最重要的；哪些是最难学会的等。

表 22-8 是任务与 KSAs 联系的标准。

表 22-8　任务与 KSAs 联系的标准

连 接 度	说　　明
2 = 基本的	知识和技能是完成任务所必需的。没有这个知识和能力，你便不可能完成这个任务
1 = 有帮助的	在完成任务时，这个知识和能力是具有帮助性的。没有这个知识和能力也可以完成任务，只不过更困难或更花费时间
0 = 不相关的	这个知识和能力是完成任务所不必要的。是否有这些知识和能力在完成任务时没有区别

2. 任务分析举例——顾客服务代表工作

顾客服务代表工作如表 22-9 所示。

表 22-9　顾客服务代表工作

（1）确定分析的岗位和工作
任务链的题目和定义：同顾客的交往——此任务包含通过顾客服务代表和顾客之间的电话联系来进行交流，以确定已经发生的服务方面的问题和不足。
（2）确定工作内容和工作任务
①为了完成服务报告确定顾客的问题是什么
②询问顾客问题，来提供卖主顾客服务所需要的信息

续表

③同顾客电话联系以确定是否问题在承诺的时间之前已经得到解决

④提供给顾客信息,以便他们能够在以后通过电话获得新的信息

⑤向顾客提供基本的自我检查的指导,使它们能够用来解决顾客的难题

⑥提供给顾客服务的信息,使他们可以在解决问题的时候能够得到帮助

⑦告诉顾客可能的服务费用,以便在为顾客的设备服务后向他们提供账单

(3)确定工作所需的 KSAs

①向顾客解释技术信息使他们能够理解的能力

②能够主导同顾客的交谈,获得卖主需要的向顾客服务的必要信息的能力

③在不需向主管寻求帮助的情形下解决顾客问题的能力

④同具有各种不同背景的人交流的能力

⑤同其他人交谈时,能够表达公司的公共服务观点的能力

⑥关于公司能够合法提供的服务的知识

(4)将任务与 KSAs 关联起来

KSAs	任务
向顾客解释技术问题并使他们能够理解的能力	向顾客提供基本的自我检查式指导,使他们能够解决部分问题
	向顾客提供关于服务的信息,使他们可以在解决问题时得到帮助
以逻辑的顺序选择、组织和呈现相关信息的能力	向下级解释部门政策和过程等培训的书面指导
	在社区会议中对问题和难题作出反应,来解决这些社区方面的问题
…	…

3. 与任务分析相关的信息

在进行任务分析时,已有信息和以培训需求分析为目的所专门收集的信息都可以为任务分析服务。笔者在表 22-10 中列举了一些在进行任务分析时应注意的问题。

表 22-10 任务分析应注意的问题

问题举例
任务分析不仅要知道员工在实际工作中做些什么,还要知道他们应该怎么做
任务分析首先要将总目标分解成职责和任务
使用两种以上的收集任务信息的方法,以提高分析的有效性
为使任务分析更有效,应从专门项目专家那里收集信息,专门项目专家包括熟悉该项目工作的在职人员、经理人员和普通员工
在对任务进行评估时,重点应放在能实现企业长远目标和现实目标的任务上

任务分析是培训需求分析中最烦琐的一部分,但是,只有明确任务分析的重点,对工作进行精确的分析并以此为依据,才能编制出真正符合企业绩效和特殊工作环境的培训课程。

(三)人员层面的分析

人员分析主要是从员工的实际状况出发,通过分析员工实际绩效与期望绩效标准之间的差距,来确定谁需要和应该接受培训以及培训的内容。人员分析关注的重点是员工绩效不良或员工绩效与组织要求的标准之间的差距。

1. 培训因素与非培训因素的鉴别

确定谁应该接受培训的一个重要标准就是:某员工的绩效低下或达不到标准是否可以通过培训来改善。表 22-11 中,笔者从个体特征、工作输入、工作输出、工作记过和工作反馈等人员层面影响绩效的维度,给出了主要影响因素。

表 22-11　人员分析应该注意的问题

人员层面影响绩效的维度	主要影响因素
个体特征	能力与技术 态度与动机
工作输入	对工作必要性的了解 必要资源(机器设备等) 其他工作要求的干预 执行机会
工作输出	判断优秀执行者的标准(考核内容和考核方式等)
工作记过	执行的积极结果/动力 不执行或执行不力的消极结果
工作反馈	有关工作执行情况的反馈

2. 与人员分析相关的信息

在进行人员分析时,主要通过以下途径收集数据信息。

(1)个人考核绩效记录。主要包括员工的工作能力、平时表现(请假、怠工、抱怨等)、意外事件、参加培训的记录、离(调)职访谈记录等。

(2)员工的自我评价。以员工的工作清单为基础,由员工针对每一单元的工作成就、相关知识和相关技能真实地进行自我评量。

(3)知识技能测验。以实际操作或笔试的方式测验工作人员真实的工作表现。

(4)员工态度评价。运用定向测验或态度量表,来帮助了解员工的工作态度。

二、培训需求信息收集的方法

要进行培训需求分析,首先应该收集培训需求的信息,而要进行培训需求信息的收集就必须有相应的工具及这些工具的选择机制。笔者先要对收集培训需求信息的方法进行一般的归纳和解释，并指出各自的优点和不足；在此基础上，再对如何从众多的信息收集方法中选择适合本企业的信息收集方法或方法组合进行一般性的界定。

（一）培训需求信息收集的方法介绍

收集培训需求信息的方法一般有九种，具体包括员工行为观察法、问卷调查法、关键人物咨询法、印刷媒介法、访谈法、测试法、记录和报告法、工作样本法和团队讨论法。

1. 培训需求分析方法的特点及优缺点

培训需求分析方法的特点及优缺点如表22-12所示。

表 22-12　培训需求分析方法的特点及优缺点

方法	方法的特点	优点	缺点
员工行为观察法	可以像时间—运动研究一样技术化，也可以在功能和行为方面特点化 可以非结构化 可以标准化使用，区分有效和无效的行为、组织结构及过程	较少影响日常工作和生活 能够产生情景数据，同情景高度相关 能够对确定培训需要和兴趣反应起作用 （当同反馈步骤结合时）在观察者的推断和反应之间能够进行比较	要求技能比较高的观察者，既需要对过程，又需要对内容有很深入的了解 只能够收集工作情景内部的数据，在使用时有限制 被观察者有可能认为观察者的行为是"间谍"行为
问卷调查法	可以做成问卷或调查的形式随机地或有计划地选择被试者，或者可以把测试样本自由放大 问题的结构形式多样（可以是开放式、投射式、强制性选择或优先性排列） 可以在控制和非控制条件下由自己管理，或可以要求解说者和辅助者在场	在较短时间内接触大量的人 相对来说成本较低 给予表达的机会而不必要难为情地去面谈 所得到的数据容易总结或汇报	对没有预料到的反应不能给予表达的机会 对有效工具的建立需要相当的时间 很少能够得到问题的原因和解决方法等信息 会面临回收率低、被问者不给予回答等问题
关键人物咨询法	能够从公司中关键人物方面获得关于特定群体的培训需求 这些人包括部门经理、相关服务的提供者、职业协会的成员以及服务群体中的个体 一旦确定，就可以从这些咨询者中通过访谈、问卷和群体讨论获得数据及印刷资料	相对来说，操作简单且费用低 可以和过程的参与者建立并加强联系	由于每个人的观点仅代表了他们个人和他们的组织对培训需要的看法，所以在建立的过程中容易有偏差 可能会仅得到部分需要的资料，导致无法掌握关键信息
印刷媒介法	可以包括职业期刊、立法消息和规则、行业的杂志以及内部出版物	揭示和澄清正式信息、准确信息的来源 即使不能提供未来的观点，起码可以提供关于现在的看法 可以立刻获得或容易被客户群体所理解	在数据分析和合成的时候可能有问题

续表

方　法	方法的特点	优　　点	缺　　点
访谈法	既可以是正式的形式，也可以是非正式的形式；既可以是结构化的，也可以是非结构化的 可以在目标群体中的一个样本中使用，或在目标群体中全部实行；可以在电话中或工作场所以及其他地方进行	适于揭示情感、揭示顾客所面对的问题的原因和解决方法 为客户提供最大的机会来自发地表达他自己和他的团体的利益	通常比较花费时间 很难分析和得到数量性结果 除非访谈者有技能，否则访谈结果会受到怀疑 依赖访谈者的卓越技能，把被访谈者的疑虑打消，才能得到数据
测试法	可以适用于各种目的，可以测试一群人、全体员工或部分人的能力 可以对学到的想法和事实来进行取样 可以在有或没有帮助者在场的情形下实行	可以确定一个问题的原因是不是因为知识、技能以及态度的缺失等 结果很容易数量化和进行比较	相对来说，只能得到很少数量的测验，而这些只对特定的情形有效 不能揭示测量到的知识和技能是否被真正应用到工作环境中
记录和报告法	资料可以由组织好的图表、计划好的文件、政策手册、审计和预算报告等组成 员工记录，包括会议记录、每周或每月的程序报告、备忘录、部门服务记录、程序评价研究等	针对特殊问题提供有价值的线索 在部门或群体内部提供关于结果的客观性细节 由于已经在工作场合存在，在收集的时候需要的努力最小，并且对工作的影响最少	问题的原因和解决问题的方法经常不能显示出来 所得到的观点一般来说反映了过去的情境，不能表现现在的以及最近的变化 需要高技能的数据分析人员才能够使分散的原始数据显示出规律和趋势
工作样本法	同观察法类似，只是采取的形式是书面的 在组织工作的过程中能够得到产品，比如广告设计、程序提议、市场分析、信件、培训设计等 假定的但是由咨询师提供的案例研究的书面反映	具有记录和报告的大部分优点 是组织的数据	案例研究的方法将花费组织实际的工作时间 需要专业的内部分析师 分析师对优势和弱点的评价可能被人们认为太"主观"
团队讨论法	类似于面对面的访谈技能 可以集中于工作分析、群体问题分析、团队目标设定或任何其他的团队任务及主题，如"团队的领导力培训需要" 使用一个或几个团队促进的技术，如头脑风暴法	允许现场总结不同的观点 可以为最终决定的服务性反应建立支持 可以帮助调查人员成为更好的问题分析者和更好的倾听者	对咨询师和部门来说都花费时间 产生的数据很难合成或量化处理（对非结构化的技术来说更是一个问题）

从表 22-12 中我们可以看出，收集培训需求信息时，比较明智和实际的做法是同时发展和采纳以上九种方法中的几种，从而减少所选方法的缺点，使各种方法综合反映出来的培训需求更加客观、真实，从而使培训的效果更明显。

2. 从结果导向比较各种需求分析方法

从结果的角度，考虑培训效果的好坏受到培训需求分析时被培训对象的参与程度、管理人员的参与程度、培训所需的时间和成本以及量化指标衡量程度的影响。因为进行培训需求分析时，被培训对象的参与有助于提高他们的内在动力和参加培训的责任感，这是培训计划成功的基础；管理层的参与可保证培训对象在回到自己的工作岗位后能运用自己在培训中学习到的新技能；在其他条件相同的情况下，花费的时间少，成本低，如果能有数量指标来衡量，自然是组织所需的。所以，笔者从被培训者的参与程度、管理层的参与程度、所需的时间、花费的成本、可用数量指标衡量的程度这一系列维度，对九种信息收集方法进行比较，以最大限度地保证培训的效果，如表22-13所示。

表22-13 九种信息收集方法的比较

方法	被培训者的参与程度	管理层参与程度	所需的时间	所需成本	可用数量指标衡量
员工行为观察法	中	低	高	高	中
问卷调查法	高	高	中	中	高
关键人物咨询法	低	高	低	低	低
印刷媒介法	低	中	低	低	中
访谈法	高	低	高	高	中
测试法	高	低	高	高	高
记录和报告法	中	高	中	低	高
工作样本法	高	中	高	高	中
团队讨论法	高	中	中	中	中

（二）培训需求分析方法的选择

培训需求信息收集方法的选择主要取决于培训本身的要求。根据上面的分析，培训需求信息收集方法的选择及组合如表22-14所示。

表22-14 培训需求信息收集方法的选择及组合

需求种类	需求信息的精确度要求较低	需求信息的精确度要求较高
一般需求	员工行为观察法、记录和报告法、印刷媒介法	记录和报告法、工作样本法
特殊需求	访谈法、团队讨论法、关键人物咨询法	测试法、问卷调查法、工作样本法

即在决定培训需求信息收集方法时，首先要将培训需求分为一般需求和特殊需求，其次再考虑培训需求分析对需求信息的精确度要求，结合各种培训需求信息收集方法的优点和缺点，进行方法或方法组合选择。

第三节 形成培训目标

一、整合培训需求

组织、工作、人员三个层面的培训需求的分析是一个有机的系统，缺少任何一个层面都不能进行有效的分析。在现实中，组织、工作、人员三方面的需求往往并不是完全一致的，而是呈交叉状态。对一个组织而言，确定培训需求应取组织整体、工作业务单元及个人三方的共同需求区域，并以此作为组织的培训目标，如图 22-18 所示。

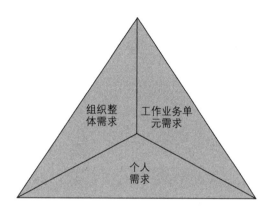

图 22-18　培训需求类型

二、形成培训目标

经过培训需求分析，明确培训需求之后，即可确定培训的目标。培训目标的确定为培训提供了方向和框架。企业应根据培训需求，结合本企业的战略目标来制订培训计划。培训需求分析的最后一步是形成培训目标和内容。培训的主要目的在于提高绩效。企业在制订培训计划之前，必须明确通过培训期望达成的效果。企业中的培训目标可以分为三大类。

（一）增强员工在企业中的角色意识

员工只有完全融入企业，才能充分履行其职能。这一点对于新员工尤为重要。

（二）获得知识，提高技能

通过培训，员工提高在工作中必需的知识、技能水平。这些知识与技能分为以下几种。

（1）基本知识，如语言、数学等。对某些工作而言，这些知识是必需的，如从事会计工作，必须掌握一定的数学知识。

（2）人际关系技能，这些技能主要指工作中普遍需求的技术与技能，如沟通技巧、合作能力等。

（3）专项知识和技能，这些知识和技能是做好企业中某一具体工作所必须的，如机床工必须掌握机床操作技能、销售人员必须掌握销售技巧等。员工运用所学的专项知识和技能可以在实际工作中表现得更有绩效。

（4）高层次整合的技能，这类技能主要针对企业中的中高级管理人员，要求能适应复杂的情景，如领导、战略规划、经营决策、组织设计等。

（三）态度动机的转变

通过培训提高员工对公司与工作的认知，改变态度，形成良性动机，进而改善绩效。

组织分析的信息来源

第二十三章

培训计划制订

培训计划是指导培训操作最具体、最详细的计划性文件。制订培训计划的过程也是企业的培训主管（或组织者）理顺思路、系统思考如何组织培训活动的过程。本章重点从操作层面介绍了如何有效地制订可操作的培训计划问题及支持培训计划的培训课程开发问题。

第一节 培训制度建设和组织结构

一个良好的培训开发计划能够使受训者真正学有所获，激起学习的渴望，愿意继续接受培训；同时，一个成功的培训开发计划能使企业领导注意到培训开发的重要性，有助于获取更多的组织支持。因此制订培训开发计划是培训管理者最重要的工作之一。

培训计划从横向划分，主要有全局性的公司整体培训计划、部门培训计划和个人培训计划三类；从纵向划分，主要有短期培训计划、中期培训计划和长期培训计划三类。不同的培训开发计划解决不同的问题。

从横向看，公司整体培训计划直接体现了公司的经营管理战略要求，主要目的是有效保障组织内部的整体培训目标和培训战略的贯彻。其中接班人计划及近年比较流行的管理培训生计划都是公司整体培训计划的体现。部门培训计划根据部门的实际培训需求制订，侧重于员工对实际操作技能的掌握，以适应不断变化的客户需求与组织发展的需要。个人培训计划有利于个人的发展和提高，也是顺利实现前两个计划的必备手段。

从纵向看，短期培训计划是指时间跨度在1年以内的培训计划，主要目的是解决由于员工绩效产生的问题或者应对市场变化对知识技能提出的新要求。中期培训计划是指时间跨度在1～3年内的培训计划，它起到了承上启下的作用，是长期培训计划的进一步细化，同时又为短期培训计划提供了参照。其目的不仅是让员工掌握某项知识或技能，还需要考虑企业的战略方向及经营发展状况。长期培训计划一般指时间跨度在 3~5 年或 5 年以上的培训计划，更多的是从企业战略出发，进行人才的培养和储备。在实际操作中，应用较多的是公司年度培训计划。制订年度培训计划，可以从下几个方面来考虑。

（1）组织的长远目标及人力资源策略，决定了培训计划的时间跨度及侧重点。
（2）培训需求分析的结果，决定了培训内容、培训目标、培训对象及培训方式。
（3）组织内外部环境的发展趋势，决定了培训的时机。
（4）组织资源配置，决定了培训预算。

一、培训制度建设

培训计划的实施离不开良好制度的支持，那么如何撰写一份有效的培训制度呢？首先，列出制度框架；其次，针对每一主干内容列出陈述要点；最后，对每一要点进行详细陈述和润色，如图 23-1 所示。

某公司员工培训管理制度

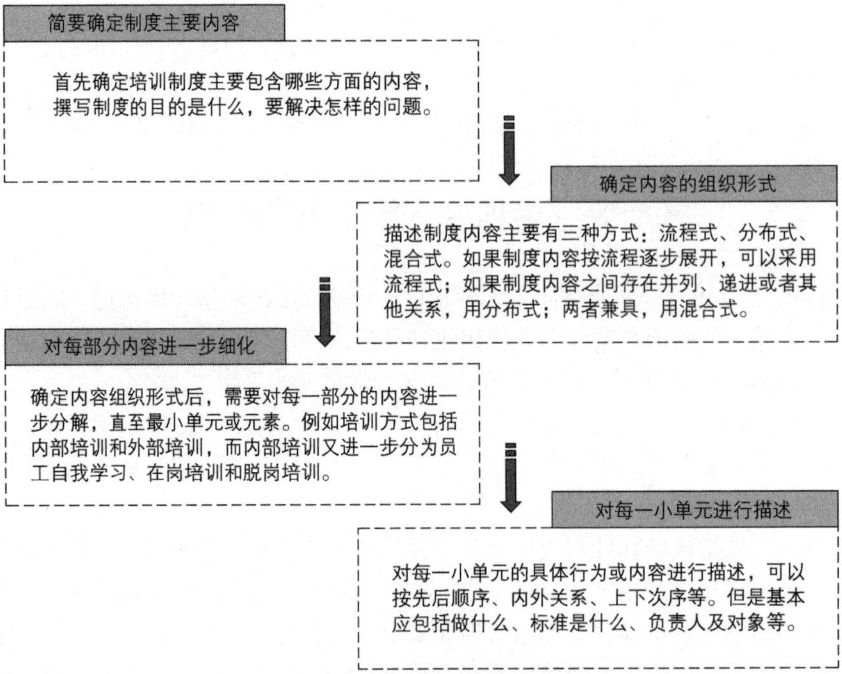

```
简要确定制度主要内容
  首先确定培训制度主要包含哪些方面的内容，
  撰写制度的目的是什么，要解决怎样的问题。

        ↓

确定内容的组织形式
  描述制度内容主要有三种方式：流程式、分布式、
  混合式。如果制度内容按流程逐步展开，可以采用
  流程式；如果制度内容之间存在并列、递进或者其
  他关系，用分布式；两者兼具，用混合式。

        ↓

对每部分内容进一步细化
  确定内容组织形式后，需要对每一部分的内容进一
  步分解，直至最小单元或元素。例如培训方式包括
  内部培训和外部培训，而内部培训又进一步分为员
  工自我学习、在岗培训和脱岗培训。

        ↓

对每一小单元进行描述
  对每一小单元的具体行为或内容进行描述，可以
  按先后顺序、内外关系、上下次序等。但是基本
  应包括做什么、标准是什么、负责人及对象等。
```

图 23-1 培训制度撰写流程

二、组织结构支持

企业进行人力资源培训与开发工作，离不开合适的组织结构。主要的组织结构模式有矩阵式、企业大学式和虚拟式三种，不同的组织结构模式对应的培训开发的效果也不尽相同。

1. 矩阵式培训组织结构

矩阵式培训组织结构是由培训与开发工作管理部门统筹培训整体工作，各专业部门分别负责本部门相关知识技能的培训（图 23-2）。在这种模式下，培训师主要来自企业内部，相对于外聘的培训师，他们更加熟悉企业的工作内容和文化氛围，因此培训能够更加贴近企业实际情况。矩阵式结构的不足之处主要在于培训师有时难以兼顾本职工作和培训师工作，从而产生矛盾和冲突。

图 23-2 矩阵式培训组织结构

2. 企业大学式组织结构

严格来说，企业大学已经将培训作为一项独立的业务活动从企业中独立出来，以组建学院或大学的模式进行培训开发。企业大学模式能够提供范围更广的培训项目和课程，培训师也更加具有专业性。目前，许多国内外企业纷纷建立企业大学，如摩托罗拉大学、华为大学等。企业大学模式的不足之处主要在于对企业的人力、物力和财力要求较高，只适合大型企业。

3. 虚拟式组织结构

虚拟式组织结构主要是由培训与开发工作管理部门统筹，由各部门主管主抓的一种培训学习的方式。主要采用远程网络、信息共享等技术，使学员可以在工作岗位或者其他任何地点随时随地进行学习，学习的结果由培训管理部门进行审核，并向其直接领导进行反馈。虚拟式培训学习缩小了地域的界限，免去了企业花费过多精力进行人财物协调和投入的麻烦，正越来越多地被企业采用。

第二节　培训计划制订操作流程

企业进行培训通常有两种选择：内部培训和借助外部力量进行培训。当企业本身具备相对完善的培训能力，拥有完善的培训课程体系及培训师队伍时，内训是首选。当企业在培训资源方面略有欠缺时，可以选择聘请外部讲师，或者将培训工作外包给专业机构。企业进行内部培训时，需要准备哪些资源和设备，又有怎样的工作流程呢？下面将详细呈现。

一、确定培训对象，选择培训时机

培训需求分析输出明确、具体的培训目标，同时也明确了企业的培训对象。

培训时机的选择是培训计划的关键，时机选择及时、合理，才能保证培训目标的实现和效果的达成。首先，培训时间最好不要与员工工作时间发生冲突，如果必须占用工作时间，一定要事先与员工上级沟通取得谅解，并且以不要给员工带来收入上的明显损失为宜。其次，培训时机选择要恰当，不要过于超前或滞后。培训时间过于超前，可能会出现需要运用培训所学知识时员工已经忘了培训内容的现象；时间滞后，则失去了培训的预期作用。培训时间的选择以提前 1~7 天为宜，尽量少占用员工工作时间，最好不要占用员工休息时间，如果必须如此的话，就需要对员工作出一定的经济补偿。

二、准备培训教学资料包

培训教学资料包是一个完整的培训所需要的各种培训资料的集合，包括各种讲义、视听辅助材料，是培训内容的具体体现。一般培训资料包括培训师资料包和学员手册两部分。培训资料包的优势在于将开发并实施某一课程的所有培训资料集合在了一起，为将来的培训课程设计及实施提供了非常好的参考，有些资料还可以重复利用。在条件允许的情况下，培训教学资料最好由培训师（无论是内聘的讲师还是外聘的专家）与培训管理人员共同制作，以免培训师不熟悉教学讲义而带来麻烦。

（一）培训师资料包制作

培训师资料包是在培训课程大纲基础上的细化，是培训师讲课的指导手册。主要包括培训师所用到的各种与课程有关的讲义及视听辅助材料等，描述的是培训师在培训过程中什么时间该做什么事情、将预测到什么结果，以及所需要的辅助工具等。培训师资料包体现在具体形式上就是培训师讲义（一般以 PPT 的形式呈现）和培训师手册。

1. 培训师讲义的制作

培训师讲义收录的是培训课程教材最重要的内容，它不像课程教材那样事无巨细，一一呈现，而是将最关键、最核心的内容展现在 PPT 上，让学员能够一目了然，同时也便于培训师的讲授。

PPT 制作要求示例

2. 培训师手册的制作

培训师手册是指导培训师标准化操作的文件，无论谁担任培训讲师，参照手册进行培训所收到的成效应该是差不多的。培训师手册应该清楚地标明在哪个时间培训师应该做什么、学员应该做什么；需要使用的辅助工具或设备有哪些；期望学员有什么样的反应及学员实际的反应和相应的点评——这样培训师手册就变成了对整个课程的详细记录。这样做的好处在于：首先可以为以后的培训提供有价值的参考；其次每次培训结束后培训管理人员一般都要进行培训反馈调查，以期不断改进并提升培训效果。参照培训师手册，学员所反映的每一个问题都可以明确地找到对应的记录，有助于找出问题的所在。因此，培训师手册就成了培训改进的重要依据。

常用的视听辅助设备

（二）学员手册

学员手册主要包括三部分：第一部分是课程教材及课程安排。课程教材是有关学员培训内容最详细的描述，包括学员需要掌握的所有知识技能等，不仅可以作为学员参加培训时的教材，还可以作为学员培训结束后的工作指导手册；课程安排使学员能够详细地了解本次培训的计划、进度及安排，使学员能够有效地安排个人时间。第二部分主要是学员参加培训过程需要用到的各种材料及工具，包括需要学员阅读的材料、培训过程中的各种道具等。第三部分是评估材料，包括培训结束后测验学员掌握知识技能的评估材料及学员对整个培训感受的评估与反馈。为了保证评估材料能够有效地测验出学员对培训内容的掌握程度，培训师需要在培训结束后再将评估材料发给学员，当然可以提前告知学员会有针对哪些内容的测验，让学员做到心中有数。

培训师手册示例

学员手册示例

三、选择培训设备及场地

培训设备及资源是辅助培训师进行培训以加强培训效果的工具，有时，一张幻灯片、一段视频资料就可以抵得上培训师的千言万语。培训中最常用的设备就是各类视听辅助工具及书写工具。培训设备及资源使用的原则就是有利于简化教学内容以使学员更容易记忆。

培训场地在一定程度上决定了受训者能否全身心地投入培训，场地环境不同，效果也不可同日而语。环境主要由内外部环境和内部空间布置决定，下面列出了选择室内培训地点时需要考虑的各种内外部环境因素。

1. 参加培训的人数

参加培训的人数基本上决定了培训场地的空间大小。场地太小则座位拥挤，无法营造良好的学习气氛;空间太大则显得比较空旷,培训效果也会受到负面影响。以每个人都有 1~2 平方米的活动空间为宜。

2. 光源

在培训过程中应该保持适当的光源,自然的光线最为适宜,但是学员也易被窗外的风景吸引而分散注意力。因此,假如窗户确实存在,就要保证团队成员都要背朝着窗户或者拉上窗帘。另外,假如培训需要较黑暗的环境播放幻灯片或者录像,就需要事先确定光源按钮的位置及控制效果,需要注意的是在播放过程中应当保证有一定光线,以便学员做笔记。灯光有可能会在某个角度干扰人的视线,从多角度观察灯光的效果能及时发现并解决这个问题。

3. 环境的噪声

周围环境的噪声在培训过程中对学员会有较大的影响,因此最好关上所有的窗户,无论是临街还是临走廊的窗户。对于高级管理人员的培训最好能远离工作场所,以避免各种工作事务的干扰。

4. 道路交通及服务设施

最好选择交通便捷且有明确地标物的培训地点,在通知学员时附上地图,并标明使用公共交通工具和自驾车的路线,以及周围的停车场所、超市、住宿地点等基本信息。服务设施是影响学员培训满意度的一个非常重要的因素,应该在培训课程开始前告知学员茶水间、卫生间、吸烟室、课间休息场所及餐点供应地点的确切位置。另外,如果学员集体外训的话,应该为学员安排距离培训场所比较近的住宿地点。

5. 培训设备

培训设备包括音响设备和其他辅助设备。培训设备尤其是音响投影设备必须提前检查,确认可以使用。此外,还需要检查电源插座的位置和数量,并看其是否能使用。检查所需要的设备的电源线是否够长,设备插头是否都能用上这些插座。为了防止授课时电源线被挪动,或是有人在走动时被绊倒,最好将电线贴在地面上。电源的位置可能会影响整个房间的布局,所以一定要预先确认电源的位置是否符合要求,千万别假设它们都能使用,最好先试用一下。

6. 温度和空气

室内温度太低或太高都不利于调动学员的情绪,这个问题要做到早发现、早解决。理想的学习温度是 20~25 ℃,所以在选择培训地点时,空调(或取暖设备)应是必备的。此外,在培训过程中,注意保持室内空气的清新,尤其是全日制的培训,可以在午间休息时间适当开窗通风。

四、编制培训预算

培训预算是指在一段时期(通常是 1 年)内,用于组织内外部培训全部费用的总和,包括由于培训直接产生的费用和管理费用,是未来培训计划实施和控制的重要依据和衡量标准。由于培训效果具有滞后性,不像生产、销售等部门可以直接看到经济效益,而且组织资源通常是有限的,因此如果培训没有得到高层管理者的重视和认可,往往很难申请到培训经费。在实际中,培训人员常常面临这样的境况,当企业资金紧张时,首先砍掉的就是培训经费。因此培训部门需要有充分的理由说服高管,所以编制有效的年度培训计划及经费预算尤为重要。

企业规模不同,发展阶段不同,所采用的培训管理体系也不同。一般而言,小型企业、初创企业或管理较为落后的企业一般缺乏系统的培训管理,更谈不上明确的培训预算;而大型的、成熟的、管理先进的企业往往非常重视培训,都有系统的培训计划和预算。根据培训阶段的不同,培训预算可以划分为四个层次,如图 23-3 所示。

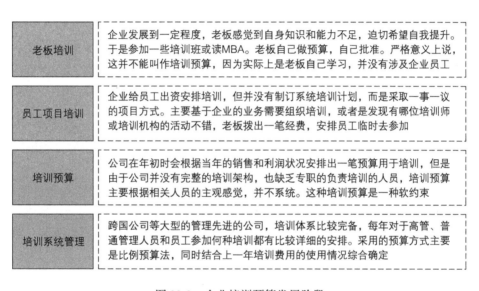

图 23-3　企业培训预算发展阶段

不论企业培训处于何种发展阶段,培训成本都主要由两部分构成:显性成本和隐性成本。显性成本,主要指企业培训全过程所需要花费的直接费用,如讲师费用、管理费用、教具费用、场地费用、参观费用、娱乐费用等。隐性成本,指的是培训工作人员和学员由于培训而损失的机会成本。机会成本比较模糊,目前没有统一的标准。

1. 显性成本的构成

显性成本包括培训项目管理费用和运作费用,培训项目管理费用可以参照人力资源部等部门的管理费用,运作费用是培训项目实际花费的费用,一般采用分块计算的方式。培训经费预算如何分配及分配多少,并没有统一的模式,企业应根据自身的需要和特点加以确定。企业培训过程中,实际产生的费用如图 23-4 所示。

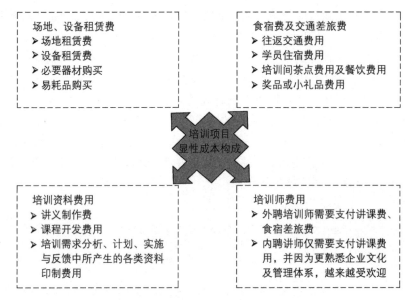

图 23-4　企业培训项目显性成本构成

2. 隐性成本的构成

企业培训的隐性成本主要来源于支付学员的工资和学员由于参加培训而未能创造的价值，学员参加培训期间不能工作，即使找人代工也会在一定程度上导致生产设备的闲置浪费或者作业流程的中断。在岗培训虽然可以在一定程度上避免这个问题，但是岗位工作性质、难易程度及培训类型不同，效果也会有差异。据专家估计，在岗培训时所浪费的生产力是正常生产时的 4 倍。因此，企业制订培训预算和进行培训评估时，需要比较学员的工资和从培训中得到的收益。成本统计专家指出，一个一线工人的工资是他创造价值的 1/3。因而，机会成本的最保守的计算方法就是将学员培训期间的工资翻一番。

新员工培训费用计算示例表

在企业中，培训管理部门如何确定企业总体培训预算，或者说培训预算占企业总预算多大的比例合适，这是一个见仁见智的问题。由于培训所带来的效益很难直接评估，因此明确地确定培训费用占企业总费用的比例就比较困难，常用的培训预算制定方法有以下几种。

（1）参考同行业企业的培训数据，可以通过购买行业调查报告或者询问同行的方式获得同行企业的培训预算数据，取同行企业预算的平均值即可。

（2）根据企业的培训需求制定预算，即根据企业一定时期内必须开展的培训活动，分项计算经费，并参考企业的历史数据然后加总求和的预算方法。

（3）总体费用法。有些企业事先划定了人力资源部全年的费用总额，包括招聘费用、培训费用、管理费用等,培训费用的额度可以由人力资源部自行分配。

(4)比例确定法。通常指的是企业根据某一确定的比例来决定培训预算,比如根据销售额的百分比或者总经费预算的百分比来确定预算额度。一些规模比较大的外企一般采用这种方法。

某公司年度培训计划示例

在实际操作过程中,培训部门遇到最多的问题就是在培训经费不足的情况下完成原来的培训计划。因为当企业资金短缺时,往往会首先想到削减培训预算。要解决这个问题,可以从以下两个方面着手:开发内部培训课程并建立内部培训师队伍;鼓励员工分担培训投资。另外,一些突发事件也可能使得培训预算超支。这样的突发性事件有很多,例如因学员增加而不得不增加的餐饮费、因无法在规定时间内完成培训而不得不支付额外的场地设备租赁费等,因此培训预算必须事先预留一定资金作为应急资金,以免出现预算超支的情况。

五、撰写培训计划书

培训项目计划书是关于培训项目如何规划及实施内容的文字总结,其作用在于清晰地交代整个项目,同时充分陈述项目的意义、作用和效果及项目花费。培训项目计划书可为高层管理者制定培训决策提供依据,也可预先帮助管理者加深对培训各环节的了解,从而做到统筹规划。下面以年度培训计划为例,说明培训计划书的撰写流程与方法。

企业年度培训计划的制订是在培训管理人员做好一系列培训需求分析及培训准备工作之后将年度培训计划文档化的一个过程,这个过程需要企业各职能部门及参加培训的业务部门的参与。年度培训计划主要通过培训计划会议的形式进行,培训计划会议通常由培训管理部门(如培训部、人力资源部)牵头召开,由各个部门参与计划制订的人员参加,主要就年度培训计划制订的时间表、要点等详细内容进行规划、说明。如果企业选择的是外聘专家进行培训的话,那么要求外聘专家提交培训计划书,人力资源部或培训部负责与各部门沟通并上报审批。从本质上来说,企业自行制订的培训计划与外部专业机构提交的培训项目建议书的内容是基本相同的,都是为了说明培训的具体实施过程和细节。它清楚地界定了权责的划分、项目的实施流程与进度,从而使培训管理人员做到心中有数。

第三节 培训课程开发

培训课程设计是指组织在课程内容开发和授课指导方面所做的一切工作,是一个不断发展变化的过程,主要指的是对课程的实质性结构、课程基本要素的性质以及这些要素的组织形式的设计,这些要素一般包括课程目的、内容、学习活动与评价程序。它不仅包括某一次培训课程内容的整体设计,还包括中长期培训中所需要的培训课程系列的开发。这就要求培训课程在内容设计上要连贯、衔接,构成一个完整的体系。一个完整的课程设计流程包括以下几点。

一、确定培训课程目标

课程目标是培训课程对学员在知识与技能、过程与方法、情感态度与价值观等方面的培养上期望达到的程度或标准。在课程设计中,目标的作用十分重要,因为它不仅是开发课程内容的依据,还是课程实施与评价的基本出发点。在设计课程目标时,最重要的就是将目标以可操作的形式描述出来。目前在课程目标描述方面比较流行的是行为目标形式,即在描述课程目标时,主要从行为主体(audience)、行为(behavior)、行为条件(condition)和执行标准(degree)四个方面进行描述,简称 ABCD 形式。行为主体即学员,行为用动词描述执行的行为,行为条件给出行为发生的前提,而执行标准说明了行为完成后所应达到的水平。课程目标只有一个,但是课程中每部分内容都可以有自己的子目标,子目标就是内容目标。表 23-1 给出一个课程目标的实例。

表 23-1 培训课程目标描述实例

目标实例
在课程结束后,受训人员能够
计算(行为动词)
薪酬数据(行为)
利用 Excel 统计函数(行为条件)
保证 100%正确率(执行标准)

根据课程内容可以将课程目标划分为认知类目标、态度类目标和技能类目标,各目标还可分为若干层次。在对学员的预期行为进行描述时,应注意行为动词的运用,不同类型的课程目标应该采用不同的行为动词(参照布鲁姆分类法)。具体内容如表 23-2 所示。

表 23-2 课程目标类型示例

目标类型	层次	定义	动词
认知目标	知识	能识别和再现学过的知识和有关材料	安排 复制 标记 列举 记忆 冠名 排序 认识 联系 回忆 重复 复写 陈述
	理解	能掌握所学的知识,抓住事物的实质	分类 描述 讨论 解释 表达 识别 指示 定位 认识 报告 复述 复习 挑选 翻译
	应用	利用所学的知识,应用到新的情境	应用 选择 演示 改编 利用 例示 说明 操作 练习 编排 草拟 解决 使用 记录
	分析	能将某种情境分解为不同的组成部分	分析 评价 计算 分类 比较 对比 批评 区分 辨别 审查 试验 质疑 测验
	综合	能够把各个元素或部分组成新的整体	安排 组合 收集 创作 建构 创造 设计 开发 阐述 管理 组织 计划 筹备 建议 安装 记录
	评价	根据一定标准对事物进行判断	论证 评估 归属 选择 比较 辩护 估计 评价 判断 预测 评级 挑选 支持 估价
技能目标	模仿	在他人的指导下,能够运用简单的技能	弯腰 抓住 处理 操作 达到 缩短 伸展 凭触觉辨认 用手势交流
	操作	经过反复练习,能够独立完成一项工作	
	熟练	能准确、自主地完成一项技能或任务	
	创造	具备了创造新动作、技能的能力	

续表

目标类型	层次	定义	动词
态度目标	接受	愿意注意特殊的现象或刺激	接受 企图 挑战 辩护 争议 参加判断 赞扬 质疑 分享 支持 志愿
	反应	自愿地对刺激进行回应	
	价值判断	对特殊的对象、现象或行为形成一种自己的价值观	
	信奉	信奉某种价值观并按其行事	

在确定课程目标的过程中,对行为的描述是比较重要也是比较难操作的一个部分,它涉及如何将受训者预期的行为清晰准确地描述出来。通常,我们采用可验证性动词来描述某项行为,并清晰地界定行为所发生的条件和达到的程度。可验证性动词指的是其所描述的行为是可以接受观察和测量的,尽量避免不可验证性动词。

表 23-3 给出了行为描述的详细要求。

经过以上步骤之后,就可以将培训课程设计的目标以清晰准确的语言描述出来,例如某公司为经理人员及公司核心人员设计了一门课时为 16 小时的"战略制定"培训课程,该课程目标的描述如表 23-4 所示。

表 23-3 行为描述的详细要求

可验证性动词	不可验证性动词
选择 挑选 评级 解决 制作 比较 设计 对比 指出 批评 判断 计划 辩护 创作 定义 现实 区分 配套 编排 解释 发展 挑战 创造 做 复述 分类 评价 辩护 描述 告知 预测 操作 省略 翻译 识别	赞赏 喜爱 学习 意识到 知道 喜欢 领会 知道 怎样 练习 演练 考虑 理解
常用的形容条件的词组	常用的形容标准的词组
一张清单(注释/手册)、一本完全技术手册、一套蓝图、一把计算尺、独立思考、在模拟的状况下、运用所有的部分、运用需要的设备、运用实习的机器、使用自己的笔记(记录)、不用手册、不使用计算器在清单的辅助下等	精确到小数点……位、至少 80%达标、至多百分之……正确、每小时……在傍晚前……按具体的程序……如果违反安全步骤将无法接受、在……分钟内、无误的、不超过……错误的等

表 23-4 课程目标描述示例

目标实例
通过参加战略企业培训课程,学员能够做到以下三点: (1)陈述制定清晰、合理战略所需要的思考/行为风格的概念。 (2)掌握并应用制定战略所需的工具、技巧和步骤。 (3)根据提供的资料可以提供有效的战略并撰写报告书。

二、收集课程开发所需资料

当课程目标确定以后,接下来要做的就是围绕课程目标收集开发课程所需要的资料。对于培训课程内容所涉及的资料,设计者应该与企业熟悉培训相关领域的员工一起来完成这一步工作,尤其是当这一课程是由外部培训师来开发时。需要注意的是,收集资料过程中争取高管的支持是非常重要的,高管对培训教材的认可和支持是培训课程最终获得通过的保证。通常组织由以下几种途径收集课程设计所需要的资料,如图 23-5 所示。

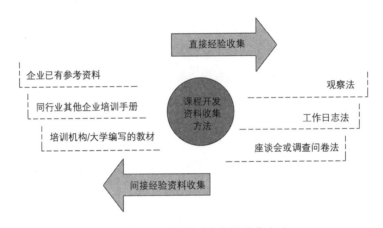

图 23-5　企业培训开发资料收集方法

1. 间接经验资料收集

间接资料指的是已经成文的各种参考资料,包括企业已有的参考资料、各大培训机构或大学编写的相关课程教材、同行业其他企业的培训手册等。企业已有的参考资料比较容易收集,但是在应用时通常存在一个问题——是否对企业现有的教材作出一定的改动,需要改动多少。一个原则就是切合企业的实际需求,与课程开发目标相匹配,切忌为了修改而修改。实际上有些教材在开发时投入了大量人力、物力,内容也比较切合实际,培训师在使用时只需要改进一下培训技巧和方法即可达到满意的效果。各大培训机构或大学编写的相关课程教材可以通过购买的方式获取,也可以通过到图书馆查阅相关资料或到各大学旁听相关课程的方式获取。另外,课程设计者也可以上网收集其他企业的培训参考资料或者通过查看跟某些企业相关的书籍资料等来借鉴外部的培训经验。总之,在这一步要尽可能地收集一切与培训课程内容有关的材料,并根据企业的实际情况作出一定取舍。

2. 直接经验收集

在设计培训课程时,间接经验可以借鉴,但是直接经验的获取也必不可少。课程设计者应积极与富有知识经验的员工沟通,争取使他们也参与到培训课程开发过程中来。一般来说,工作在第一线的员工（包括直属部门经理和基层人员）最了解情况，也最知道问题的所在，因而从他们那获取的资料是非常宝贵的。在收集直接经验的过程中，课程设计者的态度十分重要，无论是对企业的高层管理者还是对工作在一线的生产人员，课程设计者都应该表现出尊重与认可。认真虔诚的态度可以换取上自高管、下至普通员工的积极响应和支持，如提出建议、提供内部资料等。

（1）观察法，是通过较长时间的反复观察或者通过多种角度在有典型意义的时间段进行观察，进而得出结论的方法。观察法适用于工作周期短、例行性的工作，通过观察将工作的全部过程真实地记录下来，然后按照培训的目标和要求进行分析和归纳。为了避免观察时所产生的社会赞许效应，观察者应该尽量隐蔽，并进行多次、重复观察，提高观察结果的准确性，也可以通过摄像技术记录员工的表现。

（2）工作日志法，是由任职者按时间顺序详细记录自己在一段时间内的工作内容与工作过程，经过归纳、分析，从而获得所需工作信息的一种资料收集方法。为了方便对记录结果进行分析，一般采用组织统一的格式进行记录。如事先由分析人员设计好详细的工作日志单，让员工按照要求及时地填写工作内容，并按时间顺序记录工作过程，然后进行归纳、提炼、总结，从而取得所需工作信息。需注意的是，为了保证内容的真实性和准确性，工作日志应该随时填写，比如以30分钟、45分钟为一个周期，而不应该在下班前一次性填写。

（3）座谈会或调查问卷法。座谈会能够鼓励各方参加人员发表意见，了解组织在工作过程中存在的问题和改进的方法。可以采用正式的会议形式，也可以采用非正式的恳谈会形式，进行结构性的或非结构性的讨论，或兼而有之。在召开座谈会之前，最好准备一份访谈提纲，以提高讨论效率，并做好访谈记录。调查问卷法是座谈会的一种书面形式，通过设计有效的问卷内容来了解员工对课程设计内容的意见及建议。

实际上，没有哪一种方法是绝对优于其他方法的，所以常常综合运用多种方法来进行培训课程信息和资料的收集。表23-5揭示了各种资料收集方法的优缺点。

表23-5 课程开发资料收集方法比较

收集资料的方法	优点	缺点
购买专业课程	方便、快捷 课程内容专业、有效	成本高昂 课程内容与企业实际需要有所脱节
阅读已有培训课程参考资料	有关工作程序的理想信息来源 目的性强 有关新的工作和生产过程中新产生的工作所包含任务的理想信息来源	课程设计人员可能不了解技术术语 材料可能已经过时
座谈法	能够调动员工参与课程设计的积极性 能够有效地获取关于课程设计的直接经验资料	耗时长，管理成本高 对座谈会主持者的能力要求比较高
调查问卷法	费用低廉 可以从大量人员那里收集数据 易于对数据进行归纳	耗时长 回收率可能会很低 有些答案不符合要求或不够具体

续表

收集资料的方法	优点	缺点
观察法	得到有关工作环境的数据 将收集活动对工作的干扰降到最低	需要水平高的观察者 员工的行为方式有可能因为被观察而受到影响
工作日志法	能够收集到课程设计所需要的第一手资料	时间长,员工在填写工作日志时可能会受到课程设计的影响 填写的工作日志可能不太符合要求,从而需要重新填写

三、课程整体与单元设计

课程整体与单元设计指的是将收集到的资料整理分析、去粗取精、去伪存真,进行系统安排编辑、分出章节的过程。进行课程设计首先要确定课程内容,一门培训课程不可能涉及所有培训内容,因此需要对所收集到的资料进行分类整理及分析。在这之前,我们首先要了解成人学习的特点,如表23-6所示。

表23-6 成人学习的特点

序号	特点
1	参训者需要知道学习的目的和原因
2	参训者感觉到现实或迫切的需要就会去学
3	参训者对学习内容的实用性和结果尤其关注
4	参训者乐于表达个人意见,使人感受其存在价值
5	参训者拥有丰富的经验,喜欢将新知识与经验做比较
6	参训者喜欢按自己的方式和进度进行学习,期望知道效果
7	参训者年纪越大,对复杂动作的协调性就越差
8	参训者在轻松、愉悦和友爱的环境下,学习效果更好

成年人的这种学习特点要求课程内容上尽量压缩学术性、理论性的内容,从学员实际需要出发讲解决问题的思路和方案。在单元内容设计中,要加入案例互动环节和经验体验环节,让学员有机会阐述自己的想法。培训课程开始时就要告诉学员在学习本次培训课程后对他的工作效果会带来怎样的改善,并明确不积极学习可能带来的不利后果,有助于调动学员学习的积极性和主动性。在选择课程内容时,可以按照如图23-6所示的步骤进行。

其次,确定课程内容编排的方式,即依据什么样的思路来编排整体的课程。目前市面上关于培训课程编排的方式很多,可以作为参考。无论选择哪种方式,都要契合企业的实际情况,有助于学员加深对课程的理解。通常有以下几种方式可以选择。

(1)逻辑学方式。逻辑学方式即采用逻辑思维的方式来编排课程内容:what(是什么)、why(为什么)、how(怎么样),从已知到未知。通常情况下,人对已知事物或现象的特征、演变、趋势等比较了解，而对于未知事物和现象则相对陌生，因此从已知到未知的顺序有利于学员全面理解和把握授课内容，从而有效达成学习目标。这种思路是多数学生教科书编写的一种体例，比较适合讲授一项新的技术、理论或模式。

图 23-6　课程内容选择步骤

（2）心理学方式。心理学方式虽然不像逻辑学方式那样步步思路清晰，但是这种内容编排方式浅显易懂。从情境（position）、选择（option）、结论（conclusion）出发，先分析具体的情况，然后分析这种情况下通常会有哪些选择，最后给出最优解答。这种分析方式从简单到复杂，即从最容易理解的事物或现象入手，引导学员逐渐理解复杂的事物或现象，属于应用比较广泛的课程编排顺序。这种编排方式类似于案例教学。

（3）流程方式。流程方式是指根据客观事物发生的顺序进行讲解。有些工作比较适合按照事物本身发生的顺序进行讲解，如生产作业流程类课程。

再次，分出章节，系统编排。按照既定的课程内容编排方式划分章节和模块，有利于学员迅速了解所学知识技能的结构，能够对所学内容做到心中有数，从而较快进入学习状态。

在制定课程表的过程中，除了要考虑培训内容的逻辑顺序外，还要注意以下事项：上午学员精力充沛，可多安排理论知识的学习；下午学员精神疲惫，可多安排互动体验；每天的培训课程至少要预留一定的休息时间；另外，每天最好留出半小时的时间来答疑或处理突发问题。

培训章节编排程序表

最后，选择培训方法。企业培训的效果在很大程度上取决于培训方法的选择，当前，企业培训的方法有很多种，不同的培训方法有不同的特点，各有优劣。在岗培训法（on-job-training）有利于学员边工作边学习，而脱岗培训法（off-job-training）能够使学员在短时间内系统地学习相关知识技能。近年来兴起的网络培训、虚拟培训等方式使学员可以自己主动掌握学习时间与进度，机动灵活，同时也免去了协

时间管理课程设计示例

调学员时间及聘请讲师的麻烦,属于方兴未艾的培训方式。选择合适有效的培训方法,需要考虑到培训目的、培训内容、培训对象自身特点及企业具备的培训资源等因素。下面是对各种培训方法的系统介绍与对比。

1. 在岗培训方法

(1)工作指导法,指由一位有经验的技术能手或直接主管人员在工作岗位上对受训者进行培训,企业常用的工作指导法是师带徒式。师傅的任务是教给学徒如何做,并对他进行鼓励,这种方法一定要有详细而完整的教学计划,比较适合基层员工、技能操作类员工的培训以及工作结构较低的工作,其优缺点如表 23-7 所示。

表 23-7 工作指导法的优缺点

优 点	缺 点
能够使员工消除紧张感,尽快适应工作岗位	指导者可能保留自己的经验,导致指导流于形式
有利于稳定技能的传播,新员工可以获得相关的工作经验	指导者本身的水平会影响培训效果
关键人才流失时,企业能有训练有素的员工接替	容易形成小团体

(2)岗位轮换法,指让受训者在预定的时期内变换工作岗位,使其获得不同岗位的工作经验,一般主要用于新进员工。现在很多企业招聘的管理培训生主要采用的就是岗位轮换法进行培训,这种方法有助于培养新进入企业的年轻管理人员或有管理潜力的未来的管理人员,建立企业的接班人队伍。其优缺点如表 23-8 所示。

表 23-8 岗位轮换法的优缺点

优 点	缺 点
能够丰富培训对象的工作经历,有利于扩展员工的知识面,为首选对象以后完成跨部门、合作性的任务打下基础	如果员工在每个轮换岗位上停留时间太短,则所学知识不精
通过工作轮换使企业能够更好地了解培训对象,从而更好地开发员工所长	培养人才的方式需要周期较长,员工培训结束后有人才流失的风险

2. 脱岗培训方法

(1)讲授法,是指培训讲师通过课堂讲授的形式将知识、技能等传递给受训者的一种方式。讲授法因为成本低廉,并且可以大规模开展授课等,成为单向(从培训师到学员)培训课程中采用最广泛的一种方法。这种培训方式常被用于一些理念知识的培训,比较适合企业对新政策或制度等内容的培训。随着互联网及电脑的普及应用,越来越多的讲师开始将"多媒体教学"引入培训课堂,打破了过去单纯利用声音、文字来沟通的固有方式,利用幻灯片、电影、录像、电脑等视听材料进行培训,视觉、听觉、形象等直观鲜明,容易激起学员的兴趣并留下较深的印象。其优缺点如表 23-9 所示。

表 23-9　讲授法的优缺点

优　　点	缺　　点
成本低廉 对时间和内容的控制程度很高，可以同时对多人进行培训 传递的信息量非常丰富，而且有系统性	单向授课，缺少学员的互动和参与 讲授方式单一，学员会因为觉得枯燥而降低学习兴趣 对讲师的授课能力要求非常高

（2）研讨法，指的是在培训讲师的主导下，学员分小组就某些问题或观点进行讨论并寻找解决问题的办法。在研讨过程中，既可以由讲师来主导整个研讨过程，采用问答式的研讨方式；也可以完全采用自由讨论的方式，大家随意发表意见。通常用的组织形式有沙龙式（非正式讨论，彼此交流信息，不以解决问题为目的）、集体讨论式（多人在某领导带领下就某一问题进行专门探讨，每人负责其中一部分内容的详细讲解）、小组讨论式（学员分组讨论，得出结论）、系列研讨式（对某一专门领域的系列问题或信息，持续数日、数周、数月甚至数年进行探讨，结束时学员常能获得结业证书，这种研讨论坛一般由较权威的机构或学校组织）。这种方法对提高学员的责任感和改变工作态度特别有效。其优缺点如表 23-10 所示。

表 23-10　研讨法的优缺点

优　　点	缺　　点
可操作性强，参与程度高，克服了讲授法单向学习的弊病 能够激发学员的学习兴趣，有利于学员之间互相交流知识和技能，取长补短	对研讨题目和内容的准备要求较高，对指导培训师的要求也较高 不利于学员系统掌握知识和技能

（3）角色扮演法，指的是设定一个最接近现状的情境，指定学员扮演某种角色，借助角色的演练来理解工作的内容，从而提高学员主动面对现实和解决问题的能力。在学员进行角色扮演的过程中进行全程录像，扮演完毕后回放，由培训师点评，有助于学员更好地了解自己的表现及需要改进的方面。角色扮演法主要运用在人际问题的分析、态度的改变及人际关系技能的开发方面，同时也适用于生产操作人员或管理人员的培训。其优缺点如表 23-11 所示。

表 23-11　角色扮演法的优缺点

优　　点	缺　　点
学员参与性强，可以提高其积极性 通过扮演和观察其他学员的扮演行为，可以学习交流各种技能 通过模拟后的指导，可以意识到自身存在的问题并改正	扮演中的问题分析限于学员个人，不具有普遍性 对培训师的素质要求较高 学员是否愿意扮演角色对效果有较大影响

（4）游戏法，指的是学员按照一定规则开展的活动，活动本身具有一定的趣味性和启发性，一般以做游戏的方式进行。游戏法可以刺激学习，但在使用游戏法进行培训时有两点需要注意：第一，要制定明确完整的游戏规则；第二，游戏做完之后要有结果，要通过游戏结果使学员对游戏内容有更加深刻的认识。游戏法比较适合对员工观念和态度方面的培训。其优缺点如

表 23-12 所示。

表 23-12　游戏法的优缺点

优　点	缺　点
受训者参与性强，积极性高 寓教于乐，受训者在感受游戏乐趣的同时得到启发 培训内容与游戏活动相联系，受训者的印象深刻	游戏活动培训占用受训者的时间较多 游戏不是目的，培训师的讲解分析能力不够会使培训失去意义

（5）行为模拟，指的是通过观察别人的行为来学习某种行为或技能。一般通过向受训者播放有关目标行为的视频或是让受训者直接观看目标行为，然后让受训者模仿目标行为并对他们的表现进行反馈。行为模仿被广泛应用于人际交往技能和管理技能培训。其优缺点如表 23-13 所示。

表 23-13　行为模拟的优缺点

优　点	缺　点
受训者参与性强，积极性高 通过对受训者行为及时的反馈，能够让受训者及时了解自己的不足并予以改进	制作培训视频对课程设计者的要求较高 培训周期较长

（6）案例分析法，指的是把实际工作中出现的问题作为案例，向学员展示真实的背景，由学员依据背景材料来分析问题，提出解决问题的方法，从而增强学员的分析能力、判断能力、解决问题的能力及执行业务的能力。案例分析法不苛求问题的结果究竟如何，而十分强调分析过程是否正确。除了传统的书面案例分析形式外，新兴的多媒体技术同案例分析相结合，向学员更直观地描述故事的动态及过程，由学员自己发现问题并寻找解决问题的方案，对学员的分析能力和解决问题的能力提出了更高的要求。其优缺点如表 23-14 所示。

表 23-14　案例分析法的优缺点

优　点	缺　点
学员参与性强 学员运用理论解决实践问题，可填补理论与实践之间的空白 有利于培养学员思考问题、分析问题、解决问题的能力	案例准备与开发需要的时间比较长 对培训师和学员的素质要求都比较高 某些案例解决方法带有具体性，缺少普遍性

（7）拓展训练，是使受训者在充满挑战的环境中接受训练，这种挑战既可以是生理上的极限，也可以是心理上的极限。拓展训练比较适合针对团队整体的培训，团队成员在面对困难迎接挑战的过程中建立起相互间的信任，有利于增加团队凝聚力。常用的拓展训练方式有攀岩、信任背摔、野外生存训练等。在新员工入职时采用这种培训方式有利于团队成员间迅速"破冰"，促进成员之间的相互了解。其优缺点如表 23-15 所示。

表 23-15　拓展训练的优缺点

优　　点	缺　　点
有利于团队成员在解决问题的过程中建立起相互的信任	拓展训练需要时间较长，且成本较高
有利于增强团队凝聚力和促进成员间的相互了解	对于态度类培训比较有效，对其他培训效果不太明显

3. 新兴培训方法与媒介

（1）基于信息通信技术的多媒体培训，利用网络把视听培训和信息技术、通信技术相结合。这种培训综合了文本、图表、动画及录像等视听手段，使学员在既定的教材软件指导下，可以灵活机动地掌握学习时间和学习进度，从而使员工自我指导培训成为可能。另外，基于信息技术和通信技术的多媒体培训可以使分散在不同地域的学员借助网络、电话等轻松实现沟通和交流，培训师也可以通过公司内部网、电子邮件、即时通信工具等分发课程教材和布置作业，及时向学员反馈信息，而学员也能够就存在的疑问随时向培训师请教。但是因为对学员学习的过程缺乏监督，对结果的考核就变得十分重要，培训师需要设计科学合理的考核方式，从而保证员工能够真正学有所成。其优缺点如表 23-16 所示。

表 23-16　多媒体培训的优缺点

优　　点	缺　　点
可以促进员工学习，提供及时反馈	开发费用昂贵，对企业培训课程开发能力及人力、物力要求较高
可以让学员控制自己的学习进度	
不受地理区域限制，节省交通成本	对人际关系技能、态度类培训并不适用
能够有效把握员工的学习程度与进度	对其效用缺乏统一认识

（2）虚拟现实（virtual reality），是一种可以为受训者提供三维学习方式的计算机技术。通过使用专业设备和观看计算机屏幕上的虚拟模型，受训者可以感受模拟的环境并和各种虚拟的要素进行沟通，同时还可以利用技术来刺激受训者的多重知觉。有一些设备可以把环境的有关信息转变为知觉的反应。例如，可以通过可视界面、可真实传递触觉的手套、塔轮或运动平台来创造一个虚拟环境。利用各种装置将受训者的运动指令输入电脑。这些装置可以让受训者产生身临其境的感觉。其优缺点如表 23-17 所示。

表 23-17　虚拟现实的优缺点

优　　点	缺　　点
可以使员工在没有危险的情况下进行危险操作	开发费用昂贵
可以让受训者进行连续学习，增强记忆	劣质的设备会影响学员身临其境的真实感（如触觉反馈不佳、感觉和行动时间间隔不合理）
高度"真实"的工作环境，能够让员工提前获得关于工作环境及任务的感受，从而提高实际工作的有效性	由于受训者的感觉被歪曲，因此他们可能会感到恶心、眩晕甚至头痛（模拟病）

对于各种传统和新兴的培训方法与媒介，企业应该根据自身的实际情况和财力、物力进行选

择，表 23-18 给出了不同的培训目标和培训对象所适用的培训方法示例。

表 23-18　培训方法选择示例

根据培训目标选择培训方法		
事实和概念培训：讲授法、研讨法		
解决问题的能力培训：案例分析法、游戏法、角色扮演法、研讨法		
综合能力培训：案例分析法、角色扮演法、行为模拟		
操作技能培训：工作指导法、岗位轮换法、行为模拟、虚拟现实		
态度/价值观/个性培训：工作指导法、游戏法、角色扮演法、拓展训练		
根据培训职级选择培训方法		
职位层次	工作性质	适宜的培训方法
基层员工	负责一线的具体操作，其工作性质要求其接受的培训内容不仅要具体而且实用性要强，最好是立竿见影的效果	角色扮演法、工作指导法、行为模拟、拓展训练
直线经理人	在一线负责管理工作，其工作性质要求其懂得如何与一线工作人员和上层管理者进行有效的沟通	讲授法、案例分析法、游戏法、拓展训练、工作轮换法、基于互联网技术的培训
高层管理者	负责组织的计划、控制、决策和领导工作，其工作性质要求其接受新观念和新理念，能够制定战略和应对环境的变化等	了解行业最新动态的讲授法和激发新思想的研讨法以及案例分析法

四、确定课程评估内容与方法

课程评估指的是依据一定的客观标准，对教学活动及其效果进行客观衡量和科学判定的系统过程。课程评估的内容主要有两方面：一方面是学员对目标内容的掌握程度，即课程考评学员；另一方面是学员对培训课程的反馈，即学员考评课程（在培训评估与反馈中会有详细叙述，在此不再赘述）。对学员进行考评的方式主要有三种：书面测验、操作性测验和行为分析。

（一）书面测验

对学员进行考评，最常用的就是书面测验方式。书面测验主要有两种类型：一类是回忆型题目，学员凭借回忆就可以回答问题，问题本身可能是论述题、简答题或填空题的形式；另一类是识别型题目，要求学员从提示的答案选项中选出正确答案的问题，包括判断题、选择题、搭配题等。书面测验主要考查学员的记忆力，不足之处在于会"鼓励"学员记住正确的词语，而不去理解这些词语背后的意义或者在实际中的应用。

1. 论述题和简答题

论述题和简答题易于设计，同时可以测试学员多方面的知识水平和分析问题的能力。当需要学员解释、比较或阐明某个问题时，这是一种比较好的方式。需要注意的是，这一类题目无论是回答题目还是批阅题目，都需要相对较长的时间，因此有必要对答案字数进行一定限制。在设计问题答案时，应该注意答案必须包含所有的可能性，并详细地说明评分标准。

2. 填空题

填空题主要用于对简单事实或程序的知识测验，其形式往往是一个未完成的句子或者省略一两个关键词的句子，例如"企业的核心竞争力是指能够为顾客带来特殊价值的一系列____、____、____的组合"。在设计填空题的过程中需要注意的是被省略的词语应当与学习目标直接相关，并且被省略的词语不宜过多（最多 3 处）。

3. 判断题

判断题一般以判断正误或"同意、不同意"的形式呈现，在设计、实施和批阅上都比较容易。不足之处在于学员容易猜测答题，而且对于有争议的话题并不适用。因此在设计判断题时必须明确答案非此即彼，不能模棱两可；同时题目不要带有暗示性。

4. 选择题

选择题分为两种，即单项选择题（只有一个正确答案）与多项选择题（有多个正确答案）。选择题因为多个备选答案的存在而使得学员猜测的可能性大大减小，其批阅容易，但是设计难度比较大。选择题一般都由题干和题支（备选答案）组成，题干可以采用问题、陈述句、小案例的方式给出。备选答案一般至少有四个，错误答案的设计原则是，对于知道答案的人来说，只有共同的唯一答案；对于不知道答案的人来说，所有的选项看上去都差不多。另外，错误答案不应该是彼此同义的表述。

5. 搭配题

搭配题由两列元素构成。每一列元素必须和另一列元素搭配，可以是一对一、一对多、多对一的形式。搭配题比较适合检验学员选择或识别知识要素的能力。这种题目设计比较容易，相对于选择题来说，学员几乎不可能再凭猜测而答对题目。为了达到题目的最优效果，一般左边的项目列表需要适当简短一些，保持在 5~10 个条目范围内，右边供搭配的条目要多于左边的，最好是其 1.5 倍。一个列表中的所有项目应该与同一主题有关，并且所有搭配都应该看起来似是而非。

（二）操作性测验

如果要测评学员应用实际操作技能的能力，操作性测验是比较合适的方式。操作性测验主要用来测量体力或者脑力工作的准确性、完成的速度和完整性。操作性测验不仅关系到学员的记忆、识别能力，而且要求学员能够根据指示或凭记忆进行一系列的操作。最高要求就是学员不仅能够进行操作，而且能够发现其中的问题，并找到解决问题的对策。在测验之前，应当清晰地告诉学员必须遵守的安全程序与时间限制，在完成操

操作性测验题目示例

作的过程中哪些因素是关键要素，并确保测验环境尽可能地与实际环境一致。由于操作性测验要求学员实际进行操作，因此安全防范是非常重要的。在测验设计完成后，应首先进行预测，以充分暴露设计中存在的问题。

（三）行为分析

当对学员进行人际关系技能、态度类培训时，无论是书面测验还是操作性测验都不足以评价学员是否真正掌握了所学，而行为分析可以通过观察分析学员培训前后的行为变化帮助我们做到这一点。行为分析法根据明确的培训目标，用一种结构化的、前后一致的方式观察学员培训前后的行为，已形成对特定技能或技能组成部分的使用情况的客观判断，进而判断学员是否真正掌握了培训所学。行为分析关系到企业培训的各个环节，因此可以从培训环节的四个方面来理解行为分析，如图 23-7 所示。

图 23-7　行为分析的四个方面

行为分析离不开观察者和被观察者，观察者通常由培训师或学员的直接上司担任，被观察者无疑就是学员。一般情况下，培训师会采用课堂角色扮演和模拟练习的方式观察并记录学员的行为，给予学员反馈。这种观察的目的并不是要对学员的行为进行评价，而是帮助学员发现行为中的不足，并予以改进。观察可以是固定时间间隔的（如每 1 个小时一次），也可以是非固定时间间隔（当特定行为发生时才进行观察）。因为观察的结果会对学员的行为产生重要的影响，所以必须设计恰当的工具。通常采用的方式是观察清单，清单的内容应该从培训目标中产生，而且在内容上不能有重复。为了避免对评价理解的偏颇，在建立观察行为锚定量表时，最好不要用专业术语来描述观察行为；行为分析法对观察员的观察能力和语言表达能力都提出了较高的要求，观察员在进行观察时应注意时刻保持用客观、公正的态度来描述学员的行为，如"语气生硬"是观察到的行为，而"不友善"则是根据观察推断出来的行为。

不论何种类型的测试分析，都必须明确测试的目标、如何进行测试及测试结果的应用三个部分。在培训课程开始时，需要对员工说明这三部分的内容，使员工做到心中有数。

五、制订课程具体计划

课程具体计划指的是对课程具体内容及如何开展课程的详细描述,即把开发好的课程内容用一种清晰明确的方式表达出来。通常有效的培训课程计划应包括的内容如图 23-8 所示。

图 23-8　培训课程计划内容

此外,还需要说明的是,设计出的课程教材应在一段时间内保持相对的稳定。一些教材需要经过一段时间的检验才能够证明是否适宜、是否有效。所以,可以在每次培训时对课程内容做些小修小补,但不要每次都对课程内容进行大刀阔斧的改革。经常更换教材不仅成本高昂,而且也会使学员无所适从。

课程计划书示例

延伸阅读资料

第二十四章

培训实施

培训实施过程是决定培训效果的直接因素，无论培训计划多么完善，必须付诸实践才能取得想要的效果。对于企业内部培训来说，建立一支高水准的培训师队伍必不可少；对于实施培训外包的企业来说，如何选择名副其实的培训服务机构和培训师是首要问题。本章将从操作的角度介绍企业如何建立自己的培训师队伍并有效地开展培训活动，以及如何进行培训外包工作。

第一节 培训师队伍建设

企业培训是指根据企业战略、绩效和岗位要求，结合员工知识技能实际水平，通过系统的技能、知识与素质提升的训练，改变员工个人行为，提升组织绩效，创建学习型组织的过程。培训师在中国已经成为一个新兴职业并迅速发展起来，许多比较大型的跨国公司在中国都建立了自己的培训师队伍，如摩托罗拉大学。然而对于中国的企业来说，培训时聘用外部讲师的情况比较多。外聘讲师固然有比较专业的职业素养、较高的培训技巧与业务知识背景，但是未必真正地了解企业的实际情况，而且由于目前培训市场的不规范，各种培训机构及培训师鱼龙混杂，一流培训师通常都要价比较高，二、三流的培训师要价虽低但未必有真才实学，企业在选择上面临较高的风险。与而外部培训师相比，内部培训师具有许多得天独厚的优势，他们不仅对企业现状及培训需求更为了解，使培训更具有针对性，还可以节约培训成本。从企业长远发展来看，建立内部培训师队伍是大势所趋。

企业建立内部培训师队伍目的在于充分整合内部资源，开发更能体现企业自身文化特色和具有针对性的培训课程，从而实现知识、技能的传承和态度的培养，以更好地促进企业的发展。因为培训师面对的学员千差万别，并且都是成人，因此培训师对学员的授课过程和传统的教学有很大的区别。培训师在培训活动中不能仅仅将自己定义成传授知识的角色，而应该成为学员独立探索的引导者和帮助者。在建立内部培训师队伍的过程中，人力资源部的主要职责是选拔、培养培训师，并建立培训师的激励与退出机制，如图 24-1 所示。

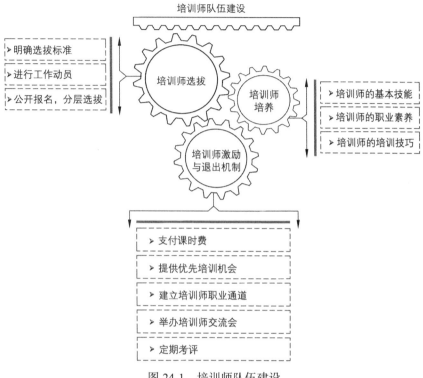

图 24-1　培训师队伍建设

一、内部培训师的选拔

（一）明确选拔标准

在进行内部培训师的选拔之前，首先要明确培训师选拔的标准。一般来说，培训师的选拔标准包括两个方面：第一是通用的标准，主要是对培训师的培训技巧上的要求，如善于调动学员的积极性、具有较高的沟通技巧、有亲和力和较强的表达能力等；第二是与培训课程内容相关的，即专业知识和技能背景。一般来说，培训师都需要达到四个标准，如图 24-2 所示。

图 24-2　培训师选拔标准

具有丰富的专业知识,培训师才能言之有物并准确解答学员的各种疑问;有较强的讲演能力才能使培训师充分地与学员沟通,并将自己的知识技能准备传达给学员,从而避免"茶壶里煮饺子"现象;有积极的心态才能以认真的态度来对待每一次的培训,并认真进行培训前的准备工作,坦然面对来自企业各方面的褒贬;有正直的品行才不会为了其他利益而牺牲培训的质量。达到了这四个标准的培训师无疑是合格的,企业可以根据自身的需要合理地设置这四个标准在培训师选拔中的权重。

需要指出的一点是,选拔培训师的标准不同于优秀培训师的标准。在选拔培训师阶段,人力资源部只需要将那些适于做培训师的员工或管理者选拔出来,只要他们具有较高的专业知识与一定的学习能力与沟通能力,可以在以后的培训中慢慢将其培养成一名优秀的培训师。如果最初就用优秀培训师的标准来选拔,那么会吓退一部分具有潜力的"培训师"。另外,由于企业高管、中层管理者与基层员工所需要的培训内容及适用的培训方式各不相同,因此在拟定标准时应考虑到这一问题。如果可以的话,可以采用按职级分类的方式制定选拔标准。例如集团的中层管理者担任专家讲师,分别负责与自己部门业务相关知识的传授。而具有专业背景并对内部讲师工作感兴趣的员工可以担任助理讲师,在小范围内授课,然后慢慢向讲师晋升。

(二)进行工作动员

明确选拔标准后,人力资源部不必急于将标准公之于众。首先应当争取企业高层管理者的支持,举行自上而下的动员会。因为对于企业内部培训师来说,本职工作是主要的,培训师的工作是兼任的,要建立内部培训师队伍必须要在动员的基础上,争取其所在部门的支持,并征得员工本人的同意。最重要的就是调动员工的积极性,高管的支持无疑是非常重要的,具体做法是由高层管理者象征性地出席动员会或亲自举行动员会,这样不仅可以为选拔造势,还可以使选拔更具权威性,获得各方面的支持。为了进一步调动员工的积极性,应当事先制定有关培训师队伍建设的奖惩机制,从物质和精神两个层面进行动员。

(三)公开报名,分层选拔

确定培训师的选拔标准后,凡是符合要求的员工,可以通过单位推荐或个人自荐的方式进行申报。人力资源部根据年度总体培养计划,结合报名者的专业背景、工作岗位等情况,进行面试筛选。通过面试的员工可以被确立为培训师候选人,进行进一步的培养。在面试的过程中可以邀请企业高管、培训专家及员工代表担任评委,这样做的好处在于选出的候选人比较容易获得高管和员工的认可,培训专家的打分不仅可以避免企业的内部人效应,而且也有助对培训师的专业素质进行把关,从多方面对员工进行考察,使选拔出的培训师既具有高超的业务能力,又具备做一名合格的培训师的资格或潜力。因为不同层级的培训对培训师的要求也不同,有必要建立培训师的分层选拔制度。面试考评表的设计如表24-1所示。

培训师候选人面试考评表

表 24-1　培训师候选人面试考评表

候选人		部门			岗位	
评价人：		评价日期：	年　月　日			
关键评价指标	权重	评价标准				考核得分
		Ⅰ	Ⅱ	Ⅲ	Ⅳ	
1. 丰富的专业知识						
2. 较强的演讲能力						
3. 积极的心态						
……						
总　　分						

二、内部培训师的培养

为了更好地对候选人进行培训，使他们掌握课程设计方法与授课方式，可以聘请外部优秀培训师进行授课，培训师候选人进行观摩学习，从讲师的角度去观察、了解授课的基本套路。在对培训有了直观的了解之后，企业可以进入培训培训师的关键环节了。这一环节可以分为两个层级开展：理论培训和实战模拟。培养的重点是培训活动的策划组织技巧，具体包括培训师基本技能、职业素养和培训技巧三个方面，如图24-3所示。在培训结束后，每位候选人都要运用自己所学进行一个简短的模拟试讲，由专业培训师现场点评，给出书面综合评价即评分。对培训师的培养是一个循序渐进的过程，培训结束并不意味着培训师学习过程的终止，所谓教学相长，培训师在培训别人的过程中应时刻注意自身素质的提升。

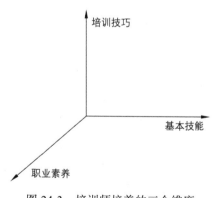

图 24-3　培训师培养的三个维度

1. 基本技能

培训师是企业培训课程的设计者、培训内容的表达者和培训活动的组织者。美国培训与开发协会（American Society for Training and Development, ASTD）对培训开发从业人员进行了专题研究，归纳总结出了培训开发人员的五大关键角色及成功扮演每一类角色所需要的各种素质，如表24-2所示。

表24-2 培训开发从业人员角色素质要求

角 色	素 质 要 求
分析/评估者角色 　研究者 　需求分析家 　评估者	了解行业知识，具备计算机应用能力、数据分析能力和研究能力
开发角色 　项目设计者 　培训教材开发者 　评价者	了解成人教育的特点，具有信息反馈、协作的能力，应用电子系统和设定目标的能力
战略角色 　管理者 　市场营销人员 　变革顾问 　职业咨询师	精通职业生涯设计与发展理论，精通培训与开发理论，具有一定的经营理念和管理能力，具备计算机应用能力
指导教授/辅助者角色	了解成人教育的原则，具有一定的讲授、指导和反馈的能力，应用电子设备和组织团队的能力
行政管理者角色	计算机应用能力，选择和确定所需设备的能力，进行成本-收益分析、项目管理和档案管理的能力

资料来源：陈胜军. 培训与开发：提高、融合、绩效、发展[M]. 北京：中国市场出版社, 2010.

2. 职业素养

（1）培训师的职业素养——服饰搭配。人们往往通过一些细节来给别人定位，培训师的着装、仪态是否得体，会直接影响到学员对培训师的第一印象，所以不管培训师的内在知识经验有多丰富，也要通过得体的着装、仪态来向学员传递专业的形象。恰到好处的言行举止与服饰穿着能帮助培训师增强自信和树立权威，同时也间接反映出其文化水平和修养程度。下面分别从服饰、化妆、发型方面来进行说明。

服饰的穿戴要与环境、身份相协调，应该穿戴质量较好、大方的服饰，不宜穿过于名贵的服饰。女性培训师在授课时一般选择职业套装、西装领式样，颜色不能太艳，否则给人的感觉不庄重，应该选择柔和淡雅的颜色。尤其要注意自己是否佩戴了过于华丽的项链、耳环等，这些东西会降低学员对培训师的印象分，并分散学员的注意力。男性培训师在授课时多穿西装。在选择西装时尤其要注意颜色图案及细节搭配。东方人的脸色偏黄，最适合的西装颜色是深蓝色和深灰色，黑色也可以，但是显得太隆重和保守。在图案上，最好选择单色无图案的西装。在衬衫及其他配饰的搭配上，应该遵守的一个原则就是全身的颜色不多于三种。衬衫可以选择淡蓝色或浅灰色，搭配西装的鞋子应该是黑色的，袜子也应是黑色或深色的，最好不要穿白袜子。领带的颜色应该淡雅庄重，不要选择过于艳丽的。

女性培训师在授课时最好化点淡妆，可以提升整个人的神采。可以选择适合自己肤色的粉底，适当地画一下眉毛与眼线，唇膏不要选择过于艳丽的颜色。男性培训师可以不必化妆，但是一定要衣着整洁、大方。

发型的基本要求是自然文雅、端庄大方，比较贴合个人的脸型与身材。女性培训师不宜将头发染成红色、黄色，否则会给人轻浮、不雅之感。如果是长发，最好将头发盘起，以突出培训师干练、职业的形象。男性培训师不宜留长发、大鬓角，否则容易给人粗鲁、办事拖沓的感觉。

（2）培训师的职业素养——举止仪态。培训师身体站立时要保持直立，身体重心放在两脚或呈"丁"字步，挺胸收腹，切忌弓腰缩背，面带微笑，双臂自然下垂。行走时双肩平稳，目光平视，面带微笑，手臂放松，前后自然摆动。由于女性培训师常穿高跟鞋，因此走路一定要注意避免膝关节前屈或臀部后撅等不雅姿势。注意，有些行为举止在课堂上是不宜做出的，如表24-3所示。

表24-3　培训师课堂注意事项

序　号	注　意　事　项
1	不要用手指或教鞭指点学员
2	注意克服手爱动的习惯
3	坐着不要抖动腿部
4	口头语或脸部小动作不要太多
5	不要突然走近学员
6	不要挡住投影仪或黑白板

3．培训技巧

培训师的培训技巧是决定培训效果的又一个重要因素，在进行培训的时候采用一定的培训技巧会起到事半功倍的效果。

（1）开场、结尾技巧。好的开始是成功的一半，有经验的培训师往往在培训之前会准备培训开场的几个版本，以求在开场阶段将学员的注意力集中到培训上来，为以后的顺利授课做好准备。常用的培训开场技巧如图24-4所示。

有经验的培训专家在听完一个培训师课程的开头和结尾之后，就可以大致判断出这个培训师有无经验、是否专业，因此培训结尾和开场一样重要。一个完美的培训结尾应当使学员加深对课程内容的印象，并使课程首尾呼应。主要的课程结尾方式有以下几种。

①要点回顾式。在培训课程结束的阶段，重申内容并强调重点，加深学员对课程主题和主要内容的认识。有一句话叫作：我告诉你，你会忘记；我展示给你，你将会记住；我与你一起做，你就一定会记住。这句话很好地诠释了要点回顾的作用。

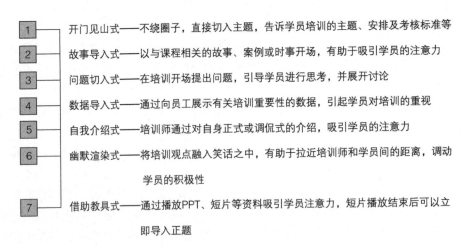

图 24-4　常用的培训开场技巧

②故事启发式，在培训开场时讲故事可以吸引听众，在培训结尾时讲故事可以起到再次点明主题的作用。

③名人名言式，引用某些与主题相关的名言、警句、诗词、故事、典故、某事件等用来作为结尾，可以起到更好地强化主题的作用，同时也使培训更加完整。需要注意的是，引用名人名言时一定要注意引用人物姓名、语言内容和日期的准确性，否则会使学员质疑培训师的专业性。

④发出号召，展望未来式。有关企业发展前景，或者新起点、改变原有的行为态度方式内容的培训适合这种结尾方式。向学员发出号召，激励学员一起行动。

（2）问题回应技巧。培训师在培训过程中会遇到形形色色的学员，面临各种不同性质、内容的问题。在问答开始前，应先向学员说明问题的范围，并认真听取学员的问题，必要时可以进行记录，认真的态度能够向学员传达一种负责敬业的印象。那么，对于各种不同的学员问题应如何回应呢？

①如果一位学员连续提问，应首先征求一下其他学员是否有问题。

②如果学员提问的声音较低，可以先将学员的问题向其他学员重复一遍，再进行回答。

③如果学员提问偏离主题的问题，可以简要地回答一下这个问题，并向提问者表示可以在培训结束后和他进一步探讨这个话题。

④如果学员的问题培训师并不是很了解或者故意刁难，可以通过"对这个问题，你显然做过某些考虑""组里其他人觉得呢""××，这方面你是专家，你看如何"的方式将问题反射给提问者，或者转移给其他培训成员及专家。

⑤如果没有学员进行提问，可以通过以下方式避免尴尬：在培训开始前向学员分发问题卡片，在培训终场前收齐。这种未雨绸缪的方式可以很好地避免没有学员提问的尴尬场面。但是，如果没有事先征求学员的问题，而又确实遇到了冷场的场面，怎么办呢？抛出自己的问题，例如"我曾经多次被问到的一个问题可能会令你们感兴趣……"。

⑥不要对学员询问"我回答了你的问题吗"这一类的问题,这类问题通常是难以避开的陷阱。

⑦无论回答多少问题,培训师一定要为自己留出 3~5 分钟的时间进行培训总结,虎头蛇尾式的培训容易使培训的效果打折扣。

(3)课程内容讲授技巧。人们往往对第一次的东西记得最为牢固,因此培训师在第一次一定要细致清楚地向学员说明,该掌握的知识和技能有哪些,如何操作。为了不断强化学员的记忆,培训师可以采用每一个主题结束后回顾一下所讲内容的方法,不断向学员重复,并总结出某些既定的模式,使学员可以轻松掌握所学的内容。另外,在培训过程中培训师应及时给予学员适当的鼓励和反馈,倾听学员的问题,指导学员解决问题的方法,对学员在学习过程中所取得的进步,及时发现及时表扬,对于学员学习中存在的不足,耐心地指导。在课程结束的时候,要求每位学员写下自己印象最深的内容,不仅可以帮助学员加深记忆,还可以帮助培训师更好地了解自己讲解中存在的优势和不足。

培训师课堂控制技巧示例

作为培训师,无论事先的备课有多么完善,设计的培训方法有多么调动学员的积极性,在培训课堂上还是会发生许多始料未及的事情,这些事情很大一部分是由于学员的各种反应引起的。针对不同的学员,培训师可以采取不同的课堂控制技巧。

三、试讲评审

试讲评审分为学员评审和专家评审。其中,学员评审团由各部门的基层人员组成,专家评审团由中层管理人员及外部专业培训师组成。培训师候选人对学员和专家进行试讲,学员评审团根据自己的学习感受对候选人进行评价。专家评审团重点考核候选人课程开发与教学设计的能力、培训方法运用、培训案例和教材编写等方面能力的运用。人力资源部门收集、统计专家和学员的评审意见,提出聘任建议,将结果上报评聘领导小组进行终审。对于接受培训并通过测试的人员,需要对其有一个资格认定,这一环节标志着培训师队伍最终建立起来。可以由企业的高层管理人员出面,以颁发证书的方式进行公开确认和表扬,并在企业的公告栏、内部网站上进行进一步的公示与表扬,使培训师充分感受到企业对其的信任与重视,增加培训师的荣誉感。同时,人力资源部应将培训师资格录入员工个人档案,作为以后员工绩效考核、晋升与薪酬评定方面的参考依据。

四、培训师的激励与退出机制

企业内部培训师队伍能否真正发挥作用,不仅取决于对培训师的选拔与培训,合理的激励机制也是十分重要的一环。选拔与培养使企业具备了内部培训的能力,而激励机制促使培训发挥更大的效能。退出机制是为了始终保持培训师队伍的活力,能上能下的危机感也能够转化成培训师的一种动力。

（一）培训师的激励机制

（1）支付课时费。为了支持和鼓励培训师主动积极地开展课程研发与授课工作，企业往往会给培训师一定的课时费，这种方式已经成为应用最广泛的一种激励方法。不同的企业发放课时费的依据不同：有的企业根据课程时间的长短计酬；有的企业在前者的基础上，对培训师开发设计课程的过程也给予一定的补偿；有的企业根据培训师是否占用了个人休息时间来决定课时费的多少。

（2）提供优先培训机会。为了使培训师能够不断提升自身能力以更好地进行培训，部分企业经常会为其培训师提供更多的优先培训的机会。这种方式也是很多培训师所期望的。

某公司各级内部培训师胜任标准

（3）建立培训师职业通道。在同等条件下，为培训师提供优先晋升的机会，能够激励培训师在做好本职工作的同时，更加专注于培训开发工作。同时可以建立初级培训师、中级培训师、高级培训师的职业通道体系，激励培训师不断提高培训技能。

（4）举办培训师交流会。定期或不定期地举办培训师交流会，有利于培训师之间经验互享、互相学习，并进一步提升个人技能。

（二）培训师的退出机制

对内部培训师的管理需要有一套科学合理的评价考核机制，即对培训师的绩效进行考评。一方面，通过绩效考评，使得优秀的培训师能够得到相应的回报，而不合格的则遭到淘汰，从整体上保证了内部培训师队伍的质量。另一方面，考评指标与结果也在一定程度上帮他们发现自身存在的缺点和不足，为培训师指明了奋斗和努力的方向。通过绩效考评建立起一种能上能下的内部培训师机制，对于考评结果在良好以上的培训师给予奖励，连续两次不合格的培训师重新接受培训后再上岗，重新上岗后仍不合格的培训师则退出培训师队伍。从企业的实际操作来说，有时让员工退出某个群体比招聘员工进入某个群体更加困难，在培训师队伍的退出机制上也是如此。因此，企业内部必须形成这样一种共识，退出培训师队伍的员工并非不是好员工，而只是不适合做培训师。无论对他自己还是对企业来说，从事本职工作都会产生更大的效益。

由于培训活动的特殊性，有些培训活动的效果并非立即呈现，因此对培训师的考评应以季度或者一年为周期，太短或太长都不足以观察培训活动的效果。针对培训师的考核指标，某汽车股份有限公司采用的是四维度评价法，包括学员的满意度、对工作绩效的贡献率、培训师的工作量和培训主管部门的评价四个方面。其中学员满意度是根据参训学员现场填写的培训效果评估表进行统计；对工作绩效的贡献率是指学员通过培训后，职业技能、工作态度或者课题直接指向的工作绩效的提高幅度；培训师的工作量直接用年度授课学时和承担的课程开发数量来衡量；培训主管部门对培训师的授课态度和授课技能进行评价。通过统计四个方面的数据，可以绘制相应的四维评价坐标（图 24-5）。其中，实线方框和虚线方框分别代表两名培训师的评价结果,实线区域大于虚线区域,则表明前者的综合评分更高。该四维坐标图形象直观,可以明显地看出每名培训师在哪方面较好、哪方面还需改进,从而便于我们做更深入的分析。这个案例的目的在于给出企业一种思路,在实际应用中,可以根据企业的实际情况进行考评维度的设计,四个或者更多维度都可以。

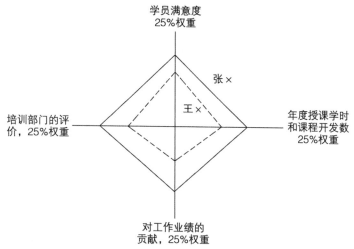

图 24-5　××汽车公司四维度评价坐标

资料来源:2009—2010 年度中国企业人才发展最佳实践案例选登,由马军、戴晓瑜、范朝东、陈临、严蓉蓉共同撰写。

第二节　培训工作流程

培训实施是培训工作的主要阶段,这一阶段是培训的目标和计划落地的过程,并且根据目标和计划对培训过程中出现的问题及时作出调整,控制整个过程的顺利发展。

一、培训文书准备

(一)培训通知

培训通知是培训计划确定后通知员工的重要信息渠道。通知内容应该包括项目目的、内容、时间、地点及员工需要具备怎样的报名资格。务必提前几天进行通知,这样对项目有兴趣的人才能安排出时间来参加。组织可以通过多种渠道发布通知,如公司刊物和报纸、公司的内部网络等都是常见的渠道。有的公司还有专门的公布栏用于公布培训信息。比较重要且大型的培训可以通过召开培训动员会议的形式进行公告。邀请企业的重要管理人员到场,不仅体现了企业对培训的重视,而且有助于培训士气的调动及培训活动的顺利开展。

培训课程报名表

学员培训签到表

学员手册制作核对清单

（二）培训项目的报名与注册

在培训项目的实施过程中，报名是培训组织者开始实际启动一个项目的重要活动。可以将报名表发至员工邮箱或者张贴在企业内部网站上，员工下载填写后发至培训管理部门邮箱。这样既方便快捷又节省成本。报名人数决定了培训场地的租用与布置、培训的资料准备及后勤准备等。当然报名人数并不一定就是最终可能的出席人数。因此，在这个阶段一定要让员工明确如果已经报名，需要取消培训时应该向谁进行报告。

（三）准备培训文书材料

在准备培训材料之前再一次向报名学员核实是否会出席培训。需要准备的材料包括培训师手册及学员手册、学员结课测评、学员阅读材料、培训评估与反馈材料、结业证明等。在这个过程中，还需要用到一些具体的表格，例如员工培训签到表、员工培训结果统计表等，这些表格都是员工培训档案记录的重要内容。

二、培训场地布置

培训场地应该选择安静、独立、不受干扰的地方，交通要方便，便于受训者到达，在空间上应该足够宽敞，能让受训者自由活动。在培训场所，技术设施是否到位是影响培训质量的重要因素。

培训场地座位的布置应该依据培训人数和所采取的培训方式而定，主要有以下四种摆放方式。

（1）扇形座位摆放（图24-6）。这种摆放方式可以让受训者在房间内从任意一个角度观看，可以方便地从倾听讲座转向分组实践，且可以很容易地与房间内的每一个人交流。扇形座位方便了小组间的信息交流与讨论。

（2）传统座位摆放（图24-7）。这种安排适用于以培训师讲授知识为主的培训或讲座、以演示为主要方式的培训，但是不利于团队讨论。

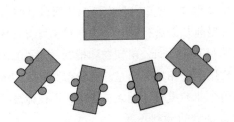

图 24-6　扇形座位摆放图

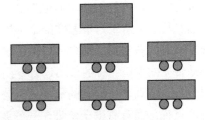

图 24-7　传统座位摆放图

（3）会议形座位摆放（图24-8）。这种摆放方式比较适合强调有限发言的培训。这种座位摆放适合于每个人提出自己的意见，但不适合分组交流。

（4）马蹄形座位摆放（图24-9）。这种摆放方式适合既有发言又有分组讨论的培训。

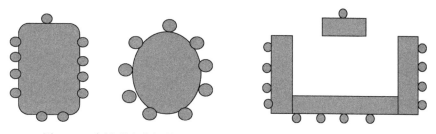

图24-8　会议形座位摆放图　　　　图24-9　马蹄形座位摆放图

此外，必须根据培训人数安排培训位置，移开多余的椅子。在学员到场前，花半小时检查会场的实际安排。如是小型会议，特别是商业会议，尽可能将椅子排成弧形，而不是直线形，学员越能互相看到反应，对演讲者越有利。团队成员与任何的视觉教具屏幕的距离不应该大于投影影像宽度的6倍。第一排椅子要与屏幕相隔足够的距离，大约是屏幕宽度的两倍。所有的位子都应该在距离屏幕9米的范围之内。假如需要一直扭着头看着培训师或者观看幻灯片，学员很快就会感到不舒服，从而减少接收培训师所传达的信息。所以，在准备培训场地时，要启动设备，坐在房间的各个位置检查一下观看的效果，从而确定位子的摆放是否合理。

培训场所设计

三、培训后勤准备

后勤保障对一次成功的培训来说是非常重要的。为了保证培训的顺利完成，培训组织者一定要精心安排相应的后勤保障，来保证培训能顺利进行。在一次培训的进行过程中，具体的后勤工作内容如下。

1. 交通与天气

培训地点交通是否便利，有无公共交通工具可以到达。在确定培训地点后应以书面通知或邮件的方式告知到达培训地点的交通方式，包括自驾车和乘坐公共交通工具。天气情况也是一个很重要的因素，因为天气情况会直接影响学员到达培训地点的时间。密切留意培训前一周的天气情况，如果发现天气不利于培训，应立即与培训组织部门协商是否改期。

2. 准备教学设备及辅助工具

教学设备与工具对培训效果的影响非常大，所以应该准备好相应的教学设备及辅助工具，如投影仪、计算机等教学设备，并检查各项设备是否能够正常使用，同时要落实这些设备的准备人及设备维护人,一旦设备出现状况,就可以立即排除,以免影响培训。

3. 茶点食宿安排

培训课前准备检查表

如果培训在企业内部的会议室或培训室进行,茶点膳食的供应会较为灵活,可以结合培训课程的进度来加以安排或调整。但如果是租用的培训场所,如酒店的会议室等,茶点膳食的供应会有一定的时间规律,这就需要按照租用场地的时间表来安排培训。无论哪种情况,都应该在培训课程开始前通知学员。

如果学员是从外地赶来参加培训,这就涉及为学员安排住宿的问题。一般的做法是给学员推荐几家距离培训地点比较近的住宿场所,由学员自己选择住宿地点,这种情况下一般由学员工作单位承担学员交通及住宿费用。

4. 培训场所周围设施

培训师有必要向学员介绍饮水间、吸烟室、电梯、卫生间的位置和安全通道的路径,并向学员介绍培训场所周围有哪些地点可以买到方便的生活或学习用品,尤其是当很多学员都是从外地赶来参加培训的时候。

四、培训过程控制

培训实施过程中难免会出现各种问题,而培训实施的过程控制主要目的在于纠正培训过程中出现的方向性错误及其他比较严重的问题。而做好过程控制最好的方法就是记录培训计划的每一个步骤在实际操作中的结果,并与计划进行比较。能够当时纠偏的就进行纠偏,当时不能纠偏的可以记录下来,作为以后计划的参考。

培训计划检核工具范例

如果培训实施计划本身有些地方安排欠妥,如人员分工、课程编排次序、工作进度不协调等。这种情况下一般只要对培训计划进行必要的修改即可达到要求,称为培训实施计划的轻度纠偏。如出现邀请的培训顾问不合适、培训的投入过多或过少、培训的场地安排不合适、培训组织工作出现漏项等重大问题,就要对培训实施计划进行重度纠偏,召开培训计划专题讨论会议,讨论解决方法,并同时对培训实施计划的相应部分作出修改。

五、培训档案管理

建立培训档案的主要目的在于方便培训管理部门有效掌握企业员工的培训状况,根据各方面的反馈不断调整培训,使培训能够更加符合企业的需要。同时也可以为企业员工考核、晋升、奖罚等提供切实依据。

（一）培训档案的内容

培训档案主要包括两方面的内容：一是根据员工参加培训情况跟踪做的培训记录；二是培训管理部门的培训档案，主要包括历次的培训需求计划实施反馈的记录、不同职级员工培训内容及注意事项、培训制度建设等。

（二）培训档案建立的原则

（1）时效性。在每一次培训活动的进行中或结束后，要及时地做好记录工作。无论是对培训的管理还是对培训课程的评价，都应该做记录。如果是事后许久才想起这项重要的工作，那样记录下来的内容会与真实的情况产生一定的偏差，记录下的结构也不准确。

员工个人培训简表范例

（2）真实性。除了时效性，档案记录还要注意真实性。特别是涉及相关的数据，或是所引用的图表，或是有关的事迹，都要是真实的，不能够凭空捏造。虚假的记录不但没有保存价值，还会为以后的培训工作带来误导。

（3）条理性。相关培训评估的档案记录众多，有个人的、部门的记录，有月度、季度、年度的记录。众多的记录，更需要做到分门别类，按照一定的归类标准分别保存，做到条理清楚、查询便捷。

（4）保密性。如果培训评估的记录涉及企业的商业机密，或是不便对所有的人公开，那么培训评估的档案记录需要加强安全和保密。比如，可以通过专人负责，或者是制订档案记录的保存及借阅制度等措施，来加强保管的力度。

六、培训风险管理

培训是企业人力资源管理的重要组成部分，它关系到企业的长远发展和解决现实问题的能力。企业通过培训来不断提升员工的能力与技能，但是在培训实施的过程中也存在一定的风险。一般来说，主要有以下三类风险，如图24-10所示。

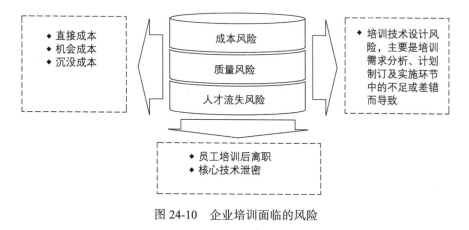

图24-10　企业培训面临的风险

1. 成本风险

成本风险主要有三类，即直接成本、机会成本和沉没成本。直接成本指企业进行培训、聘请培训讲师等所需要花费的直接费用成本。机会成本指员工因参加企业的培训而无法创造效益，给企业带来的潜在的收益损失。沉没成本指企业在员工培训期间还需要照常支付员工工资，这部分工资就变成了沉没成本。存在成本风险的原因在于企业培训存在质量风险和人才流失风险。当培训不达标或者培训后企业人才大量流失时，企业之前支付的各种费用成本就无法取得应有的收益，从而存在成本风险。

2. 质量风险

质量风险主要是指由于企业没有对培训进行合理的规划或有效的管理而导致培训质量下降，主要体现在培训需求分析的结果与企业实际需要不符、所聘请的培训讲师不孚众望、培训计划出现重大偏差及学员反应不积极等带来的培训质量下降。

3. 人才流失风险

企业进行培训最担心的就是培训后人才的流失。由于培训后某些员工可能具备了新的技能或能力从而可以谋到更好的职位，所以干脆跳槽。而企业辛辛苦苦培养的人才如果去了竞争对手的企业，不仅是人才流失，还有可能带来核心技术的流失。

对于培训风险，企业可以从以下几个方面应对。

（1）依法签订劳动合同。劳动合同中关于员工培训和竞业限制的条款规定，企业为员工提供专项培训费用的，可以与劳动者约定服务期。而且如果员工到竞争对手企业就职，还可以与员工约定竞业限制条款，这一条款在一定程度上保护了企业的利益，避免了企业员工的流失。企业在对员工进行培训之前，可先与之签订培训合同，根据培训投入大小，约定服务年限和违约责任。这样即使培训后人员流失，企业也可以依据合同获得赔偿，减少人员流失的损失。员工签订培训合同后，流动成本增加，一般不会轻易离开所在企业。一旦有了法律纠纷，培训合同也是依据。以下是《中华人民共和国劳动合同法》的相关规定：

第二十二条　用人单位为劳动者提供专项培训费用，对其进行专业技术培训的，可以与该劳动者订立协议，约定服务期。

劳动者违反服务期约定的，应当按照约定向用人单位支付违约金。违约金的数额不得超过用人单位提供的培训费用。用人单位要求劳动者支付的违约金不得超过服务期尚未履行部分所应分摊的培训费用。

用人单位与劳动者约定服务期的，不影响按照正常的工资调整机制提高劳动者在服务期期间的劳动报酬。

第二十三条　用人单位与劳动者可以在劳动合同中约定保守用人单位的商业秘密和与知识产权相关的保密事项。

对负有保密义务的劳动者，用人单位可以在劳动合同或者保密协议中与劳动者约定竞业限制条款,并约定在解除或者终止劳动合同后,在竞业限制期限内按月给予劳动者经济补偿。劳动者违反竞业限制约定的,应当按照约定向用人单位支付违约金。

第二十四条 竞业限制的人员限于用人单位的高级管理人员、高级技术人员和其他负有保密义务的人员。竞业限制的范围、地域、期限由用人单位与劳动者约定,竞业限制的约定不得违反法律、法规的规定。

在解除或者终止劳动合同后,前款规定的人员到与本单位生产或者经营同类产品、从事同类业务的有竞争关系的其他用人单位,或者自己开业生产或者经营同类产品、从事同类业务的竞业限制期限,不得超过二年。

(2)核心技术培训谨慎选择培训员工。对于某些涉及企业核心技术的培训,企业需要谨慎选择培训员工,一般来说,年轻员工跳槽的机会成本比较小,也渴望更为广阔的空间,因此企业在选择年轻的培训员工时一定要特别谨慎。

(3)培训费用管理。可以让员工合理分担部分培训费用,或者由员工先行垫付,和员工约定一定日期,待日期过后可以给员工报销培训费用。

(4)加强企业文化建设。其实在培训过后员工流失是难以避免的,即使签订了劳动合同约定培训条款,但因为员工人已经走了,对企业的损失已经造成了,即使员工赔偿培训费用,也难以补偿企业在培养员工上的付出。因此最好的办法就是努力创造一个能够吸引员工、留住员工的文化氛围。

第三节 培 训 外 包

企业培训计划制订以后,首要问题就是谁来做培训,是企业内部人员还是外部培训师。一般来说,企业有两种选择:内部培训和将培训外包。这两者并非非此即彼的关系,也不存在谁更优越的说法,适合企业的就是最好的。培训外包更适合缺乏相关资源及人员的中小企业或者处于事业草创期、衰退期的企业,而内部培训更加适合具有规模经济效应的大企业以及希望进一步做大做强的中等规模的企业等。那么如何来判断企业到底是否具备内部培训的实力呢?主要从三个维度来判断:培训内容的战略重要性与稀缺性、培训资源的充分性、收益成本比,如图24-11所示。

一、培训外包决策

首先,培训内容的战略重要性及稀缺性。在此,我们借用图24-12培训内容战略重要性及稀缺性判断矩阵来说明问题。

从培训内容的战略重要性与稀缺性两个维度将培训内容划分为四种,战略重要性高且非常稀缺的培训内容无疑涉及企业的核心技能,此时即使企业暂时缺乏培训的资源,即使内部提供

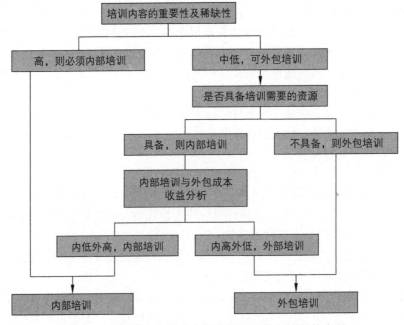

图 24-11　判断企业是否内部培训还是外包培训的流程

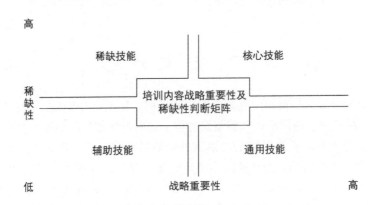

图 24-12　培训内容战略重要性判断矩阵

培训成本高昂,内部培训也是对企业最好的选择。当然,这并不代表企业就不可以选择将培训外包,只是外包的风险比较高而已,可能会导致企业的核心技能泄密,一旦发生,企业的核心竞争力将受到重大打击;其他三类技能培训一般情况下都是可以外包的。例如,财务类培训、素质拓展培训等。

其次,培训资源的充分性。在可以将培训外包的前提下,分析企业需要的培训资源。主要包括:培训教材,包括企业的一些专业技能经验的积累,成熟、完备的培训内容;培训师,即企业内部是否存在既具有专业技能又具有一定培训能力的员工;培训场地、设备等,即企业内部是否具有合适的培训场地及培训所需要的一些基本设备，如投影仪、麦克风等。前两项资源企业缺失其中任何一项，都不得不选择将培训外包。如果企业只是缺乏培训场地及设备等资源的话，可以选择购入或者租借场地设备等。如果企业具备相关的资源，那么可以选择内部培训。

最后，收益成本分析。在企业可以将培训外包但自身又具备培训的相关资源的前提下，就需要分别进行内部培训与外包培训的成本收益分析。因为在培训没有实施之前难以衡量培训的收益，我们姑且假设内部培训与外部培训具有同等的收益，那么接下来需要评估的就是内部培训与外包培训的成本。计算成本的方法就是从流程出发，将每一个步骤可能发生的成本全部记录下来，求和后比较大小。如果内部培训的成本大于外包培训的成本，那么对企业来说，选择将培训外包更具成本节约的优势。企业内部培训会发生的成本包括直接成本和间接成本。直接成本易于衡量，主要指的是企业的培训教材费用、软硬件设备的损耗、可能的交通食宿费用、培训讲师费用以及在收集各种资料过程中产生的财务费用。间接成本难以观察衡量，通常指的是贯穿于整个培训过程中的沟通协调成本。外包培训的直接成本即合同书上标明的项目总价，间接成本包括搜寻谈判成本、机会主义成本。搜寻谈判成本指的是企业从寻找合适的外包商起到为签订外包合同而进行的多轮沟通谈判为止，所有发生的财务费用，如交通费、通信费、招待费等。机会主义成本指的是由于信息不对称，外包商可能会产生一定的欺瞒行为，为了防止这种机会主义行为的产生，企业就要付出更多的监督成本以及由这种不信任带来的心理成本。

一般在两种情况下企业会选择将培训全部或者部分外包：其一，企业自身不具备开展培训的资源，正处于成长期的中小企业或者组织内部尚未建立起规范培训体系的企业多会面临这种情况；其二，虽然组织具备培训的能力和资源，但外包培训相对于自身培训成本更低，一般处于衰退期或者采用归核化战略的企业会选择将培训外包。

二、培训外包流程

培训外包，顾名思义，就是将培训业务（包括从培训需求分析、计划制订、实施直到反馈改进一整套的流程）外包给专业化的公司，从而使人力资源部更加专注于企业的核心需要，以降低成本提高效率。外包培训对企业的一个重要潜在影响就是成本节约，通过外包培训降低企业用于维持培训机构的成本。另外，外包机构的专业团队可以提高培训的效率与价值，从而给企业带来更高额的回报。

但是，将培训外包也面临一定风险，这种风险是多方面的。概括起来主要来自三个方面：行业环境、外包商及企业自身。由于我国目前培训市场并不成熟，国家缺少相应法律、法规来规范培训市场，企业利益一旦受损，维权不仅难度大而且成本高。而市场不规范、信息不对称、培训效果短期内难以衡量等因素给了某些培训机构弄虚作假的空间，也加大了企业面临的风险。同时，企业自身还面临着培训难以与企业文化融合，培训后信息泄露、骨干人才流失，过分依赖培训商而影响自己的发展能力等若干风险。其中，企业最关心的恐怕就是培训到底是否有效。培训效果短期内不易衡量，长期内又难以确认哪些才是培训带来的收益，导致培训外包在某些企业眼中成了"鸡肋"。

要解决外包培训风险的问题,我们依旧坚持流程思考的方法,即解决问题的方法就存在于外包的整个流程中,只要方向正确且每一个步骤都没有差错,那么最后的结果就是正确的。解决问题最好的方法就是不给问题发生的机会,如图24-13所示。

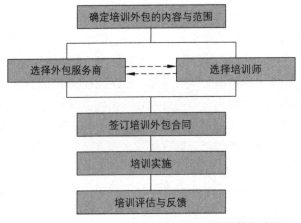

培训外包流程介绍

图 24-13　培训外包流程

第二十五章

培训效果评估

培训效果评估与转化是培训管理体系的最后一个环节,但并不是终点。培训效果评估是一个运用科学的理论、方法和程序,从培训项目中收集数据,并将其与整个组织的需求和目标联系起来,以确定培训项目的优势、价值和质量的过程。一般来说,这个过程包括以下三个部分:评估准备阶段、实施培训评估和培训效果的转化。

第一节 评估准备阶段

培训评估准备阶段需要完成两件事,一是作出评估决定,即判断某一培训项目是否需要评估,这一步也叫评估可行性分析。在培训项目评估开始之前,确定该评估是否有价值、评估是否必须进行,旨在有效防止不必要的资源浪费。二是对确定需要评估的培训项目进行评估准备。评估准备包括三方面的内容:明确评估目的、选择评估者以及确定评估的参与者。明确评估的目的是非常重要的一个环节,其实是一个决策者向评估者表达评估意图的过程,而他们的评估意图往往决定了评估者评估方案和测试工具的选择,并且清晰的评估目的可以使评估内容和评估结果的接受度更高。确定评估的目的之后,评估者和评估的参与者的选择也十分重要。评估者可分为内部评估者和外部评估者。内部评估者和外部评估者在评估中分别有着各自的优势,在他们之间作出恰当的选择和搭配,往往是一个评估取得理想效果的关键。另外,评估并不仅仅是评估者的事情,高级管理者、一线管理人员以及项目参与者都有可能直接或间接地介入评估过程,发挥不同的作用。

一、评估的可行性分析

培训评估的可行性分析,指的是在对培训项目的评估开始之前收集和分析有关培训项目及其评估的系统资料，进而得出评估是否可行的结论。可行性分析旨在达到两个目标：决定该培训项目是否应交由评估者进行评估；了解项目实施的基本情况，为以后的评估设计奠定基础。

评估的可行性分析涉及面很广，并且会随着项目特点和内容的不同而不同，存在很大的主观性和经验性。在此，我们首先给出两个极端：应该评估的情况和不应该评估的情况，在此基础上，通过类比极端的情形、参考以前的经验和惯例、根据当前的状况进行主观经验性的判断等方法来分析判断培训项目的评估可行性（图25-1、表25-1）。但在多数情况下，评估者不是简单地拒绝或接受评估任务，而是利用获得的信息与决策者博弈，在明确了培训项目的目标和内容等的基础上争取更多的资源或更好的条件，以保证评估的顺利进行。

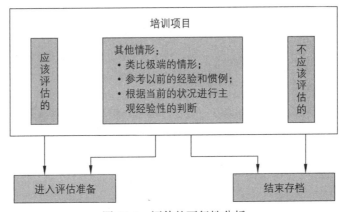

图 25-1　评估的可行性分析

表 25-1　应该评估和不应评估的极端情况

应该评估的	培训项目所需要的经费超过一定的"警戒线"； 培训周期较长，如某培训项目需要三个月或更长的时间； 项目的效果对于整个公司具有十分重要的意义； 一个单元的培训项目对其他单元会产生很大影响； 公司面临一系列重大的改革举措，需要评估结论作为依据
不应该评估的	培训项目目标不明确或在目标上缺乏共识； 培训项目评估结果不能得到利用； 时间有限，不能保证质量的评估； 评估决策者给的评估时间太紧，可能影响到评估质量； 培训项目的效果还未充分展示出来，进行评估难以得出科学结论； 评估资源不足，不能保证评估的质量； 培训项目本身缺乏外在价值

二、进行评估准备

对于确定需要评估的培训项目，评估准备需要遵循以下三个基本步骤，如图25-2所示。

```
┌─ 明确评估目的 ─────────────────────┐
│  明确评估目的是保证评估顺利进行、提高评估结 │
│  果的接受度的关键环节。通过了解作出评估决策的管 │
│  理者的类型和态度,明确评估的目的,进而决定评估 │
│  所采用的方法和评估的内容。                │
└────────────────────────────────┘
            │
            ▼
    ┌─ 选择评估者 ─────────────────────┐
    │  在明确了评估的目的基础上,在内部评估者和外 │
    │  部评估者之间作出选择。应考虑这两类培训者各自的 │
    │  优势和弱点,并且结合被评估项目的特点、评估内容 │
    │  及目的作出选择。                    │
    └────────────────────────────────┘
            │
            ▼
┌─ 选择评估的参与者 ──────────────────┐
│  除了主导评估的评估者,评估过程中,还可能涉及 │
│  组织中其他各方面的人员,他们包括高层管理者、基层 │
│  管理者、受训人员及培训部门等,这些人员的参与会对 │
│  评估的效果带来或好或坏的影响。              │
└────────────────────────────────┘
```

图 25-2　培训评估准备的三个基本步骤

1. 明确评估目的

评估目的,是实施培训项目的组织中决策者或培训项目管理者的评估意图的系统表述。也就是说,组织的高层管理者想要通过培训评估获得什么样的信息。一般来说,需要获得评估结果信息的高层管理者主要可以分为两类:组织的决策者和培训项目的管理者,也就是直线管理者和职能管理者。他们在组织中的位置和职能的差异,导致他们所关注的内容各不相同,因此适用的评估类型也不一样,如图 25-3 所示。

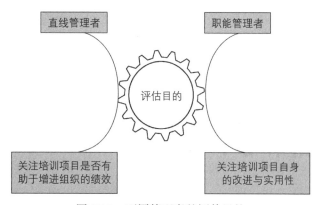

图 25-3　不同管理者的评估目的

了解评估的目的,首先必须弄清评估决定是谁作出的,是决策者还是培训项目的管理者。在此基础上,进一步弄清楚他们究竟对学员培训后的反应感兴趣,还是要了解什么样的培训内容更吸引学员；究竟是要力图揭示员工态度和行为的变化过程，还是要揭示培训在多大程度上对组织绩效的改善作出了贡献。简而言之，明确培训目的就是要明确评估的汇报对象和他们所关注的内容是什么，如表 25-2 所示。

表 25-2 管理者类型与评估目的

管理者类型	关注的内容	适用的评估类型
决策者（直线管理者）	培训项目是否有助于增进组织的绩效	总结性评估
培训项目管理者（职能管理者）	培训项目自身的改进与实用性	建设性评估

2. 选择评估者

根据评估者与项目组织之间的关系，可以将评估者分为两种类型：内部评估者和外部评估者。内部评估者来自企业内部，他们可能属于组织专门从事培训工作的部门，也可能是临时从几个部门抽调出来从事该培训项目的评估工作。外部评估者即来自项目组织之外的评估工作者，如来自大学、研究机构或专门的评估咨询公司。

项目决策者进行评估时首先要在两类评估者之间作出选择。这种选择应考虑两个方面：内外部评估者各自的优势和弱点，被评估项目的特点、评估内容及目的。总的来说，评估者的选择应当尽可能利用两种评估者的优势，取长补短，相互补充。换句话说，做选择面临的问题应是以哪类评估者为主、以哪类评估者为辅的问题，而不是非此即彼的选择。

（1）两类评估者的对比。两类评估者的优势对比如图 25-4 所示。

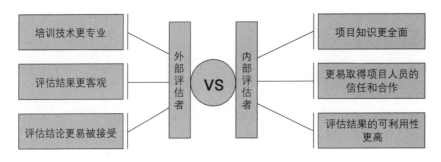

图 25-4 两类评估者的优势对比

项目知识方面，内部评估者更具优势。项目知识即对项目各方面的了解，包括培训项目具体内容运作过程与注意事项，有关项目执行者的情况及培训项目提出的原因和意义等。对一个培训项目，上述各方面的情况了解越充分，对评估过程的帮助作用越大。可见，作为实施培训项目的组织，内部评估者在项目知识方面处于相对优势的地位。他们可以通过亲身体验以及各种渠道获得更全面的信息。

评估的技术知识方面，外部评估者更具优势。这种优势主要体现在两个方面：第一，外部评估者多来自研究机构或比较大的咨询公司，在评估过程中遇到的技术难题等可以向所在的研究机构或咨询公司求助；而内部评估者多是孤军奋战，不易得到外部的帮助和及时的信息反馈。第二，咨询公司大多从事各种各样的项目评估，所以可以从不同类型的项目评估实践中吸取经验，从而在技术方法上得以完善；而内部评估者一般隶属某一部门，从事单一类型项目的评估，范围较窄，缺乏实践，不利于横向借鉴从而完善评估技术和方法。

在取得项目人员的信任和合作方面，内部评估者更具优势。由于容易取得项目人员的信任、支持与合作，内部评估者在获取信息，特别是敏感信息方面具有优势，而完整的信息资料是评估成功的必要条件。但也有例外情况，出于某种顾虑，项目人员宁愿把信息传递给陌生的人，而不愿告诉内部评估者。

在评估结果的利用方面，内部评估者更具优势。"自己人"提出的建议与改进措施比较符合实际，容易被大家接受并付诸实施。外部评估者同样的建议可能会使培训项目的执行人员和培训对象产生抗拒心理，或被弃之不用，或仅做个样子，很难做到尽力执行。

在评估结果的客观性方面，外部评估者更具优势，特别是对项目中存在问题的认识和评价方面。内部评估者在这方面受到的限制较多，他们对项目中出现的问题难以做到开诚布公、不留情面。

在培训结果的可接受度方面，外部评估者更具优势。外部评估者的评估结论往往更易于被其他组织或本组织的其他分支机构所采纳。因此，在一些变革性的培训或者作为资格授予依据的评估中，常用到外部评估者。

（2）项目自身特点与评估者的选择。项目自身特点不同，所适用的评估者类型也不相同，如表25-3所示。

表25-3 项目特点与评估者选择

	项目特点分类	评估者选择	说明
项目类型	建设性评估	内部评估者	建设性评估以现存项目的改善为目的，内部评估者可以充分利用他们项目知识全面、易于得到项目人员的信任与合作、评估结果的可利用性更高等优势
	总结性评估	外部评估者	总结性评估以决定项目是否存续为主要目的，外部评估者易于做到公正、客观。由于其相对独立的地位，外部评估者所得出的结论——不论是继续还是中止项目都易于被项目资助者、受训者和广大公众所接受
组织或项目规模	大型组织或大项目	内部评估者	大组织中项目评估者具有相对独立性，受项目人员的影响较小，容易做到公正、客观。同时，在项目知识、获得项目人员的信任与合作方面，内部评估者比外部评估者具有相对的优势
	小组织或小项目	外部评估者	

3. 选择评估的参与者

评估不仅仅是评估者的事情。在评估过程中，可能涉及其他各方面人员，如高层管理者、基层管理者、受训人员以及项目参与者等，如图 25-5 所示。评估参与人员的广泛化能够使评估者对培训的过程有更好的理解，增加评估的效度，扩展评估者利用的人力资源。

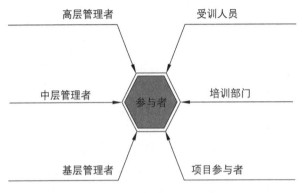

图 25-5　培训评估的参与者

（1）高层管理者在评估中的角色。在评估中，高层管理者可能直接作为评估者，在评估方案的设计过程中发挥重要作用。一方面，评估者作为参谋和助手，其主要作用在于弥补管理者和决策者在知识能力和技术上的局限。因此，在评估开始之前，要充分了解管理者和决策者的评估意图（甚至了解其希望得到的结论）并将这些意图融化于评估方案的设计过程中，这样才能使评估真正应管理者之所需，为管理者的决策提供依据。另一方面，假如高层管理者能够理解评估方案或者在评估方案中成功渗透进自己的决策意图，那么，在评估结束之后，评估结论将更容易被理解、接受和运用。所以说，高层管理者直接介入评估过程是十分必要的。一般来说，培训项目越重要，高层管理者就越应介入评估过程。因为评估在某种程度上决定着该培训项目的命运：中止、继续还是改进。这样，在那些涉及组织变革或组织发展战略的培训中，高层管理者就往往成为评估的关键角色。

（2）中层管理者在评估中的角色。中层管理者也许不能像基层管理人员那样有效观察员工的日常工作行为和习惯，但是，他们能够通过评估组织绩效的改进来为受训员工的培训效果提供依据。举例来说，在实施了一项关于怎样为顾客提供关怀的培训之后，部门经理案头上充满抱怨的信件明显地减少了，他们甚至还在办公室里体会到一种新的氛围，如在正常的办公时间之外，员工们仍耐心地接待顾客。所有这些，评估者都无法或不易感受到，但对于评估过程而言，它们的确又是十分重要的。

（3）基层管理者在评估中的角色。当评估涉及员工自身的进步时，基层管理者在评估中的积极作用就表现出来了。他们与员工朝夕相处，熟悉员工的思想状况和行为习惯。他们能够帮助评估者较容易地操作评估方案，进而采取其他一些适宜的配套措施，使评估得以顺利进行。他们还可以对受训人员在态度和行为上的变化作出最好的评价。例如，在评估一项写作技能培训的长期影响时，组织中的基层管理者可以收集员工在一段时间（如 6 个月）中所写的报告和信件，并检查出其中的拼写错误、语法错误以及难懂的语句结构的数量。当这些信息交到评估者手中时，这些资料就成为作出评估结论最宝贵的资料。在另外一些场合，基层管理者还可以从这些报告中体会出员工工作态度的改变。

（4）受训人员和培训部门。在大多数培训中，自我评估都是一个不可缺少的组成部分，受训人员在课程结束之后，通过问卷的形式对自己的变化及感受作出描述，这对于受训人员的学习效果的确有帮助。例如，一项培训结束之后，受训人员将填写一份详细的行动计划。在其中，他们需要写明他们对评估内容和方法的意见；通过培训自己有哪些改进，以及在以后的工作中怎样利用培训中所学到的知识和技能。在 6 个月的时间中，受训人员、他们的直接基层管理者以及评估专家将重读这份行动计划，将其同受训人员的实际情况相对照，以重新对培训作出评估。另外，由于培训部门对培训的内容和目的更为了解，并往往在实际上扮演评估过程执行者的角色。所以，在评估中取得他们的支持往往是十分必要和重要的。

在确定了参加人员的范围之后，需要召开一个评估会议，以使评价者设计的评估方案能得到其他人员广泛的认同和支持。这种会议可以帮助我们在评估开始前，就对参与人员对评估的态度以及评估方案的优、缺点有所了解。当然，应尽量控制参加评估会议的人员的范围，三四个人就足够了，因为如果评估参与者特别是评估对象对评估的全过程所知甚多的话，很容易受到干扰，这将毫无疑问地影响评估的效度。

评估可能涉及的人员以及他们参加评估的优缺点见表 25-4。

表 25-4　不同评估者的优缺点对照

优缺点	基层管理者	高层管理者	培训部门
优点	增强评估的效度 提供评估过程所需的支持	增强评估的效度 帮助设计评估方案 使评估结论更易被利用	经常负责评估的具体操作 可能比评估者更了解该项目
缺点	需要培训 水平参差不齐	可能没时间帮忙 缺乏专业知识，可能干扰评估	如果没有其他人参与的话，可信度无法保证

第二节　实施培训评估

培训评估主要在两个层面上进行：一是个体层面；二是组织层面。评估的对象不同，相应的评估内容、方法上都有很大差别，如图 25-6 所示。

图 25-6　培训评估的两个层面

一、个体层面的培训评估

（一）个体层面评估的维度

个体层面的评估对象主要是参加培训的学员，其评估维度主要有四个，包括认知成果、技能成果、情感成果和绩效成果，如图25-7所示。

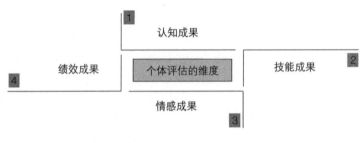

图25-7　个体评估的维度

1. 认知成果

认知成果用于衡量受训者从培训中学到了什么，即衡量受训者对培训项目中强调的原理、事实、技术、程序或过程的熟悉程度。一般应用笔试来评价认知结果。

2. 技能成果

技能成果用来评价技术或运动技能以及行为方式的水平，它包括技能的获得与学习（技能学习）及技能在工作中的应用（技能转换）两个方面。技能转换通常是用观察法来判断的，可通过观察员工在工作抽样（如模拟器）中的绩效水平来评价受训者掌握技能的水平。例如，在医院实习的医科学生会在外科医生的观察、指导和帮助下做手术，同事或管理者也会根据他们的观察来给受训者的行为方式或技能打分。

3. 情感成果

情感成果包括态度和动机，主要指受训者对培训项目的反应，即受训者对培训项目的感性认识，包括对设施、培训教师和培训内容的感觉。这类信息通常是在课程结束时收集的，反映受训者哪些想法是有助于或会阻碍学习的。一般用让受训者完成调查问卷的方法来收集反映成果的信息。一般会问这样的问题："你对该培训项目满意吗？""培训符合你的个人期望吗？""你认为教室舒适吗？"

4. 绩效成果

绩效成果包括由于员工流动率或事故发生率的下降导致的成本降低、产量提高及产品质量或顾客服务水平的提高。例如，为了对送货司机安全驾驶培训项目进行评价，在受训者完成培训后,邮政公司记录了数天内司机的肇事次数。

个体层面评估维度及举例见表 25-5。

表 25-5 个体层面评估维度及举例

评价维度	举例	衡量方式
认知成果	安全规则 电子学原理 评价面谈的步骤	笔试 工作抽样
技能成果	使用拼图 倾听技能 指导技能 着陆一架飞机	观察 工作抽样 评分
情感成果	对培训的满意度 其他文化信仰	访谈 关注某小组 态度观察
绩效成果	缺勤率 事故发生率 专利	观察 从信息系统或绩效记录中收集数据

(二)个体层面的评估方法

个体层面的评估方法如图 25-8 所示。

图 25-8 个体层面的评估方法

1. 问卷评估法

问卷评估法采用问卷的方式,通过在培训前后使用同一套问卷收集到的相关信息的对比,来确认培训的效果。评估问卷主要分为两种类型:知识与态度型问卷和行为表现型问卷。

(1)知识与态度型问卷,简称 KA 问卷。KA 问卷是对学员培训前后的知识与态度进行调查的问卷,KA 问卷在培训前后由学员填写,由培训部门收集并汇总整理,通过前后的对比来确定培训项目对受训者的影响以及评估培训的效果。KA 问卷由培训管理者根据课程内容设计,一般为 40~50 个问题,每个课程单元对应 5 个问题左右,问题一般采用以下结构。

①针对知识的问卷：我+清楚/了解/明白/知道+问题内容。
②针对态度的问卷：我+认为/觉得+问题内容。

（2）行为表现型问卷，简称 BP 问卷。BP 问卷是对学员培训前后的行为表现进行调查的问卷，主要分为两种，一种由学员填写，简称 BP-s 问卷；另一种由学员直属主管填写，简称 BP-b 问卷。问卷也是由培训管理者根据课程内容设计，一般为 40~50 个问题，每个课程单元对应约 5 个问题，一般采用"我+会/能够/做得到+问题内容"的问题方式。两类问卷在培训前分别由学员和其直属主管填写。并在培训后 3 个月，由学员和直属主管再次填写。问卷调查可以和组织绩效管理工作有机结合，问卷中的内容均可参考学员绩效考核的结果。

问卷法具有系统、准确、量化、直观等优点，但需要参加培训的学员及其直属主管密切配合。同时，由于问卷需要由对课程最熟悉的讲师编写，还需参考公司培训需求调查与绩效管理方面的详细资料，因此耗时较长，工作量较大。

2. 比较评估法

比较评估法是指将员工通过培训学到的知识、原理和技能作为评估内容，而通过比较来衡量员工知识掌握程度，以确定培训效果的方法。根据比较的不同依据和方面，比较评估法可以分为以下四种。

（1）事前事后评估法，指在参加培训前后，对受训者分别进行内容相同或相近的测试。这样可以体现出受训者受训前后的差别。为了体现出参加培训与未参加培训的员工间的差别，企业还可以将参加培训的员工组成培训组，另外再挑选一组与培训组素质相近、未参加培训的员工组成对照组，分别对这两组员工进行测试。

（2）纵向对比评估法，指将评估对象放在自身的发展过程中，进行历史的和现时的比较，看其发展的相对位置是进步了还是退步了，其效果是增强了还是削弱了。

（3）横向比较评估法，指将多个评估对象放在一起进行相互比较鉴别，看其相对水平的高低和效果的差异。

（4）达标度评估方法，就是在被评对象之外，确定一个客观的标准，评价时，将评估对象与客观标准进行比较，衡量评估对象达到客观标准的程度。

比较评估法是一种较为科学的方法，这种方法适用性强，又节省时间，因此应用面很广。但这种方法对标准的准确性要求较高，标准低了，容易失去可比性，标准高了，又难以真正体现出评估对象的进步，所以用于比较的标准一定要得当。

3. 目标评估法

目标评估法是指根据企业培训计划中所指定的受训者完成培训计划后应学到的知识、技能，应改进的工作态度及行为，应达到的工作绩效标准等目标进行评估。

培训课程结束后，企业应将受训者的测试成绩和实际工作表现与既定培训目标相比较，得出培训效果。作为衡量培训效果的根本依据，企业应制订出具有确切性、可检验性和可衡量性的培训目标。

4. 关键人物评估法

关键人物是指与受训者在工作上接触较为密切的人，包括受训者的上级、同事、下级和顾客等。关键人物评估法就是指通过受训者周围的关键人物——上级、下级、顾客、同事等，从不同角度来评估受训者的变化，以达到准确评估受训者受训后工作态度或行为是否改变的目的。

培训效果评估的方法有很多，对培训评估的要求也各不相同。评估者必须有效地运用评估方法，既要成功地进行评估，又不能浪费资源——人力、物力、财力。评估者在决定评估的方法前，要考虑以下两点：一是可以使用的评估方法、工具；二是可以用来评估的资源。当这两条都满足时，就可以有效地进行评估。但是，在现实中，由于一些客观条件的限制，培训方法不能发挥全部的作用。这样会使评估不完整，评估结果带有评估人员的主观性，评估结果很难理解。但是，如果前后一致地进行了评估，尽管评估不完整，在某种程度上也对下一步的受训者工作和下一次的培训有所帮助。

二、组织层面的评估

组织层面的评估主要是通过货币量化的方法对培训项目的成本和收益作出分析比较，即通过计算投资回报率来衡量培训活动的成效。组织层面的评估流程如图25-9所示。

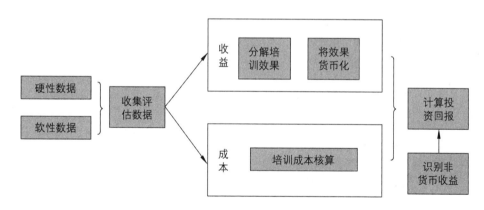

图 25-9　组织层面的评估流程

（一）评估数据的收集

1. 数据类型

培训效果评估的主要数据来源可以归纳为两大类：硬性数据和软性数据。硬性数据是指那些客观的、理性的、无争论的事实，是培训评估中非常希望掌握的数据类型。但由于培训效果有时有一定的滞后性，而硬性数据的结果需要经历一段时间后才能表现出来，因此，有时组织还必须借助软性数据进行评估。两类数据来源如下。

硬性数据主要有四个来源：产出、质量、成本、时间。

软性数据主要有六个来源：组织氛围、满意度、新技能、工作习惯、发展、创造性。

2. 数据收集的方法

常用的评估数据收集的方法有问卷调查法、访谈法、直接观察法、档案记录分析法、测验和模拟法等，其各自的优缺点总结如表25-6所示。

表25-6 各种数据收集方法的优缺点

方法	具体过程	优点	缺点
问卷调查法	用一系列标准化的问题去了解人们的观点和观察到的东西	成本低 可以在匿名的情况下完成 匿名的情况下可以提高可信度 填写问卷的人可以自己掌握速度 有多种答案选项	数据的准确性可能不高 如果是在工作中完成问卷填写的，那么对这个过程很难进行控制 不同的人填写问卷的速度不同 无法保证问卷的回收率
访谈法	和一个或多个人进行交谈，以了解他们的信念、观念和观察到的东西	灵活 可以进行解释和澄清 能深入了解某些信息 私人性质的接触	引发的反应在很大程度上是回应性的 成本很高 面对面的交流障碍 需要花费很多人力 需要对观察者进行培训
直接观察法	对一项任务或多项任务的完成过程进行观察和记录	不会给人带来威胁感 是用于测量行为改变的极好的途径	可能会打扰当事人 可能会造成回应性的反应 可能不可靠 需要受过训练的观察者
档案记录分析法	使用现有的信息，比如档案或报告	可靠、客观 与工作绩效关系密切	要花费大量的时间 可能会带来威胁感
测验和模拟法	在结构化的情景下分析个人的知识水平或完成某项任务的熟练程度	买价低 容易计分 可迅速批改 容易施测 可大面积采样	对现实进行模拟往往很困难 开发成本很高 也许与工作绩效不相关 可能有文化带来的偏差

（二）培训收益评估

1. 分解培训效果

尽管绩效的变化可能与培训有关，但并不是我们所观察到的所有的知识、技能、行为和结果的改变都是由培训项目带来的，其他的非培训因素也有可能对绩效改进产生影响，因此，为了提高培训投资回报评估的精度，有必要对这些效果进行分解。

（1）分解培训效果的方法介绍见表25-7。

表 25-7　分解培训效果的方法

方　　法	方 法 说 明	可能存在的问题
使用控制组	对两个小组收集相关数据，一个是参加了培训活动的实验小组；一个是没有参加培训的控制小组 控制组成员应该与实验组成员大致可比	小组成员的选择应该是相同的，但是实际上完全相同是不可能的 受训者将可能学到的东西通过不同的途径传播到控制组中，或是控制组成员模仿了培训组成员的行为 各组之间有不同的环境影响因素 管理层可能不愿对项目采用带有研究倾向的方法进行评估
使用趋势曲线	先以历史绩效，绘制一条趋势线，用趋势线预测未来绩效，在培训结束后，把实际的绩效曲线同历史趋势进行对比，任何超出趋势线预测的绩效提升，都可以归功于培训	优点是操作简单、成本低，如果历史数据可以得到，就能很容易画出趋势线，可以很快评估出培训效果 缺点是不是很精确，如果没有历史数据则这个方法完全失效 总的来说是评估培训效果的一条合理途径
预测分析法	利用预测模型来预测绩效变量的变化 适用于只有一个其他变量影响绩效，并且两者的关系是一条直线时，类似 $y=ax+b$ 的直线模型的情况	如果培训期间存在其他变量因素，有许多变量影响绩效，这种方法就显出了重要缺陷，就需要使用多个变量分析和复杂统计软件包
使用主观分析法	直接通过参与者、主管、管理层、骨干、下属以及聘请专家来评价培训效果	因为各个参与者的主观因素，导致结果不可能十分精确，同时可能会面临许多人为的障碍

（2）方法的选择。这些方法中有的是简单和低成本的，而另外一些则需要更多的时间和成本。所以在选择方法上，要考虑到以下因素：方法的可行性；方法可以提供的准确度；对目标群体而言，方法的可信度；实施的具体成本；使用该方法时，对正常工作的干扰有多大；特定方法需要参与者、员工和管理者花费多少时间等。

2. 将效果货币化

培训可以帮助员工与企业提高绩效，获得更大的收益，主要包括两方面：产量或销售量增长的价值、成本和费用减少的价值。其中，成本和费用减少的价值，包括原材料、燃料、消耗的减少，人工成本节省的价值，生产残次品减少和机器设备维修减少而节省的费用，员工流失率降低而节省的费用，提高设备利用率及减少生产事故而节省的费用。具体将效果转换成货币的步骤如下。

（1）关注绩效度量单位。对绩效产出数据度量的单位有生产产品数量、提供服务量或完成销售量。质量是一个常见指标，可以用出错率、废品率、缺陷率和返工率等来反映，软性数据指标可以是员工抱怨次数、缺勤次数、离职率等。

（2）确定每单位价值。为上一步选定的单位赋予价值额（V）。

（3）计算绩效改进数据。将其他影响因素分离后，直接归功于培训项目的绩效变化。

（4）确定绩效变化的年度数值。即计算出一年的绩效总变化数量。

（5）计算绩效改进总价值。即把年度的绩效改变（AP）同所考察群体的度量单位价值（V）

相乘，得到绩效改变的总价值。

（三）培训成本核算

培训成本分为直接成本和间接成本。直接成本为明确可计算成本。直接成本包括参与培训的所有雇员（受训者、培训教师等）、咨询人员和项目设计人员的工资和福利；培训使用的材料和设施费用；设备或教室的租金或购买费用；交通费用。间接成本是与培训的设计、开发或讲授并非完全直接相关的费用，它主要包括办公用品、设施及相关费用。其具体成本项见表25-8。

表 25-8　培训成本

项目名称	说　　明
工资与福利——人力资源开发人员	这个账目包括人力资源开发部门的主管人员和非主管人员的工资与员工福利成本
工资与福利——公司其他人员	这个账目包括公司其他人员（包括主管人员和非主管人员）的工资与员工福利成本
工资与福利——学员	这个账目包括学员（包括主管人员和非主管人员）的工资与员工福利成本
用餐、差旅、住宿——人力资源开发人员	这个账目包括公司人力资源开发部门员工的用餐、差旅、住宿和杂费
用餐、差旅和住宿——学员	这个账目包括人力资源开发培训项目的学员的用餐、差旅、住宿和杂费
办公用品和开支	这个账目包括文具、办公用品和服务、期刊订阅、邮资、电话和电报服务等项目所发生的开支
培训项目资料与用品	这个账目包括特定培训项目所购买的资料和用品的成本，其中包括文件、讲义资料以及所购买的培训项目等
打印与复制	这个账目包括所有资料的打印和复制所发生的开支
外部服务	这个账目包括外部公司、机构或除本公司员工以外的个人（如管理顾问和专业培训讲师或辅导员等）在提供特殊服务时所引起的费用和开支
设备——开支分摊	这个账目包括最初设备成本中被分摊到特定人力资源开发项目（包括计算机）中的部分
设备——租赁	这个账目包括在行政管理工作和人力资源开发培训项目中所使用的设备的租金
设备——维护	这个账目包括对公司自有设备和家具进行修理和维修时所引起的开支
注册费	这个账目包括学员参加讲座和会议时产生的由本公司支付的注册费和学费 这个账目还包括员工加入行业、技术和专业协会时产生的并由本公司支付的会员费
设备开支分摊	这个账目包括使用公司自有设施进行人力资源开发培训项目时发生的开支
设施租赁	这个账目包括与人力资源开发培训项目相关的所有设施的租金
一般费用分摊	这个账目包括对每个人力资源开发培训项目按比例计算的一般费用开支
其他费用	这个账目包括为培训提供的其他费用

（四）计算投资回报

投资回报率是通过投资成本与收益的比较，来衡量培训项目的实际价值。计算公式为

投资回报率 =（项目收益÷项目成本）×100%

主要可以通过对比类似项目的投资回报率、对比银行贴现率等方法，来比较培训项目的价值。

（五）识别非货币收益

除了有形的、货币的收益，大多数培训项目都会有无形的、不能以货币表示的收益。非货币收益是指那些与培训项目直接相关，但不能转化为货币价值的收益（或损失）。这些指标尽管不能转化为货币价值，但是对评估流程来说也是很关键的。

一般的做法是：将有关数据以非货币化收益形式列出，并加以恰当的解释和描述，以增加培训评估的准确性。

表 25-9 列出了与培训相关的典型非货币性衡量指标，供读者参考。

表 25-9　非货币性衡量指标

指标举例	
态度调查数据	员工转岗
组织归属感	客户满意度调查数据
组织气氛调查数据	客户投诉
员工抱怨与委屈	对客户反馈的时间
歧视投诉	团队合作
压力减轻	写作
员工离职率	冲突
员工缺勤	果断性决策
员工怠工	沟通

三、实际操作中的问题

（一）评估中人的问题

1. 评估者的角色确定

培训项目评估本质上是一种信息活动，其目的是提供及时、准确、科学、可靠的信息，帮助管理人员作出正确的决策。然而，在大多数情况下，项目评估者并不仅仅简单地、被动地接受决策者和项目管理者的要求，提供他们所需要的信息。一个合格的项目评估者应采取积极的态度，担负多重角色。

第一，项目评估者首先应成为全面信息的提供者。全面信息包括与培训项目有关的各种政策，评估者不仅要满足决策者和管理者的信息需求，还要特别注意被决策者和管理者所忽视的有关方面的信息。

第二，项目评估者还应成为合格的咨询者。评估者要利用自己的知识、技能和经验，提出关于培训项目的咨询意见和项目管理方面的建议，帮助决策者对培训部门形成正确的认知和判断。

第三，项目评估者应成为有效的沟通者。作为有效的沟通者，评估者不仅要把自己对项目管理的建议转达给决策者，从而发挥积极的作用，而且要把项目评估的整体设计和安排转达给项目人员，获得他们的理解与合作，从而保证评估工作的顺利进行。此外，评估者还要通过有效的沟通，保证评估的结论得到充分利用。

第四，项目评估者应成为共识创造者。一个特定的培训项目必然涉及项目管理者、项目工作人员、培训对象等不同群体的利益。这些社会群体的角色不同，必然产生立场、观点、目标、要求的不同。项目评估者应利用自己的知识和特殊地位，帮助缩小或消除不同群体之间的分歧，在根本问题上形成共识，从而保证项目的顺利进行并取得理想效果。

当然，项目评估者是咨询者而不是决策者，项目评估者的多重角色只具有辅助而非替代性质，其影响力源于知识而非权威。

2. 培训评估中的合作

成功的评估依赖于有关人员的有效配合和协作，因此，在评估之初，列出人员清单是十分必要的。尽管他们有时并不一定涉及评估之中，但人员清单可增进各方面人员对评估的了解。

（1）培训者。

（2）评估对象（即培训对象）。

（3）培训的领导者（培训官员、经理等）。

（4）外部人员（专业测试人员、某些资格的审批机关）。

赢得他们善意的支持和良好的合作，往往是评估取得成功的关键因素。因此，在评估过程中，与他们之间的沟通、交流就显得十分重要。尽管培训项目的某些变化，如培训课程的调整、授课方式的改进等，可能会对上述人员产生某些影响，但是，如果事先对这种变化作出说明，并不一定会产生不利的后果。然而，对评估而言，事情就没有这么简单了，假如打算改变评估的方式，那么，一定要让所有在上面清单中列出的人，尤其是培训对象了解这种变化，并取得他们的认同。以下我们列出了想要取得评估中的有效合作时可以参考的建议。

（1）培训的领导者。首先，因为评估表明了培训项目的成功程度，所以它首先受到管理部门的关注，尤其是当评估方法的变化，会导致它所衡量的培训成果也随之发生较大变化的时候。

（2）培训者，即参与培训项目执行的人员，他们经常把评估视为对自己工作能力和工作成绩所进行的评价。在他们看来，培训对象的成绩在某种意义上来说也反映了他们自身的成绩。因此，当评估工具的变化不利于反映培训对象的进步时，他们也会变得闷闷不乐。

（3）外部人员。如果评估方法和工具的变化事先没有经过认真讨论，并获得广泛认同的话，往往会导致某些外部人员，如某项专业技能的资格审批机关等，对培训项目评估的怀疑。因此，当涉及评估的变化时，应该持格外审慎的态度，充分考虑到这种变化对所有有关方面可能造成的影响。不管承认与否，评估的确是一个"烫手的山芋"，因为它几乎关系到每个人的利益。

（二）提高评估结果的准确性

培训项目的评估结果出来之后，人们可能会对两个问题提出异议：①研究结果的可信度；②能将评价结果推广到其他受训者和其他情况的程度。

研究结果的可信度是内在效度。内在效度威胁与公司特点（历史）、成果测量（仪器、测试）及参加评价研究的人员（成熟度、统计回归、品德、组内差距）有关。这些特征可能导致从评价研究中得到有关培训有效性的错误结论。评价研究要有较高的内在效度才能保证评价效果（尤其是正面结果时）是由于培训计划而不是其他因素导致的。例如，一组管理人员参加了沟通技能培训。在他们参加培训的同时，公司宣布要进行结构重组。培训结束后，管理者都成了优秀的沟通者，但这仅仅是因为他们害怕失去工作，也许培训根本没起作用。

同时，培训者还希望能将研究结果推广到其他团体和情形中去，换句话说，他们关心研究的外在效度。外在效度威胁与参与研究工作的学员或者将来会参加培训的人相关，培训者很想让培训计划对以后类似的项目参与者同样有效。

内在效度和外在效度的威胁总结如表 25-10 所示。

表 25-10　内在效度和外在效度的威胁

内在效度威胁	描　　述
公司	
历史	某事件的发生，导致培训成果的变化
个人	
成熟度	由于受训者的自然成长或感情因素导致培训成果的变化
品德	受训参与者离开公司
组内差距	受训小组与对照组存在能够影响成果的个人差异（知识、技术、能力、行为方式）
成果测量	
测试	受训者希望取得好的测试结果
工具	受训者对于评价后的成果变化的解释
均值回归	得高分和得低分的受训者会向培训后成果的平均或中间状态移动
外在效度威胁	**描　　述**
对事前测试的反应	培训前的测试导致受训者更加关注测试中的问题
对评价的反应	受训者由于要被评价而在培训项目学习中更加努力
人员甄选与培训之间的相互作用	受训者特点会影响计划的有效性
不同方法的相互作用	接受不同方法的受训者所取的结果只能推广到按同样顺序接受同样方法的受训者身上

第三节　培训效果的转化

一、培训效果转化的过程

培训转化，即要成功地完成培训项目，受训者要有效且持续地将所学技能运用到工作当中。图 25-10 中，笔者给出了培训效果转化过程。

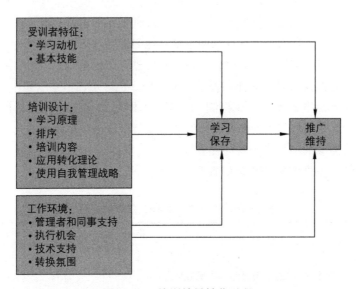

图 25-10　培训效果转化过程

进行培训效果转化，应具备以下两方面能力。

（1）推广能力：指受训者在遇到与学习环境类似但又不完全一致的问题和情况时，将所学技能（语言知识、动作技能等）应用于工作上的能力。

（2）维持能力：指长时间继续应用新获得的能力的过程。

二、培训效果转化的影响因素

从图 25-10 中可以看出，培训设计、受训者特征和工作环境因素都会影响学习、保存和转移的过程，并且受训者特征和工作环境这两个因素还会直接影响转移效果。培训设计包括培训目标、实践机会、反馈、项目组织协调以及后勤准备等内容；受训者特征包括学习动机和基本技能等；工作环境是指影响培训转化的所有工作因素，包括管理者支持、同事支持、技术支持、转化氛围和在工作中应用新技能的机会等。

（一）受训者特征对培训效果转化的影响

受训者特征包括学习动机和基本技能，如表 25-11 所示。

表 25-11　受训者特征

受训者特征	影响方式	克服措施
学习动机	受训者的培训态度、动机极大地影响培训学习的效果和培训转化的程度	要求受训者做好受训准备，端正学习态度和学习动机 明确告知培训后将进行学习结果和应用情况考核，而且与晋升等待遇挂钩 培训实施前可将培训设计的一些资料印发给受训者，让他们事前阅读理解，以调动其积极性
基本技能	由于缺乏培训所要求的基本技能，只能进行第一层面的转移，只能照搬照套，情况稍有些变化就不会灵活应用	在分析确定受训者时应有所选择，要求受训者具备学习培训项目内容所需的基本技能，即认知能力和阅读、写作能力 如有必要还须就适当的基本技能做自我学习提高 如果受训者不具备基本技能但又不得不参加培训，可以将基本技能指导融进培训计划中

（二）工作环境对培训效果转化的影响

培训迁移环境指学员结束培训回到工作岗位后能够影响培训迁移效果的所有工作因素。工作环境指能够影响培训转化的所有工作因素，包括管理者支持、同事支持、技术支持、转化氛围和在工作当中应用新技能的机会。表 25-12 描述了有利于培训成果转化的工作环境特征以及工作环境中阻碍培训成果转化的主要因素。

有利于培训转化的工作氛围应该具有以下特征。

（1）受训者的工作是按照能使他们使用新技能的方式来设计的，这个工作特点能起到督促或提醒受训者应用在培训中获得的新知识技能和行为方式的作用。

（2）受训者的直接主管及其他管理者能与受训者一起讨论如何将培训成果应用到工作当中，他们对受训者在工作中使用培训获得的新技能是持鼓励、支持的态度，而不是冷嘲热讽或漠不关心。

表 25-12　培训成果转化影响因素

有利于培训成果转化的工作环境特征	直接主管和同事鼓励：受训者使用培训中获得的新技能和行为方式 工作任务安排：工作特点会提醒受训者应用在培训中获得的新技能，因此工作可以依照使用新技能的方式重新设计 反馈结果：主管应关注那些应用培训内容的受过培训的管理者 不轻易责难：对使用从培训中获得的新技能和行为方式的受训者不轻易责难 外部强化：受训者会因应用从培训中获得的新技能和行为方式而受到物质等方面的奖励 内部强化：受训者会因应用从培训中获得的新技能和行为方式而受到精神方面的奖励
阻碍培训成果转化的主要因素	与工作有关的因素（缺乏时间、资金，设备不合适，很少有机会使用新技能） 缺乏同事支持 缺乏管理者支持

（3）管理者对刚接受培训就将培训内容应用于工作中的行为加以表扬，以进行正向强化。当受训者在应用培训内容出现失误时，管理者不会当众责难，而是个别指出并帮助寻找原因和解决方法。

（4）受训者若在工作中成功应用了培训内容，而且使用频率或改善绩效达到了某一规定标准，那么他们会得到加薪的机会，并将此记入员工个人档案作为全年绩效考核和晋升的依据。

三、培训效果转化的方法

影响培训迁移的环境因素包括管理者的支持、同事的支持、技术支持和运用所学技能的机会等。因此，我们同样可以从这些角度来提高培训成果转化的效果，如图25-11所示。

图 25-11　影响培训效果转化的因素

（一）管理者对培训成果转化的支持

这里所说的"管理者"指的是企业中各级别管理者，既包括高层决策者，也包括中层管理人员和一线的基层管理者。管理者可能为培训活动提供不同程度的支持，支持程度越高，就越可能发生培训成果的转移。表25-13中列出了管理者的态度对培训效果迁移的影响，管理者提供的最基本的支持水平是允许员工参加培训，最高水平是亲自参加培训工作。

表 25-13　管理者对培训成果转化的支持

支持程度		重点内容	
高支持 ↑ 低支持	在培训中任教	作为培训指导者参与培训计划，督促最大限度转移	高转化 ↑ 低转化
	目标管理	与受训者共同制订转移目标：提出待解决的项目或难题，提供必要的各种资源，明确进度要求	
	强化	与受训者讨论培训成果应用情况，对成功应用加以表扬，对失误加以引导解决	
	时间技能	提供工作中的现有机会让受训者应用新知识技能	
	参与	全过程关心了解培训进展、受训者的收获	
	鼓励	通过重新安排日程让员工安心参加培训	
	接受	承认培训的重要性，同意员工参加培训	

为获得企业各级管理者对培训迁移的理解与支持，可以通过确认以下五个方面来实践。
（1）确认管理者充分了解了培训的目的和收益。
（2）确认管理者与受训者之间有充分的沟通。
（3）确保管理者参与到培训中。
（4）确认受训内容与管理者共享。
（5）确保管理者获知培训迁移的相关内容。

（二）同事对培训效果转化的支持

同事的支持主要指来自参加过培训的同事的支持。受训者的上级主管应鼓励参加过培训的员工之间建立联系，及时沟通，共享在工作中应用培训所学技能的成功经验，探讨处理阻碍培训迁移因素的具体办法。管理者也可以推荐一名同事作为刚接受培训员工的咨询人员或实践顾问，这位同事应该参与过同样的培训项目，并且已有培训迁移的成功经验。此外，受训者的同事当中有一部分可能因种种原因尚未有机会参加培训，获得他们的支持也很重要。作为管理者应向这部分员工做好解释并与之进行沟通，预防受训者与其他未参加培训的同事之间可能出现的矛盾，受训者本人也应设法与他们融洽相处，使暂未参加培训的员工也成为促进培训迁移的一股力量。

（三）提供有利于转化的技术支持

如果受训者需要不断学习新的知识技能，并需不断地将所学运用于实践，那么企业为培训迁移提供技术支持则十分必要。比如，目前有一种叫作"电子操作支持系统"的计算机应用软件，它能为员工提供技能培训、所需信息及专家建议。一旦员工在操作过程中出现设备故障，就可以通过安装在操作台旁的电子操作支持系统很快地诊断出问题，并接受系统的指导，以便对机器进行修理。有了这样的技术支持系统，无疑将为培训迁移提供极大的便利。

（四）在工作当中运用新技能的机会

为了促进培训迁移，提高迁移效度，当受训者回到工作岗位后，他们的上级主管应及时向他们提供应用所学知识技能的机会，如受训者的直接上司可以有意识地分配给受训者需要应用新知识技能的工作。管理者尤其是受训者的直接上司应给受训人员提供实践机会并进行反馈，如岗位轮换、外出交流实习、国际交流或集团内部交流等，鼓励培训技能在工作中的运用，同时管理者应当多关心培训者的学习、工作和生活。一般情况下，所学知识技能如不及时应用，就会退化直至完全丧失。为此，有关管理者应对受训者应用所学知识技能的机会有一个较全面的了解。比如他们是否有过应用的机会、第一次应用机会距离培训结束有多久、机会的多寡情况、应用的效果如何等。对于机会甚少，甚至没有机会的受训者应采取相应的补救措施。若受训者确实无应用所学技能的机会，那就说明企业的这种培训是不必要的。

附表

参考文献